Jules Verne's Express

Die legendäre Indian-Mail-Route nach Südostasien

von Werner Sölch
unter Mitarbeit von Kurt Sölch

alba

Meiner Frau Kyriaki

Erschienen: Januar 1980
Einbandgestaltung und Layout: Karlheinz Hartung, Düsseldorf
Herstellung: Mohndruck Graphische Betriebe GmbH
ISBN 3-87094-068-9

Inhalt

Reklame für die ,,Indische Post'' vor dem
1. Weltkrieg Archiv FS

Jules Verne und die Indienroute

Der ehrenwerte Mr. Phileas Fogg, Privatier aus London, geht am Mittwoch, den 2. Oktober 1872, wie an jedem Tag, um elf Uhr dreißig aus seinem Haus an der Saville Row, speist in seinem Club an der Pall Mall, liest dort, wie jeden Tag, von zwölf Uhr siebenundvierzig bis zum Abendessen die »Times« und den »Standard«, diniert, liest den »Morning Chronicle« und – wettet sein halbes Vermögen in Höhe von zwanzigtausend Pfund darauf, daß er in nur achtzig Tagen um die Welt reisen könne. Er verläßt den Club um sieben Uhr fünfundzwanzig Minuten abends, kommt um acht Uhr zwanzig, das Eisenbahn- und Dampfschiffkursbuch unter dem Arm und einen Reisesack mit einer Decke, dem Mackintosh und den restlichen zwanzigtausend Pfund in der Obhut seines Dieners Passepartout, an der Charing Cross Station an, betritt um acht Uhr vierzig einen Erster-Klasse-Wagen nach Dover, trifft donnerstags um sieben Uhr zwanzig in Paris, Gare du Nord, ein, durchquert die Stadt per Pferdedroschke, fährt um acht Uhr vierzig vom Bahnhof Gare de Lyon ab, kommt zweieinhalb Tage später um vier Uhr nachmittags in Brindisi an, schifft sich um fünf Uhr auf dem Postdampfer »Mongolia« der Peninsular & Oriental ein und erreicht, nach Zwischenlandungen in Suez und Aden, am 20. Oktober um vier Uhr dreißig nachmittags Bombay, wo er, nach einem Abendessen in der Bahnhofsrestauration, den Zug Bombay–Calcutta zum Anschluß an den Dampfer »Rangoon« der East India Company nach Singapore und Hongkong besteigt – mit zwei Tagen Vorsprung gegenüber dem im »Morning Chronicle« abgedruckten Fahrplan, welcher ihn zu der ungewöhnlichen Wette veranlaßt hatte:

London–Suez, per Bahn und Schiff,	7 Tage
Suez–Bombay, per Schiff,	13 Tage
Bombay–Calcutta, per Bahn,	3 Tage
Calcutta–Hongkong, per Schiff,	11 Tage
Hongkong–Yokohama, per Schiff,	7 Tage
Aufenthalt in Yokohama	2 Tage
Yokohama–San Francisco, per Schiff,	20 Tage
San Francisco–New York, per Bahn,	7 Tage
New York–London, per Schiff und Bahn,	10 Tage
das sind zusammen	80 Tage.

Die Route, auf welcher dieser Romanheld von Jules Verne seine Reise antrat, die ihn in achtzig Tagen um die Erde führen sollte, war im wesentlichen nichts anderes als die Strecke der »Indian Mail«, jener legendären Postverbindung von England nach Indien, Südostasien und Australien, die das Empire der Königin Victoria zusammenhielt. Die Post startete damals jeden Freitag in London, erreichte per Kanaldampfer und Bahn über Paris und den Fréjus- oder Mont Cenis-Tunnel den italienischen Hafen Brindisi, wurde dort auf die Dampfer der »Peninsular & Oriental Steam Navigation Company« umgeladen und kam, nach Durchquerung Ägyptens, des Roten Meeres und des Indischen Ozeans, in Bombay an, von wo aus seit 1870 eine durchgehende Bahn über Allahabad nach Calcutta führte, während ein anderer Teil der Post auf Schiffen der Peninsular bis Singapore, Hongkong, Shanghai und Sydney befördert wurde. Den Dampfer »Mongolia«, auf dem Phileas Fogg reiste, hatte es tätsächlich gegeben – er war ein eiserner Dreimastschoner von 2833 Tonnen, gebaut 1865 und eingesetzt lange Zeit auf der Linie Venedig–Brindisi–Alexandrien. Unglücklicherweise neigten sein Kapitän Franger und Kapitän Briscoe von dem Schiff »Tanjore« der gleichen Strecke dazu, sich ausgiebig zu streiten, was Anlaß für mancherlei Anekdoten war. Auch der Dampfer »Rangoon«existierte wirklich, wenngleich er ebenfalls der Peninsular & Oriental gehörte und nicht der East India Company, denn jene hatte sich damals schon aufgelöst. Es war eine eiserne Brigg von 1776 Tonnen, 1863 an der Themse gebaut, kurz darauf vor Aden gestrandet, durch Soldaten des dortigen Sultans gerettet und 1871, während einer Reise nach Australien, an dem Kadir-Riff vor Galle auf Ceylon durch die Schuld des Lotsen gesunken.

Jules Verne war zur Zeit des Krieges von 1870/71 mit zweiundvierzig Lebensjahren einer der bekannten Romanautoren Frankreichs. Bewogen vielleicht durch die Tatsache, daß ihm während seiner Jugend die großen Reisen, von denen er geträumt hatte, durch einen gestrengen Vater verwehrt worden waren, hatte er sich auf das Erfinden der ersehnten Abenteuer in phantastischen Geschichten verlegt. Sie nahmen die Errungenschaften der Technik zum Anlaß der Handlungen und kamen gerade zur rechten Zeit für ein Publikum, welches begann, sich für das Zeitalter der Dampfkraft und der Luftballone, der Ozeanschiffe und der Eisenbahnen zu begeistern. Nachdem er die Kriegsmonate 1870/71 zusammen mit seiner Frau und seinen Kindern in Le Crotoy an der Somme verbracht hatte, fuhr Verne im Frühjahr 1871 mit vier neuen Manuskripten nach Paris, um sie seinem Verleger Hetzel anzubieten, welcher sich jedoch noch an einem unbekannten Zufluchtsort befand. Da er dringend Geld brauchte, Hetzel aber nicht durch anderweitigen Verkauf der zugesagten Manuskripte verärgern wollte, blieb ihm nichts anderes übrig, als sich einen neuen Roman einfallen zu lassen, den er zunächst in einer Zeitschrift veröffentlichen würde. An einem Spätfrühlingstag kam er bei seinem Weg über den Boulevard des Italiens an dem Schaufenster des berühmten Reisebüros Thomas Cook & Son vorüber. Dort war gerade ein Prospekt herausgekommen, der auf die neuen Dampferlinien durch den Suezkanal, die vor kurzem fertiggestellte Bahn quer durch Indien und die Transkontinentstrecke durch Amerika hinwies, welche die Reise um die Erde in nur mehr drei Monaten möglich machten. Jules Verne nahm den Prospekt mit ins Café Tortoni – und noch am gleichen Tag war der Roman geboren, der sein größter Erfolg werden sollte: »In achtzig Tagen um die Welt«.

Die Geschichte von dem spleenigen, aber kühnen Weltreisenden Phileas Fogg, dessen übermäßige Pünktlichkeit an Jules Verne's Vater erinnerte, wurde im »Temps« abgedruckt, den Inhalt der Fortsetzungen kabelten die internationalen Nachrichtenagenturen nach Übersee, es wurden Wetten auf den Ausgang der Geschichte abgeschlossen und bekannte Dampfschiffahrtsgesellschaften versprachen vor Veröffentlichung des letzten Teiles dem Autor hohe Summen, wenn der Held durch Benützung eines ihrer eigenen Schiffe siegen würde. In Paris wurde das Stück vierhundert Mal hintereinander im Theater aufgeführt und in aller Welt versuchten ehrgeizige und wohlbemittelte Reisende, die Fahrtzeit zu unterbieten. Jules Verne starb 1905, doch sein Roman lebt auch im Jet-Zeitalter: zahlreiche Fernsehsender bringen die Geschichte in immer neuen Inszenierungen – und mit ihr die Route der »Indian Mail«.

Die Indian Mail auf ihrem Weg durch Europa, französisch »Malle des Indes« genannt, war durch die Geschichte von Jules Verne noch berühmter geworden. Bekannt war sie ohnehin. »Wer von Ihnen hat während seiner Jugendzeit nicht die zwei so geheimnisvollen Worte aussprechen hören«, fragte die »Revue de l'Association Française des Amis des Chemins de Fer« in einem Bericht über diese wichtigste Postverbindung der Erde, die Verbindung des britischen Weltreiches – »die ›Malle‹ ist angekündigt . . . unser Zug wich auf ein Abstellgleis aus! Die Malle des Indes wird durchfahren. Wir lauerten dann auf die Ankunft dieses Renners, der wie ein Sturmwind durchbrauste und der einer Erzählung aus tausendundeiner Nacht entsprungen schien . . .«.

Die Pariser »Illustration« schrieb im Jahre 1881: »Um die Malle des Indes rankt sich eine ganze Legende . . . Die öffentliche Meinung, gewöhnt an das Ausserordentliche und versessen auf das Wunderbare, hat sich unter diesem Namen ein gewaltiges Idol von Geschwindigkeit und mysteriöser Kraft zurechtgelegt. Sie hat daraus das größte Geheimnis der internationalen Verbindungen und der politischen Post gemacht; sie wollte darin nicht nur die Macht der bis zu ihren extremen Grenzen getriebenen Geschwindigkeit, sondern sogar das mysteriöse Prestige der Staatsgeheimnisse sehen, die mit Volldampf in eine andere Welt geleitet wurden; etwas, endlich, wie die Staatsgewalt Englands, die, in Pakete abgefüllt, in einem Höllenzug hinausging, um über unendliche Entfernungen hinweg zu regieren und die immense Welt der englischen Kolonien in Bewegung zu halten. Jeder macht sich, ohne sie jemals gesehen zu haben, seine eigene Vorstellung davon. Das am meisten verbreitete, das gewöhnlichste Klischee, welches das Publikum dieser Legende der ›Malle‹ gegeben hat, ist das eines Spezialzuges, der wie der Blitz Frankreich von einem Ende zum anderen durchkreuzt, die Stationen durchfährt, Kilometer um Kilometer frißt, in voller Fahrt die Bahnhöfe, die Städte, Paris, Lyon, Marseille durchquert und von Calais gleichsam in einem einzigen Satz, innerhalb von einigen Stunden, nach Marseille rast. In diesem Zug, vor dem – der allgemeinen Auffassung zufolge – alle anderen Platz machen und ausweichen, um seiner ungeheuren Schnelligkeit die Bahn freizugeben, stellen sich die Leute, auch die gebildeten, während der ganzen Fahrt arbeitende oder konferierende Staatsmänner, Generäle, Diplomaten und Gouverneure vor, die in ihren Köpfen die Geheimnisse und in ihren Händen die Macht des alten England bewahren . . .«

Heute, im Jet-Zeitalter, muß der Eisenbahnfreund schon lange suchen, um noch einen Augenzeugen der alten Indischen Post, oder »Malle des Indes«, Calais–Brindisi zu finden. Eine jener Persönlichkeiten, der italienische Lokomotivingenieur Dr. Bruno Bonazzelli, schrieb in einem Brief von seinen Begegnungen mit dem legendären Zug vor vielen, vielen Jahrzehnten: »In der italienischen Literatur, welche die Bahn nur sehr selten behandelte, findet sich absolut nichts über Züge wie die ›Malle des Indes‹. Die Poesie der Indischen Post, um das so zu nennen, gab es nur in den Träumen eines kleinen Jungen von acht Jahren, wenn er sie jeden Sonntag gegen zehn Uhr vormittags im Süden von Ancona die Adrialinie entlangfahren sah . . .« Der Zug sei wegen seiner Geschwindigkeit »Treno Lampo« genannt worden, zu deutsch »Blitzzug« . . . Der gleiche Ingenieur richtete in Mailand die Bahnabteilung des technischen Museums »Leonardo da Vinci« ein und dort befindet sich das letzte Exemplar jener berühmten Lokomotivbaureihe »180 bis«, die 1889 durch den Konstrukteur Enrico Riva vom Studienbüro des Adriatischen Bahnnetzes im Hinblick nicht zuletzt auf diesen Express entwikkelt worden war.

Ein anderer italienischer Bahnkenner, der Arzt und Eisenbahnschriftsteller Dr. Claudio Pedrazzini aus Brescia, entsinnt sich, daß ihm von dieser »Valigia delle Indie« seine Großmutter erzählt hatte: »Die Frau war eine rüstige Siebzigerin – ich sehe sie noch vor mir – und sie sagte, daß sie den Zug früher unzählige Male bei der Durchfahrt durch die Station Stradella gesehen habe. Man bestaunte ihn mit Verehrung und sein Beiname »Il vapore« – »der Dampfer« – flößte Pespekt ein. Ganz sicher war das damals der berühmteste Zug. Halb Stradella kam zum Bahnhof, jedesmal, wenn er mit voller Geschwindigkeit durchfuhr. Eines Tages, wer weiß aus welchem Grund, hielt er dort an – und im Nu wußte die ganze Provinz davon. Sogar die Lokalzeitung soll von dieser Ehre berichtet haben, welche der Stadt zuteil geworden war . . .«

Als ein Mann, der selber damit gefahren war, erzählte vor Jahren der frühere Generaldirektor der Griechischen Staatsbahnen, Vasilis Leondopoulos, von den legendären England–Indien-Zügen und von dem Versuch der Griechen, einen Teil dieses Verkehrs über ihre eigenen Schienen zu leiten. Die Indienzüge seien von den gewöhnlichen Expresszügen vor allem durch ihr »typisch englisches« Publikum zu unterscheiden gewesen – jenes Publikum, das der englische Dichter W. M. Thackeray 1844 in »Notes of a Journey from Cornhill to Grand Cairo« so treffend charakterisiert hatte. Noch in der Zeit, als der Suezkanal nicht bestand und als die britischen Indienreisenden deshalb den Landweg durch Ägypten nehmen mußten, begegnete Thackeray im Hotel d'Orient zu Cairo diesen »hundert Christen oder mehr«, die alle vierzehn Tage auf der Durchreise von England oder Indien kamen und die sechzig Zimmer belegten: »Es schlägt sechs Uhr abends. Sechzig Leute lassen sich zu einem quasi – französischen Bankett nieder: Dreißig indische Offiziere mit Schnurrbart und Jackett; zehn ebensolche Zivilisten, jedoch mit Brillen; zehn blaßgesichtige Damen mit Ringellocken, denen alle ungeheure Aufmerksamkeit widmen. Alle die blassen Damen trinken ›Pale ale‹, was sie vielleicht so blaß macht. Tatsächlich sind die Bombay- und Suez-Passagiere gerade angekommen, wovon das Drängen und Hasten und das Zurschaustellen der militärischen Jacketts, der Schnurrbärte, der Ringellocken und der Schönheit herrührt.«

Ankunft der „Calais-Douvres" mit dem ersten Teil der Indischen Post in Calais, nach einer Zeichnung um 1880 Collections Musée Postal, Paris

Thackeray schrieb auch über die »armen alten ehrwürdigen männlichen Kindermädchen mit grauen Bärten und karmesinroten Turbanen, die kleine weißgesichtige Babies behüten, welche in Dumdum oder Futtyghur das Licht der Welt erblickt hatten« und, nicht ganz ohne Übertreibungen, über den Mann, der auf der Suche nach der bestmöglichen englisch-indischen Postverbindung Phileas Fogg's künftige Route auf abenteuerlichen Fahrten selber erkundet hatte. Er war der Schnellste, der Pünktlichste, stets überall, irgendwo und nirgendwo zwischen England und Indien, eine Legende schon zu Lebzeiten: »Die Glocken läuten unge-

Umladen der Indischen Post vom Zug auf das Schiff in Calais, nach einer Zeichnung um 1880

heuerlich. Und Lieutenant Waghorn eilt herein und hinaus aus dem Hof, voll von Geschäftigkeit. Er verließ Bombay erst gestern früh, wurde dienstags im Roten Meer gesichtet, ist heute nachmittags damit beschäftigt, im Regent's Park zu dinieren und (da es schon zwei Minuten her ist, als ich ihn im Hof sah), zweifle ich nicht daran, daß er in diesem Augenblick in Alexandria oder in Malta ist, oder, sagen wir, vielleicht in beiden, Il en est capable. Falls irgendein Mensch an zwei Plätzen gleichzeitig sein kann (was ich weder glaube, noch leugne), so ist es Waghorn.« Dieser Waghorn starb zwanzig Jahre bevor Jules Verne seinen Phileas Fogg erfand und seinen Roman »In achtzig Tagen um die Welt« . . .

Die Geschichte der Indian Mail London–Bombay

Pioniergeist und Dampfkraft beschleunigten die Indienpost

Mehr als drei Jahrhunderte lang seit der Entdeckung des Seeweges nach Indien durch Vasco da Gama im Jahre 1497 waren Segelschiffe nahezu die einzige Verbindung von Europa nach dem indischen Subkontinent – der von den Portugiesen, dann aber immer mehr von den Briten kolonisiert worden war: Im Jahre 1579 kam, als vermutlich erster Engländer, der katholische Priester Father Stevens in Goa an; 1582 startete, veranlaßt durch seinen Brief, eine Expedition englischer Kaufleute nach Indien; im Jahre 1600, nach dem vorausgegangenen Sieg über die Flotte der damaligen Weltmacht Spanien, ließ Königin Elisabeth die East India Company gründen, die den Subkontinent nach und nach unter ihre Kontrolle brachte und zum wichtigsten Bestandteil des britischen Weltreiches machte. Im 19. Jahrhundert war Großbritannien die stärkste Seemacht und die größte Handelsmacht der Erde und diese Macht wurde in hohem Maße durch Einkünfte aus Indien, diesem »Juwel« des Empire, finanziert. Der Weg nach Indien war daher die politisch bedeutendste Verkehrsverbindung und die »Indian Mail«die wichtigste Postroute der Epoche.

Um aber von London nach Indien zu gelangen, waren die Sendungen auf den Segelschiffen der East India Company, welche den Löwenanteil der Post beförderte, um Afrika herum vier bis sechs Monate lang unterwegs. Gab es in Indien eine Hungerkatastrophe oder einen Aufstand, so erfuhr die britische Regierung erst dann davon, wenn das Ereignis schon längst vorbei war. Wenn die Nachrichten nicht in Duplikaten auf mehrere Schiffe verteilt wurden, kamen sie oftmals überhaupt nie an – denn den Fahrplan bestimmten Seegang und Wind.

Zwar hatte die East India Company im 17. Jahrhundert einen Teil ihrer Post über Basra durch Mesopotamien geschickt und 1799 richtete Lord Wellesley einen zeitweiligen Postdienst über die Landroute Basra–Stambul ein, doch diese Verbindungen bestanden nur vorübergehend. Sie führten durch wenig zivilisierte Provinzen und waren zudem durch Pest und andere Seuchen gefährdet. Den Seeweg konnten sie nicht ersetzen.

Auf einer anderen Route via Ägypten und durch das Rote Meer waren die Schwierigkeiten kaum geringer. Diese Strecke hatte schon 1698 der englische Konsul von Tripoli, Henry Tistew, erprobt. Im 18. Jahrhundert erfolgten weitere Initiativen. Warren Hastings, Generalgouverneur in Indien, und James Bruce, zeitweilig englischer Konsul in Algier, erreichten 1775 vom ägyptischen Bey die Gewährung von Transitrechten. Organisiert durch George Baldwin – einem englischen Kaufmann, Abenteurer und dann auch Agenten der East India Company – erlebte die »Overland Route« via Ägypten in den folgenden Jahren eine kurze Blütezeit. Pakete und Briefe aus Indien, die in Suez ankamen , wurden durch Kuriere nach Alexandrien gebracht. Sie erreichten England über Triest und einen der europäischen Kanalhäfen. Doch der Sultan war gegen diese Beziehungen Ägyptens. 1779 wurde eine Karawane europäischer Kaufleute bei Suez überfallen, im gleichen Jahr erklärte der Bey den Organisator Baldwin zum Gefangenen auf Ehrenwort – ihm gelang dennoch die Flucht – und 1780 ereignete sich ein weiterer Überfall: Die Kuriere von zwei englischen Schiffen, welche in Kosseir gelandet waren, wurden gefangengenommen, einer wurde mitsamt seinen Depeschen zur Hohen Pforte verschleppt und die Seeleute eines der Schiffe erlitten einen Angriff durch Beduinen, woraufhin der Kapitän die Beschießung der Stadt befahl – das war die »Kanonade von Kosseir.«

Englische Schiffe, so hieß es, kamen zeitweilig nicht mehr nach Suez oder Kosseir. Wie H. L. Hoskins, der Biograph dieser Overland-Route, in seinem Standardwerk »British Routes to India« berichtete, versuchte nun Österreich mit eigenen Handelsagenten in Ägypten Fuß zu fassen. Nicht Österreich, sondern Frankreich bekam indessen 1785 vom Bey einen Vertrag zugestanden, auf Grund dessen 1789 erstmals ein französischer Indiensegler in Suez landete. England antwortete, indem es einen Konsul in Cairo einsetzte, und dieser war – George Baldwin. Er erarbeitete ein Schema, nach welchem die Indienpost einmal pro Jahr via Ägypten, den italienischen Hafen Livorno und den europäischen Kontinent führen sollte, doch dann zeigte die englische Regierung kein Interesse. Baldwin, der Warner vor der französischen Konkurrenz, starb, fast erblindet, nach seiner Rückkehr nach England – und Napoleon rückte 1798 in Ägypten ein, mit Indien als Ziel.

1815 wurde Napoleon bei Waterloo geschlagen. Inzwischen war ein Ereignis eingetreten, das nichts mit Politik und nichts mit Krieg zu tun hatte und das in seinen Auswirkungen dennoch England die schnelle Indienverbindung sichern sollte: Im Jahre 1807 hatte Robert Fulton auf dem Hudson River bei New York der Öffentlichkeit sein Dampfboot vorgeführt. Achtzehn Jahre später sollte George Stephenson der Welt die Dampfeisenbahn geben. Noch bevor 1819 zum ersten Mal ein Dampfschiff den Atlantik überquerte, hatte der britische Konsul in Aleppo, John Barker, die Einrichtung von Dampferlinien im Mittelmeer und durch das Rote Meer hindurch propagiert.

Im August 1822 schlugen einige einflußreiche Leute, darunter die Herren Willcox und Anderson, die späteren Gründer der »Peninsular«-Reederei, die Schaffung einer Dampferlinie von England nach Indien dem britischen Unterhaus vor. Sie sandten einen Leutnant Johnston aus, der bei einem Besuch in Calcutta die Aussetzung eines Preises durch den Gouverneur, Lord Amherst, für denjenigen Unternehmer erreichte, welcher die Reise in weniger als 70 Tagen schaffen würde. Daraufhin wurde in England bei Gordon & Co. der 479 Tonnen große Dampfer »Enterprise« gebaut, dessen Kommando Johnston übernahm. Johnston reiste am 16. August 1825 über das Kap der guten Hoffnung nach Indien – wo er 43 Tage zu spät eintraf.

Schneller wäre die Reise mit einer Dampferverbindung zwischen England und Alexandrien und einer anderen zwischen Suez und Indien gewesen. Diese Vorstellung hatte im Jahre 1823 der Gouverneur von Bombay, Mountstuart Elphinstone, dem Court of Directors der East India Company in London – vergeblich – unterbreitet. Sein Nachfolger, Sir John Malcolm, veranlaßte die Einrichtung von Kohlendepots in Mokka, Aden, Jeddah sowie Kosseir und ließ 1828 über die Overland-Route die Ankündigung übermitteln, daß am 15. November die »Enterprise« zu der ersten Postdampferfahrt von Indien nach Suez starte.

Inzwischen hatte in London ein Siebenundzwanzigjähriger eigene Pläne zur Errichtung einer Dampferlinie ausschließlich für Postbeförderung über die Kap-Route dem Post Office vorgelegt – und war damit auf Spott und Ablehnung gestossen: Thomas Fletcher Waghorn. Er war jener Lotse gewesen, der die »Enterprise«bei ihrer ersten Fahrt den Hooghly aufwärts nach Calcutta dirigiert hatte. Das Wirken dieses Mannes beschrieb ausführlich John K. Sidebottom in seinem Werk »The Overland Mail«: Der am 20. Februar 1800 in Chatham geborene Sohn eines Landbesitzers, bei der Marine und dann beim Bengal Pilot Service in Diensten, wurde nach seiner Begegnung mit Johnston auf der »Enterprise« zum leidenschaftlichen Pionier der Indian Mail. Ausgerüstet mit der Unterstützung durch den Steam Navigation Fund von Calcutta und mit dem Sendungsbewußtsein eines Propheten wagte er wieder und immer wieder, das staatliche Post Office anzusprechen – aber erst ein Auftrag durch Lord Ellenborough von der East India Company im Oktober 1829 gab ihm Gelegenheit, seine These von der Beschleunigung der Indienroute durch Dampfkraft unter Beweis zu stellen. Waghorn sollte mit Post nach Suez und von dort auf der angekündigten »Enterprise« nach Indien reisen.

Am 28. Oktober 1829 holte Waghorn die Depeschen beim India House und India Board in London ab und begab sich per »Eagle stage coach«, Kanaldampfer und Postkutsche nach Paris, hörte dort, daß die Simplonstraße wegen Lawinen gesperrt sei, wich über den Mont Cenis aus, mußte bei Ankunft in Venedig erfahren, daß der Dampferservice nach Triest zusammengebrochen sei, fuhr auf dem Landweg nach Triest und versäumte dort eine österreichische Brigg, welche gerade ausgelaufen war. Vergeblich versuchte er per Kutsche den Segler in Pesano einzuholen – er sah ihn nur noch am Horizont entschwinden. Als nächstes Schiff sollte von Triest erst in drei Tagen ein Spanier ablegen, dessen Kapitän 100 Taler verlangte. Waghorn bot 150 und startete sofort. Bei der Weiterfahrt in Ägypten nach Cairo lief sein Nilsegler auf Grund. Waghorn mußte das Gepäck zurücklassen und, nur mit seiner Post, auf Esel umsteigen. Schließlich erreichte er am 8. Dezember Suez – doch der Dampfer »Enterprise«, der ihn dort abholen sollte, war nicht da. Voller Verzweiflung und entgegen aller Warnungen mietete er ein offenes Boot ohne Kompaß, überstand eine Meuterei seiner sechs Mann Besatzung und schaffte es, damit in 6 1/2 Tagen über Kosseir bis nach dem 620 Meilen entfernten Jeddah in Arabien zu segeln. Dort erreichte ihn die Kunde, daß die »Enterprise« wegen Maschinenschadens in Indien geblieben sei. Nachdem er auch noch für sechs Wochen von Fieber befallen worden war, landete er am 21. März 1830 an

Bord der Brigg »Thetis« in Bombay – dem gleichen Schiff, auf dem sich auch sein Rivale J. W. Taylor befand, welcher ebenfalls für eine eigene Dampferlinie England–Indien kämpfte.

Noch bevor beide ihre Reise angetreten hatten, war am 20. März 1829 als Ersatz für die »Enterprise« ein neuer Steamer, der 411 Tonnen große Raddampfer »Hugh Lindsay«, von Bombay nach Suez ausgelaufen. Um die weite Distanz bis Aden überwinden zu können, hatte das kleine Schiff mit Kohle derart vollgestopft werden müssen, daß neben der Post nur ein einziger Passagier Platz fand. Selbst Kabinen und der Salon waren mit Kohle beladen worden! Trotz dieser Schwierigkeiten legte die »Hugh Lindsay« am 22. April als erster Dampfer in Suez an. Es folgten weitere Reisen der »Hugh Lindsay« von Bombay aus. Um auch Calcutta einen Dampferanschluss zu geben, wurde von dort aus 1834 der nur 161 Tonnen grosse Raddampfer »Forbes« nach Suez entsandt, einem Ziel, das er, nach einem Fehlschlag, auf einer Fahrt tatsächlich erreichte. Einen britischen Dampferanschluss von Alexandrien westwärts aber gab es nicht.

Inzwischen hatten jedoch die Steam Committees in Indien und die »Times« in London die öffentliche Meinung in Bewegung gebracht. Das Parlament mußte sich der Postroute annehmen. Ein Unterhausausschuß empfahl im Jahre 1834, die nur westlich von Malta bestehende Postdampferlinie der Admiralität bis Alexandrien zu verlängern, den Dampferverkehr Ägypten–Indien zu intensivieren und außerdem alternativ die Euphrat-Strecke durch Mesopotamien zu erproben.

Die letztere Initiative führte zu neuen Expeditionen nach dem Land zwischen Euphrat und Tigris durch Francis Rawdon Chesney. Tatsächlich beförderte Chesney auf diesem Weg zeitweise Post von Indien nach England, wobei im Indischen Ozean die »Hugh Lindsay« den Anschluß besorgte. Größere Verkehrsbedeutung aber sollte die Euphratroute erst viele Jahrzehnte später mit der Bagdadbahn erhalten – doch das ist, ebenso wie der Landweg via Persien, ein Kapitel Eisenbahngeschichte für sich.

Übereinstimmend mit den Empfehlungen von 1834 verbesserte die East India Company den Verkehr zwischen Suez und Bombay. Um 1836 stellte sie auf dieser Linie die Dampfer »Berenice« und »Atalanta« in Dienst und später folgten weitere Dampfschiffe. Damit wurde der regelmäßige Postdienst Bombay–Suez aufgebaut.

Im Jahre 1837 hatte Frankreich eine eigene Dampferlinie von Marseille nach Alexandrien eingerichtet, was bewirkte, daß ein Teil der englischen Passagiere auf diesen Service abwanderte. Es folgte ein Vertragsabschluß zwischen England und Frankreich, der diese Strecke zu einer offiziellen Route der Indienpost machte – allerdings unter Verwendung britischer Admiralitätsdampfer zwischen Marseille, Malta und Alexandrien. Diese Variante durch Frankreich hindurch war schneller als die Fahrt durch die Biskaya. Sie war aber auch mit höheren Gebüh-

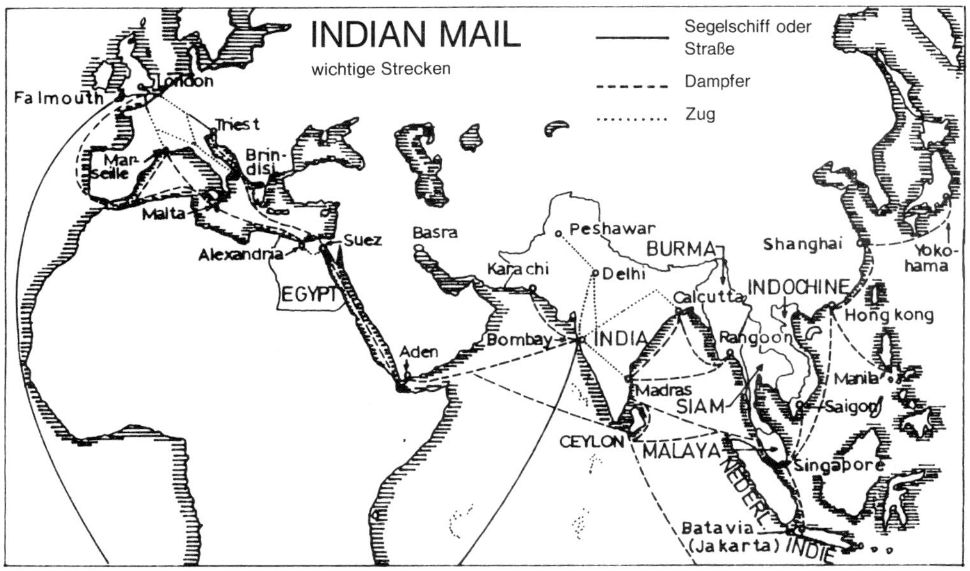

Die „Hindostan" der P & O verläßt am 24. September 1842 Southampton auf dem Weg in den Indischen Ozean Archiv P & O

ren belastet, weswegen ein Teil der Post nach wie vor schon in Falmouth auf die Schiffe der Admiralität verladen wurde.

Der Weg nach Indien, ausschließlich mit Dampfern und unter Einbeziehung der schnellstmöglichen Landrouten, war Wirklichkeit geworden. Wirtschaftlich aber war er nicht. Er wurde von einer Vielzahl staatlicher Institutionen betrieben, deren Service teilweise das Desinteresse des Staatsbetriebes widerspiegelte und außerdem wurde nur Bombay und nicht das übrige Indien bedient. Das führte dazu, daß im Jahre 1839 der Bengal Steam Fund von Calcutta ein eigenes Dampfschiff, die »Precursor«, bauen ließ mit dem Ziel, eine direkte Linie nach Suez herzustellen. Eine Lösung sollte aber erst mit Vergabe der Postbeförderung an einen leistungsfähigen Unternehmer in England gefunden werden, der neben dem subventionierten Postdienst auch den Passagierverkehr mit Interesse betrieb.

Dieser Unternehmer war die Peninsular Steam Navigation Company. Gegründet durch Arthur Anderson und Brodie Mc Ghie Willcox als reine Dampfschiffreederei, hatte sie während des spanischen Bürgerkrieges mit Fahrzeugen der »City of Dublin Steam Packet Company«des Hauses Bourne einen Dampferdienst nach der iberischen Halbinsel eingeführt. Im Jahre 1837 erhielt sie den englischen Postvertrag für diese Strecke und im gleichen Jahr nahm ihr Dampfer »Don Juan« erstmals von England bis Gibraltar die indische Post mit.

Einer der Befürworter der Idee, die Post auf der ganzen Strecke bis Indien durch diese Reederei tansportieren zu lassen, war der frühere Generalgouverneur Lord William Bentinck. Als im Jahre 1840 Angebote für einen Postdampferdienst England–Alexandrien eingeholt wurden, erhielt die Peninsular den mit jährlich 34000 Pfund subventionierten Auftrag – zusammen mit der Vereinbarung, zwei Jahre später auch einen Service von Suez nach Calcutta einzurichten. Mit Unterstützung durch Captain Richard Bourne, unter Einbeziehung der Trans-Atlantic Steamship Co. und mit einem Anfangskapital von 1 Million £ wurde die Firma erweitert. Sie nannte sich nun »Peninsular & Oriental Steam Navigation Company«, abgekürzt P. & O. (später P & O). Die Gesellschaft, die durch ständige Erneuerung der Verträge über ein Jahrhundert mit der Indischen Post verbunden bleiben sollte, war geboren.

Am 1. September 1840 eröffnete ihr Dampfer »Oriental« den Dienst nach Alexandrien mit der britischen Indienpost an Bord. Allerdings versahen daneben für einige Jahre auch noch Admiralitätsdampfer Postdienst im Mittelmeer. Am 24. September 1842 lief die »Hindostan« als erstes Schiff der P & O von Southampton um das Kap der guten Hoffnung herum in den Indischen Ozean aus, um im Januar 1843 die erste Postfahrt von Calcutta nach Suez anzutreten. Sie bediente die Linie Suez–Aden–Ceylon–Madras–Calcutta anschließend zusammen mit ihrem Schwesterschiff »Bentinck«. Außerdem erwarb die P & O die »Precursor«, deren Reeder, die Eastern Steam Navigation Company, den geplanten Dienst Calcutta–Suez nie aufnehmen konnte. Eine andere Gruppe, die East India Steam Navigation Company, führte mit ihrem Raddampfer »India« zwar vom 10. Januar 1842 an tatsächlich einen Postdienst von Calcutta zum Roten Meer durch, doch da die erhoffte Unterstützung ausblieb, mußte 1845 auch dieses Schiff an die konkurrierende P & O verkauft werden.

Im selben Jahr brachte die »Lady Mary Wood« als erster Dampfer der P & O britische Depeschen nach Singapore, 1847 richtete die gleiche Reederei eine Linie nach Hongkong ein, 1848 eröffnete deren Steamer »Canton« eine Zweiglinie Hongkong–Macao–Canton und 1849 fuhr die »Lady Mary Wood« von Hongkong nach Shanghai. Für eine Anschlußverbindung Singapore–Sydney hatte 1848 die »India & Australia Mail Steam Packet Company« einen Kontrakt erhalten. 1852 bekam die P & O für den Verkehr nach Bombay, China und Australien einen Postvertrag und vom selben Jahr an befuhr sie auch die Linie Marseille–Malta. Die große Konkurrentin der P & O, die East India Company, stellte ihre Dienste Suez–Bombay dagegen 1854 ein und 1858 wurde sie überhaupt aufgelöst.

Die Dampfschiffahrt war zur Realität geworden. Es mußte naheliegen, sie an die neuen Dampfeisenbahnen anzuschließen, anstelle der bisherigen Verbindung mit Postkutschen. Über den wohl ersten Kontakt der Peninsular & Oriental mit dem modernen Landverkehrsmittel berichtet Hamilton Ellis in »The South Western Railway« anläßlich der Ankunft zweier P & O-Dampfer in Southampton im Jahre 1842: »Eines dieser Fahrzeuge landete am North Western Quay Passagiere und Gepäck, welche zu den Eisenbahnwagen verbracht wurden und so die direkte Reiseverbindung zwischen dem Platz der Docks und London eröffneten«. 1840 war, zunächst von London Nine Elms ausgehend, die »London & South Western Railway« fertiggestellt worden und 1843 wurde in Southampton das erste Dock vollendet. Beides blieb nicht ohne Folgen für den Postverkehr, wie ein anderer Eisenbahnhistoriker, C. F. D. Marshall, in »A History of the Southern Railway« ausführt: »Als direktes Ergebnis der Errichtung der Bahn wurde die Peninsular-, Mittelmeer-, Orient- und Westindienpost am 18. September 1843 von Falmouth nach Southampton verlegt«. Eine Notiz des General Post Office von 1843, zitiert durch Col. Blair im Bulletin der Postal History Society, enthielt für diesen Termin folgende Ankündigung: »Die jeweiligen Postsendungen, die durch die Postdampfer von Southampton aus befördert werden sollen, werden in London zusammengestellt und von London nach Southampton mit der Morning Mail anstelle, wie bisher, der Evening Mail an den aufgeführten Tagen transportiert werden . . .«. Abfahrtstag für die Indienpost war immer der Erste eines Monats, es sei denn, dieser fiel auf einen Sonntag. Dann ging die Post erst montags ab. Dampfschiffahrt und Eisenbahn hatten begonnen, die »Indian Mail« zu revolutionieren – auch wenn sie es vorläufig noch nicht schafften, den britischen Sonntag anzutasten . . .

Per Bahn auf der »Overland-Route« durch Ägypten

Voraussetzung dafür, daß die Post nach Indien durch das Mittelmeer und das Rote Meer transportiert werden konnte, an Stelle des viel längeren Weges um das Kap der guten Hoffnung herum, war ein reibungsloser Transit durch Ägypten. Als Gouverneur Malcolm 1828 den ersten Postdampferdienst über Suez vorbereitete, hatte der britische Konsul John Barker vom Pascha die nötige Erlaubnis für den Weitertransport der Depeschen über ägyptischen Boden erhalten. Am Nil herrschte seit 1805 der, im mazedonischen Kavala geborene, Mohammed (Mehemet) Ali, dessen Drang, vom Sultan unabhängig zu werden, einer Verbesserung der »Overland-Route« Chancen eröffnete.

So wurden die Indienreisenden von Cairo nach Suez transportiert – Zeichnung aus dem vorigen Jahrhundert

La Malle de l'Inde.

(Malte.

Alexandrie)

(Grand Hôtel dans le Désert.)

(Suez.)

Il y a dix ans, six mois au moins étaient nécessaires pour aller de Paris ou de Londres dans l'Inde. Aujourd'hui un mois suffit. Dans un avenir peu éloigné, quand la France possédera enfin ses grandes lignes de chemins de fer, quand les services actuels auront été perfectionnés, les voyageurs et les lettres feront encore une économie de plusieurs jours sur ce court espace de temps. Mais pour abréger par la vitesse la distance qui sépare les capitales de la France et de l'Angleterre de Bombay, de Calcutta ou de Canton, est-il réellement utile d'établir, comme le demande M. Waghorn à Mehemet-Ali, un chemin de fer du Caire à Suez?

Chaque mois un bateau à vapeur de la Compagnie péninsulaire et orientale part de Londres chargé de passagers et de dépêches. Après avoir touché à Gibraltar, ce *steamer* prend à Malte une seconde malle qui, partie de Londres cinq jours

(Afteh. — Egypte)

plus tard, a traversé la France de Calais à Marseille, et a été transportée de Marseille à Malte par un bateau à vapeur. Débarqués à Alexandrie, les passagers et les courriers se rendant à Afteh par le canal de Mahomédié, remontent le Nil

(Boulak, port du Caire.)

jusqu'à Boulak, gagnent le Caire, et, ne prenant dans cette ville que quelques heures de repos, se mettent immédiatement en route pour Suez. Ce trajet se fait de la manière suivante.

(Hôtel de M. Waghorn, à Suez.)

Une compagnie, protégée et subventionnée par le pacha, et connue sous le nom de *Compagnie égyptienne de transit*, a succédé aux entreprises séparées de M. Waghorn et de M. Hill, et elle a établi un service de voitures à deux roues et à quatre chevaux, traversant le désert, ordinairement en vingt-quatre heures. La distance qui sépare le Caire de Suez est d'environ vingt-neuf lieues. C'est un désert aride et sablonneux ; cependant la route dans plus des quatre cinquièmes de son développement est assez ferme, les voitures roulent avec une facilité remarquable sur ce terrain empierré par la nature. L'entreprise de M. Hill avait établi à la distance de trois à quatre lieues l'une de l'autre des maisons de relais pour les chevaux et des auberges pour les voyageurs. La com-

Die Stationen der Indischen Post, nach einer Veröffentlichung aus dem Jahre 1844

Da die britische Regierung aber eine Brüskierung des Sultans vermeiden wollte, überließ sie dieses heikle Feld den Privatunternehmern – und einer derjenigen, welche diese Chance nutzten, war Thomas Fletcher Waghorn. Sofort nach Ankündigung der East India Company im Jahre 1835, für den Indischen Ozean neue Dampfer zu bauen, kam er nach Ägypten. Er organisierte den Transport der Schiffskohle mit Kamelkarawanen durch die Wüste, anstelle des früheren Umweges um das Kap, und konnte damit den Kohlenpreis in Suez um zwei Drittel senken. Er warb außerdem für einen eigenen Postdienst und tatsächlich erzielte er zum Beispiel im Juli 1835 mit einer Postsendung, die er persönlich von Cairo nach Mokka brachte, eine Beförderungszeit Falmouth–Bombay von nur 65 Tagen, während die offizielle Post durchschnittlich 85 Tage unterwegs war.

Waghorn stieß zwischen Cairo und Suez auf Konkurrenz durch die Firma Raven & Hill. Er selber wurde »Deputy Agent« der East India Company, doch seine Rivalen erhielten Gelder des Bombay Steam Fund und konnten damit eine Kette von Rasthäusern für die Indienpassagiere entlang der Wüstenpiste errichten. 1841 war der ungleiche Kampf zu Ende: Waghorns Agentur ging in einem neuen Unternehmen mit dem Namen »J. R. Hill & Co.« auf.

Die Indienreisenden jener Zeit traten den Transit von Alexandrien aus auf dem Mahmoudieh-Kanal an. Dieser 44 Meilen lange Wassergraben war unter Mohammed Ali von Sklaven gebaut worden – mit Tausenden von Todesopfern. Ein 60 Fuß langes Boot mit Deckskabinen, ebenso wie ein Gepäckboot durch Pferde vom Ufer aus gezogen, brachte die Passagiere nach Aft am Nil. Dort endete der Kanal; erst später wurde eine Schleusenverbindung mit dem Fluß geschaffen. Weiter ging die Reise auf Seglern und von 1841 an auf dem winzigen, nur zehn Fahrgäste fassenden Dampfer »Jack o' Lantern« von J. R. Hill & Co. nach Boulak und von dort auf Eseln, Pferden und Kamelen nach Cairo.

In Cairo konnten die Reisenden bleiben, bis über die, 1839 eingerichtete, Semaphorenverbindung die Ankunft des Dampfers in Suez gemeldet wurde. Die standesgemäße Unterkunft für Europäer war zu Napoleons Zeiten das »Monnaie's« gewesen, später ein Haus von Raven & Hill, das italienische »Giardino« und das »Oriental«. 1841 eröffnete ein Mr. Shepheard aus England in Cairo ein Hotel. Es übersiedelte 1850 in das ehemalige Hauptquartier Napoleons und bald wurde es das berühmteste Hotel des Orients. Um die Jahrhundertwende übernahm die Führung des »Shepheard's« vorübergehend die Compagnie Internationale des Grands Hotels, eine Tochter der Internationalen Schlafwagengesellschaft.

Pferdeomnibusse für die Indienreisenden an einem Rasthaus zwischen Cairo und Suez, nach einer zeitgenössischen Zeichnung

Zwischen Cairo und Suez bestand für den Transit anfangs nur die Piste durch die Wüste. Die Reisenden mußten auf Pferden und Kamelen reiten, bis nach und nach auch Omnibusse eingesetzt wurden. Dies waren zwei- und vierrädrige Karren, gezogen von – feurigen Araberpferden! Unterwegs gab es für die Passagiere in der »No. 4 Station« Gästezimmer und Mahlzeiten – »Hühner, Tauben, Hammel und Obst«, wie ein Handbuch im Jahre 1850 verkündigte.

Die Reisezeit Alexandrien–Suez dauerte um 1842 für Passagiere 78 Stunden. Die Post schaffte es in 64 Stunden, denn sie wurde abweichend auf Eseln direkt von Alexandrien nach Cairo und weiter auf Kamelen nach Suez transportiert. Dort legte das P & O-Schiff erst 88 Stunden nach Ankunft des Anschlußdampfers in Alexandrien ab, um auch alle Fahrgäste aufnehmen zu können.

In dem Bestreben, diese Route zu verbessern, war Arthur Anderson von der Peninsular & Oriental 1841 nach Ägypten gereist. Die P & O wollte unter anderem zu einer Zusammenarbeit mit Waghorn gelangen. Da diese seine Handlungsfreiheit beschränkt hätte, lehnte er ab. Nach und nach faßte die Reederei in Ägypten so weit Fuß, daß sie auf dem Mahmoudieh-Kanal den Schlepper »Atfeh«, sowie auf dem Nil die Dampfer »Lotus« und »Cairo« in Konkurrenz zu Hill's »Jack o' Lantern« betreiben konnte.

Wer aber den Transitverkehr eigentlich in seine Hand bekommen wollte, war der Pascha sel-

Eine Station an der Eisenbahn in Ägypten, welche die Indienreisenden beförderte, nach einer zeitgenössischen Zeichnung

ber. 1843 wurde Hill & Co. durch eine neue Firma aufgekauft, die den Namen »Egyptian Transit Company« annahm – und hinter dieser stand Mohammed Ali. Als die P & O ihren hölzernen Raddampfer »Delta« in Betrieb nehmen wollte, wurde ihr die Konzession verweigert und im Jahre 1846 unterstellte Mohammed Ali den gesamten Indienverkehr durch Ägypten seinen eigenen »Administrations du Transit«. Seine Pläne indessen reichten noch weiter.

Mohammed Ali dachte schon früh an den Bau einer Eisenbahn. Aus dem historischen Anhang zu Sidebottoms »The Overland Mail« geht hervor: »1832 lenkte Waghorn die Aufmerksamkeit seiner Majestät, dem Pascha, auf den Vorzug einer Bahn von Cairo nach Suez . . . Die Wüste zwischen Cairo und Suez ist fast eben und in Konsequenz von Waghorns Vorschlägen von 1832 wurde 1834 Mr. Thomas Galloway beauftragt, eine Vermessung und eine Kostenschätzung zu machen. Die Vermessung wurde ordnungsgemäß durchgeführt und ergab die Tatsache, daß die Bahn ohne Einschnitte gebaut werden könne und ungefähr 84 Meilen lang werden würde. Man rechnete mit einer Fahrzeit von 4 Stunden.«

Thomas und sein Bruder John Galloway erhielten vom Pascha den Auftrag, Schienen aus England kommen zu lassen, doch dann scheiterte das Projekt unter anderem an Rücksichtnahmen der britischen Politik auf den Sultan. Das gestapelte Material rostete dahin und ein Teil davon scheint 1838 für den Bau einer Dampfstraßenbahn für den Pascha verwendet worden zu sein. Im Jahre 1841, als sich die Peninsular & Oriental für die ägyptische Overland-Route besonders interessierte, bot der Pascha abermals den Bahnbau an, doch das Kabinett in London verhinderte den Abschluß eines entsprechenden Postvertrages, ohne den der Bahnbau nicht zustandekam. Weitere ägyptische Vorstöße im Jahre 1843 hatten ebenso wenig Erfolg.

Erst recht wurde jene andere Bahn nach Massaua am Roten Meer, mit der Mohammed Ali die Reise nach Indien um drei weitere Tage abkürzen wollte, nicht gebaut. Auch spätere Projekte einer Schienenverbindung nach Port Berenice oder Ras Benas und der Vorschlag aus dem Jahre 1883 einer Eisenbahn von Keneh nach Kosseir sollten nie verwirklicht werden – wenn man von einer britischen Militärbahn Keneh–Safag im zweiten Weltkrieg absieht. Als Ersatz für eine Bahn hätte möglicherweise jener dreirädrige »Dampfomnibus« mit »200 Kamelkraft« für 100 Personen dienen sollen, dessen Projektierung im Auftrag des Paschas durch Ingenieur Maslon die »Eisenbahn-Zeitung« 1848 meldete. Tatsächlich wurde 1849 mit dem Bau einer Straße Cairo–Suez begonnen, die dreißig Meter breit gewesen sein soll – und die in dieser Form das Rote Meer nie erreichte.

Zu jener Zeit setzte sich Frankreich für den Bau des Suezkanals ein, mit dem sich zuvor schon Napoleon seinen eigenen Weg nach Indien schaffen wollte – und Englands Politik opponierte dagegen nun plötzlich mit dem Eisenbahnprojekt! »Nach Auffassung der Regierung ihrer Majestät würden die kommerziellen Vorteile aus dem Kanal . . . ebenso gut und mit weniger Geld und Zeitverlust durch eine Eisenbahn über die Wüste vom Nil zum Roten Meer sichergestellt werden«, schrieb Premierminister Lord Palmerston im Mai 1847 an den Generalkonsul in Ägypten, C. A. Murray. Einer der Leiter der P & O, Sir John Pirrie, beantragte 1849 die Konzession für eine Bahnlinie Cairo–Suez und dagegen protestierte wiederum der französische Konsul in Verfolgung der Kanalbaupläne. Ungeachtet solcher Proteste ließ Abbas I. Pascha, der Nachfolger des 1849 verstorbenen Mohammed Ali, durch seinen Vertrauten Nubar Bey 1851 in London die Verträge für den Bau einer Eisenbahn unterzeichnen. Allerdings führte sie zunächst nicht von Cairo nach Suez, sondern von Alexandrien nach Cairo.

Chefingenieur für das Projekt wurde Robert Stephenson. Die französische Diplomatie sollte mit der Erklärung des Paschas beschwichtigt werden, daß die Bahn in ägyptischem Staatsbesitz verbliebe. Zwei Routen standen zur Auswahl: eine am Rande der Wüste entlang sowie eine andere durch das dichtbesiedelte Nildelta – und letztere kam zur Ausführung. Die vom Bahnhof Gabbary in Alexandrien ausgehende, normalspurige Linie wurde abschnittweise in Betrieb genommen. Laut Lionel Wiener's Standardwerk »L'Egypte et ses chemins de fer«erreichte sie 1854 – nach anderen Quellen 1853 – den Nil. Im Jahre 1854 starb Abbas I. Sein Nachfolger wurde Said Pascha und dieser bevorzugte das Projekt des Suezkanales gegenüber dem Bahnbau. Trotzdem konnte die Bahn 1856 bis Cairo fertiggestellt werden – und zwar mit einem Finanzierungsbeitrag durch die Peninsular & Oriental.

Diese Reederei kassierte von ihren Passagieren den Fahrpreis für den Transit durch Ägypten und führte ihn an die ägyptische Regierung ab. Das waren anfangs 15 £, dann 12, dann 10. Nach der späteren Eröffnung des Suezkanals sollte der Bahnfahrpreis erster Klasse auf 3 £ abfallen.Den ungewöhnlichen Gleisbau jener Bahn schilderte die »Eisenbahn-Zeitung« 1856: »Die Schienen sind auf gußeisernen Chairs, welche die Gestalt einer Schüssel haben, mittels Keilen festgemacht, und die Chairs sind hinwieder mittelst gewalzten Eisenstäben zur Erhaltung der Parallelität mit einander verbunden. Die Chairs-Schüsseln liegen einfach auf dem sandigen Dammkörper, welcher bald aus angeschlämmtem Nilschlamm und Erde, bald aus Sand besteht.« Der Nil mußte bei Benha und bei Kafr el Zaiat vorerst noch per Trajekt überwunden werden, einem Ponton mit einem Gleis, 24,38 m lang, 18,29 breit, das Mittelteil als ein großes Parallelogramm ausgebildet, gestützt von Konsolen, welche mittels Winden gehoben oder gesenkt werden konnten, um die Schwankungen des Flußspiegels auszugleichen. Dabei ereignete sich 1858 ein tragischer Unfall, als der Lokomotivführer eines königlichen Sonderzuges, in dem sich zwei Söhne von Mohammed Ali, Prinz Ahmed und Prinz Halim befanden, nicht rechtzeitig bemerkte, daß die Fähre nicht da war. Ahmed konnte sich bei Ertönen des Notsignales der Lok noch durch einen Sprung in den Nil retten, während sein Bruder in dem herabstürzenden Waggon ertrank. Gerüchte sprachen von einem politischen Attentat.

Der Weiterbau der Eisenbahn von Cairo nach Suez ging nur langsam voran. Said Pascha genehmigte 1856 den Franzosen den Bau des Suezkanales und somit konnte er wenig Interesse an einer konkurrierenden Bahnverbindung haben. Für England hingegen erschien die schnelle Errichtung eines leistungsfähigen Verkehrsmittels außerhalb französischer Kontrolle besonders wichtig nach Ausbruch des indischen Aufstandes im Jahre 1857. Fünftausend Soldaten waren damals über die »Overland Route« befördert worden – und dabei mußten die letzten vierzig Kilometer vor Suez noch in Pferdewagen und auf Kamelen zurückgelegt werden.

Auch das britische Post Office war an einer beschleunigten Fertigstellung der Eisenbahn interessiert. Es schickte im Februar 1858 seinen Beauftragten, Antony Trollope, nach Ägypten, um den Verzögerungen beim Bahnbau ein Ende zu machen. In Howard Robinson's Werk »Carrying British Mails Overseas« ist diese Mission beschrieben. Erst in langwierigen Verhandlungen mit Nubar Bey, der als Widersacher auftrat, habe Trollope die Beförderung der Post in 24 Stunden per Bahn anstatt, wie von einer Fahrt im Jahre 1857 überliefert, in vier Tagen

Bau der Wüstenbahn Cairo-Suez, hier bei Sayal-el-Elagate, begonnen 1856 unter Leitung des französischen Ingenieurs M. A. Monchelet. Die Streckenlänge betrug 137 km, mit einem minimalen Kurvenradius von 800 m

Von oben nach unten:

Erste Lokomotive Ägyptens, geliefert von Stephenson 1852/53
Archiv Ägyptische Staatsbahn

Lokomotive Nr. 13, „Saidia", gebaut bei Sharp, Stewart 1856 und dekoriert für den Pascha

Die 80 Meilen oder 128 Stundenkilometer schnelle Connor-Lokomotive, die der Pascha 1862 kaufte

Ägyptische Wagen II. Klasse von 1854 und I. Klasse von 1857

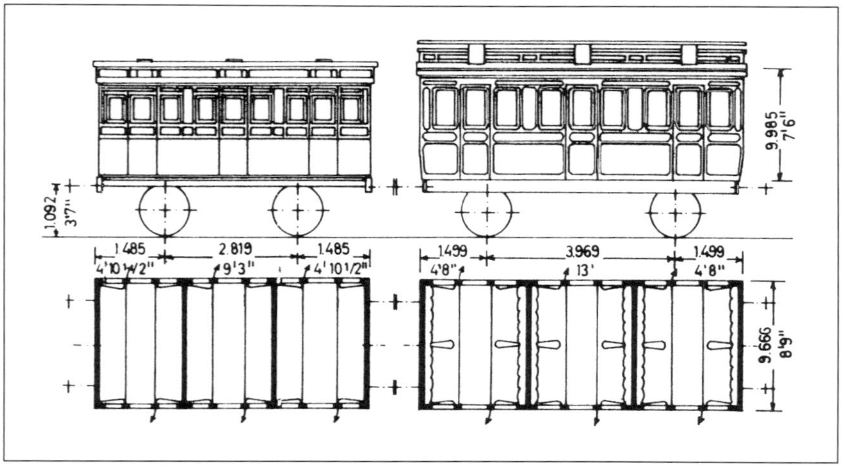

durchsetzen können. Während der gleichen Reise nach dem Orient schrieb Trollope die Novelle »Doctor Thorne« . . .

Das Post Office sicherte der ägyptischen Regierung 1858 vertraglich eine Gebühr von 12000 £ jährlich für die Benützung der Eisenbahn bis Suez zu. Im selben Jahr wurde die Bahn fertig. Von 1862 ist die Beförderung der Post wie folgt überliefert: Die Depeschen wurden in Alexandrien mit Barkassen an Land gebracht, in »Regierungswagen« zum Bahnhof befördert und weiter per Zug in ca. 9 Stunden Fahrzeit für die 306 Kilometer nach Suez transportiert.

Zu dieser Langsamkeit in imponierendem Kontrast stand jene Lokomotive der Achsfolge 1A1 von Neilson, Reid & Co., welche der Pascha 1862 in London ausgestellt sah. Mit ihren zweieinhalb Meter hohen Treibrädern begeisterte ihn diese, von Connor entworfene Maschine derart, daß er sie gleich in drei Exemplaren für seine Bahn bestellte. Sie war für eine Höchstgeschwindigkeit von 80 Meilen oder 128 Stundenkilometern gebaut . . .

Als Wagen wurden in der Anfangszeit über hundert Zweiachser beschafft, zu denen später weitere hinzukamen. Die bei Wright & Co. gebauten Fahrzeuge des Jahres 1854 werden als Abteilwagen mit Metallchassis, Holzkasten und Doppeldach als Sonnenschutz beschrieben, 19 Fuß lang, mit drei völlig getrennten Coupés zweiter Klasse oder mit Durchgang in der dritten. Neuere Wagen von Ashbury besaßen teilweise ein viertes Abteil, bei einer Länge von 27 Fuß 6 Zoll.

Für seinen eigenen Gebrauch hatte Said Pascha von 1853 an verschiedene dreiachsige Hofsalonwagen und 1862 eine Art Salon-Lokomotive erhalten. Ein besonderes Glanzstück stellte ein Salonwagen des Herrschers dar, den die Firma Mason & Co. im Jahre 1858 konstruierte: Zwei Säle mit prunkvollen Fauteuils und Diwans in Wagenlängsrichtung und ein Toilettenraum schlossen zu beiden Seiten an eine von kunstvoll verschnörkelten Gittern umgebene Aussichtsplattform an, über der das Dach zu einer Krone hochgezogen war. Der Wagen lief auf nicht weniger als acht Achsen!

Andere Achtachser waren 1868 aus Preußen geliefert worden. Bei einer Länge von 31 Fuß 7 Zoll hatten sie sechs Abteile zweiter oder einen Großraum dritter Klasse und offene Plattformen. Der achtachsige Salonwagen des Paschas aber wurde, wie Lionel Wiener berichtet, bald in einen Schlafwagen für die Eröffnung der Strecke Alexandrien–Cairo–Suez umgebaut, später in einen Salonwagen für die Linie Cairo–

Ismailia und dann abermals in einen Schlafwagen, diesmal für den Dienst nach Oberägypten. In den Dreißigerjahren des 20. Jahrhunderts fristete das einst hochherrschaftliche Fahrzeug seinen Lebensabend als »bacteriological car«.

Ein Urteil über den Reisekomfort auf der Overland Route gibt in dem, 1937 unter dem Pseudonym Boyd Cable erschienenen, Werk »A Hundred Year History of the P. & O.« dessen Verfasser Ernest A. Ewart: »Ich besitze einen Brief von jemandem, der hinausfuhr, gerade als die Bahn fertig wurde. Er erklärt, daß die Wagen zweiter Klasse den englischen der ersten ebenbürtig waren und daß diejenigen Erster ›die besten Wagen waren, die ich jemals kennengelernt habe‹«. Fünf Jahre später schrieb der gleiche Reisende, daß die Erster-Klasse-Wagen »verdreckt und voll von Staub« waren, daß das Messing niemals einen Putzlappen gesehen habe und, daß keines der Gepäcknetze mehr heil war. Bekannt wurde der blamable Zwischenfall, daß die Lokomotive eines »mail train« während der Fahrt plötzlich kein Wasser mehr hatte. Die Lok wurde abgehängt, fuhr zur Wasserübernahme davon und der Zug blieb für eine Stunde allein unterwegs stehen.

Anderer Art waren die Eindrücke, die ein kleiner, 1865 in Bombay geborener Junge von solch einer Reise behielt: » . . . da gab es eine Zeit in einem Schiff mit einem riesigen Halbkreis, der zu beiden Seiten die ganze Sicht nahm. (Es mußte der alte P. & O.-Raddampfer »Ripon« gewesen sein.) Da gab es einen Zug durch eine Wüste (der Suez-Kanal war noch nicht eröffnet) und einen Halt in ihr und ein kleines, in einen Schal gehülltes Mädchen auf dem Sitz gegenüber . . .« Der kleine Junge hieß Rudyard Kipling . . .

Von 1859 an, kaum, daß die Bahn ihren Betrieb nach Suez aufgenommen hatte, war auch schon der Suez-Kanal in Bau. Ein früheres Hindernis, nämlich die Annahme eines Höhenunterschiedes zwischen den Meeren, hatte sich als Fehleinschätzung herausgestellt. Konzipiert durch den Trentiner Ingenieur Alois v. Negrelli (geb. 1799, † 1858), der bei der Erbauung der Brennerbahn mitgewirkt hatte, und vollendet unter dem französischen Diplomaten Ferdinand de Lesseps (geb. 1805, † 1894), sollte der Kanal zwischen Port Said und Suez das Mittelmeer mit dem Roten Meer und damit dem Indischen Ozean verbinden. Im Jahre 1869 war es soweit: »Heute nehmen die Eröffnungsfeierlichkeiten am Eingang des Canals ihren Anfang«, schrieb am 16. November der Preußische Anzeiger, »Unser Schiff, die ›Guyenne‹ von der Messagerie-Impériale, traf um acht Uhr auf der Rhede von Port Said ein. Die ganze Rhede ist bedeckt mit Kriegsschiffen und Dampfern. Kurz vor uns war der ›Aigle‹ mit der Kaiserin der Franzosen eingetroffen. Wir hatten die Rhede und den Hafen in vollem Feuer der Salute vor uns« . . . Tags darauf fand eine Festfahrt auf

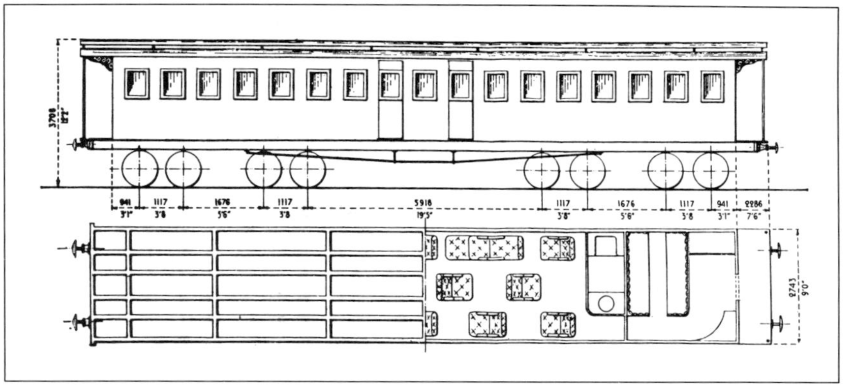

Ehemaliger Salonwagen des Khediven, nach Umbau zu einer Art Schlafwagen

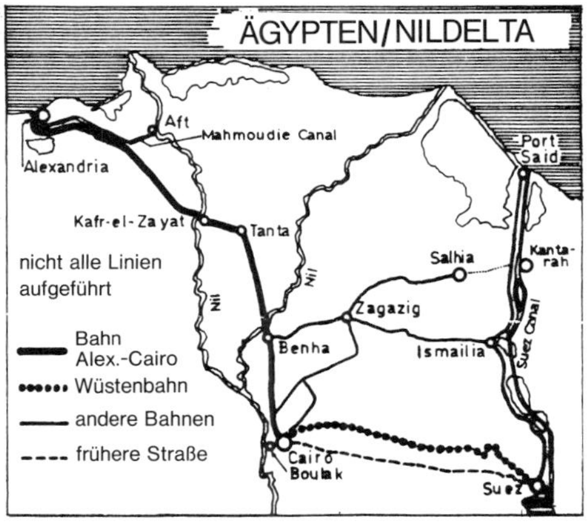

Das 1862 durch Stephenson für den persönlichen Gebrauch durch Said Pascha gebaute Fahrzeug
Lokomotivbild-Archiv Bellingrodt

Eingang des Suezkanales bei Port Said, nach einer zeitgenössischen Veröffentlichung anläßlich der Kanaleröffnung

dem Nil statt, geführt von der »Aigle« mit Kaiserin Eugénie, dem Khediven und de Lesseps, gefolgt von der »Greif« mit dem österreichischen Kaiser, der »Grille« mit dem preußischen Kronprinzen, einem holländischen Kriegsschiff mit Prinz Heinrich der Niederlande und zahlreichen anderen Schiffen. Am Abend gab es ein Feuerwerk und einen glanzvollen Ball im Palast des Khediven in Ismailia.

Die Wüstenbahn Cairo–Suez aber wurde, gemäß einem 1902 im »Railway Magazine« erschienenen Bericht, schon 1868 für immer oder vorübergehend stillgelegt – ein Jahr vor Eröffnung des Kanales. Wiener gibt dafür abweichend die Zeit um 1869/70 an, das »Locomotive Magazine« nannte 1879. Nach der Streckenstillegung stand als Ersatz eine neue Bahnverbindung vom Nildelta über Ismailia zur Verfügung. Erst in den Dreißigerjahren des 20. Jahrhunderts sollte die Wüstenbahn eine Wiedergeburt erleben.

Überraschenderweise wurde die britische Indienpost nicht sogleich durch den Suezkanal befördert, sondern sie nahm auch nach dessen Eröffnung den Schienenweg. Tatsächlich besaß die Peninsular & Oriental anfangs nicht genügend Dampfer, welche für einen Service durch den Kanal geeignet waren. Auch als sie 1871 ihre, für eine Direktverbindung Southampton–Bombay konstruierten Schiffe »Khedive«, »Pekin«, »Mirzopore« und »Peshawur« in Dienst gestellt hatte, blieb die Indian Mail der Schiene treu. Die Historiker gaben dafür verschiedene Gründe an: Robinson erwähnte die längeren Fahrzeiten durch den Kanal als ein wichtiges Motiv für die Bevorzugung der Bahn. Ewart hingegen nannte das Verlangen des Post Office, bei Kanaldurchfahrt die Zahlungen an die P & O zu verringern, als entscheidenden Grund. Zumindest zeitweilig sei es nämlich ein – und derselbe Dampfer gewesen, aus dem in Alexandrien die Post ausgeladen und in den sie, nach Transport per Bahn, in Suez wieder eingeladen wurde!

Im Jahre 1874 gelangte wenigstens der via Southampton kommende Teil der Indian Mail auf die Kanalroute. Die leichtere Post dagegen, die »Brindisi Mail«, durchquerte Ägypten selbst dann noch per Zug, als Disraeli schon das ägyptische Kanalaktienpaket für England erworben hatte. Der Aufstand von 1882 bewirkte lediglich eine zeitweilige Führung dieser »first class mail« und der Passagiere aus Brindisi durch den Suezkanal. Auch die abermalige Umleitung des gesamten Verkehrs durch den Kanal im darauffolgenden Jahr, verursacht durch eine Cholera-Epidemie in Ägypten, war zeitlich beschränkt, wie aus der »Times« vom 24. September jenes Jahres hervorgeht: Der wöchentliche Dampfer aus Venedig und Brindisi sei vorübergehend nicht nach Alexandrien, sondern nach Suez gefahren. Die Sendungen in Nordrichtung gingen zur Desinfektion nach Venedig und weiter vermutlich per Zug via Turin.

Eine zeitgenössische Beschreibung des Posttransportes über Ägyptens Bahn etwa Anfang der Achtzigerjahre gab Veredarius in »Das Buch von der Weltpost«: . . . in der frühen Morgenstunde des Donnerstags erscheint auf der Höhe von Alexandrien der Lotse, der uns ungefährdet über die dem Hafen von Alexandrien vorgelagerte Sandbank bringt. Nachdem Gesundheitspolizei und Zollbehörde ihres Amtes gewaltet haben, gelangen die verschiedenen Posten, die schon tags vorher auf dem Schiffe nach ihren Bestimmungsländern geordnet worden sind, ans Land. Ein ägyptischer Postbeamter, begleitet von einem Schwarm brauner und schwarzer Gesellen in langen Hemden, nimmt zuerst die ägyptische Post in Empfang; dann erscheint der Beamte der zwischen Suez und Bombay verkehrenden Schiffspost und übernimmt die Posten nach Indien; eine Reihe von Postpackwagen steht bereit; schnell sind die Säcke, dank der Muskelkraft und Gewandtheit der arabischen Lastträger, in den Wagen untergebracht, und schon um 9 Uhr dampft der Zug nach Suez ab. Gegen 10 Uhr abends auf dem Bahnhofe von Suez angelangt, schleppt die Lokomotive den Zug ohne Aufenthalt weiter bis hinaus auf den Molo. Die meiste Arbeit verursacht nun das Ausladen, Abzählen und Verteilen der für Ostasien und Australien bestimmten Postladung. Diese Verrichtungen gehen unter Aufsicht eines Gehilfen des britischen Postagenten in Suez verhältnismässig rasch vor sich, da die Postsäcke je nach ihren Bestimmungsländern durch verschiedenfarbige Streifen gekennzeichnet sind. Eine Tafel mit den Erklärungen der verschiedenen Farben hängt in dem kleinen Häuschen auf dem Quai aus, so daß es den des Lesens und des Schreibens unkundigen sudanesischen und ägyptischen Lastträgern ein Leichtes ist, die Postsäcke rasch und sicher zu unterscheiden. Gegen 1 Uhr beginnt, da die Dampfer weit draußen auf der Rhede im tieferen Fahrwasser liegen, die Verladung der Postsachen in die Schleppkähne, die nun in dunkler Nacht dem Dampfer zuschwimmen, der bald darauf seinen Kurs auf Kalkutta nimmt. Inzwischen hat sich der mit dem Zug angekommene indische Schiffspostbegleiter mit den in Alexandrien übernommenen und in besonderen Eisenbahnwagen untergebrachten Postsäcken nach dem Bombay-Dampfer begeben . . .«

Erst von 1888 an, nachdem für Schiffe das Nachtverbot aufgehoben worden war und England zuvor schon seinen Einfluß in der Kanalgesellschaft entscheidend verstärkt hatte, wurde die gesamte Indische Post ausschließlich über die Wasserstraße geleitet. Dennoch sollte der Landweg für Passagiere selbst im 20. Jahrhundert eine Rolle spielen. Die Reisenden konnten in Suez den heimkehrenden P & O-Dampfer verlassen, per Auto nach Cairo fahren, im Eiltempo die Pyramiden besichtigen und sich dann im Abendzug, bei einem Dinner im Speisewagen der Compagnie Internationale des Wagons-Lits et des Grands Express Européens, nach Port Said begeben. Dort erwartete sie ihr Schiff, das inzwischen den Kanal durchquert hatte.

Wettfahrten Frankreich contra Deutschland

»Falls irgendein Mann an zwei Plätzen gleichzeitig sein kann (was ich weder glaube, noch leugne), so ist es Waghorn.« *W. M. Thackeray*

Am 12. August 1839 verließ London erstmals eine regelmäßige, offizielle Indienpost auf der neuen Route via Calais–Marseille in Anwendung der britisch-französischen Postkonvention vom 10. Mai des gleichen Jahres. Damit war die »Malle des Indes« geboren, die zunächst einmal im Monat gefahrene britisch-indische Postverbindung durch Frankreich.

Wegen fehlender Eisenbahnen mußten die Sendungen anfangs noch auf der Straße befördert werden. Überschwemmungen und Frost, ausgepumpte Pferde und die alten, viel zu schweren Diligencen machten es dem englischen »mail officer«, dem Kurier, der die hölzernen Postkisten begleitete, bald schwer, die festgesetzte Fahrzeit von 102 Stunden einzuhalten. Eine neue Konvention vom April 1843 führte daher zum Bau leichterer Wagen, mit denen die 1065 Kilometer in 72 Stunden zurückgelegt werden sollten. Materialdepots für die Indische Post wurden in Calais, Montreuil-sur-Mer, Abbeville, Beauvais, Briare, Moulins-sur-Allier, Roanne, Saint-Etienne, Valence und Marseille eingerichtet.

Auf Grund einer Konvention von1837 war die französische Route schon früher benützt worden, z. B. für eine Sendung, die Chesney via Euphrat aus Indien gebracht hatte. Die erste staatliche französische Dampferlinie zwischen Marseille und Alexandrien wurde durch Waghorns Kuriere frequentiert, welche ebenfalls den Weg durch Frankreich hindurch wählten. Daneben unterhielt die Londoner »Times« zur schnellstmöglichen Übermittlung ihrer Informationen einen eigenen Kurierdienst Alexandrien–London, der mit Waghorn zusammenarbeitete.

Den Straßentransport lösten die ersten Eisenbahnen ab. Zur Verbindung von London mit den Kanalhäfen Folkestone und Dover wurde die »South Eastern Railway« gebaut. Darüber schrieb W. G. Stitt Dibden im Bulletin Nr. 148 der Postal History Society: »1844 hatte die South Eastern Railway den Hafen von Folkestone erreicht und die Indische Post wurde nach diesem Hafen gebracht zur Beförderung mittels Dampfer nach Boulogne an Stelle von Calais.«Der Anschluß vom Bahnhof London Bridge erfolgte zunächst über die Gleise der London & Croydon Railway. Die konkurrierende »London, Chatham and Dover Railway« folgte 1861. Während diese im Londoner Victoria-Bahnhof begann, benützte die South Eastern ab 1865 bzw. 1866 die Bahnhöfe Charing Cross und Cannon Street als neue Ausgangspunkte. Die South Eastern Railway war es, welche um 1868 herum den Postzug in nur 1 Stunde 45 Minuten mit 80,5 km/h Reisegeschwindigkeit, einen Halt eingeschlossen, nach Dover beförderte.

Auch auf dem Ärmelkanal hatte das Dampfzeitalter begonnen. Ende der Dreißigerjahre des 19. Jahrhunderts transportierten die Calaiser Post südwärts Dampfer des Post-Office und nordwärts französische Schiffe. Da die staatlichen Dienste unwirtschaftlich waren, trat 1845 die »South Eastern & Continental Steam Packet Co.« in den Postverkehr nach Boulogne, Calais und Ostende ein. Die Post von dem bel-

Eisenbahnkarte von Deutschland am Schlusse des Jahres 1845.

gischen Hafen nordwärts beförderten staatliche belgische Dampfer. 1853 kaufte die »South Eastern Railway« acht Schiffe der South Eastern & Continental und 1854 gingen die englischen Postverträge an die »English, French & Belgian Royal Mail Co.«. Diese übernahm auch Postdampfer von der Admiralität, die ihre vorübergehende Kontrolle der Postbeförderung wieder an das Post Office abgab. 1862 wurde der Service England–Frankreich auf die Schiffe der »London, Chatham & Dover Railway« übertragen, während den Postdienst nach Ostende nun alleine belgische Schiffe versahen.

Die Übernahme der Indischen Post durch die ersten Eisenbahnen in Frankreich an Stelle des Straßentransportes beschreibt Vauquesal-Papin, der französische Historiker der »Malle des Indes«, in »La Vie du Rail«: »... Schon seit dem 5. Januar (1847) kündigte unser Postdirektor der Compagnie du Nord an, daß die Indische Post, welche am 7. und 24. jedes Monats abgeschickt wurde, von nun an über Boulogne geleitet werde und er forderte sie auf, vom 25. März 1847 an spezielle Züge mit rollenden Postämtern, mit der Abfahrt in Neufchatel um 4 Uhr früh und der Ankunft in Paris um 10 Uhr 45, zur Verfügung zu stellen ... Es war 1848, als dieser große Dienst auf den französischen Schienen geregelt wurde (ministerielle Entscheidung vom 10. Januar). Zu dieser Zeit benützte die ›Malle‹ unsere Schienen schon von Boulogne bis Bourges, vom 20. Mai 1849 an bis Nérondes und vom 5. Oktober 1850 an bis Nevers, wo das Fortschreiten des französischen Gleises vor Erreichen des Mittelmeeres für einige Jahre zum Stillstand kommen sollte«. An dem Postweg war die Eisenbahn Boulogne–Amiens beteiligt, die 1852 der Nordbahn eingegliedert wurde, die Nordbahn selber, die Orléansbahn und die 1852 von dieser übernommene Compagnie du Centre.

Im März 1849 entschied die französische Postverwaltung, daß der Wagen mit der Indienpost von Calais, statt von Boulogne aus starten solle. Die Gebühren waren für die Beförderung in den normalen planmäßigen Zügen, aber auch für notfalls erforderliche Sonderfahrten festgelegt. Zum Einsatz eines solchen Sonderzuges kam es, wie Vauquesal-Papin weiter berichtet, wegen einer Unplanmäßigkeit zum Beispiel in der Nacht vom 24. auf den 25. März 1849. Eine Dienstanweisung aus dem Jahre 1850 besagte, daß bei Verspätung des Zuges Nr. 6 mit dem Wagen der Indienpost aus Calais ein anderer von Amiens nach Paris vorauszuschicken sei – die schnelle »Crampton«-Lok aber dem Posttransport vorbehalten bliebe. Der Lokführer solle oftmaligen Gebrauch von der Dampfpfeife machen ... Dies waren die Anfänge der »Malle des Indes«, der indischen Postzüge durch Frankreich hindurch, derjenigen Zugverbindung des 19. Jahrhunderts, welche sich Presse, Volk und Dichter zum Idol machen sollten. Der Weg der »Malle« über Frankreich blieb allerdings nicht unangefochten ...

»Ulm, 28. Oktober. Heute Nacht um 12 Uhr passierte die ostindische Überlandpost hier durch. Die Reise von Bombay hierher wurde in 27 Tagen gemacht. Von Alexandria brauchte das Dampfschiff 133, und von Triest hierher der Kurier 46 Stunden, 3 Stunden länger als das letzte Mal; die Ursache dieser Verlängerung liegt darin, daß der Kurier in Tyrol hohes Gebirgswasser und bereits drei Fuß tiefen Schnee zu passieren hatte«, meldete die »Eisenbahn-Zeitung« im Jahre 1846.

Was hatte dazu geführt, daß die Indische Post durch Deutschland geleitet wurde? Die Beantwortung dieser Frage findet sich in Sidebottoms Dokumentation: Im April bzw. im August 1842 schlugen der britische Konsul in Triest, Sir T. S. Sorell, und der österreichische Botschafter in London, Baron Neumann, dem Foreign Office bzw. dem Postmaster General die Route über Triest vor und »es scheint hinreichend klar ... daß diese Vorschläge von Untersuchungen ... ausgingen, welche das Foreign Office in dem Bestreben durchgeführt hatte, die Indische Post der französischen Kontrolle zu entziehen.« Eine der Voraussetzungen dafür war das besondere Interesse Österreichs an einer Verbesserung des Seeverkehrs von dessen Hafen Triest aus, welches sich in der 1836 erfolgten Gründung des »Österreichischen Lloyd« gezeigt hatte. Als erstes Schiff der neuen Aktiengesellschaft hatte im Mai 1837 einer ihrer sechs, in England gebauten Rad-

Der Dampfer „Austria" des Österreichischen Lloyd   Archiv Technisches Museum, Wien

dampfer, die »Arciduca Lodovico«, die Linie nach Konstantinopel eröffnet und schon im gleichen Jahr gab es auf der griechischen Insel Syros einen Anschluß nach Alexandrien.

Diese Möglichkeit, sowohl von der französischen Regierung, als auch von der Peninsular & Oriental unabhängig zu werden, wurde sofort durch jenen Mann erkannt, dessen Unternehmungen zu diesen beiden Institutionen in Konkurrenz standen – Thomas Fletcher Waghorn. Im Juli 1842 übermittelte er der britischen Regierung und der East India Company einen Plan, wie zwischen London und Ägypten über Mitteleuropa eine Reisezeit von nur 10 Tagen erzielt werden könne. Als 1844 die französische Marine mit einem ihrer Schiffe den Kurieren des »Morning Herald« zu einem Sieg über die Konkurrenten von der »Times« verhalf, ergriff Waghorn die Gelegenheit, mit »Times«-Depeschen via Österreich eine Wettfahrt gegen die französische Route anzutreten.

Am 19. Oktober 1844 starteten seine Kuriere in Suez mit der Post, welche die »Semiramis« der Indian Navy aus Bombay gebracht hatte, durchritten mit achtmaligem Pferdewechsel in 8 Stunden die 84 Meilen Wüstenstrecke bis Cairo und erreichten nach weiteren 13¾ Stunden vor Alexandrien das österreichische Schiff »Impero«, auf dem Waghorn wartete. Nach 6½ Tagen Seereise bis Dwino bei Triest, 78 Stunden Fahrt per Pferdepost und Rheindampfer über Ulm nach Bingen, nach einer Schiffskollision und nach weiteren 13 Stunden Fahrzeit kam er in Köln an, wo er die Indische Post erstmals auf eine deutsche Eisenbahn umladen konnte: Ein Sonderzug (»special«) der Rheinischen Bahn und weiter die belgische Staatsbahn fuhren in 11 Stunden nach Ostende. 8¼ Stunden später, am 31. Oktober 1844 um 4 Uhr 30 morgens, 29½ Tage nach Abfahrt der Post aus Bombay, kam er im Büro der »Times« in London an – zwei Tage vor der Konkurrenz via Marseille.

Frankreich antwortete, indem es dem »Morning Herald« ein Schiff seiner Marine zur Verfügung stellte und dieser schlug die »Times« im Dezember seinerseits um zwei Tage. Die »Times« und Waghorn verbündeten sich mit der österreichischen Regierung, Waghorn propagierte sechs weitere Versuche, die East India Company erklärte sich bereit, die Hälfte der Kosten zu übernehmen und am 22. September 1846 begann in Suez die erste dieser sechs Probefahrten der Indischen Post quer durch das Mittelmeer und den europäischen Kontinent, jenes Wettrennen mit Hochseedampfern, Pferdeposten, Flußschiffen und Eisenbahnzügen um Tage, Stunden und Minuten:

Waghorn startete am 22. September um 11 Uhr 30 in Suez und holte schon in Ägypten einen Vorsprung von zwei Tagen heraus. 237 Stunden nach Abfahrt aus Alexandrien, kam er am 3. Oktober 1846 um 3 Uhr 28 morgens in London an – während die Konkurrenz am 4. Oktober noch in Marseille war. Sie erreichte London erst am 7. Oktober um 10 Uhr 15.

Bei der zweiten Wettfahrt, mit der in Bombay am 1. Oktober abgegangenen Post, verließen die Kontrahenten den Hafen von Alexandrien fast gleichzeitig. Waghorn legte am 20. Oktober um 12 Uhr 20 ab, die P & O folgte 15 Minuten darauf, um 12 Uhr 35. Am 28. Oktober kam Waghorns Post durch Ulm – es war jene Fahrt, bei der in Tirol hohes Gebirgswasser und drei Fuß tiefer Schnee zu passieren waren – in Mannheim wurden die Sendungen auf den Rheindampfer verladen, in Mainz aber wieder auf die Pferdepost überstellt; über Straßen, die durch den Regen aufgeweicht waren, ging es nach Köln und dort endlich wurde die Bahn erreicht. Die Linie über Marseille dagegen war im Vorteil, da sie den neuen, schnelleren P & O-Dampfer »Ariel« zur Verfügung hatte, was Waghorn wiederum zu der ärgerlichen Frage veranlaßte, wieso diese Reederei mit 165 000 Pfund Jahressubvention für den Postdienst ihren neuesten Dampfer für französische Sendungen über Marseille und nicht für englische Regierungsdepeschen über Triest einsetzte. Als Reisezeit Alexandrien–London nannte die »Eisenbahn-Zeitung« via Triest 253½ Stunden und via Marseille 229½ Stunden, was im Widerspruch steht zu den von Sidebottom zitierten Ankunftsangaben mit dem 31. Oktober bzw. 4. November.

Bei der dritten Probe, mit Abfahrt in Bombay am 2. November, kamen die Kuriere beider Routen in London am gleichen Tag, dem 2. Dezember, im Abstand von nur wenigen Stunden an.

Die vierte Fahrt mit der Post aus Bombay vom 2. Dezember entschied Triest für sich, mit Ankunft in London am 2. Januar 1847 um fünf Uhr früh gegenüber Marseille mit Ankunft am 3. Januar um 9 Uhr 45 abends.

Über die fünfte Fahrt mit Abgang der Post in Bombay am 2. Januar 1847 und Abfahrt in Triest am 30. Januar gegen 11 Uhr vormittags via Peroroto, Landro, Innsbruck, Kempten, Ulm, Stuttgart, Mainz, Köln und Ostende berichtete damals die »Eisenbahn-Zeitung«: »Bruchsal 2. Februar. Heute früh 7 Uhr traf der Beauftragte des österreichischen Lloyd hier ein und wurde sogleich weiter auf der Eisenbahn nach Heidelberg befördert. Er hatte diesmal für den Weg von Triest bis hieher 69 Stunden gebraucht, da er mit großen Hindernissen zu kämpfen hatte. Er traf nämlich in Tyrol 7 Fuß hohen Schnee an, so daß ihm an einer Stelle 12 Stunden Zeit erforderlich waren, um von einer Station zur anderen zu gelangen.« Dennoch siegte Triest mit Ankunft in London in den frühen Morgenstunden des 4. Februar gegenüber Marseille mit Ankunft am Nachmittag des 6. Februar.

Die sechste Fahrt, mit der Post aus Bombay vom 2. Februar, endete, bei Ankunft in London am 4. März 1847 um sieben Uhr abends bzw. ein Uhr nachmittags, nahezu unentschieden.

Das große Rennen war vorüber, es hatte den Beteiligten ein Vermögen gekostet und Waghorn legte die Zeitrechnung für die sechs Probefahrten – eine stattgefundene Vorprobe nicht eingerechnet – dem Post Office vor: Um 12 Tage, 9 Stunden und 25 Minuten, das bedeutet im Durchschnitt 2 Tage, 1 Stunde und 34 Minuten, war die Route über Triest schneller gewesen als jene über Marseille.

Die Teilstrecken, auf denen die Indische Post durch Bahnfahrt beschleunigt werden konnte, waren noch kurz. Aus der »Eisenbahn-Zeitung«ist ersichtlich, daß zwischen Triest und Bruchsal ausschließlich die Straße benützt wurde. Eine Eisenbahn von Innsbruck über den Fernpaß nach Bayern war zwar 1843 in Kempten propagiert worden, doch bekanntlich wurde sie nie gebaut. Auf den Streckenabschnitten, auf denen weder Bahnen noch Flußschiffe vorhanden waren, mußten für die jeweils 50 Zentner Post drei Packwagen eingesetzt und 14 Pferde auf jeder Station bereitgehalten werden. Mit der Bahndirektion in Karlsruhe schloß der beteiligte Österreichische Lloyd einen Vertrag ab, welcher besagte, daß »eine besondere Lokomotive zum Weitertransport des indischen Felleisens von Bruchsal nach Mannheim zur jederzeitigen Verfügung gestellt wird.« Ähnliche Vereinbarungen seien mit der Rheinischen Dampfschiffahrtsgesellschaft – möglicherweise war die Preußisch-Rheinische Dampfschiffahrts-Gesellschaft gemeint – sowie mit der Aachen-Kölner Bahn und der Eisenbahn in Belgien abgeschlossen worden. Damals unterstand das Postwesen in Bayern, Baden, Hannover, Sachsen und Preußen den jeweiligen Staaten, in Württemberg, Hohenzollern, Hessen, den Rheingebieten und kleineren deutschen Ländern den Fürsten Thurn und Taxis.

Die Züge von Bruchsal nordwärts gehörten den Großherzoglich Badischen Staatseisenbahnen und hatten die von der europäischen Normalspur abweichende Spurweite von 1,60 Meter. Die Strecke führte über Heidelberg nach Mannheim. Erst in Bonn stand wieder eine Bahn zur Verfügung, die Bonn-Cölner Eisenbahn. Aus den Berichten der Eisenbahn-Zeitung geht aber nicht hervor, daß sie für die Indische Post verwendet wurde. Von Köln (Am Türmchen) ausgehend, stellte die Rheinische Eisenbahn seit Oktober 1843 die internationale Verbindung mit den belgischen Staatsbahnen her, deren Weg nach Ostende über Lüttich

Umschlag vom Schiff zur Bahn in Köln um 1850, nach einem zeitgenössischen Steindruck
Archiv Deutsche Bundesbahn

Badischer Breitspurzug im Bahnhof Heidelberg 1840, nach einer zeitgenössischen Radierung
Archiv Deutsche Bundesbahn

(Liège) und seinerzeit noch über Mechelen (Malines) führte, da die Abzweigung Leuven (Louvain)–Brüssel erst später entstand.

Es wurde festgestellt, daß eine zusätzliche Beschleunigung durch einen »Schnelltrain«Köln–Ostende möglich gewesen wäre. Nach Ansicht des Österreichischen Lloyd hätte daneben eine geänderte Streckenführung Ostende – Mainz – Zürich – Mailand – Triest eine Verbesserung gebracht. In einem Notenwechsel zwischen Wien und London war 1847 von der künftigen Bahn Bayern–Österreich die Rede, der Österreichische Lloyd verhandelte mit deutschen Länderregierungen über eine weitere Benützung der Route via Tirol und andere Leute sahen bereits eine zukünftige Postlinie von Amerika und nicht nur von England nach Indien über Bremen–Triest führen. Auf einer Konferenz am 3. Dezember 1847, im Anschluß an den Kongreß der deutschen Eisenbahn-Direktionen vom November jenes Jahres, schlug der Österreichische Lloyd einheitliche »Reisebücher« mit Fahrkarten und Pässen für die Indienreisenden den versammelten Bahnverwaltungen vor. Dies waren die Wien-Gloggnitzer Bahn, die Kaiser-Ferdinands-Nordbahn, die Wilhelmsbahn (Ratibor), die Oberschlesische Bahn (Breslau), die Niederschlesisch-Märkische Bahn, die Sächsich-Schlesische Bahn, die Leipzig-Dresdener Bahn, die Magdeburg-Leipziger Bahn, die Berlin-Potsdam-Magdeburger Bahn, die Magdeburg-Halberstädter Bahn, die Herzogliche Braunschweig-Lüneburger Bahn, die Königliche Hannoversche Bahn, die Cöln-Mindener Bahn und die Rheinische Bahn.

Im Dezember 1847 meldete die »Eisenbahn-Zeitung«, daß die Indische Post vom 1. Januar 1848 an je einmal im Monat über Triest–Wien–Breslau–Görlitz–Dresden–Leipzig–Magdeburg–Hannover–Köln–Ostende und über Triest–Wien–Breslau–Hamburg geleitet werden solle. Tatsächlich wurde im gleichen Jahr mit der Kaiser-Ferdinands-Nordbahn die erste Eisenbahnverbindung zwischen Österreich und Preußen fertig, während die Bahn von Wien über den Semmering nach Triest erst 1857 vollendet wurde. Es waren Extrazüge und für den Ärmelkanal Extraboote vereinbart worden. Von Triest aus sollte der Österreichische Lloyd, gemäß einer Ankündigung, ab 1. April 1846 probeweise und ab 1. August 1847 zweimal wöchentlich direkt verkehren. Der Chronist des Lloyd, Oskar Stark, gibt den 10. Mai 1848 als definitives Datum der Verkehrsaufnahme an. Spätestens von diesem Zeitpunkt an ging der in Deutschland aufkommende Teil der Indienpost nicht mehr über Marseille, sondern über die Kaiser-Ferdinands-Nordbahn und Triest. Im Jahre 1852 wurde der Dienst des Österreichischen Lloyd auf zwei Fahrten wöchentlich erweitert, mit Anschluß in Alexandrien an die Dampfer der Peninsular and Oriental und 1852/53 kamen auf der Eillinie nach Ägypten die neuen schnellen Raddampfer »Bombay«, »Australia« und »Calcutta« zum Einsatz.

Doch allen diesen Bemühungen zum Trotz und obwohl sich die Route über Triest gegenüber der französischen bei den Probefahrten als die schnellere erwiesen hatte, berichtete die »Eisenbahn-Zeitung« 1850 und 1851, daß die Indian Mail nach wie vor über Marseille und nicht durch Deutschland befördert werde. Allerdings befand sich in Frankreich zwischen Tonnerre und Dijon sowie zwischen Chalon-sur-Saône und Avignon jeweils noch eine Lücke in der Schienenverbindung, was zu der Annahme führte, daß Deutschland und Österreich davon profitieren würden. Die zeitgenössische »Eisenbahn-Zeitung« erwähnte aber in den folgenden Jahren nichts mehr, was auf eine Benützung der Linie durch Mitteleuropa hingewiesen hätte. Der britische Historiker der Indienpost, Col. C. N. M. Blair, präzisierte in einem Schreiben dazu folgendes: »Es gibt Hinweise über Korrespondenz Indien–England, die in der genannten Zeit über Triest geleitet wurde, aber das war nicht die anerkannte, reguläre Route. Solche Briefe, die den Weg über Triest und Deutschland nahmen,.. waren sehr vereinzelt.«

Crampton-Lokomotive Nr. 10 der französischen Nordbahn Archiv Deutsches Museum

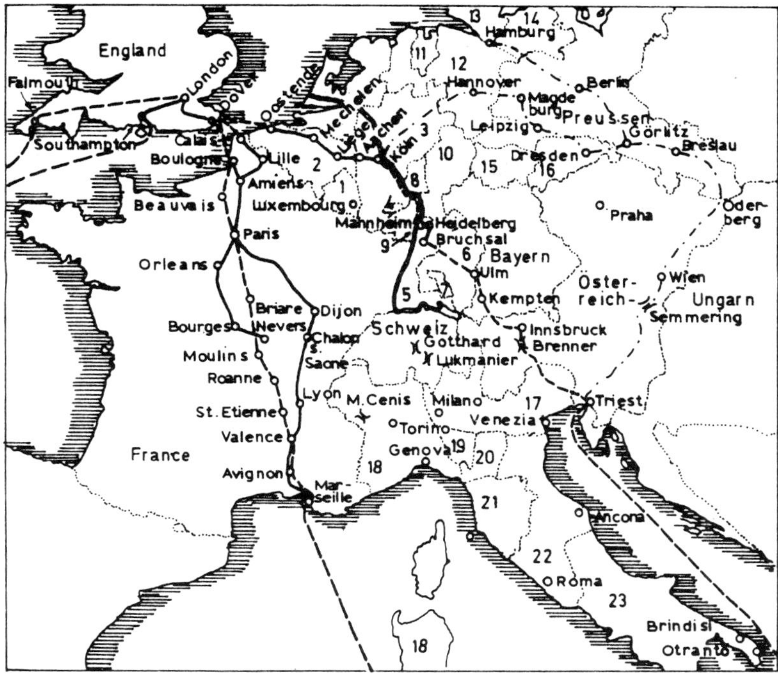

INDIAN MAIL 1839–1859

per Bahn
per Straße od. Schiff
Projekte
Grenzen

1 Luxemburg 1839
2 Belgien 1831
3 Rheinprovinz (1824 Preussen)
4 Lichtenberg 1834
5 Großherzogtum Baden
6 Königreich Württemberg
7 Hohenzollern (1842 Preussen)
8 Nassau
9 Pfalz
10 Hessen Waldeck
11 Oldenburg
12 Königreich Hannover u. Herzogtum Braunschweig
13 Herzogtum Schleswig
14 Großherzogtum Mecklenburg
15 Thüringen
16 Sachsen
17 Venetien-Lombardei (bis 1866/59 Österreich)
18 Sardinien
19 Parma (1860 Italien)
20 Modena (1860 Italien)
21 Toscana (1860 Italien)
22 Kirchenstaat
23 Sizilien

Im April 1855 wurde der Eisenbahnabschnitt Lyon–Valence eröffnet und vom 10. November des gleichen Jahres an war die Strecke Paris–Marseille durchgehend befahrbar. Die »Malle des Indes« benützte von nun an zwischen Ärmelkanal und Mittelmeer die Bahn. Wie so ein Transport der Indienpost aussah, erzälte F. E. Baines in »Forty Years at the Post Office«, erschienen 1895 in London und wiedergegeben im Bulletin Nr. 148 der Postal History Society: »Es war ein stolzer Beamter, der sich, gekleidet in einen dunkelblauen Anzug, um sieben Uhr abends am 17. Juli 1858 in der großen Halle am Eingang des Foreign Office präsentierte« – so beschrieb er sich selbst, als er, in der Rolle des Begleiters der Indienpost, des »acting officer in charge of the Indian mails«, seine Reise durch Europa antrat. Achtundsiebzig eiserne Kisten, voll von Briefen, von denen keine einzige verlorengehen durfte, hatte er zu überwachen, als sie am Bahnhof London Bridge von den Wagen in den Zug gebracht wurden, als Träger sie in Dover vom Zug aufs Schiff transportierten und als sie in Calais wieder in einen Zug verladen werden mußten. »Dann blickte ich umher. Ein großer Eisenbahngepäckwagen war bereitgestellt worden. In ihm befand sich eine gepolsterte Nische, eine Seite für mich, und die andere für meinen zeitweiligen Kollegen.« Dieser hatte sich als »Monsieur, der französische Kurier, verantwortlich für die Indienpost«, vorgestellt. Um ein Uhr früh startete der Zug. In Paris mußte zwischen Nordbahn und P.L.M. die Straße benützt werden, in Marseille wurde die Post vom Zug abermals in »fourgons« der Straße und aus diesen endlich in den Dampfer »Vectis«der P & O umgeladen, der sie nach Ägypten brachte. »Es war ein erlösender Augenblick«, so schreibt der Beamte, »als der Janitschar in Alexandrien das arabische Wort für achtundsiebzig sang und besonders, als mir der Agent Ihrer Majestät eine vollständige Quittung für meine Depeschen ausstellte.«

Der Wagen, in dem Baines nach Abfahrt von Calais ängstlich seine achtundsiebzig Kisten zählte, während der erfahrenere französische Kollege seine bequemen Hausschuhe anzog und das mitgebrachte Abendbrot auspackte, muß eines der beiden, 1856 speziell für die Indienpost gebauten Fahrzeuge der französischen Postverwaltung gewesen sein, welche es möglich machten, daß der Begleiter die Post während der Fahrt überwachen konnte. Die Züge Calais–Paris fuhren bis 1861 über Lille, dann über eine Abkürzung Hazebrouk–Arras und erst von 1867 an auf der heutigen Strecke über Boulogne. Südlich von Paris führte der Weg via Dijon und Lyon über die Gleise der einstigen Compagnie de Paris–Lyon und der Compagnie de Lyon à la Méditerrannée, die 1857 in der Paris–Lyon–Méditerranée aufgegangen waren. Auf dieser P.L.M. liefen ebenfalls die neuen, speziellen Postwagen nachdem ihre Zahl 1863 auf fünf erhöht wurde. Das Schauspiel, daß die Indienpost vierspännig, wie ein Bewunderer schrieb, über das Pflaster von Paris stob und die Gaffer in Aufregung versetzte, war im Jahr darauf vorüber, als die Post erstmals von der Nordbahn zur P.L.M. über die Gürtelbahn rechts der Seine überstellt wurde. Bei der Überstellung fuhr die »Malle des Indes« als Sonderzug, sonst in gewöhnlichen Zügen.

Die Indische Post über den französischen Mittelmeerhafen war zu einer Institution geworden – dennoch gab es weiterhin Kräfte, welche Marseille die »Malle« entreißen wollten. Am 11. September 1846 war in Belgien die »Grande Compagnie du Luxembourg« gegründet worden mit der Aufgabe, eine Bahn von Brüssel über Arlon an die Grenze von Luxemburg zu bauen. Ihren Konzessionären gelang es, englisches Kapital dafür zu interessieren, nicht zuletzt wegen der Aussicht, daß diese Bahn einmal die »Indian Mail« auf einem Teil ihres Weges nach Triest befördern würde.

Über den Anschluß weiter südostwärts via Wilhelm-Luxemburg-Bahn (Guillaume–Luxembourg), Saarbrücker Eisenbahn und Pfälzische Ludwigsbahn meldete am 23. 8. 1861 die Salzburger Zeitung: »Die Trier-Luxemburger Eisenbahn ist am 14. d. M. eröffnet worden. Sie ist das letzte Glied des großartigen Schienenweges, der nach den bekannten Ermittlungen des englischen Leutnants Waghorn die kürzeste Route von London nach Calcutta und somit die geeignetste Linie zur Beförderung der indischen Überlandpost bildet. Nach der jetzt hergestellten Eisenbahnverbindung zwischen Trier (resp. Conz) und Luxemburg wird sich der Personen- und Gütertransport von England nach Asien über Namur, Arlon, Luxemburg, Trier (resp. Conz), Saarbrücken, Mannheim, München und Wien nach Triest bewegen, wo Dampfer die Verbindung über das Mittelmeer nach Ägypten vermitteln.«

Auch in Italien gab es Kräfte, welche die »Indian Mail« an sich reißen wollten. Schon in den Vierzigerjahren hatte der Einiger des Landes, Graf von Cavour, die Bedeutung einer geplanten Alpenbahn Genua–Lyon für die Verbindung England–Indien vorausgeahnt. 1847 berichtete die »Eisenbahn-Zeitung« von einem Vertrag zwischen der sardischen Regierung und der Peninsular & Oriental, welcher vorsah, die Mail probeweise über Genua zu führen. Als das Post Office im gleichen Jahr eine siebente Probefahrt durch Waghorn abgelehnt hatte, dachte es bereits an eine neue künftig mögliche Linienführung nach Brindisi oder Otranto. Waghorn wiederum hatte zur selben Zeit in einem Brief an Lord Palmerston vier mögliche Routen beschrieben, unter denen sich eine über Triest–Berlin, eine über den Lukmanier und eine über den Kirchenstaat befand. Waghorn hatte, wie er später schrieb, das Wohlwollen von Papst Pius IX. für eine Postbeförderung via Ancona gewonnen.

Der von Waghorn erwähnte Lukmanier-Paß in der Schweiz war keineswegs der einzige Konkurrent für die angestrebte Alpenbahn Lyon–Genua. Alois Negrelli dachte eher an die Benützung des weiter östlich gelegenen Splügen, der eine Verbindung mehr nach der österreichisch beherrschten Lombardei als nach dem sardischen Staat ermöglicht hätte. 1838 verlangte der Italiener Zanino Volta ein Privileg zum Bau eines »Souterrains« unter jenem Paß hindurch – ein unerhört kühnes Projekt für die damalige Zeit. Der Graubündener Ingenieur Richard La Nicca wies dagegen auf die Eignung des von dem Turiner Cavaliere Carbonazzi empfohlenen Lukmaniers für die Alpenbahn hin. Englische Experten des Schweizerischen Bundesrates wollten dort evtl. ihr Seilbahnsystem mit »schiefen Ebenen« anwenden. 1850 schlug Juvenal Vegezzi-Ruscalla eine Bahn über den weiter westlich situierten Grimsel vor und »im folgenden Jahr wurde die Idee im Zusammenhang mit dem englisch-sardischen Handelsvertrag auch von englischen Ingenieuren aufgegriffen«, steht dazu in dem offiziellen Werk »Ein Jahrhundert Schweizer Bahnen« zu lesen. Eine Variante im Osten wurde, der gleichen Quelle zufolge, in den Vierzigerjahren durch die in England gegründete »Italian and Austrian Company« vertreten, welche eine Bahn von Württemberg über Friedrichshafen, Landeck und Meran nach Bozen bauen wollte. Über einen englischen Versuch im Jahre 1845, die Konzessionierung sämtlicher Eisenbahnlinien in Württemberg in die Hand zu bekommen, schrieb Dr. Supper in »Die Entwicklung des Eisenbahnwesens im Königreich Württemberg«, daß dabei »der Gedanke zu Grunde lag, eine Teilstrecke der damals geplanten Eisenbahnverbindung zwischen England und Indien an sich zu bringen«.

Schließlich zeigte ein Beschluß der betroffenen schweizerischen Kantone vom 19. August 1853 den Beginn des Siegeszuges der Gotthardidee gegenüber dem Lukmanier oder Splügen an. Im gleichen Jahr aber erfolgte mit Fertigstellung der Giovi-Linie von Genua nach Turin ein wichtiger Schritt zu einer Verbindung des Mittelmeeres mit dem Norden unter Außerachtlassung der Zentralschweiz, deren Alpenbahnprojekte noch nicht über das Stadium der Diskussionen hinauskamen. 1857 wurde der Fréjus- oder Mont Cenis-Tunnel zwischen Piemont und Savoyen zu bauen begonnen und damit zeichnete sich definitiv ein Weg nach Italien über Frankreich ab.

Im Jahre 1860 kam Savoyen zum französischen Staat. Die Grenze verlief von nun an im Inneren des im Bau befindlichen Tunnels. 1861 wurde das italienische Königreich proklamiert – und im gleichen Jahr schlug die italienische Regierung dem Post Office in London selber die Führung der Indian Mail über Ancona vor, womit 22 Stunden Fahrzeit eingespart werden sollten. Der Hafen von Ancona erschien den Engländern ungeeignet, doch Cavour gab seine Hoffnung nicht auf, denn die Bahn wurde weiter bis Brindisi verlängert.

Die Schienenlücke zwischen Frankreich und Italien schloß sich sogar noch vor der Fertigstellung des Fréjus-Tunnels. Im Jahre 1863 ließ sich der englische Ingenieur John Barraclough Fell eine Technik patentieren, mit der ganz außerordentliche Steigungen überwunden werden können. Das System entsprach einem Patent des französischen Barons Séguier aus dem Jahre 1846: In Gleismitte befand sich eine Doppelkopfschiene, gegen die flach angeordnete, zusätzliche Antriebsräder mit Federkraft drückten. Die erste Erprobung einer derartigen, von Fell konstruierten Lokomotive fand 1863 auf der Strecke von Cromford zum High Peak in Derbyshire statt. Das Experiment war so erfolgreich, daß eine Verbindung Fells mit englischen Kapitalisten zustandekam mit dem Ziel, eine Versuchsbahn am Mont Cenis zu bauen. Im Falle eines Erfolges sollte eine Eisenbahn von St. Michel-de-Maurienne über den Paß nach Susa mit dem Zweck angelegt werden, in den bis zur voraussichtlichen Tunneleröffnung verbleibenden sechs Jahren die Kosten und Zinsen hereinzubringen.

Die Versuchsstrecke wurde bei Lanslebourg auf ca. 2 km Länge mit 151 Metern Höhenunterschied gebaut. Es kamen zwei Lokomotiven zur Erprobung, darunter die Maschine von Derbyshire. Der englische Ingenieur H. W. Tyler war beauftragt, die Brauchbarkeit dieses Weges für den Indienverkehr zu untersuchen – und sein Bericht fiel positiv aus. 1865 wurde die Konzession für die Verbindung von St. Michel nach Susa erteilt und im Jahre 1866 konstituierte sich in London mit dem Kapital von 250000 Pfund Sterling die Gesellschaft mit dem Namen »The Mount Cenis Railway Company Ltd.«. Ihrem Direktorium gehörten der Herzog von Sutherland als Präsident, Sir James Hudson, Lord Abinger, der italienische Herzog von Vallombrosa, W. Thomas Brassey, T. R. Crampton, Fell und andere an.

Die Linie war längs der Paß-Straße angelegt mit Steigungen bis zu 83 Promille, kleinsten Kurvenradien von weniger als 50 Metern und einer Länge von 78 Kilometern. Es bestanden nur

Lokomotive nach dem System Fell der Bahn über den Mont Cenis   Archiv La Vie du Rail

Ein Zug der Bahn nach dem System Fell bei Ausfahrt aus St. Michel 1871, nach einer Veröffentlichung aus dem vorigen Jahrhundert

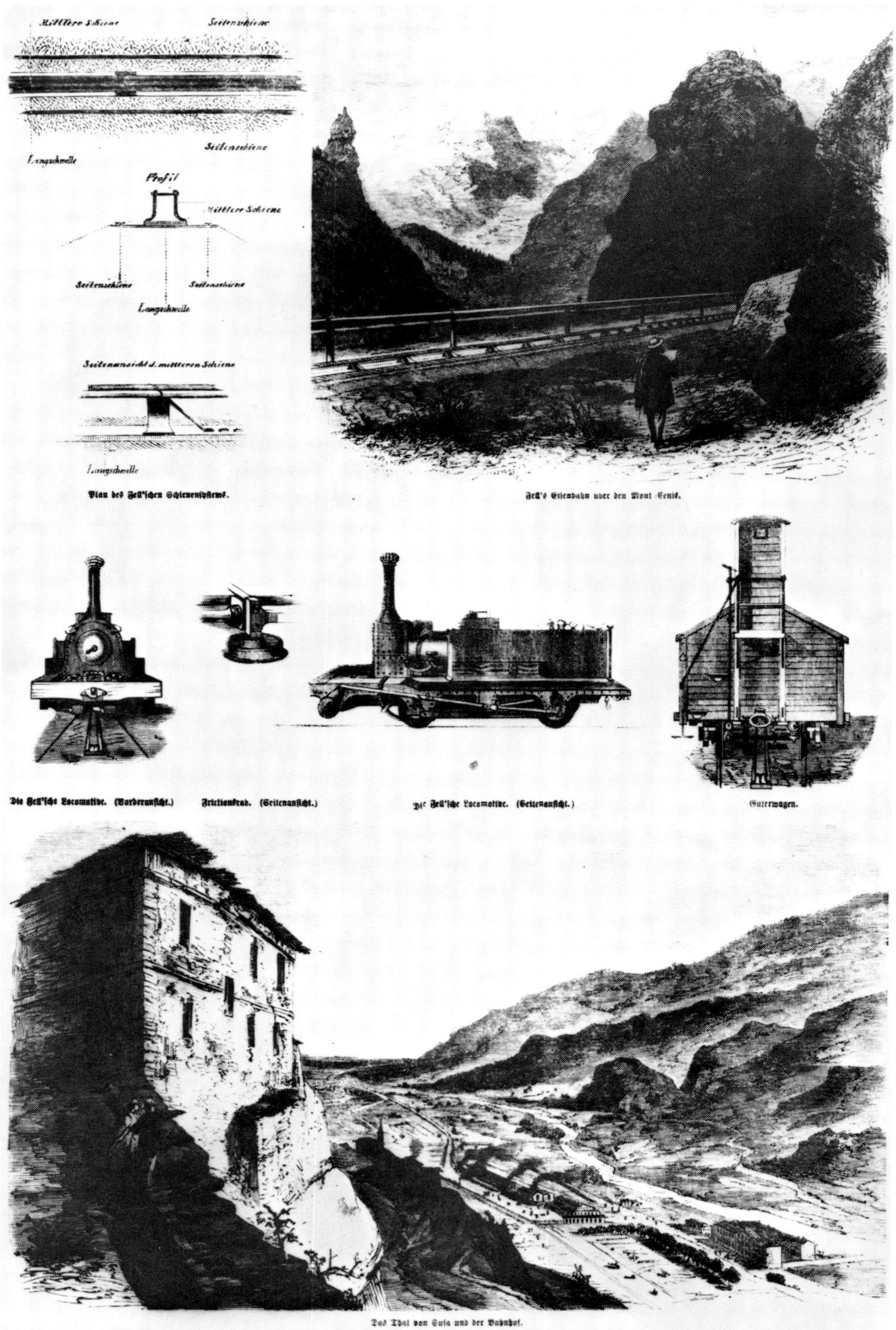

Die Eisenbahn nach dem System Fell über den Mont Cenis, nach einer zeitgenössischen Veröffentlichung

wenige Tunnels, aber ausgedehnte Lawinengalerien aus Holz und aus Wellblech. Diese gaben der Bahn, nach den Worten des Matterhorn-Erstbesteigers Whymper als Augenzeugen, das Aussehen einer »ungeheuren Schlange«. »Innerhalb der bedeckten Wege sieht man wegen der scharfen Kurven nur wenige Schritte vor sich«, schrieb der Alpinist weiter. »Die Maschine zittert, schwankt, springt und ist schwer zu halten. Taucht man wieder in der offenen Luft auf, so sieht man an steilen Bergen und in Abgründe hinab. Im nächsten Augenblick wendet sich die Maschine plötzlich nach links, und Führer und Heizer müssen sich sehr festhalten, um nicht herausgeschleudert zu werden.«

Am 23. Mai 1868 wurde die Strecke für den Güterverkehr und am 30. Juni des gleichen Jahres für den Personenverkehr freigegeben. Wie die Lokomotiven hatten auch die zweiachsigen Wagen vier waagrechte Räder. Es gab Personenwagen erster, zweiter und dritter Klasse, Gepäckwagen und Güterwagen. Für die neuesten, 1870 gebauten Lokomotiven war ein Zuggewicht von 30 Tonnen bei 70 Promille Steigung angegeben. Ein Photo von 1871, dem letzten Betriebsjahr der Bahn, zeigt einen Zug, bestehend aus zwei Gepäck- und drei Personenwagen.

Um jede nur mögliche Beschleunigung auszunützen, zweigte vom November 1869 an ein Teil der Indischen Post in Maçon von der Hauptstrecke ab nach St. Michel-de-Maurienne. Dort wurden die Sendungen auf die »Postzüge«der Fell-Eisenbahn verladen und erreichten nach $4\frac{1}{2}$ Stunden Fahrzeit die italienische Station Susa. Der Weitertransport geschah über die Gleise der verstaatlichten Vittorio Emanuele-Bahn und der »Società delle Ferrovie dell' Alta Italia« sowie der »Società Italiana per le Strade ferrate Meridionali« nach dem Hafen Brindisi, wo die Dampfer nach Alexandrien ablegten. Dies waren die vier ungefähr 970 Tonnen großen Schiffe der Società Anonima Italiana di Navigazione Adriatico Orientale, welche 1863 durch Charles Hill aus Newcastle-on-Tyne gegründet worden war. Dieser mit einer erhöhten Gebühr belastete versuchsweise Postweg wurde bis September 1870 beibehalten. Daneben führte die normale Route der kommerziellen Mail via Marseille und von dort aus mit P & O-Dampfern über Messina nach Alexandrien und der Weg der schweren Post via Southampton.

Für den mutigen Waghorn aber hatte das Scheitern seines Planes, eine Route für die Indienpost durch Deutschland zu eröffnen, Ende der Vierzigerjahre des 19. Jahrhunderts den finanziellen Ruin gebracht. Der Mann, der sein gesamtes Vermögen in die Beschleunigung der Indischen Post gesteckt hatte, mußte einen Bittbrief an Behörden und East India Company richten, um wenigstens eine relativ bescheidene Pension zu erhalten. Am 7. Januar 1850 starb Waghorn im Alter von nur 49 Lebensjahren und sechs Jahre darauf folgte ihm seine Frau.

Der Telegraph war schneller – aber die »Malle« konnte Passagiere befördern

»Times« und »Herald« ließen zeitweilig in Dover eine Lokomotive unter Dampf halten, die keine andere Aufgabe hatte, als eintreffende Nachrichten so schnell wie möglich nach London weiterzubefördern. Der »Morning Herald« hatte auch eigene Kanaldampfer, die »Onyx« und die »Undine«. 1865 aber wurde der Telegraph England–Indien eröffnet – und damit waren Schiff, Eisenbahn und »Indian Mail«erstmals nicht mehr die schnellsten Kommunikationsmittel. Der Telegraph war schneller.

Der Eisenbahn aber fiel eine neue Rolle zu: der Langstrecken-Passagierverkehr. Stellten die Bahnverwaltungen anfangs meist nur ihren Königen Reisekomfort zur Verfügung, welcher mit dem Seeweg hätte konkurrieren können, so boten während der Sechzigerjahre des vorigen

Plakat über den ersten Schlafwagendienst in der „Malle des Indes" im Jahre 1879
Archiv Commault

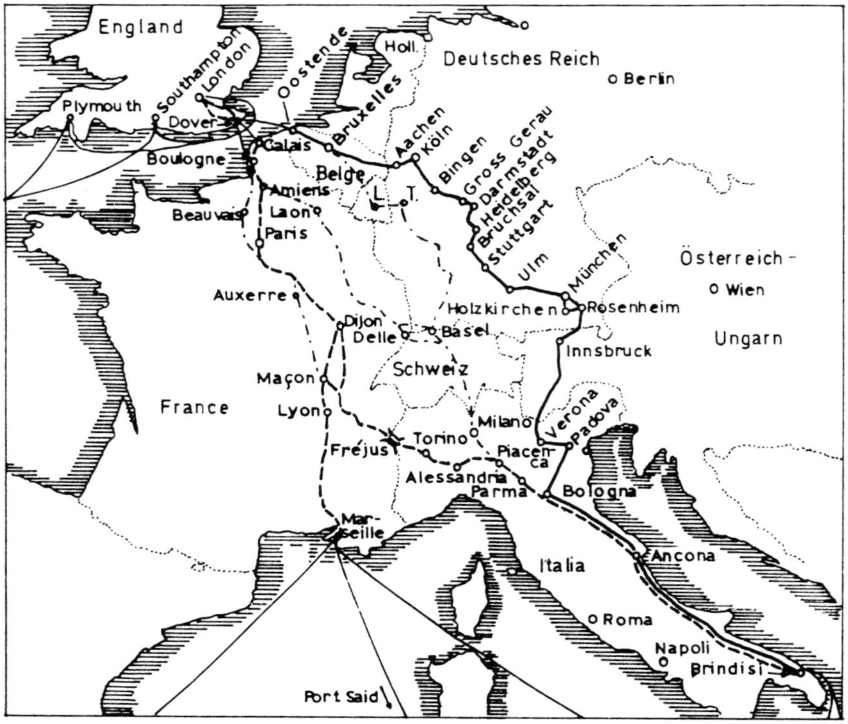

INDIAN MAIL 1871–1914

Zug 1870/71
Zug 1872/1914
Projekte
Dampfer
Grenzen

Jahrhunderts private Unternehmer in Amerika erstmals auch zahlungskräftigen »normalen« Reisenden Schlafwagenservice an. Der bedeutendste, wenngleich nicht der erste unter den Schlafwagenunternehmern, war George Mortimer Pullmann (geb. 1831, gest. 1897). Ermöglicht wurde das Geschäft mit den exklusiven Schlafwagen durch niedrige Dienstleistungskosten als Folge des extremen sozialen Gefälles der damaligen Zeit.

Angeregt durch die amerikanischen Schlafwagen, kehrte der junge belgische Ingenieur und Bankierssohn Georges Nagelmackers (geb. 1845, gest. 1905) 1869 von einer Amerikareise nach Europa zurück mit dem Gedanken, derartige Dienste auch in Europa einzurichten. Seine Verhandlungen mit den Bahnverwaltungen fielen zeitlich mit den mitteleuropäischen Bestrebungen zusammen, die Indische Post von Frankreich weg auf eine Route durch Belgien, den 1866 gegründeten Norddeutschen Bund, die süddeutschen Staaten und die unter Leitung des Württembergers Karl v. Etzel erbaute, 1867 eröffnete Brennerstrecke der k.k. privilegierten Südbahn-Gesellschaft zu verlegen. Der auf einer Konferenz in Stuttgart im Jahre 1869 geplante, einmal wöchentlich in 36 Stunden von Brindisi nach Ostende durchzuführende »Separatzug« hätte, im Gegensatz zu der französischen »Malle des Indes«, auch Passagiere befördern sollen – in Schlaf und Speisewagen.

Tyler berichtete in London auch über diese Route positiv, aber erst der französisch-deutsche Krieg und die Umzingelung von Paris im September 1870 bewogen das britische Post Office, die kommerzielle Mail durch Deutschland zu leiten. Am 20. Oktober 1870 startete in London der erste »Vortransport« mit 1000 Pfund Briefen in 20 Kisten, gefolgt am nächsten Abend um 20.25 Uhr durch den Haupttransport mit 4600 Pfund Briefen in 92 Kisten. Dieser erreichte über Köln, offenbar Mainz, Bruchsal, München, Verona, Padua, Ferrara und Bologna, am 25. Oktober um 3.15 Uhr morgens den Hafen Brindisi, nachdem er zwischen Verona und Padua durch ein »besonderes Gebrechen an der Maschine« aufgehalten worden war, wie die Zeitung des Vereins deutscher Eisenbahnverwaltungen berichtete. Der gleichen Quelle zufolge hatte das Generalpostamt des norddeutschen Bundes mit den süddeutschen Postverwaltungen Vereinbarungen getroffen, die Indian Mail »in durchlaufenden Waggons, nöthigenfalls in Extrazügen, über Köln, Darmstadt, Bruchsal, Ulm, München und den Brenner« zu befördern. Dazu waren die Fahrpläne vorhandener Züge abgeändert worden. Die Abfahrt von London erfolgte für den Vortransport jeden Donnerstag und für den Haupttransport jeden Freitag.

Mit diesen Angaben aus der »Zeitung des Vereins deutscher Eisenbahnverwaltungen« läßt sich der Versuch unternehmen, den Weg der Indischen Post durch Mitteleuropa zu rekonstruieren. Das Netz der belgischen Staatsbahnen schloß an der Grenze bei Herbesthal an die Rheinische Eisenbahn an, welche, nach Einverleibung der Bonn–Cölner Eisenbahn, die Rheinstrecke bis Bingerbrück besaß. Die Hessische Ludwigsbahn führte weiter über Groß Gerau nach Darmstadt. Den Weg von Darmstadt nach Heidelberg bildete damals die Main-Neckar-Bahn und die Verbindung nach Bruchsal stellten die, schon längst auf Normalspur umgebauten, badischen Staatseisenbahnen her. Von Bruchsal über Stuttgart und die Geislinger Steige nach Ulm reichte seinerzeit der Abschnitt der Königlich Württembergischen Staatseisenbahnen. In Ulm wurde die Post durch die Königlich Bayerischen Staatseisenbahnen übernommen. Diese leitete sie über München und anfangs weiter über Holzkirchen nach Rosenheim – heute eine Nebenstrecke – bevor am 18. März 1871 die direkte Linie München–Rosenheim eingeweiht wurde. In Kufstein

Lokomotive „Starkenburg“ der Main-Neckar-Eisenbahn,
gebaut bei Henschel 1862 Lokomotivbild-Archiv Bellingrodt

Lokomotive „Rauch“ der Rheinischen Eisenbahn,
gebaut bei Borsig 1869 Lokomotivbild-Archiv Bellingrodt

Lokomotive „Aumenau“ der Hessischen Ludwigsbahn,
gebaut bei der Mbg. Karlsruhe 1863
Lokomotivbild-Archiv Bellingrodt

Die erste Lokomotive bei der Durchfahrt durch den Fréjus-Tunnel, bekannt als Mont Cenis-Tunnel, nach einer zeitgenössischen Zeichnung

ging die Indian Mail von der bayerischen Staatsbahn auf die k.k. privilegierte Südbahn-Gesellschaft über, in der Grenzstation Ala auf die Società delle Ferrovie dell' Alta Italia und in Bologna auf die Società Italiana per le Strade ferrate Meridionali.

Zwischen Brindisi und Alexandrien beförderten anfangs noch Dampfer der Società Anonima Italiana di Navigazione Adriatico Orientale die Indienpost. Dann übernahm die P & O den Transport. Laut R. Kirk traf am 16. Dezember 1870 die »Massilia«, am 24. die »Poonah« und am 27. die »Salsette« in Brindisi ein. Die »Delhi« dagegen lief zwischen dem 19. und 26. 12. von Alexandrien nach Genua.

Noch fuhr die Indische Post ohne Passagiere, aber nach Kriegsende Anfang 1871 hätte sich dies ändern sollen. Eine Konferenz in Mainz beschloß – wahrscheinlich für den 1. Oktober 1871 – zur Post- und Passagierbeförderung einmal in der Woche einen »directen Extraschnellzug« mit 7 Wagen in 52 Stunden von Ostende nach Brindisi einzusetzen – darunter erstmals Schlafwagen. Tatsächlich hatte Georges Nagelmackers dafür eine Konzession erhalten, worauf er seine ersten Fahrzeuge bei Simmering in Österreich bestellte, offensichtlich die Nummern 1–4.

Doch die Mühe der Mitteleuropäer war vergebens. Ermöglicht durch den Einsatz der von dem leitenden Ingenieur Germaneo (Germain) Sommeiller entwickelten Bohrmaschine, war der Fréjus-Tunnel im Mont Cenis-Gebiet zwischen Modane und Bardonecchia früher fertig geworden als erwartet. Mit seiner Länge von 12820 Metern – nach einer Verlegung des Nordausganges im Jahre 1881 wurden es 13637 Meter – war er der erste der großen Alpendurchstiche. Am 17. September 1871 wurde das gigantische Werk eingeweiht – zwei Monate nach dem Tod seines Erbauers.

Da die neue Hauptstrecke eine wesentliche Fahrzeitersparnis versprach, beschloß die britische Regierung sogleich, die Mail auf dieser Route zu befördern. Am 9. Januar 1872 durchquerte die »Malle des Indes« erstmals den Tunnel. Sie startete jeden Samstag um 2 Uhr morgens auf der Nordbahn in Calais, wurde in Paris zunächst auf der Straße, eine Woche später aber schon über die Petite Ceinture, nach dem Bahnhof »Gare de Lyon« überstellt und erreichte Italien über die Gleise der Paris–Lyon–Méditerranée. Die Post wurde in gewöhnlichen Zügen transportiert, zum Beispiel zwischen Calais und Paris im Expreß Nr. 10, doch manchmal mußte sie wegen Verspätung auch als Sonderzug geführt werden. In Italien lief sie über die Strecken der Società delle Ferrovie dell' Alta Italia und – hinter einer »longboiler«-Maschine gemütlich die Adriaküste entlangdampfend, wie es in einem Bericht hieß – über die Società Italiana per le Strade ferrate Meridionali nach Brindisi. Dort wurde die Indienpost durch die P & O-Dampfer der Route Venedig–Alexandrien übernommen.

Die französischen Bahnen litten sehr unter den Kriegsfolgen, weswegen sowohl die englische South Eastern, als auch die London, Chatham and Dover Railway der Nordbahn Wagen für den britisch-französischen Verkehr liehen. Die Schwierigkeiten der Franzosen nahm eine englische Finanzgruppe zum Anlaß, am 21. November 1871 den Bau einer eigenen Eisenbahn innerhalb Frankreichs zu beantragen. Sie hätte den Transit Calais–Marseille über Abbeville–Beauvais – Beaumont – Pontoise – Argenteuil–Charenton – Melun – Auxerre – Maçon unter Umgehung von Paris ermöglicht – aber sie wurde natürlich abgelehnt. Vauquesal-Papin berichtet auch über die briefliche Anfrage des britischen Post Office an den Generaldirektor der Post in Frankreich vom 10. Februar 1872, in der »Malle des Indes« einige Plätze für Reisende Calais–Brindisi zur Verfügung zu stellen, doch dieser Vorschlag scheiterte ebenso – denn er hätte möglicherweise zu einer Verringerung der Gebühren geführt, welche die Bahnverwaltungen für den exklusiven Posttransport verlangen konnten. Und diese hatten zwischen 1863 und 1869 allein für Briefe jährlich im Mittel vierunddreißigtausend Pfund Sterling erreicht! Durchlaufende Schlafwagen für die Indienreisenden blieben von der »Malle des Indes« also noch ausgeschlossen.

Die Entwicklung des Schlafwagenverkehrs wurde in Europa während jener Siebzigerjahre durch drei Männer geprägt: Nagelmackers, Mann und Pullmann. Georges Nagelmackers mußte von 1872 an vorübergehend mit dem Amerikaner William d'Alton Mann (geb. 1839, gest. 1920) zusammengehen, der in England die »Mann's Railway Sleeping Carriage Co. Ltd.« gründete. Neben einigen Schlafwagenläufen auf dem Kontinent richtete diese einen Salonwagendienst in Bootszügen der LCDR London–Dover ein, wofür sie den dreiachsigen Wagen Nr. 43 einsetzte. Letzteren beschrieb 1875 die »Times«: Er habe ein Raucherabteil für sechs Reisende mit »refreshment cupboard«, einen Salon mit zehn Plätzen, je ein Abteil für zwei und eines für vier Passagiere enthalten. Das kleine Coupé galt als »honeymoon-compartment« für Hochzeitsreisende.

1876 wurden Manns Schlafwagen für die Strecke von London nach Southampton angekündigt – jenem Hafen, in dem damals die Dampfer der Peninsular & Oriental anlegten. Im gleichen Jahre 1876 übernahm Nagelmackers die Gesellschaft, aus der Mann ausgeschieden war und gründete damit die »Compagnie Internationale des Wagons-Lits«. Aus England zog er die beiden Wagen 42 und 43 noch vor Jahresende zurück – auf dem Kontinent aber begann er, sein Unternehmen zum bedeutendsten Schlafwagenbetrieb überhaupt zu machen.

Er war nicht ohne Konkurrenz. Sein berühmter amerikanischer Widersacher Pullman hatte 1873 einen Vertrag mit James Allport von der britischen Midland Railway abgeschlossen. Im Juni 1874 ließ er seinen ersten in England eingesetzten Schlafwagen »Midland« über Dünkirchen und durch den Fréjus-Tunnel nach Italien überführen. Dort erzielte seine Pullman Palace Car Co. Verträge mit der Alta Italia u. a. für die Strecke Modane–Florenz, mit der Società delle Strade ferrate Romane für den probeweisen Dienst Florenz–Neapel und mit der Meridionali für den Kurs Bologna–Brindisi in der Indischen Post – ausgerechnet in jenem Zug, für den Nagelmackers bisher so sehr gekämpft hatte!

1876 wurden die ersten Pullman-Wagen aus den USA in Turin zusammengebaut. Drehgestelle verliehen den braunen, ganz aus Holz bestehenden Fahrzeugen einen ruhigen Lauf; Plüsch und Edelholz sorgten für eine noble Atmosphäre; acht »sections« in einem Großraum formten durch Umwandlung der Sitze und Herausklappen weiterer Liegen aus der Decke bei Nacht 16 durch Vorhänge voneinander getrennte Betten in Wagenlängsrichtung; zwei separate Abteile mit Seitengang und die nötigen Wasch- und Toilettenräume waren an den Enden untergebracht, gleich neben den offenen Einstiegplattformen. Zwei Begleiter der Pullmangesellschaft kümmerten sich um das Wohl der Reisenden. Für das Vergnügen einer derart exklusiven Fahrt hatte der Passagier in Oberitalien neben dem Fahrpreis für die Bahn einen Zuschlag an die Pullman Palace Car Company zu zahlen, welcher für die ersten fünfhundert Kilometer zwölf Goldfranken betrug.

Vergeblich versuchte die Pullmangesellschaft, auch auf der französischen Nordbahn Fuß zu fassen. Als sie 1876 zwei ihrer Wagen für den indischen Prinzen Salar Jung von Neapel nach Calais fahren wollte, lehnte die Nordbahn ab. Vauquesal-Papin schrieb aber, dass die Nord erwog, selber 20 bis 25 Pullmanwagen, wie sie auf der Midland in Dienst standen, zu kaufen. Im Oktober 1877 protestierte J. S. Forbes von der London, Chatham & Dover Railway gegen die unzulänglichen Verbindungen für Indienreisende und er verlangte einen speziellen Zug bis Brindisi. Forbes aber war schon in der Mann'schen Gesellschaft und in der

Der Kai in Brindisi während des Anlegens eines englischen Ostindienfahrers, zeitgenössische Darstellung

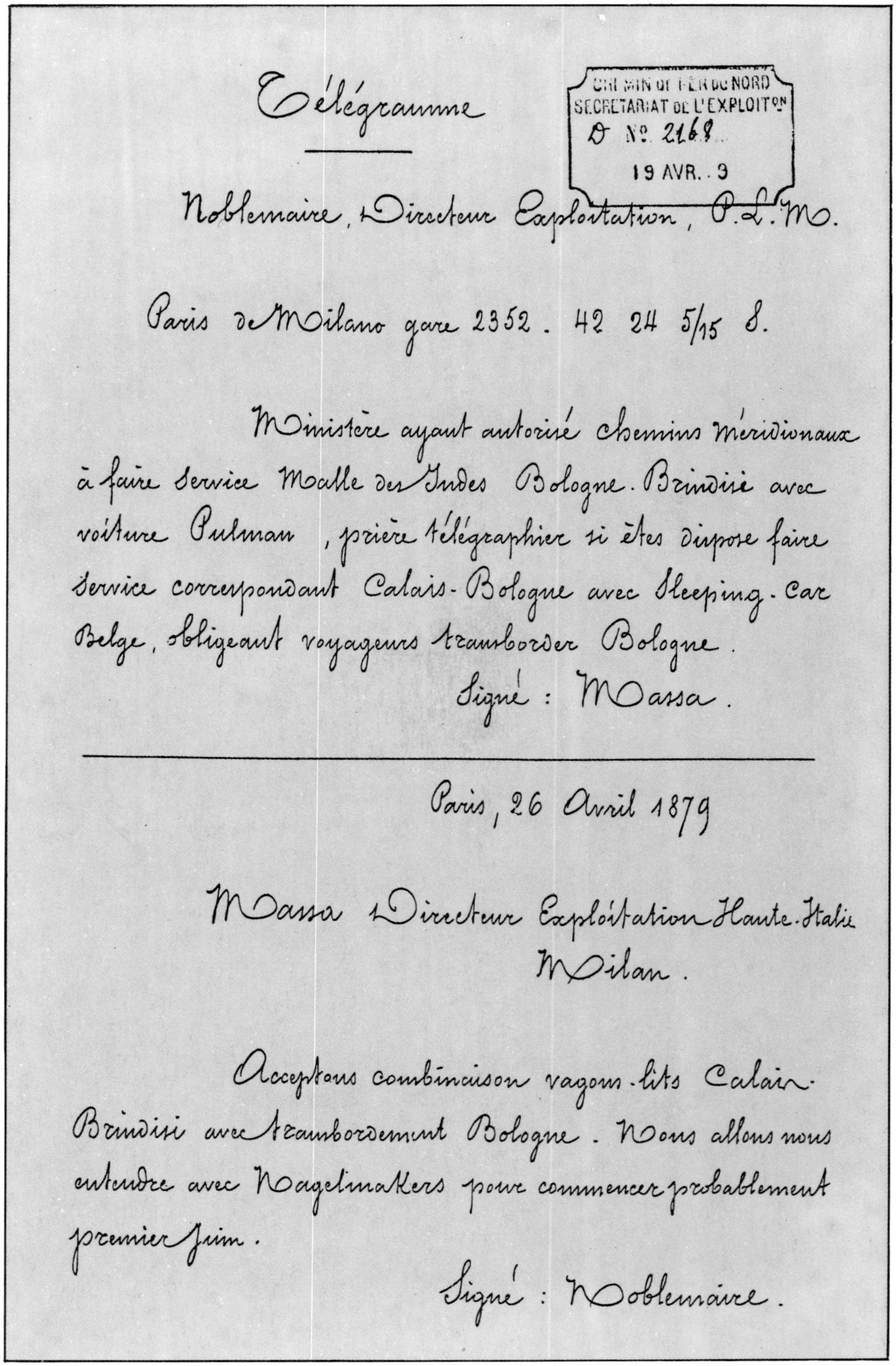
CHEMIN DE FER DU NORD
SECRÉTARIAT DE L'EXPLOITon
D No. 2168
19 AVR. . 9

Télégramme

Noblemaire, Directeur Exploitation, P.L.M.

Paris de Milano gare 2352 . 42 24 5/15 8.

Ministère ayant autorisé chemins méridionaux à faire service Malle des Indes Bologne. Brindisi avec voiture Pulman, prière télégraphier si êtes dispose faire service correspondant Calais-Bologne avec Sleeping-Car Belge, obligeant voyageurs transborder Bologne.

Signé : Massa.

Paris, 26 Avril 1879

Massa Directeur Exploitation Haute-Italie
Milan.

Acceptons combinaison vagons-lits Calais-Brindisi avec transbordement Bologne. Nous allons nous entendre avec Nagelmakers pour commencer probablement premier Juin.

Signé : Noblemaire.

Ein wichtiges Dokument: Dieses Telegramm des Direktors Massa von der Società delle Ferrovie dell'Alta Italia an Direktor Noblemaire von der P.L.M. vom April 1879 und seine Antwort behandelt die Einführung von Schlafwagen in der Indischen Post Archiv Commault

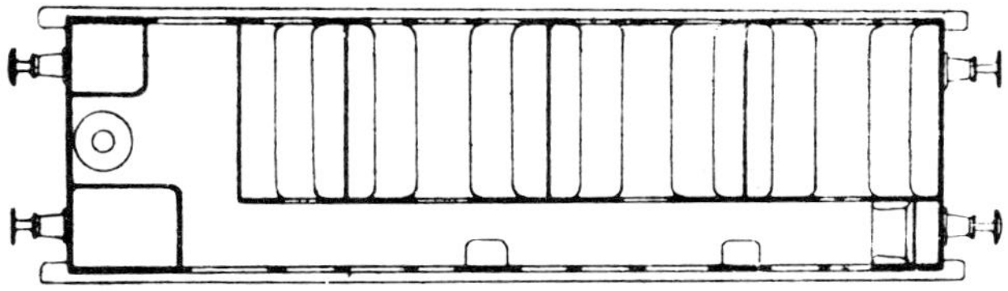

Grundriß des Schlafwagens Nr. 15, der 1878 zwischen Paris und Turin verkehrte
Archiv Commault

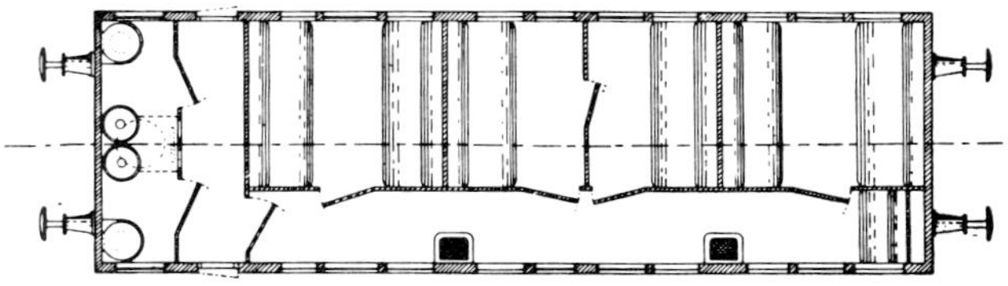

Grundriß des Schlafwagens Nr. 60
Archiv Commault

Rheinischen Eisenbahn Direktor gewesen! Nagelmackers hatte einige Monate zuvor, am 8. Januar 1877, mit der P.L.M. einen Vertrag für Schlafwagendienste Paris–Menton und Paris–Modane abgeschlossen, wofür er die Wagenserie 54–59 bauen ließ. Sobald der Wagen Nr. 54 fertig war, fuhr er damit am 22. Oktober 1877 über Ventimiglia nach Florenz und diese Reise führte endlich zu dem ersehnten Abschluß eines Vertrages für seine Schlafwagen in der »Malle des Indes«.

Im April 1878 begann zunächst ein Wagons-Lits-Dienst Paris–Modane in gewöhnlichen Zügen. Im Oktober wurde er bis Turin weitergeführt. Die Einrichtung eines Schlafwagens in der »Malle des Indes«kündigte ein Telegramm des Direktors Massa von der Meridionali an Direktor Noblemaire von der P.L.M. vom 19. April 1879 an. Es besagte, daß der Minister, welcher der Meridionali den Dienst mit einem Pullmanwagen Bologna–Brindisi in der Indienpost genehmigt hatte, nach einem Anschluß Calais–Bologna mit einem »belgischen« Schlafwagen nachfragen lasse. Noblemaires Antwort stellte den Betriebsbeginn für den 1. Juni in Aussicht. Der Fahrplan der Meridionali vom Juli 1879 enthält noch die Notiz: »Die Expresszüge der Malle des Indes nehmen auf den Bahnen Frankreichs und Oberitaliens keine Reisenden mit . . .« und er empfiehlt daher die Abreise in London freitagmorgens um 7.40 Uhr und in Paris um 8 Uhr abends in anderen Zügen. Ein französisches Dokument allerdings gibt, beginnend mit dem 31. Mai 1879, einen Schlafwagen in dem gleichen Zug Nr. 10 der Nordbahn an, welcher auch die Indienpost beförderte und es nennt sogar Passagierzahlen: 1 bis 6 von Calais nach Paris und 1 bis 12 nach Brindisi. Ab 2. November verkehrte der Calaiser Schlafwagen in der Indischen Post vertragsmäßig.

Schlafwagen Nr. 60, eingesetzt in der „Malle des Indes" zwischen Calais und Bologna
Archiv Commault

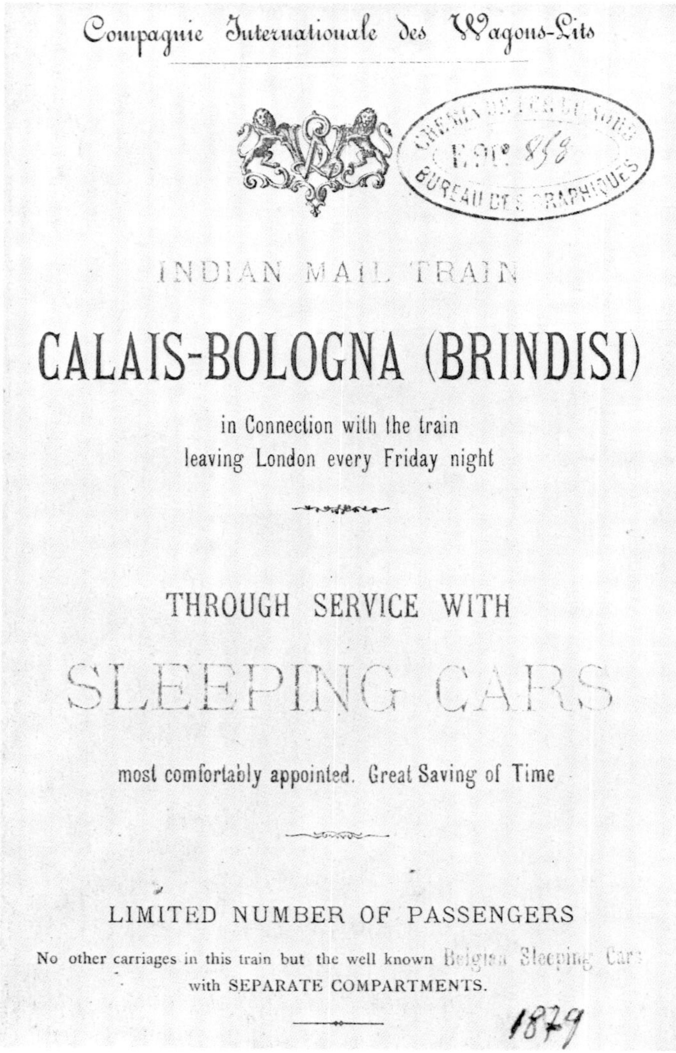

Compagnie Internationale des Wagons-Lits

INDIAN MAIL TRAIN

CALAIS-BOLOGNA (BRINDISI)

in Connection with the train
leaving London every Friday night

THROUGH SERVICE WITH

SLEEPING CARS

most comfortably appointed. Great Saving of Time

LIMITED NUMBER OF PASSENGERS

No other carriages in this train but the well known Belgian Sleeping Cars
with SEPARATE COMPARTMENTS.

1879

Broschüre der CIWL über die
Indische Post aus dem Jahre 1879
Archiv Commault

Allerdings konnten Nagelmackers' Wagen von Calais aus nicht weiter als bis Bologna laufen. Dort mußten die Reisenden in die Schlafwagen Pullmans umsteigen – denn dieser besaß in Mittel- und Süditalien noch immer das Monopol, nachdem Fusionsverhandlungen zwischen beiden Schlafwagenunternehmen im Jahre 1876 ohne Erfolg geblieben waren. Das Umsteigen in Bologna verursachte unter den Kunden der P & O große Entrüstung, woran auch die Tatsache nicht viel geändert haben dürfte, daß in dem Pullmanwagen Brindisi–Bologna ein Dolmetscher mitfuhr. Der von der Peninsular & Oriental für ihre Kunden angestrebte Service war also noch keineswegs vollkommen. Überdies gab es in der »Indischen Post« keine Speisewagen, so daß Frühstück, Luncheon und Dinner in den Schlafwagen serviert werden mußten, wie in einem Prospekt zu lesen war. Der gleiche Prospekt kennzeichnete die »Malle« bei Abfahrt in Brindisi als »special train«, als Sonderzug, bis Modane, weiter aber als den gewöhnlichen Zug Nr. 270 mit Ankunft in Paris um 4.55 Uhr morgens. Lediglich für den Verspätungsfall waren Sonderzüge nach Paris in drei alternativen Fahrplanlagen vorgesehen. Für die Südrichtung war die Indienpost als Sonderzug bezeichnet, doch das erwähnte Dokument mit den Passagierzahlen nennt für die Nordbahn als »Malle des Indes« einen Zug Nr.

BY DAY

ELEGANT PRIVATE COMPARTMENTS OF TWO AND FOUR PLACES

VENTILATION, HEATING AND LIGHTING OF THE MOST APPROVED KIND

Grand corridor entire length of the Car

BY NIGHT

BEDROOMS MOST COMFORTABLY APPOINTED

SEPARATE TOILET ROOMS FOR GENTLEMEN AND LADIES

The Conductor accompanying the car speaks several languages

CALAIS-BOLOGNA (BRINDISI)

SPECIAL TRAIN

CALAIS	dep.	1.20 a. m.	
PARIS (NORD)	arr.	6.20 a. m.	
PARIS (BERCY)	arr.	7.59 » »	Coffee and rolls served in the car fr. 1.50 Sandwich » » .50.
MONTEREAU	arr.	9.20 » »	
	dep.	9.28 » »	
DIJON	arr.	1.43 p. m.	Luncheon (Déjeuner à la fourchette) served in the car 4 fr. without wine.
	dep.	1.49 » »	
	6 minutes stoppage.		
MACON	arr.	3.55 p. m.	
	dép.	4.05 » »	
CULOZ	arr.	6.43 p. m.	Dinner served in the car 5 fr. without wine.
	dép.	6.59 » »	
	16 minutes stoppage.		
MODANE	arr.	11.24 p. m.	Coffee served when desired.
BOLOGNA	dép.	12.20 p. m.	

(BRINDISI arr. 3.15 p. m.)

Ask for the wine list

(BRINDISI) BOLOGNA-CALAIS

On the arrival of the steamer at Brindisi a special train is made up which is arranged to correspond with one of the four undermentionned trains from the French Frontier at Modane to Calais.

	Ordinary train N° 270	Special train N° 4002	Special train N° 4004	Special train N° 4006
TURIN	dep. 9. » a.m.			
MODANE	dep. 12.50 p.m.	dép. 12.22 a. m.	dep. 5.15 a. m.	dep. 6.46 p. m.
CHAMBÉRY	dep. 3.51 p.m.	—	arr. 8.27 a. m. Coffee	arr. 10.35 p. m.
MACON	arr. 8.15 p.m. dep. 8.31 p.m.	arr 7.50 a. m. Coffee	arr. 12.23 p. m. Luncheon	arr. 2.26 a. m.
TONNERRE	arr. 1.12 a. m.	arr. 1.18 p. m. Luncheon	arr. 5.48 p. m. Dinner	arr. 6.47 a. m.
LAROCHE	arr. 2.03 a. m.	—	—	arr. 7.32 a. m. Coffee
PARIS	arr. 4.55 a.m. dep. 7.35 » »	arr. 5.15 p. m. Dinner dep. » »	arr. 10.36 p. m.	arr. 10.15 a. m. Luncheon
CALAIS	arr. 1.10 p.m.			

10, der neben dem Schlafwagen und 3 bis 4 Wagen der Post auch 3 bis 5 Gepäckwagen (fourgons) sowie 5 bis 10 Sitzwagen erster Klasse für den allgemeinen Verkehr mitführte – und der es damit auf bis zu 19 Wagen und 41 Minuten Verspätung brachte. Erst 1881 legten sich die Nordbahn und die P.L.M. darauf fest, die »Malle des Indes« überhaupt nicht mehr mit anderen Zügen zu kombinieren.

Pullman versuchte nach wie vor, auch in Frankreich Fuß zu fassen. Im Juni 1879 verlangte sein Sekretär, M. H. S. Roberts, von der Nordbahn die Erlaubnis für einen direkten Schlafwagendienst Calais–Brindisi. Im November 1880 folgte der Vorschlag, einen Pullmanwagen mit 22 Schlafplätzen mit der Abfahrt um 1 Uhr 20 morgens von Calais nach Paris verkehren zu lassen – doch beide Vorstöße blieben ohne Ergebnis. Im Jahre 1882 scheiterten erneute Fusionsverhandlungen zwischen den konkurrierenden Unternehmen. Anfang 1883 gelang der Pullmangesellschaft ein überraschender Einbruch in Nagelmackers' Territorium, als sie die Überführung zweier Fahrzeuge von England nach Italien zu einer Sonderfahrt für zahlende Gäste ausweitete. Die Reisenden, welche den Zuschlag von 2 Pfund und 16 Shilling aufbringen konnten, verließen den Londoner Victoria-Bahnhof am Freitag, dem 23. Februar, um 21.55 Uhr, bestiegen in Calais die

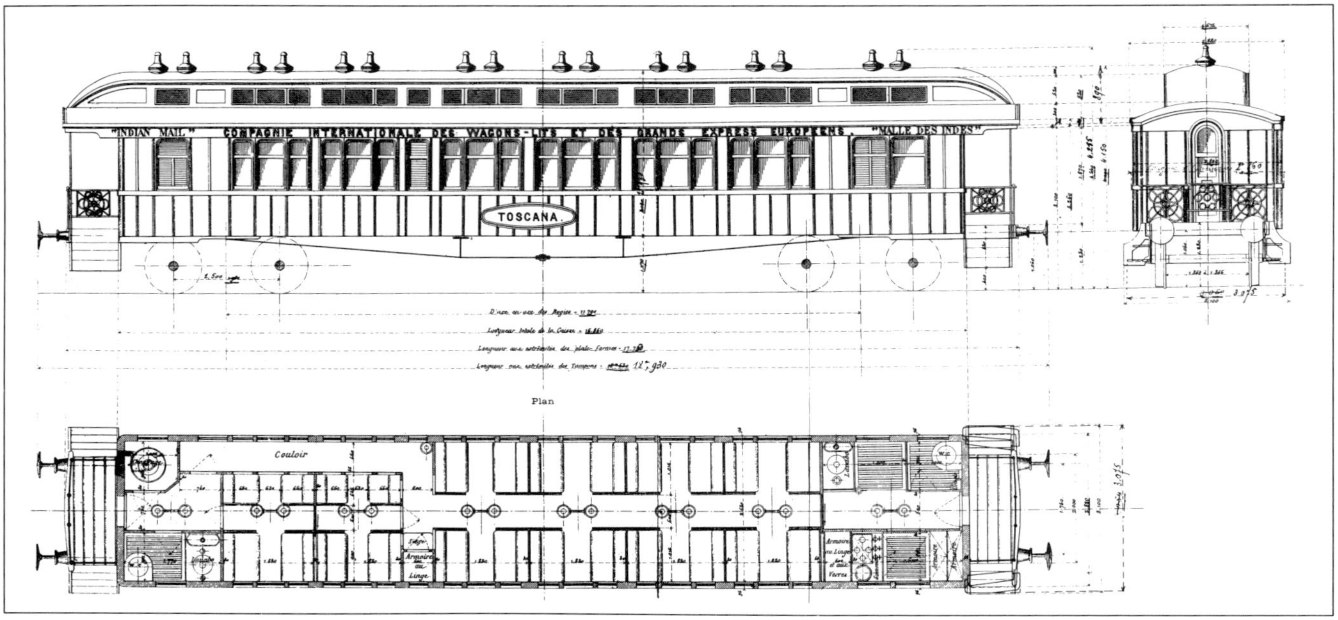

Schlafwagen Nr. 200 der CIWL für die „Malle des Indes" ehemals der Pullmangesellschaft gehörend Archiv Commault/ „Scrapbook" 14, Museon di Rodo

Pullman-Schlafwagen »Castalia« und »Australia« jenes »Special Pullman Car Train« und kamen sonntags um 17.15 Uhr in Rom an. Für die Mahlzeiten in den Bahnhofsbuffets waren ausreichende Aufenthalte eingeplant. Ein Hinweis auf dem Werbeplakat besagte: »Indian Mail-Passagiere können bis 9.20 Uhr am Sonntagmorgen in Bologna bleiben und dann mit dem Pullman-Express nach Brindisi weiterfahren.«

Doch Nagelmackers' kleine Dreiachser der »Malle des Indes« mit ihren vier separaten Zwei- bzw. Vierbettabteilen, den von Ornamenten überzogenen Diwans, den gemusterten Teppichen und den Vorhängen an Fenstern und an Schlafstellen boten jene behagliche Abgeschlossenheit, welche der europäische Reisende den amerikanischen Großraumsalons vorzog. Im Juni 1883 startete Nagelmackers seinen ersten »Orient-Express«, 1884 entstand der neue Name seiner Gesellschaft »Compagnie Internationale des Wagons-Lits et des Grands Express Européens« und 1886 gab sein Widersacher Pullman in Italien auf. Nagelmackers's CIWL übernahm die 16 italienischen Pullman-Schlafwagen und setzte jeweils einen davon in den Indischen Postzügen ein – auf der ganzen Strecke Calais–Brindisi und nicht mehr nur auf Teilabschnitten.

Die Post war schon von 1880 an zur Gänze über Calais–Brindisi und überhaupt nicht via Southampton–Gibraltar befördert worden. Ihren Weg hatte die »Illustration« vom Januar 1881 wie folgt beschrieben: Sie startete jeden Freitag in London, Holborn Viaduct, aufgeteilt jeweils auf den planmäßigen Morgenzug um 7 Uhr 25 und den Abendzug um 8 Uhr 15 nach Dover. Während der Fahrt wurden in den modernen, durch Harmonika-Übergänge verbundenen britischen Postwagen die zuletzt eingetroffenen Sendungen sortiert, bevor die 400 oder 600 Säcke in Dover am Admiralty Pier auf den Kanaldampfer umgeladen wurden – die Post für Frankreich, die Post nach Indochina für Marseille und die Indienpost für Brindisi. Wenn dann auch der Nachtdampfer angekommen war, verließ der einmal wöchentlich verkehrende Sonderzug der »Malle des Indes« Calais. Nach Überstellung hinter einer Vorortlokomotive vom Pariser Nordbahnhof zur P.L.M. wurde im Bahnhof Gare de Lyon Post nach Indochina aufgenommen, welche in Maçon via Marseille abzweigte. Die »Malle« führte damals neben den Schlafplätzen drei bis vier Packwagen für die englische Post und zwei rollende Postbureaux für die in Frankreich hinzukommenden Sendungen. Veredarius gab in »Das Buch von der Weltpost« bei Ankunft in Brindisi sechs Postpackwagen und einen italienischen Bahnpostwagen, also ein Postbureau an, was wohl für die erste Hälfte der Achtzigerjahre galt.

Den Lauf der Indian Mail um Mitte der Achtzigerjahre gab das zeitgenössische »Neue Universum« wieder: Die erste Abfahrt in London fand nach wie vor jeden Freitagmorgen statt,

Aus einem Bericht
über die Indische Post, erschienen
im Januar 1881

8 JANVIER 1881. L'ILLUSTRATION Nº 1976. — 25.

LA MALLE DES INDES

FIN

Au centre du paquebot, sous l'abri du pont et de la passerelle, autour du trou flamboyant où ronflent les feux des chaudières et s'agitent les grands bras de la machine, les sacs entassés forment une sorte de redoute carrée, large et haute, alignée avec correction. Dans le fond de cette sorte de caverne embrâsée, les pistons énormes vont et viennent, les bielles tournent, les cylindres formidables oscillent, presque sans bruit, jetant des éclairs rouges ou des flammes bleuâtres qui miroitent en se brisant sur l'acier poli. Des reflets passent, faisant apparaitre la muraille des sacs, laissant ensuite l'ombre plus épaisse encore.

D'un bout à l'autre du bateau, des cris bizarres retentissent. C'est l'homme de garde au bossoir qui signale les navires et donne la route au timonier pour éviter les abordages; le timonier répète ces cris : un mouvement de barre, une déviation légère du navire suffisent à éviter le péril. Bientôt les phares électriques de la cote anglaise disparaissent, les feux de France grossissent; une jetée où brillent — pauvrement — deux lignes de reverbères, apparait, noire, sur les reflets de la mer. Il n'est pas minuit; la traversée est faite.

LE CONVOYEUR

LE TIMONIER.

A Calais maintenant.

Ici, par le contact des deux services anglais et français, les choses se compliquent ; une transmission se fait dont il faut se rendre compte.

Le mouvement matériel, d'ailleurs, varie selon les jours, par une cause toute physique La jetée de Calais n'est point, comme celle de Douvres, en eau profonde; les paquebots ne peuvent pas toujours aborder directement le quai. C'est alors par des allèges, des bateaux légers, que se fait le double transbordement : du packet sur les allèges, des allèges aux wagons.

LA DERNIÈRE MINUTE A LA GARE DU NORD, A PARIS

LE CAPITAINE DU *Calais-Douvres.*

Cette double besogne s'expédie très vite; on se la figure aisément; ce n'est guère qu'un quart d'heure de plus.

Quand le navire peut venir à quai, c'est encore plus simple. D'abord la malle du matin vers onze heures et demie : on trie rapidement les deux goupes de sacs « pour France »; une partie — les sacs pour Paris et route — est livrée au bureau ambulant, qui part avec le train de midi 35. Le reste, selon sa destination s'achemine par d'autres lignes.

Les sacs de la « malle des Indes » s'entassent dans les wagons en deux groupes : l'un pour l'Inde et l'Australie, restant sous la surveillance du convoyeur anglais ; l'autre pour l'Indo-Chine, livré à la poste française. La malle du matin donne de 200 à 300 sacs, selon les cas; tous les quinze jours, le chiffre de 300 est atteint et même dépassé.

L'ENTASSEMENT DES DÉPÊCHES DANS L'ENTREPONT DU *Calais-Douvres.*

LA MALLE DES INDES

Puis le soir, vers minuit, arrive la malle de nuit.

Le transbordement est fait par les matelots anglais. Quand le navire ou l'allège est à quai, le train est en gare; de l'appontement au wagon-poste il y a bien dix ou douze mètres; sur ce quai de planches, sous lequel on entend et l'on voit passer le flot, se répète, avec plus d'animation encore, la scène que nous avons vue à Douvres.

Du fond de l'ombre où le bateau s'enfonce, apparaissent, au niveau du quai, des bouts d'échelle. Rapidement, mais sans

die zweite genau um acht Uhr abends. Der zweite Dampfer kam nach Mitternacht in Calais an, wo sechs Minuten nach halb eins der Sonderzug abging, der gewöhnlich aus drei Wagen des Postministeriums (»allèges postales«, wie es in einer französischen Quelle heißt), einem Schlafwagen sowie vorne und hinten einem Gepäckwagen bestand. Seit dem 20. November 1884 führte der Weg der »Malle« nicht mehr über Paris, sondern zwischen Pierefitte–Stains und Villeneuve–St. Georges über die neue Grande Ceinture an der Hauptstadt vorbei. Da anfangs noch kein einheitlicher Signalkodex galt, mußten die Lokomotiven auf dieser Gürtelbahn – es waren Nordbahnmaschinen bei der Fahrt südwärts und P.L.M.-Maschinen in Gegenrichtung – jeweils durch einen »conducteur-pilote« begleitet werden. Über Dijon, Maçon, Modane, Turin, Alessandria, Piacenza und Bologna erreichte der Zug am Montagmorgen um 1 Uhr 20 Brindisi – nach einer Fahrzeit von 47 Stunden und 59 Minuten, den internationalen Zeitunterschied eingerechnet, für die mit 2197 Kilometern angegebene Strecke.

Nicht immer verlief die Reise ohne besondere Ereignisse. Einmal, am 16. November 1889, mußten die Passagiere der »Malle des Indes« die Fahrt in etwas unstandesgemäßer Weise über sich ergehen lassen. Sie nahmen in Calais im Schlafwagen Nr. 199 Platz, einem ehemaligen Fahrzeug der Pullmangesellschaft. In Villeneuve Triage jedoch wurde das rollende Hotel abgehängt, da es nicht für die Strecken der P.L.M.. zugelassen war, und durch einen gewöhnlichen Sitzwagen erster Klasse jener Verwaltung ersetzt. So reisten die dreiundzwanzig Fahrgäste dann bis Brindisi.

Mehr Aufsehen mußte es erregen, daß die »Malle des Indes« mit einem der berühmten Kriminalfälle des 19. Jahrhunderts in Zusammenhang gebracht wurde – der »Affäre Pranzini«. Dieser Henri-Jacques-Ernest Pranzini, geboren in Alexandrien, war zeitweilig als Schlafwagenschaffner bei der Pullmangesellschaft in der Indischen Post zwischen Bologna und Brindisi beschäftigt. Im Zug kamen Diebstähle vor, jedesmal, wenn er gerade Dienst hatte. Und dann führte er ein, für diesen Beruf, viel zu aufwendiges Leben. Anfang 1883 erwischte ihn ein englischer Passagier, als er ihm gerade 24 Pfund aus der Brieftasche entnehmen wollte. Er verlor, ohne ein Zeugnis zu bekommen, seine Stellung. Vier Jahre darauf stand sein Name in allen Zeitungen zu lesen: Er war eines dreifachen Mordes überführt worden, dem »Verbrechen in der Rue Montaigne« – und sein verpfuschtes Leben endete unter der Guillotine.

»Peninsular and Oriental Express«

»Was für Pokerpartien zwischen Calais und Brindisi!« – Mit diesen Worten erinnerte sich der französische Dichter und Diplomat Paul Morand an seine Reisen auf der Strecke der Indischen Post, wiedergegeben in der faszinierenden »Sleeping Story« von Jean des Cars und Roger Commault. Er meinte damit aber sicher nicht das geschäftliche Pokern, welches der Schaffung des ersten Luxuszuges auf der Brindisi-Linie vorausgegangen war – und CIWL-Chef Nagelmackers pokerte hoch, um das Ziel zu erreichen, welches er schon einmal, während des Krieges 1870/71, nur knapp verfehlt hatte! Käme kein zusätzlicher Schlafwagenlauf in der Indischen Post zustande, so erklärte er auf der europäischen Fahrplankonferenz für das Jahr 1890 kühn, dann müsse der bestehende Kurs für Reisende aus London eben gesperrt werden.

Diese Verhandlungen am 15. und 16. Januar 1890 in Rom und die vorangegangenen Korrespondenzen dienten einer grundlegenden Verbesserung des Passagierverkehrs England–Indien via Frankreich – eine Verbesserung, die dringend notwendig erschien, da die anderen europäischen Staaten wieder einmal die französische Route in Frage stellten. 1882 war der von Bismarck protegierte Gotthardtunnel, welcher seinerseits das Lukmanier-Projekt aus dem Rennen geworfen hatte, fertiggeworden. Das »Neue Universum« sprach daher, als es den Lauf der »Malle« beschrieb, von einer künftig denkbaren Linienführung Calais – Amiens – Tergnier – Laon – Reims – Châlons-sur-Marne – Chaumont – Vesoul – Belfort – Delle – Basel – Olten – Luzern – Gotthard – Mailand – Bologna – Brindisi. Es erwähnte auch einen Plan Calais–Luxemburg–Metz–Straßburg–Basel, welcher aber von den Franzosen nicht gebilligt werde, sowie ein Projekt Calais – Laon – Chaumont – Dijon – Brindisi. Vauquesal Papin berichtet von der möglichen Route Ostende – Luxemburg – Trier – Neustadt – Winden – Karlsruhe – Gotthard – Brindisi, sowie von den britischen Erwägungen, die Indienpost über Deutschland, Österreich und Saloniki zu leiten.

Die Verbindung von Wien über Budapest und Belgrad nach dem damals türkischen Hafen Saloniki war am 25. Mai 1888 fertiggestellt worden, nachdem eine andere, zuvor einer belgischen Gesellschaft konzessionierte »Wien-Saloniki-Bahn« auf den Torso Wien–Aspang be-

CHEMINS DE FER DU NORD & DE PARIS-LYON-MÉDITERRANÉE

Compagnie Internationale des Wagons-Lits et des Grands Express Européens

PENINSULAR-EXPRESS

Train de Luxè de la Malle des Indes

Affiche à placarder uniquement dans les gares et dans les bureaux de ville gérés directement par les agents de la Compagnie.

ARRIVÉE & DÉPART :

GARE DE PARIS-NORD

18 JUILLET 1890

A partir du Vendredi 18 Juillet 1890, le train de la Malle des Indes, partant tous les Vendredis soir de **LONDRES** pour **BRINDISI,** par CALAIS, le CHEMIN DE FER DE GRANDE-CEINTURE et le MONT-CENIS, *sera exclusivement affecté au Service Postal et ne prendra plus de Voyageurs.*

A partir de la même date, les Voyageurs devant s'embarquer à **BRINDISI** sur le paquebot de la Malle des Indes effectueront leur voyage par un train de luxe « **LE PENINSULAR-EXPRESS** » composé de wagons-salons, restaurant et voitures-lits entrant à la gare de **PARIS-NORD** pour y relever les provenances du Nord de la France, de la Belgique, de la Hollande et de l'Allemagne et y prendre des Voyageurs pour **MACON, CULOZ, AIX-les-BAINS, CHAMBÉRY, TURIN, ALEXANDRIE, BOLOGNE, ANCONE** et **BRINDISI.**

DÉPART DE **LONDRES** ...	TOUS LES VENDREDIS. . . .	à	3 H. 15	DU SOIR
PARIS-NORD ARRIVÉE .	ID.	à	11 H. »	DU SOIR
PARIS-NORD DÉPART . .	NUIT DU VENDREDI AU SAMEDI	à	MINUIT 15	
ARRIVÉE A **BRINDISI**	LE DIMANCHE	vers	4 H. »	DU SOIR
DÉPART DU PAQUEBOT.	ID.	vers	10 H. »	DU SOIR

Au retour, le train de la Malle des Indes, qui part de **BRINDISI** aussitôt après l'arrivée du paquebot, continuera à prendre des Voyageurs.

A partir du 18 Juillet, ce train contiendra une voiture mixte avec lits et restaurant pour les Voyageurs à destination de **PARIS,** qui sera détachée à **PIERREFITTE-STAINS** et conduite à la gare de **PARIS-NORD.**

LE NOMBRE DES PLACES ETANT LIMITÉ, MM. LES VOYAGEURS DOIVENT PRENDRE LEURS BILLETS D'AVANCE
AUX AGENCES DE LA COMPAGNIE DES WAGONS-LITS ET A LA GARE DE PARIS-NORD

Imprimerie Centrale des Chemins de fer. — IMPRIMERIE CHAIX. — Rue Bergère, 20, Paris. — 16939-7-90

Plakat für den „Peninsular-Express" aus dem Jahre 1890 Archiv Commault

VERBALI SPECIALI

(Spezial Protocolle)

1.

Al N.° 1 dell'Ordine del giorno.

Création d'un train de luxe de Londres à Brindisi pour le transport des voyageurs qui prennent place actuellement dans le train spécial de la Malle des Indes.

Présents:

Mr **Bachelet** — Représentant de la Compagnie Paris-Lyon-Méditerranée.
Mr **Bouverat** — Représentant de la Compagnie du Nord-Français.
Mr **Nagelmackers** — Directeur de la Compagnie Internationale des Wagons-lits.
Mr **Forbes** — Continental Manager du London-Chatham and Dover Railway.
Mr **Kossuth** — Directeur de l'exploitation des Chemins de fer de la Méditerranée Italienne.
Mr **Frigo** — Chef de Division de la Direction Générale de la Méditerranée Italienne.
Mr **Gelmi** — Directeur adjoint, de l'Exploitation des Chemins de fer du réseau de l'Adriatique.
M^r^ **De-Benedetti** — Chef de service Représentant la Compagnie des Chemins de fer de l'Adriatique.
Mr **Becchini** — Inspecteur Principal id. id. id.

Mr **Bachelet** — Représentant de la Compagnie de Paris-Lyon-Méditerranée expose d'une façon tres-detaillée l'intérêt qui s'attache à la réalisation de cette amélioration qui a déjà donné lieu à une série de communication écrite entre sa Compagnie et Mr **Massa**.

Mr **Nagelmackers** déclare de son côté que lui souvent, dans l'état actuel des choses, c'est-à-dire en raison de l'impossibilité dans la quelle les Chemins du Nord et de P.-L.-M. se trouvent d'accepter une voiture en plus dans le train de la Malle il est forcé de refuser des voyageurs au départ de Londres pour Brindisi. Il expose à ce sujet, de concert avec M. **William Forbes**:

1°) Qu'il résulte des statistiques officielles de la Compagnie Peninsulaire Orientale que pour la période du 30 Septembre 1888 au 30 Septembre 1889 le nombre des voyageurs montés ou descendus à Brindisi s'est élevé à 5411, dont 4003 voyageurs de 1re classe.

D'autre part 2236 voyageurs, dout 1601 de 1re classe, sont montés ou descendus à Venise.

Le nombre total des voyageurs c'est donc élevé à 7647. — La moyenne des voyageurs de 1re Classe, les seuls qui intéressent l'objet de la conférence, ayant pris ou quitté le bateau à Brindisi est donc de 80 par semaine environ, dont ou peut supposer que 50 ont pris le bateau et 30 seulement quitté le bateau.

2°) Que le train de la Malle ne pouvant actuellement porter que 20 voyageurs, il y a 30 voyageurs au moins qui arrivent à Brindisi par d'autres trains d'autres voies.

3°) Qu'en créant un train partant de Londres à 3 heures 15 et arrivant à Brindisi à 6 heures du soir, les voyageurs auront l'avantage de traverser le pas de Calais pendant le jour sur les grands bateaux du Clubtrain, au lieu de devoir le traverser sur de petits bateaux en pleine nuit et que l'arrivée à Brindisi à 6 heures permettra aux voyageurs de s'installer plus tranquillement sur le bateau, d'y dîner, etc.

3

Ein Dokument zur Entstehung des „Peninsular-Express" – Protokoll der europäischen Fahrplankonferenz für 1890
Archiv Verkehrsmuseum Nürnberg

schränkt blieb. Tatsächlich wurden Anfang 1890 die Offiziere Rich und Harvey beauftragt, die Route Ostende–Wien–Saloniki zu erkunden, wozu noch eine in der »Times« veröffentlichte Variante Calais–Laon–Delle–Saloniki kam. Zwar lehnte die P & O ab, zumindest aber dienten die neuen Möglichkeiten als Druckmittel, die Tarife auf der traditionellen Strecke zu senken.

Außerdem war in den Achtzigerjahren wieder der alte Vorschlag gemacht worden, zur schnelleren Verbindung von Calais mit Marseille eine neue, konkurrierende Bahn zu bauen – was zu einer Beschleunigung auf der bestehenden Nordbahn unter anderem durch Vermeiden des »Kopfmachens« in Boulogne von 1888 an führte. Um den ausländischen Initiativen wirksam zu begegnen, waren aber weitere Verbesserungen notwendig. Wie die Konferenz in Rom bemerkte, fanden von den durchschnittlich 50 Reisenden der 1. Klasse, welche in Brindisi auf die Dampfer der Peninsular & Oriental umstiegen, nur zwanzig Platz in dem Schlafwagen der »Malle«. Dreißig mußten in anderen Zügen anreisen und eine große Zahl von Fahrgästen bestieg die P & O-Dampfer überhaupt in Venedig statt in Brindisi. Aus diesem Grunde verfocht Nagelmackers einen neuen Zug Calais–Brindisi, der ausschließlich dem Passagierverkehr vorbehalten sein und getrennt von der Post verkehren solle. Der exklusiv für Reisende erster Klasse geplante Luxuszug würde 30 Schlafplätze ab Calais, weitere 20 ab Paris, bei Bedarf noch einen zusätzlichen Schlafwagen und Speisewagenservice bieten. Der Vertreter des adriatischen Bahnnetzes »Rete adriatica« wollte diesen Expeß nicht akzeptieren, weswegen J. S. Forbes als Continental Manager der London-Chatham & Dover Railway erklärte, daß dann der Indienverkehr auf die Strecke über Saloniki abwandern könne – denn die Regierung habe sich für diesen Routenwechsel eine Kündigungsfrist von nur sechs Monaten gegenüber der P & O vorbehalten. Nagelmackers betonte, daß bei Einführung des neuen Zuges der eigentliche Postzug um eine Stunde beschleunigt werden könne, daß Reisende aus Paris, welche bisher auf die ungünstige Abfahrtszeit von 6 Uhr morgens vom Bahnhof Gare de Lyon angewiesen waren, nunmehr um Mitternacht zusteigen können und daß bei Abfahrt von London um 15.15 Uhr die Kanalüberquerung auf dem großen Dampfer des »Clubtrain« erfolgen würde.

»Club Train« – der aufmerksame Theaterfreund mag sich daran erinnern, daß in »Lady Windermere's Fan« von Oscar Wilde die skandalumwitterte Mrs. Erlynne aus der Londoner Gesellschaft sagt, daß sie die Hauptstadt mit eben jenem Club Train für immer verlassen wolle. Diese Luxusverbindung London–Paris war 1887 durch Nagelmackers vorgeschlagen und am 4. Mai 1889 anläßlich der Pariser Weltausstellung eingerichtet worden, zur Benützung freilich weniger durch skandalumwitterte Damen, als durch eilige Börsenmakler und – wenn man der Legende glauben darf – durch die Mitglieder des Jockey-Clubs. Das Angebot bestand aus einem französischen und zwei konkurrierenden britischen Zügen, den einen auf der London, Chatham & Dover und den anderen auf der South Eastern Railway, alle zusammengesetzt aus Tagessalonwagen von Nagelmackers' CIWL. Zwar mußte zur Eröffnung auf ältere Fahrzeuge zurückgegriffen werden, doch bald erschienen die neuen, eigens für den »Club Train« gebauten Wagen. In poliertem Holz strahlten diejenigen des französischen Zuges, der zu den Salons auch ein Restaurant mit separatem Küchenwagen enthielt, und in Grün mit Cremefarben leuchteten die für England bestimmten. Es gab den Typ des »Fourgon Fumoir« mit Rauchsalon in Mahagoni und mit Ledersesseln sowie die eigentlichen Salonwagen mit 32 Plätzen in einem Saal und vier Halbabteilen oder mit 26 Plätzen in zwei Salons. Letzteren, präsentiert auf der Weltausstellung, beschrieb die zeitgenössische ›Revue Générale des Chemins de Fer‹: »Dieser Wagen ist ganz in Mahagoni gehalten. Die fest montierten Drehsessel sind aus hellblauem Felbel. Der gleiche Farbton wurde für die Vorhänge, die Netze, die Gepäckträger, die Stores und Behänge sowie für die Teppiche verwendet. Die Decke besteht aus lackiertem Gewebe mit silberweißem Grund, alles umgeben von Gesimsen und Rahmen aus Mahagoni . . . Die Bronzebeschläge sind vergoldet« . . . Dem Komfort des »Club Train« entsprach seine Technik, mit Harmonika-Übergängen, einer neuartigen, über Handrad und Schneckengetriebe zu betätigenden Wagenkupplung und – erstmals bei der CIWL – elektrischer Beleuchtung. Für die Kanalüberfahrt hatte die London, Chatham & Dover Railway etwas Besonderes vorgesehen: Den 1889 in Dienst gestellten, großen Dampfer »Calais-Douvres«.

Um die Einführung des geplanten Luxuszuges Calais–Brindisi gab es Demarchen gegenüber der italienischen Regierung und schließlich konnte am 13. Mai 1890 unter dem Vorsitz der französischen Nordbahn eine technische Konferenz aller beteiligten Verwaltungen nach Paris einberufen werden. Über die Komposition des Zuges waren sich die Teilnehmer schnell einig: Er sollte aus zwei Schlafwagen, einem Speise- und einem Gepäckwagen bestehen. Das ergab ein Gewicht von rund 110 Tonnen. Da der separat zu führende Postzug 130 Tonnen wog, schlug Nagelmackers vor, mit einem von dessen Wagen den Luxuszug besser auszulasten. Unter dem Hinweis, daß am Mont Cenis nur 120 Tonnen zulässig seien, wurde dieser Vorschlag abgelehnt. Der bedarfsweise eingeplante dritte Schlafwagen könne auch nur verkehren, wenn eine Fahrzeitverlängerung in Kauf genommen werde. In Nordrichtung solle der Reisezug, um einen Schlafwagen reduziert, mit dem Postzug vereint fahren – denn heimwärts benützten weniger Reisende die Brindisi-Route. Mit zwei »Allèges postaux«, einem Gepäckwagen, einem Schlafwagen und einem kombinierten Schlaf- und Speisewagen kam die »Malle« bei Abfahrt in Brindisi nur auf 95 Tonnen.

Nachdem auch die Bremsen der Wagen festgelegt waren – Vakuumbremsen für die Nordbahn und das adriatische Netz, Westinghouse-

„Club Train" London-Dover der South Eastern Railway bei der Durchfahrt durch Tonbridge, um 1890 Archiv Commault

In einem Salonwagen des „Club Train" Archiv Commault

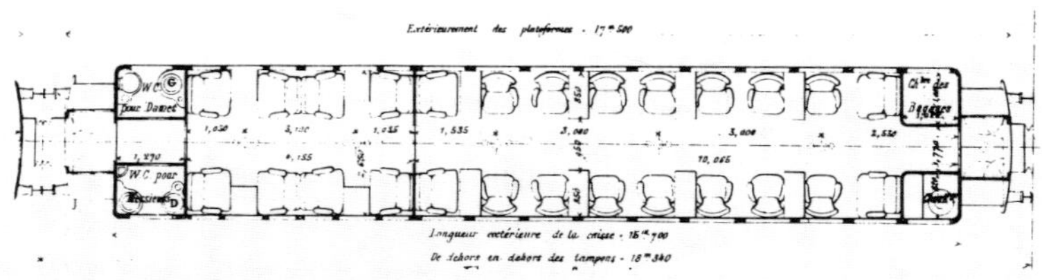

Salonwagen des „Club Train", ausgestellt 1889

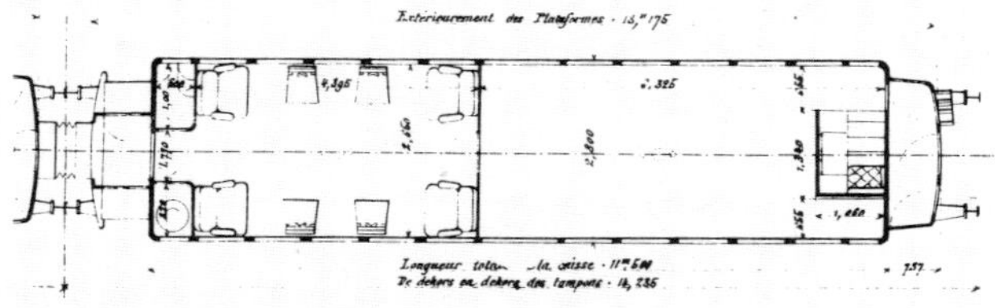

„Fourgon Fumoir" des Club Train, ausgestellt 1889

Salonwagen Nr. 261 für den „Club-Train" der S.E.R. Archiv Commault

Bremsen sowie Handbremsen, blieb noch der Name des neuen Zuges zu klären. Mr. Forbes schlug eine Bezeichnung vor, die im französischen Protokoll mit »Train spécial Péninsulaire« wiedergegeben ist. Daraus wurde »Péninsulaire-Express« und »Peninsular Express«.

Auch die finanzielle Frage ließ sich lösen: Nagelmackers garantierte den beiden italienischen Verwaltungen bestimmte Mindesteinnahmen. Er konnte das tun, da er tags darauf, am 14. Mai 1890, den vorgesehenen Vertrag mit der Peninsular & Oriental abschloß, der ihn seinerseits durch Garantien entlastete. Artikel 5 dieser Vereinbarung legte nämlich fest, daß bis zur Abfahrt aus London sämtliche Plätze vorrangig denjenigen Reisenden zur Verfügung stünden, welche eine Schiffspassage bei der P & O gebucht hatten. Bettkarten von Paris aus nach Zwischenstationen durften erst verkauft werden, wenn das Telegramm aus London nach Abfahrt des Zuges bestätigte, daß noch Plätze frei seien. Die Reederei verpflichtete sich, als Gegenleistung der Schlafwagengesellschaft für jeden Zuglauf 500 Francs zu zahlen und außerdem pro Fahrt für zwanzig verkaufte Bahnbillets und Zuschläge zu garantieren.

Die Internationale Schlafwagengesellschaft wiederum sicherte zu, sich an keinem konkurrierenden Zug nach Brindisi an den Tagen der Postabfahrt zu beteiligen. Dafür stellte sie die Bedingung, daß die Bahnen im Postzug keine Passagiere mehr beförderten. Der Vertrag wurde zunächst für zwei Jahre abgeschlossen und verlängerte sich dann jeweils um ein Jahr. Sollte die P & O Brindisi nicht mehr anlaufen, würde er sofort erlöschen.

Über die Komposition des Zuges sagte das Protokoll: »Die Schlafwagengesellschaft verpflichtet sich, dem Club-Train bei Abfahrt in Calais jeden Freitag . . . zwei Schlafwagen beizufügen. Im Bahnhof Paris-Nord werden diese Fahrzeuge, zusammen mit einem Speisewagen, zu einem speziellen Luxuszug zusammengestellt, der direkt nach Brindisi weiterfährt . . . Für die Rückreise von Brindisi nach London ist die Schlafwagengesellschaft verpflichtet,.. dem Postzug einen direkten Schlafwagen und einen Speisewagen anzuhängen.«

Der Vertragstext schloß: »Die Schlafwagengesellschaft bürgt dafür, daß alle notwendigen Vorkehrungen für das Restaurant und den Verpflegungsdienst getroffen werden; die besten Mahlzeiten, die der Service bietet, werden serviert . . . Diese Konvention wurde abgeschlossen . . . auf Grund der Garantie der Schlafwagengesellschaft, daß der Dienst ausschließlich als Luxusservice allererster Klasse durchgeführt wird, welcher durch keinen anderen Service auf dem Kontinent übertroffen wird . . .«

In einem Brief vom 10. Juli 1890 berichtete P.L.M.-Direktor Noblemaire dem Minister für öffentliche Arbeiten von dem Erfolg seines Bemühens um diese Verbesserung des Indienverkehrs und am 18. Juli 1890 startete der »Peninsular-Express« zum erstenmal. Seine Fahrgäste verließen London jeweils freitags um 15.15 Uhr mit dem »Club Train« und erreichten Brindisi am Sonntag gegen 16 Uhr. Die Post ging an der Cannon Street um 20.15 Uhr separat ab und kam, unter völliger Umgehung von Paris, in dem Adriahafen sonntags um 21 Uhr an. Der »Peninsular-Express fuhr kombiniert mit dem »Club Train« von Calais Maritime nach dem Pariser Nordbahnhof und selbständig weiter über Dijon, Maçon, Bourg und den Grenzbahnhof Modane nach Italien. Er benützte die Gleise der französischen Nordbahn, der Paris–Lyon–Méditerranée, der 1885 aus einer Umgruppierung hervorgegangenen »Società Italiana per le Strade ferrate del Mediterraneo« über Turin und Alessandria bis Piacenza und der »Rete adriatica« von Parma bis Brindisi. Der Abschnitt Piacenza–Parma wurde von beiden Verwaltungen gemeinsam betrieben. Für die »Malle« in Nordrichtung gab es keinen eindeutigen Fahrplan, sondern es standen acht bis neun Zeitlagen zur Verfügung, je nach der Ankunftszeit der P & O-Dampfer. Von Calais nach Dover fuhren meist Sonderschiffe. Das registrierte Reisegepäck wurde im »Fourgon« plombiert, so daß die Zollbeamten während der Fahrt nur das Handgepäck kontrollieren mußten. Daraus dürfte die merkwürdige Vorschrift entstanden sein, daß in die Abteile des »Peninsular-Express« nur eine Handtasche und ein Bündel Decken mitgenommen werden durften.

Noch kurz vor der ersten Abfahrt, am 8. Juli 1890, war von italienischer Seite die Aufnahme von Reisenden nach Zwischenstationen abgelehnt worden. Auch das italienische Vorhaben, den Zug in Brindisi am oberen und nicht am unteren Bahnhof enden zu lassen, gab Anlaß zu Diskussionen. Ein anderes Problem war die Unterbringung des britischen Postbeamten, der bis 1886 in den Postwagen mit Begleiterabteil und danach in Nagelmackers' Wagen reiste. Da die »Malle« nunmehr in Südrichtung keinen Schlafwagen mehr führte, wurde ihr ein Fahrzeug eigens für diesen Beamten angehängt, ein Wagen des Typs »coupé-lits toilette« der Nordbahn. Verkehrte bei der Rückfahrt ab Brindisi ein zweiter Wagon-Lits, dann mußte darin dem Engländer und auch seinem Kollegen ein Platz reserviert werden, falls der Nordbahnwagen aus Gewichtsgründen zurückbliebe. Für Dezember 1890 wurde daher wieder der Einsatz eines Postwagens mit einem Begleiterabteil angekündigt.

Ein »Luxusdienst allererster Klasse,... welcher durch keinen anderen Service auf dem Kontinent übertroffen wird«, sollte der Peninsular-Express gemäß Vertrag sein – doch zunächst gab es Beschwerden. Ausgerechnet bei der ersten Fahrt am 18. Juli 1890 ereignete sich eine Entgleisung, derzufolge einige Reisende den Zuschlag zurückforderten. Bei jener Eröffnungsreise waren auch zwei Inspekteure der Peninsular & Oriental zugegen, welche die Fahrzeuge keineswegs in dem vereinbarten erstklassigen Zustand vorfanden. Kurz darauf reklamierten Reisende, daß es zum Menu weder Salat noch Fisch gegeben habe . . .

Besonders der Wagen mit der Bezeichnung »voiture mixte avec lits et restaurant«, welcher südwärts ab Paris verkehrte und laut Fahrplanankündigung auf der Rückreise in Pierrefitte Stains abgehängt wurde, um separat zum Pari-

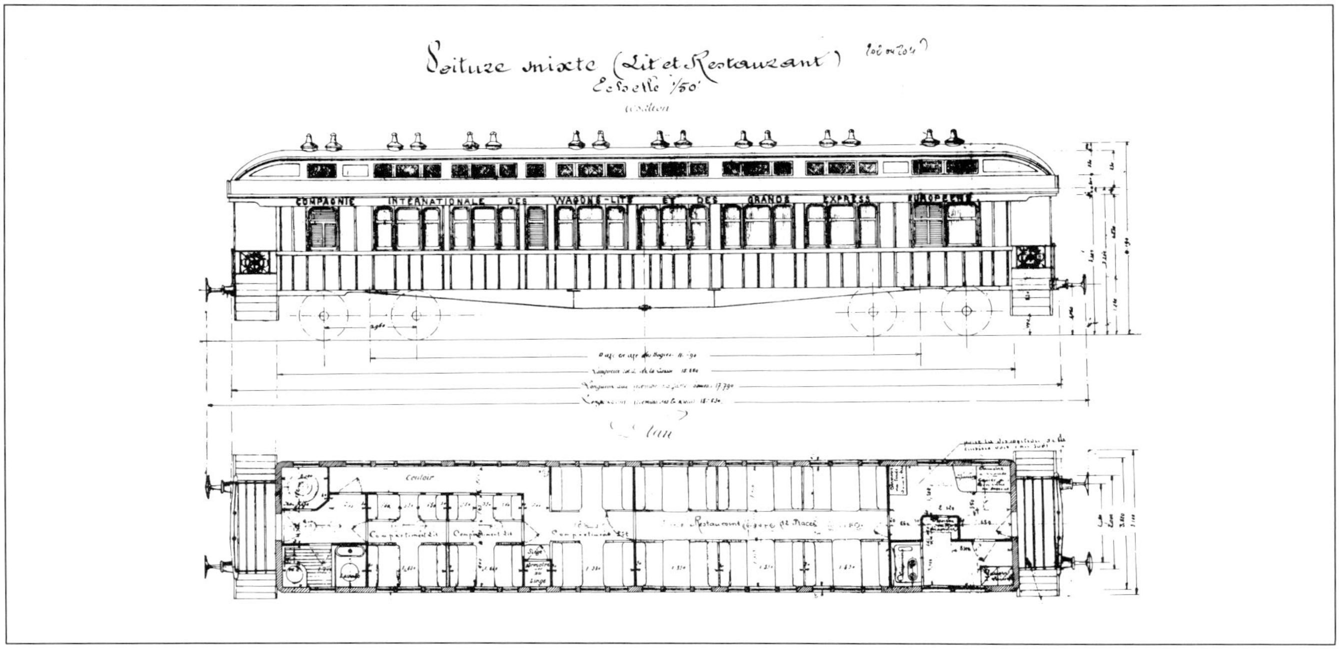

Ein äußerst seltenes Dokument: Kombinierter Schlaf- und Speisewagen der CIWL, umgebaut aus Pullman-Schlafwagen
Archiv Commault

Schlafwagen 345, früher mit anderer Aufschrift im „Peninsular-Express" verwendet
Foto Stögermayer/
Österreichisches Eisenbahnmuseum

ser Nordbahnhof überstellt zu werden, da der Postzug die Hauptstadt nicht berührte, gab Anlaß zu Ärger. Diese merkwürdigen Fahrzeuge um 1888/89 aus Pullmanschlafwagen umgebaut, hatten sechs Bettplätze für die Reisenden Brindisi–Paris und dienten gleichzeitig als Restaurant. Natürlich gab es Schwierigkeiten, wenn dieses in Pierrefitte abgehängt wurde und die Passagiere der P & O bis Calais nichts mehr zu essen bekamen. Das Problem sollte später dahingehend gelöst werden, daß von Pierrefitte zum Nordbahnhof nurmehr ein Nordbahnwagen erster Klasse als Umsteige-Anschluß und offensichtlich ein Nordbahngepäckwagen verkehrten, so daß das Restaurant bis Calais weiterlaufen konnte. Ein ähnlicher Anschluß wurde in Villeneuve St. Georges eingerichtet.

Es mußten auch andere Beschwerden entgegengenommen werden und eine, die eines gewissen Mr. Puniab, soll in zwanzig Zeitungen veröffentlicht worden sein. Sie führte sogar zu einem Spottgedicht! Gegen Ende des Jahres 1890 schließlich kam es zu Verhandlungen zwischen der Schlafwagengesellschaft und der Reederei über den Bau eines völlig neuen Zuges auf der Grundlage eines 15-Jahres-Vertrages. Die P & O könne ihn abschließen, hieß es, da ihr Postvertrag mit der britischen Regierung nach seinem Auslaufen wahrscheinlich erneuert werden würde – »entweder für Brindisi, Marseille oder Saloniki.«

Im Jahre 1892 kamen die neuen Wagen aus Amerika und daneben auch aus Frankreich. Die vierachsigen Schlafwagen Nr. 342–349 für je 20 Reisende, mit Zwei- und Vierbettabteilen ohne Waschbecken, ersetzten die ehemaligen Pullmanwagen mit 20 und die daneben verwendeten Wagon-Lits-Typen mit 18 Plätzen. Der kombinierte Schlaf- und Speisewagen wurde durch die neuen Salonspeisewagen Nr. 350–352 von Brown Marshalls abgelöst, einem Vorläufer der Metropolitan Cammell Carriage & Wagon Company in Birmingham. Diese wogen rund 31 Tonnen, boten an Tischen mit zwei und vier Stühlen 30 Gästen Platz und hatten dazu einen kleinen Rauchsalon. Das Chassis war aus Stahl und die Beleuchtung wurde mit Gas gespeist. An den in

Speisewagen Nr. 350-352 für den „Peninsular-Express", aus „Scrapbook" 56, Museon di Rodo

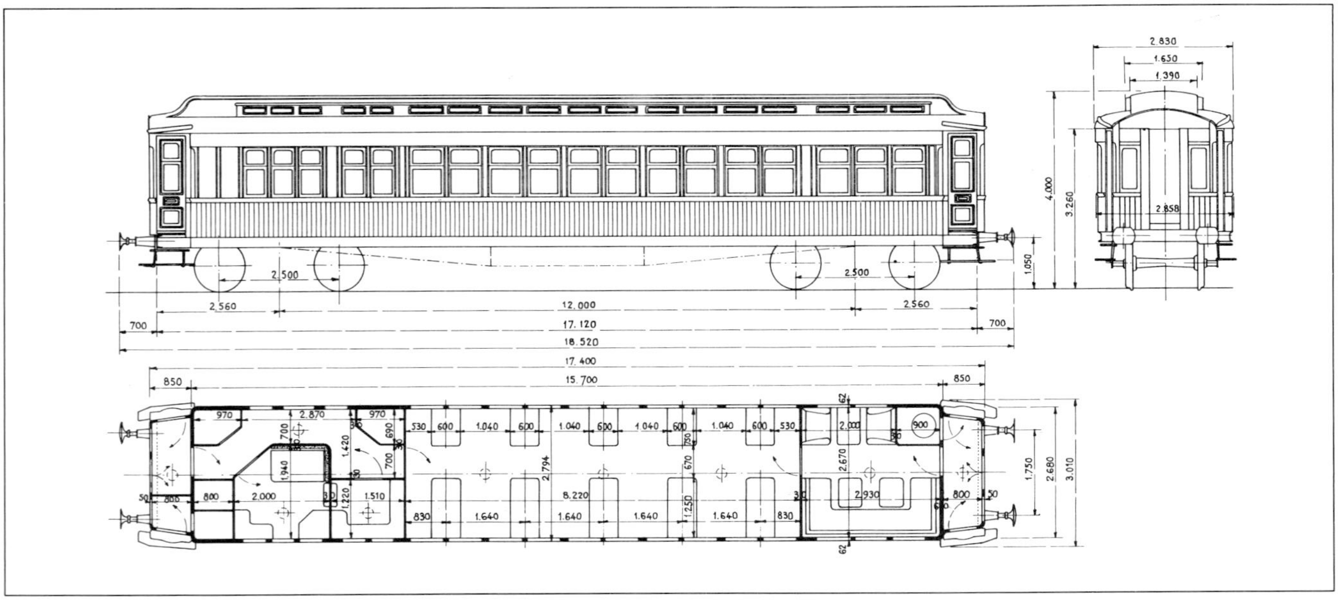

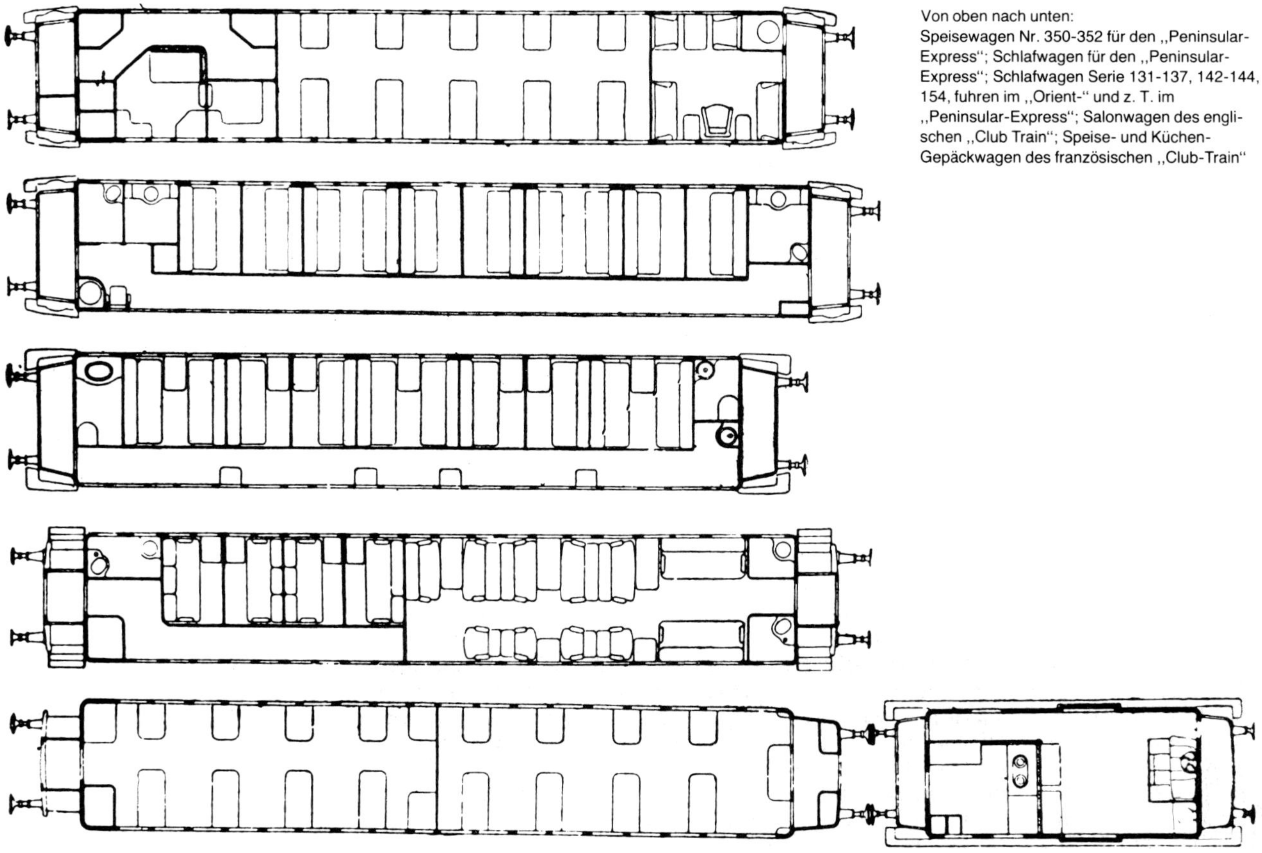

Von oben nach unten:
Speisewagen Nr. 350-352 für den „Peninsular-Express"; Schlafwagen für den „Peninsular-Express"; Schlafwagen Serie 131-137, 142-144, 154, fuhren im „Orient-" und z. T. im „Peninsular-Express"; Salonwagen des englischen „Club Train"; Speise- und Küchen-Gepäckwagen des französischen „Club-Train"

Teakholz gehaltenen Außenwänden prangten über dem durchlaufenden Fensterband in Messing die Worte:

CALAIS — PENINSULAR AND ORIENTAL EXPRESS — BRINDISI

Der Service war exzellent – vor Abfahrt in Calais um Mitternacht hatte der Ober, wie eine aus dem Jahre 1908 erhaltene Dienstvorschrift dokumentiert, behandschuht vor dem Speisewagen zu stehen, um den Reisenden Auskünfte zu geben. Selbst um ein Uhr morgens wurde ein Essen à la carte angeboten. Das Personal war gehalten, sich zwei Stunden vor jeder Mahlzeit bei den Reisenden zu erkundigen, welche Getränke es kaltstellen solle. Serviert wurde, gemäß jener Instruktion, während des Winters in blauer Uniform und während des Sommers im weißen Jackett. Und zum Dinner mußte der Ober weiße Handschuhe tragen! Dieses opulente Mahl um den Preis von sechs Francs, das eine Karte aus dem Jahre 1914 mit Suppe, Vorspeise, Fisch, zwei Fleischgerichten, Gemüse, Salat, Süßigkeiten, Obst und Käse beschreibt, dürfte sicher auch Mr. Puniab versöhnt haben. Beim Servieren des Desserts fragte der Ober, ob Kaffee gewünscht werde; dann erkundigte er sich, ob Likör bestellt werde und dann, ob Zigarren gefällig seien. Der »Keller« mußte zwar für Frankreich und Italien getrennte Vorräte mitführen, die der Zoll jeweils an der Grenze plombierte, doch was konnte das ausmachen bei der Reichhaltigkeit des Angebots: Die Weinkarte umfaßte sechs Sorten Bordeaux, daneben Beaune, Pommard, Chablis und Meursault aus Burgund, Barolo, Barbera, Capri und Chianti aus Italien, Portwein, Sherry und sechs Sorten Champagner, von »Tisane Sleeping Car«, wörtlich übersetzt »Schlafwagen-Arznei«, bis »Montebello maximum sec (goût anglais)«.

Speisekarte des ,,Peninsular-Express" von 1914
Archiv Commault

LYON
Hôtel Terminus

GRAND HOTEL
DES
WAGONS-LITS
PÉKIN

MARSEILLE
Hôtel Terminus

MILKA & VELMA
SUCHARD
LES DÉLICIEUX CHOCOLATS POUR CROQUER
EN VENTE DANS TOUTES LES VOITURES

Monte-Carlo
RIVIERA PALACE HOTEL

Lisbonne
AVENIDA PALACE HOTÉL

Constantinople
PERA PALACE HOTEL

St SÉBASTIEN
(ESPAGNE)
GRAND CASINO
OUVERT TOUTE L'ANNÉE
la plus belle plage de l'Europe
BAINS DE MER TOUTE L'ANNÉE
le meilleur climat

LISBONNE
AVENIDA
PALACE

VINS DU VALAIS
Les plus réputés
E. GILLIARD & Cie
SION

Constantinople
PERA PALACE
HOTEL

COMPOSITION OF MEALS
Coffee, Tea, Cocoa or Chocolate Suchard with milk, bread and butter
LUNCH
Hors-d'œuvre
Eggs or Fish — Hot meat
Vegtables — Cold meat
Salad — Dessert
DINNER
Soup — Hors d'œuvre
Fish
Two dishes of meat
Vegetables — Salad
Sweets — Dessert
COLLATION
Coffee, tea, cocoa or chocolate Suchard with milk, bread, butter, fruits or jams.

DISTINTA DEI PASTI
Café, té, cacao o cioccolato Suchard con latte, pane e burro.
COLAZIONE
Antipasto
Uova o Pesce — Legumi
Carne calda — Carne fredda
Insalata — Frutta — Formaggio
PRANZO
Minestra — Antipasto
Pesce
Due piatti di carne
Legumi — Insalata
Dolce — Frutta — Formaggio
COLAZIONE
Caffé, té, cacao o cioccolato Suchard con latte, pane, burro, frutta o marmellate.

N.-B. — Children pay full rate. — I ragezzi pagano tarifia intera.
Sur demande des repas maigres seront servis le Vendredi.

Meals exclusively reserved for servants :
Pasti riservati esclusivamento ai domestici :
LUNCH — COLAZIONE : fr. 3 » DINNER — PRANZO : fr. 5 »

MEALS «A LA CARTE» *(continuation)* PASTO ALLA CARTA *(seguito)*

Chocolate Suchard. a cup.	Cioccolato Suchard ..la tasse.	1 »	» 10
Cocoa Suchard. ..... —	Cacao Suchard........ —	1 »	» 10
Herbs-)Lime Flower —	Infusione di Tiglio..... —	» 75	» 7½
tea)Camomil... —	Infusione Camomilla .. —	» 75	» 7½
Milk............... —	Latte .... —	» 75	» 7½
Grog ....a glass.	Grog .... il bicchiere.	1 »	» 10
Citronnade or Orangeade —	Limonata o Aranciata. —	1 »	» 10
Citron............ a piece.	Limoni .... cadauno.	» 25	» 2½
Cioccolato «Suchard» da mangiare,	Astuccio grande.....	1 »	» 10
«Velma» e «Milka».	Astuccio piccolo.....	» 50	» 5

RHUM St JAMES
Marque Mondiale

Riviera Palace
MONTE-CARLO
Le plus bel Hôtel du Monde
Le mieux situé
Le plus élégant
Le plus confortable de la Riviera
OUVERT DE
Décembre à Mai

Élysée Palace
HOTEL
103, Avenue des Champs-Elysées
PARIS

MARSEILLE
Hôtel Terminus

NORDDEUTSCHER LLOYD BREMEN
BRÊME-NEW-YORK deux fois par semaine direct ou via Southampton-Cherbourg
Brême-Baltimore, Brême-Canada, Brême-Brésil, Brême-Cuba
Brême-Philadelphie, Brême-Galveston, Brême-La Plata, Gênes-New-York
Lignes du Reichspostdampfer : Brême-Est de l'Asie, Brême-Australie.
BILLETS CIRCULAIRES AUTOUR DU MONDE
Une carte générale du Monde avec les Lignes du NORDDEUTSCHER LLOYD se trouve dans le Wagon-Lits

C. JAEDICKE
BERLIN S.W.68
Fournisseur de la Cour et de S.M. l'Emp. Guillaume II
Spécialité
GÂTEAUX DE BROCHE
BAUMKUCHEN
Par Kilogramme: Fr. 5.00
Expédition à l'Etranger

BRUXELLES ET MADRID
PALACE HÔTEL
800 CHAMBRES
TOUTES AVEC SALLE DE BAIN
depuis F^cs 7.50

AU DESSERT COINTREAU TRIPLE SEC, ANGERS
LIQUEUR EXQUISE, DIGESTIVE

Ansicht des Speisewagens Nr. 350 für den ,,Peninsular-Express" Archiv Commault

Das ,,Fumoir" in einem Speisewagen, wahrscheinlich Serie 350-352 des ,,Peninsular-Express", nach einer Veröffentlichung um die Jahrhundertwende

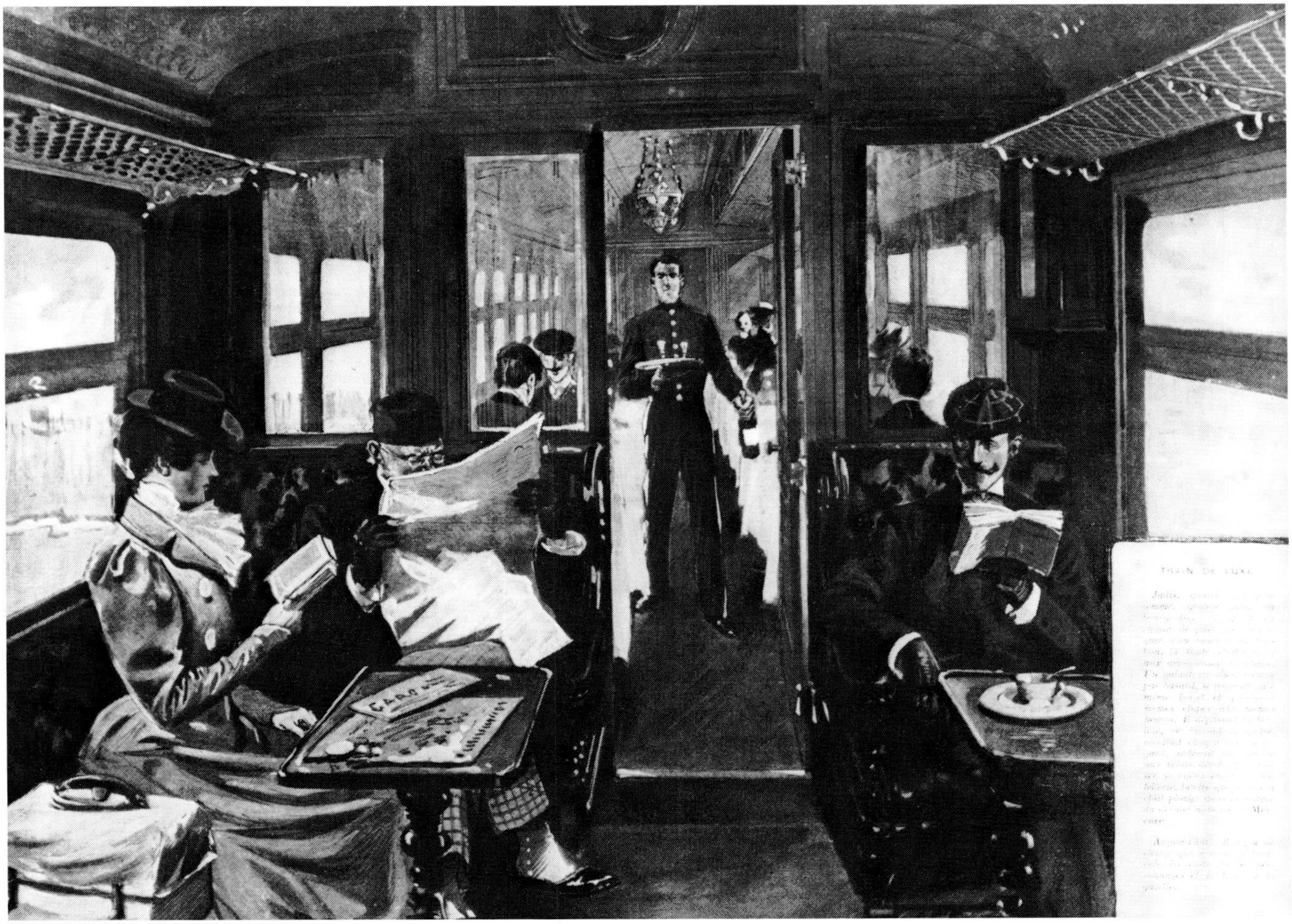

Zu dem Luxus der Wagen paßte die Eleganz der Lokomotiven, etwa der 2B-Maschinen der P.L.M. mit »Windschneide« aus der Zeit kurz nach der Jahrhundertwende – doch in welch einem Gegensatz zu diesem Aufwand standen die primitiven, zugigen Führerstände! Noch schlimmer hatten es in der Anfangszeit die Männer auf den offenen Bremsersitzen der »Malle des Indes« gehabt: Sie mußten sich festbinden, um nicht herabgeschleudert zu werden, und den Kopf in Lumpen wickeln, um sich durch das Rütteln der Wagen nicht ständig Verletzungen zu holen.

„Allège No. 280" für die Indische Post Calais-Brindisi auf P.L.M.-Chassis, Aufnahmedatum unbekannt (nach Juni 1890)
Collection Musée Postal/Archiv Museon di Rodo

„Allège No. 270" für die Indische Post Calais-Brindisi auf P.L.M.-Chassis, Aufnahmedatum unbekannt (nach Septmeber 1896)
Archiv Museon di Rodo

Die Luxusreisenden zwischen London und Paris mußten eine kleine Einbuße an Komfort hinnehmen, als der »Club Train« am 1. Oktober 1893 eingestellt wurde. Nach anfänglichem Erfolg waren seine Salonwagen in England mitunter völlig leer gefahren. In Frankreich hatte vom 15. März 1891 an ein gewöhnlicher Wagen erster Klasse »à coupé toilette« der Nordbahn für weniger wohlhabende Kunden beigefügt werden müssen. Der spezielle Kanaldampfer kostete der London, Chatham & Dover Railway jährlich 20000 Pfund Defizit, weswegen sie oft ein kleineres, unattraktiveres Schiff einsetzte. Im Sommer 1892 schließlich war auf ihrer Aktionärsversammlung die Einstellung des kostspieligen Luxusdienstes zur Sprache gebracht worden und am 5. November jenes Jahres hatte ihr Präsident Forbes dieses Ansinnen auf einer Eisenbahnkonferenz in Paris vorgetragen. Chefingenieur Sartiaux von der Nordbahn sprach zwar von möglichen besseren Anschlüssen nach Süden und selbst nach Konstantinopel, mit denen der Dienst rentabler gemacht werden könne, doch die London, Chatham & Dover ließ sich auf die Dauer nicht umstimmen – trotz eines bestehenden Zwölfjahresvertrages und trotz der »Verärgerung« des französischen Ministers für öffentliche Arbeiten, von der das Protokoll jener Konferenz berichtete.

Mr. Forbes mußte sich danach in der Presse sogar gegen den Vorwurf verteidigen, er wolle mit der Beendigung des »Club Train« die Indienreisenden auf die Ostende-Route abdrängen. Das war natürlich absurd, da seine Dampfer damit eine Einnahmequelle verloren hätten. Für die Passagiere des »Peninsular-Express« mußte also ein neuer Anschluß via Calais gefunden werden. Diesen hatte, wie aus einem Dokument der Internationalen Schlafwagengesellschaft vom 13. Oktober jenes Jahres hervorgeht, die Nordbahn bereits rechtzeitig geplant, und zwar mit Abfahrt von London im normalen Abendzug freitags um 8 Uhr 15, Abfahrt in Calais um 0 Uhr 55 und Ankunft in Brindisi zwei Stunden vor dem Postzug. Der Luxuszug begann seinen Lauf in Calais Maritime. Er wurde, wie der Postzug, an Paris über Pierrefitte, die große Gürtelbahn und Villeneuve triage vorbeigeführt. Ein Antrag auf Schlafwagen Calais–Rom im »Peninsular-Express« verfiel während der Fahrplankonferenz für 1895 der Ablehnung, um seine Belastung nicht zu erhöhen.

Die Reisenden London–Indien hatten nun kürzere Gesamtfahrzeiten und auch die Post wurde beschleunigt. Dazu entfiel bei den Zügen der »Malle des Indes« von 1899 an das lästige Auswechseln von Gepäckwagen der Nordbahn und der P.L.M. in Villeneuve. Wegen der steigenden Postmengen mußte bei Bedarf auch der »Peninsular-Express« einige Transportwagen aufnehmen. Der Fahrplan von 1907 gibt an, daß der Luxuszug ab Calais bis zu vier »allèges« mitführte, die in Modane auf den nachfolgenden Posttransport überstellt wurden. Jener verließ London Cannon Street um 10 Uhr freitagabends, überquerte den Kanal per Sonderschiff, startete in Calais um 3 Uhr 25 und kam in Brindisi am nächsten Abend um 21,30 Uhr an. Ein Zugteil der »Malle« begann in Paris, Gare de Lyon, und wurde in Villeneuve-triage mit dem Hauptzug vereint. Zwischen Dijon und Bourg fuhr dieser nicht mehr über Maçon, sondern über die neue Strecke via Saint–Amour. Die Wagen der Indienpost waren normalerweise

„La Malle des Indes" mit Lokomotive B 362 der P.L.M. durchfährt den Bahnhof Lantenay, gegen 1897 Archiv La Vie du Rail

„La Malle des Indes" Calais–Brindisi mit Lokomotive C 170 der P.L.M. Carte Fleury

Ein äußerst seltenes Foto: „Peninsular-Express" Calais–Brindisi in Italien, evtl. mit Lokomotivbaureihe 180 der Rete Adriatica (FS 550) Archiv Dr. Ing. Bonazzelli

stets die dunkelroten »allèges« des P.T.T. mit den gelben Aufschriften, mit und ohne Begleiterabteil, doch zur Aushilfe mußten vor dem 1. Weltkrieg auch Gepäckwagen der P.L.M. herangezogen werden. Waggons nach Neapel für die Australienpost der »Orient-Line« liefen alle zwei Wochen südwärts bis Foggia mit. In Nordrichtung umfaßte die »Malle des Indes« ab Brindisi vor dem Kriege meist sechs »allèges« und dazu die Wagen der Schlafwagengesellschaft. Wenn die Mont Cenis-Linie wegen Schnee unpassierbar war, wich der Postzug über die Riviera aus.

Aus dem Jahre 1911 wird die vorübergehende Umleitung der Indischen Post über Deutschland berichtet. Der badische Eisenbahnhistoriker Dr. A. Kuntzemüller schrieb darüber in seiner 1914 erschienenen Broschüre »Die badischen Eisenbahnen im deutsch-französischen Krieg 1870/71« folgendes: »Ich darf hier vielleicht anfügen, dass anlässlich des italienisch-türkischen Krieges 1911 die englische Ostin-

Diese Lokomotiven hatten als Baureihe 42 der Società Italiana per le Strade ferrate Meridionali lange Zeit an der Adria die Indische Post gezogen Archiv FS

dienpost abermals zeitweise den Weg über badisches Gebiet genommen hat. Die durch den Kriegszustand verursachte Unsicherheit der Hafen- und Anschlussverhältnisse von Brindisi veranlasste die englische Postverwaltung Ende November 1911, die Überlandpost mit österreichischen Lloyddampfern von und nach Triest anbringen zu lassen, wobei die Reise England–Triest über Brüssel – Strassburg – Karlsruhe – Pforzheim – München – Tauernbahn ging.« Dr. Kuntzemüller berief sich dabei auf eine Mitteilung des Auslandsbüros des Reichspostamtes, englische Posthistoriker jedoch können diese Route nicht sicher bestätigen.

Dieses rare Foto der Lokomotivbaureihe „180 bis" der Rete Adriatica soll die Indische Post darstellen Archiv Dr. Pedrazzini

Der »Peninsular-Express« wurde im Jahre 1897 um mehr als zwei Stunden beschleunigt. Cook's Continental Timetable gab die Fahrzeit bei Abreise in London freitags um 21 Uhr mit nurmehr 43 Stunden 35 Minuten bis Brindisi an. Dabei wurde die Strecke Calais–Brindisi, für welche die CIWL 2149 km rechnete, in 39 Stunden 45 Minuten zurückgelegt. Diese Zeiten blieben bis zum 1. Weltkrieg ungefähr gleich. Der Luxuszug mußte deswegen Wagen für den Posttransport aufnehmen, da sonst der eigentliche Postzug auf der P.L.M. die zulässige Belastung von 250 Tonnen überschritten hätte, wie aus einem Schreiben an den Sous-Secrétaire d'Etat von 1908 hervorgeht. Durch Umstellen des Dienstes Brindisi–Port Said auf die, nur 1728 Tonnen großen, aber 22 Knoten schnellen Doppelschraubendampfer »Isis« und »Osiris« im Juni 1898 ließ sich die Reisedauer London–Bombay von rund 17 auf 15 Tage verkürzen. Bisher waren die Sendungen in Brindisi auf die langsameren, direkten Postdampfer umgeladen worden. In den Jahren vor Kriegsbeginn waren Post und Passagiere via Calais–Brindisi nurmehr 14 Tage unterwegs, gegenüber 21 Tagen bei Benützung des Seeweges über Gibraltar – ein später nie mehr erreichter Rekord.

Der Komfort wurde 1903 durch neue Schlafwagen mit elektrischer Beleuchtung erhöht, die sich von denen der weniger prominenten Luxuszüge durch die bekannte Aufschrift über den Fenstern und von 1905 an durch eine weiße Lackierung oberhalb der Mittellinie unterschieden. Der »Traveller de Luxe« wies darauf hin, daß die 60 maximal vorhandenen Plätze grundsätzlich Schiffspassagieren der P & O vorbehalten waren; sollten dennoch unterwegs andere Fahrgäste zusteigen, so durften sie keinesfalls in den gleichen Abteilen untergebracht werden. Man hielt auf Exklusivität. Die Richtungsschilder trugen den stolzen Titel

PENINSULAR EXPRESS

Calais–Brindisi

und bei der Rückfahrt:

MALLE DES INDES

Brindisi–Calais

In Italien, wo 1905/06 die Staatsbahnen ihre Vorgängergesellschaften ablösten, bot die Indische Post ab Brindisi nordwärts neben Schlafwagen zeitweilig auch gewöhnliche Sitzplätze erster Klasse. Auf Distanz wurde jedoch auch hier streng geachtet, wie aus »Cook's Handbook« von 1914 hervorging: »Ein normaler Erster-Klasse-Wagen wird dem Zug bis Turin bei-

Der Dampfer „Isis" der P & O, gebaut 1898 für den schnellen Transport der Indienpost zwischen Brindisi und Alexandrien oder Port Said Archiv P & O

Schlafwagen 901 aus der Serie 901-904 der CIWL, gebaut für den „Peninsular-Express" Archiv Commault

gegeben, aber Passagieren, die darin reisen, ist es nicht gestattet, die Mahlzeiten im Speisewagen einzunehmen.«

Die Passagierzahlen in Italien hielt ein Dokument fest, welches den Titel trug: »MOVIMENTO VIAGGIATORI COI TRENI CELERI DELLA VALIGIA ANGLO-INDIANA«. Demgemäß fuhren mit der Indischen Post im Jahre 1886 pro Monat durchschnittlich 74 bis 184 Reisende südwärts und 30 bis 118 nordwärts. Im Jahre 1891 waren es 60 bis 215 bzw. 35 bis 216, im Jahre 1899 aber nurmehr 19 bis 77 beziehungsweise Null bis 71.

Die Entwicklung des Verkehrs war also nicht günstig. Eine der Ursachen dafür lag in der Tatsache, daß viele Passagiere die Dampfer bereits ab England benützten. Dort war in den Siebzigerjahren des 19. Jahrhunderts London Ausgangspunkt der P & O-Liner geworden und hatte 1880, als die gesamte Post auf die »Malle des Indes«-Züge verlegt wurde, Southampton völlig aus dem Rennen geworfen. Für die Reisenden, welche sich in London einschifften, verzeichnete Cook's Handbuch 1914 »Special Trains« von der Liverpool Street Station der Great Eastern Railway nach Tilbury, den Tilbury Docks oder den Royal Albert Docks.

Schlafwagen 915 des „Peninsular-Express" und sein Schlafwagenschaffner Archiv Commault

Graphischer Fahrplan der Indischen Post vom Sommer 1906 Archiv Commault

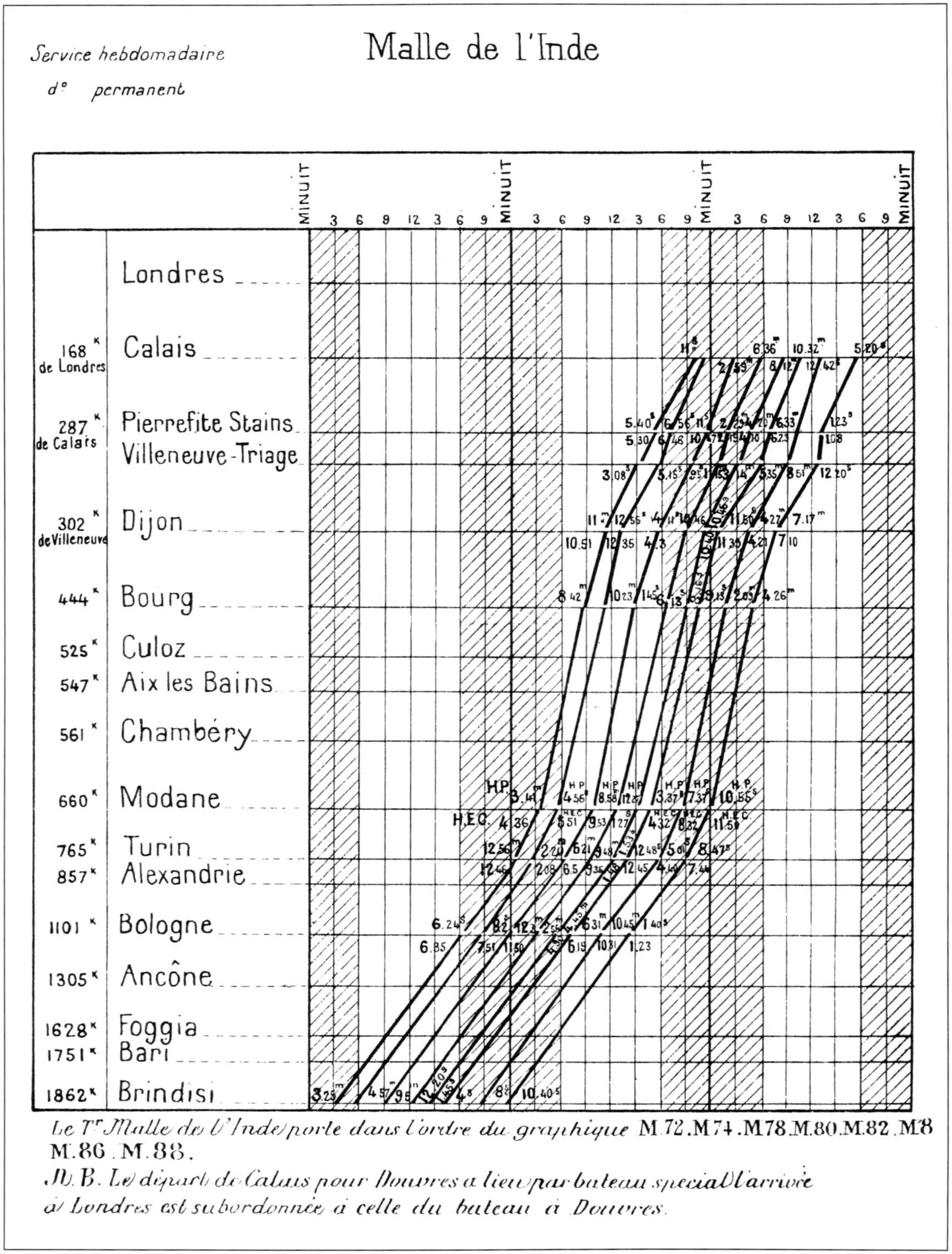

Die Stationen der Indischen Post – Veröffentlichung aus dem Jahre 1905

40 **Trains de luxe.**

The Brindisi Peninsular et Oriental Limited Express

THE RETURN JOURNEY

On the arrival of the P. & O. Mail Steamer at Brindisi from the East with the India, China and Australian Mails, a similar Train de luxe with the same amount and description of accommodation will accompany the Mail Train and leave Brindisi every week by one of the following special services according to the time of arrival of the Mail Packet.

MALLE DES INDES — Horaire.

STATIONS		Q	R	S	T	U	V	X	Y	Z
BRINDISI	dép.	m 3.25	m. 4.54	m 7.50	m 9.05	s 12.20	s 1.45	s. 4.00	s. 8.00	m 10.40
BOLOGNE	arr.	6.24	s. 7.51	s 10.40	s 11.50	m 2.55	m 4 30	m 6.19	m 10.31	s 1.23
	dép.	6.35	8.02	11.00	m 12.03	3.10	4.45	6.31	10.45	1.40
PIACENZA	arr.	9 02	10.30	m 1.21	2.20	5.53	7.10	8.58	s 1.11	4.06
	dép.	9.15	10.43	1.31	2.32	6.08	7.23	9.08	1.16	4.16
TURIN	arr.	m 12.46	m 2.08	4.55	6.05	9.35	11.01	s 12.45	4.4o	7.44
	dép.	12.56	2.20	5.05	6.21	9.48	11.18	12.58	5.01	8.15
MODANE Rome time.	arr.	4.36	5.51	—	9.53	s. 1.22	s. 2.48	4.32	8.82	11.50
Paris time.	arr.	3.41	4.56	—	8.58	12.27	1.53	3.37	7.37	10.25
Id.	dép.	4.20	5.25	—	9.18	1.58	3.05	4.20	9.55	11.57
BOURG	arr.	8.39	10.18	–	s 1.42	6.07	8.03	9.07	m 2.02	m 1.05
DIJON	arr.	10.51	s 12.35	—	4.03	8.39	10.40	11.39	4.21	7.10
	dép.	s. 11.00	12.55	–	4.11	8.45	10.46	11.50	4.27	7.19
LA ROCHE	arr.	1.12	3.08	—	6.40	11.17	m. 1.03	m. 2.28	6.31	9 25
	dép.	1.17	3.13	–	6.45	11.22	1.08	2.33	6.36	9.30
VILLENEUVE	arr.	3.28	5.50	—	9.50	m 1.31	3.30	5.35	—	s 12.20
PIERREFITTE	arr.	4.16	6.46	—	m 10.47	2.19	4.10	6.23	—	1.08
	dép.	5.40	6.56	—	11.00	2.29	4.20	6.33	--	1.23
AMIENS	arr.	6.00	8.35	–	12.42	4.15	5.25	8.14	s. —	2.55
	dép.	6.05	5.40	-	12.47	4.20	5.57	8.19	—	3.00
CALAIS (Pier station)	arr	8.30	11.00	m	2.50	6.35	8.12	10.32	2.27	5.25

On the arrival of the Indian Mail. Train in Calais there will always be a special boat between Calais and Dover, except when trains S. and X. arrive late, when, there will be no special boat; the Mails and passengers await the regular boats leaving Calais at. 12.50 and 3 50 p m

By an arrangement made byt he Sleepign Car Cy with the French customs passengers, are no longer troubled to pass through the customs at Modane on the homeward journey. A french officer accompanies the train from Modane to Chambery for the purpose of examining the hand baggage *en route.*

Baggage regitetred from Brindisi to London is examined in London.

Baggage regitetred from Brindisi to Paris is examined in Paris.

When a special Steamer in run between Calais and Dover by the Post office, through passengers from Brindisi in the Sleeping Car can avail themselves of it without extra payment the extra charge formerly made being new abolished Travellers for Paris change at Villeneuve St-Georges or Pierrefitte, a first class carriage being in waiting at each these stations.

Further information can be obtained on application at the Office of the International Sleeping Car C°, 20, Cockspur Street (Trafalgare Square). 36 Leadenhall Street and inside Victoria and Char. Cross St London; 3, place de l'Opéra, at the Grand Hôtel (Ticket Office); Hôtel Continental (Ticket Office) at the Terminus Hôtel (Ticket Office), Paris; the P. and O. Company, 122 Leadenhall Street, London E. C, M. A. D. Uloth, the P & O. Company's Agent at Brindisi and o. the agent of the Sleeping Car Company at Calais Pier Station.

Express Peninsulaire Oriental

Train de luxe hebdomadaire entre Londres, Calais et Brindisi.

LONDRES dép. 9 h. 00 soir le vendredi

Calais (Gare Mar.)	Samedi	dép.	1 03	Alexandrie .	Samedi	arr.	11 06
Amiens	"	"	3 08	—	"	dép.	11 16
Bourg.	"	"	11 54	Bologne. . .	Dimanche	arr.	3 21
Culoz	"	"	1 20	—	"	dép	3 41
Aix-les-Bains .	"	"	1 47	Ancône . . .	"	arr.	6 55
Chambéry. . .	"	"	2 12	—	"	dép	7 05
Modane	"	arr.	4 30	Foggia . . .	"	arr.	1 36
— (H. de l'E.C.)	"	dép.	5 55	—	"	dép.	1 41
Turin	"	arr.	9 12	Brindisi. . .	"	arr.	6 16
—	"	dép.	9 30				

Prix des repas : Café, Thé ou Chocolat avec pain et beurre, servi de 6 h. 30 à 10 heures du matin, **2** francs. — **Déjeuner** servi à 11 heures (vin non compris), **4** francs. — Thé ou Café avec pain et beurre, servi de 4 heures à 5 h. 30, **2** francs.

En dehors des voyageurs directs de Londres à Brindisi, *le Train Express Péninsulaire Oriental* n'admet de voyageurs **que dans la limite des places disponibles**, et seulement pour les stations suivantes : *Mâcon, Culoz, Aix-les-Bains, Chambéry, Modane, Turino, Alexandria.*

Il prend, sous la même réserve, des voyageurs à chacune des stations ci-dessus énoncées pour Brindisi. Le retour s'effectuera de Brindisi à Paris suivant l'un des horaires de la **Malle des Indes** sus-cités.

Le supplément de Calais à Brindisi (location et timbre compris) **103** *francs.*

Für die Orient-Line waren Züge vom Bahnhof St. Pancras zu den Tilbury Docks angegeben, was zumindest später, auch für die P & O-Passagiere als der übliche Weg dorthin galt. Auf der Rückfahrt hatte die P & O einen Zwischenhalt in Plymouth, von dessen Docks aus Sonderzüge der Great Western Railway entweder direkt nach London–Paddington oder aber zu den Bahnhöfen Millbay oder North Road Station fuhren, wo die Passagiere in planmäßige Züge nach der Hauptstadt umsteigen konnten. Diejenigen Fahrgäste, welche die Brindisi-Route wählten, benützten zur Anreise die 1899 durch Zusammenschluß entstandene South Eastern and Chatham Railway. Sie fuhren freitags um neun Uhr abends in Sitzwagen des täglichen Kontinentalzuges vom Londoner Bahnhof Charing Cross ab.

In Brindisi betrieb die »Compagnie Internationale des Grands Hotels«, eine Tochtergesellschaft der CIWL, das Hôtel International. Wer mit dem »Peninsular-Express« anreiste, kam im dortigen Bahnhof Centrale bzw., im Jahre 1914, im Bahnhof Porto an und fuhr nach wenigen Stunden mit dem P & O-Dampfer weiter, so daß er keine Übernachtung benötigte. Die Post wurde, gemäß älteren Beschreibungen, über die Entfernung von 300 Yards zwischen Gleis und Schiff mittels Straßenpostwagen transportiert.

Welcher Anblick sich den Indienreisenden in dem Adriahafen gegen Ende des neunzehnten Jahrhunderts bot, schilderte die ›Leipziger Illustrierte‹: »Von Seeluft und Sonne bronzierte Gesichter mit lodernden schwarzen Augen, blasse deutsche und britische Fräulein in eleganten Reisecostümen, lange Engländer, die mit ruhigem Gleichmuth oder energischen Verwünschungen sich zwischen den Gruppen bewegen: Griechen, Türken, Chinesen, Deutsche, italienische und albanische Arbeiter, Inder, Orangen- und Traubenverkäuferinnen, Matrosen, Fischer, Lastträger mit Kisten und Ballen, Commissionäre und Portiers aus den nahen großen Hotels, zerlumpte, johlende, schwarzäugige Bettelbuben und Stiefelputzjungen, das alles drängt sich auf den Steinplatten, wälzt sich die von Bord des Steamers zum Kai hinabgelegte schiefe Ebene hinauf und hinunter. Und allen Lärm der menschlichen Stimmen übertönen das Tosen des ausgelassenen Dampfes und das Rasseln der Ketten des Schiffs- oder Kaikranes . . .«.

Fahrplan des „Peninsular-Express" und nordwärts der „Malle des Indes" im Jahre 1907 Archiv Commault

Marseille, beim Leuchtturm von La Désirade – Abfahrt eines Postdampfers nach China
zeitgenössische Ansichtskarte

»Bombay-Express« via Marseille

Der Weg der Indienpost über Frankreich und Brindisi schien gesichert. Dennoch versuchten im Laufe der Neunzigerjahre des vorigen Jahrhunderts Kräfte in Mitteleuropa erneut, die Post von Frankreich wegzulocken. Im Oktober 1895 war die Donaubrücke bei Çernavoda in Rumänien fertiggestellt worden, was die Einführung des Luxuszuges ›Ostende-Wien-Konstanza-Expreß‹ zur Folge hatte. Am 25.Oktober 1897 machte sich die Zeitung »L'Indépendance Roumaine« für einen reinen Postzug stark, welcher von Ostende via Wien und Verciorova nach Konstanza fahren und, mit einem Schiffsanschluss nach Port Said, die Fahrtzeit über Brindisi um einen Tag unterbieten sollte. Die Gotthardbahn schlug 1897 der französischen Ostbahn die Route Calais – Basel – Gotthard – Brindisi vor, welche die »Est« allerdings ablehnte; Belgien propagierte Ostende – Basel – Brindisi, worauf die Ostbahn mit Calais – Laon – Mülhausen – Basel – Gotthard, auch in der Variante über Delle, konterte. Zum Ergebnis hatten alle diese Vorschläge, daß das britische Post Office vom französischen Handels- und Postminister eine abermalige Gebührensenkung verlangen konnte. Direktor Noblemaire von der P.L.M. vertrat demgegenüber einen Kompromiß in Form eines Tarifes, der sich für Sendungen ermäßigte, die nicht mehr über Brindisi, sondern über Marseille gingen – und damit seine Bahn besser ausnützten.

Zunächst aber ermöglichte der Paris–Lyon–Méditerrannée eine vereinfachte Anfahrt nach Marseille zum Anschluß an die P & O für Passagiere, und zwar vom 9. Oktober 1896 an – und das sollte der Grund für die schlechte Entwicklung der Besetzung auf der Brindisi-Route werden. Cook's Continental Timetable vom Sommer 1897 führte einen »P & O Special Sleeping Car« der CIWL auf, der jeden Freitag um 15 Uhr Calais verließ und in normalen Zügen am anderen Morgen Marseille erreichte, wo der P & O-Dampfer »Clyde« zur Abfahrt nach Malta und Alexandrien bereitlag. In Malta konnten die Reisenden auf die Postschiffe nach Asien umsteigen, auf die gleichen, die auch in Brindisi anlegten.

Auf der Insel Malta, einer Station der Indienpost, betrieb England zwischen Valetta und Notabile von 1883 bis 1931 eine Meterspurbahn.
Hier deren Lokomotive Nr. 5 von Manning Wardle
Archiv Hunslet (Holdings) Ltd.

BOMBAY-MARSEILLE-EXPRESS

Train de luxe hebdomadaire entre CALAIS et MARSEILLE et vice versa

En correspondance avec les Paquebots de la **Compagnie Péninsulaire et Orientale** à destination et en provenance de l'Egypte, des Indes et de l'Australie.

Tous les Jeudis

Londres Victoria or Holborn	*dép.*	11 »m
Calais (gare maritime)	—	3 »s
Amiens	—	5 21
Paris (P.-L.-M.)	*arr.*	7 57
— —	*dép.*	9 20
Laroche	—	11 45
Dijon	—	2 02m
Macon	—	3 37
Lyon-Perrache	*dép.*	5 »
Avignon	*arr.*	7 52
—	*dép.*	8 02
Lestaque	*arr.*	9 29
Marseille Mole C.	—	9 43

Les Samedis ou Dimanches suivant l'arrivée du paquebot de la Cie P. et O.

	Train B 14	
	arr.	*dép.*
Marseille-Arenc-Mole C.	—	5 10s
Avignon	6 54s	7 »
Valence	8 35	8 39
Lyon-Perrache	10 04	10 10
Macon	11 16	11 19
Dijon	1 15m	1 21m
Laroche	3 46	3 51
Villeneuve-Triage	6 15	6 25
Le Bourget-Triage	7 01	7 11
Amiens	9 10	9 15
Calais-Ville	12 10s	12 12s
Calais-Maritime	12 17	—
Londres	4 45	—

Entre PARIS et CALAIS tarif du Péninsular-Express. — Entre PARIS et MARSEILLE tarif des Rapides P.-L.-M.

Ce train, tant à l'aller qu'au retour prend des voyageurs à toutes les gares où il s'arrête dans la limite des places disponibles.

Fahrplan des „Bombay-Express" von 1902
Archiv Commault

Vom 7. Oktober 1897 an verkehrte für die Indienreisenden ein neuer Luxuszug einmal in der Woche von Calais Maritime nach Marseille Arenc, wo nun die direkten Dampfer der P & O nach Bombay und Sydney anlegten – der »Bombay-Express«. Er bestand aus drei bis vier Schlafwagen und einem Speisewagen der CIWL sowie zwei Gepäckwagen. Für seine Anfangszeit gibt es widersprüchliche Daten – in Nordrichtung verkehrte der Zug möglicherweise erst von 1898 an. Südwärts lief er in Paris über die Kleine Gürtelbahn–Gare P.L.M. und nordwärts über Villeneuve–Triage und Le Bourget–Triage. Fahrgäste nach Paris mußten dabei normalerweise in Villeneuve auf Vorortzüge umsteigen. In Marseille eröffnete den neuen Dienst der P & O-Dampfer »Caledonia«.

Noblemaire wollte aber nicht nur die Reisenden, sondern auch die Post auf seine Strecke ziehen. 1903 schlug er die Auflassung der »Malle des Indes« nach Brindisi vor, doch der am 17. Mai 1904 in der »Times« veröffentlichte Report des Komitees Evelyn Cecil, der sich mit den künftigen Möglichkeiten des Posttransportes nach Ablauf des Vertrages mit der P & O im Jahre 1905 befaßte – über Messina und selbst über Bagdad oder Sibirien – bewirkte die Aufrechterhaltung der Italien-Route. Der Sous-Secrétaire d'Etat des Postes et des Télégraphes schrieb am 22.7.1904 in einem Brief an Chefingenieur Sartiaux von der Nordbahn, daß die ausschließlich via Brindisi führende Indienpost auf über 2500 Säcke pro Zug angewachsen sei, daß Verspätungen entstünden und daß das britische Post Office deshalb je einen separaten Vortransport nach Modane und nach Marseille beantragte. Er empfahl, zwei bis drei »allèges ordinaires« dem »Bombay-Express« anzuhängen. Vom 27. November 1904 an gingen jeder »Malle des Indes« ab Calais tatsächlich Vortransporte voraus und das gilt als der Wiederbeginn der indischen Postzüge Kanalküste–Marseille. Mit dem Luxuszug allerdings war keiner dieser Transporte kombiniert.

Der »Bombay-Express« blieb exklusiv. Seine Reisenden verließen vor dem 1.Weltkrieg den Londoner Victoria-Bahnhof jeweils donnerstags um 11 Uhr in einem Anschlußzug der South Eastern & Chatham Railway. Die Reklame sprach von einem »Special Train«, doch der »Bradshaw« gab nur den normalen, täglichen boattrain mit Sitzwagen und seit etwa 1910 auch Pullmanwagen an. In Calais bestiegen die Passagiere die Schlafwagen der CIWL, welche später oberhalb der Mittellinie den gleichen weißen Anstrich trugen wie diejenigen der Brindisi-Route. Im November 1904 hatte die P & O die Dampferabfahrt um zwei Stunden vorverlegt, weswegen der »Bombay-Express« durch Wegfall des Haltes in Paris P.L.M. beschleunigt werden mußte. Er lief nun über die Kleine Gürtelbahn, ohne einen der großen Bahnhöfe zu bedienen. In Marseille fuhr er direkt zum Hafen und seit 1902 bis an die Mole C.

Der »Bombay-Express« oder »P & O Marseille Express«, wie er im Kursbuch auch bezeichnet wurde, hatte von Anfang an bald viel mehr Fahrgäste, als die schnellere, aber unbequemere Verbindung via Brindisi. So ist schon aus dem Jahre 1898 seine Doppelführung zwischen Avignon und Marseille überliefert, da der Zug vier statt drei Schlafwagen führte. Einmal mußte den insgesamt fünf Wagen noch ein Salonwagen für den englischen Lord Cromer beigefügt

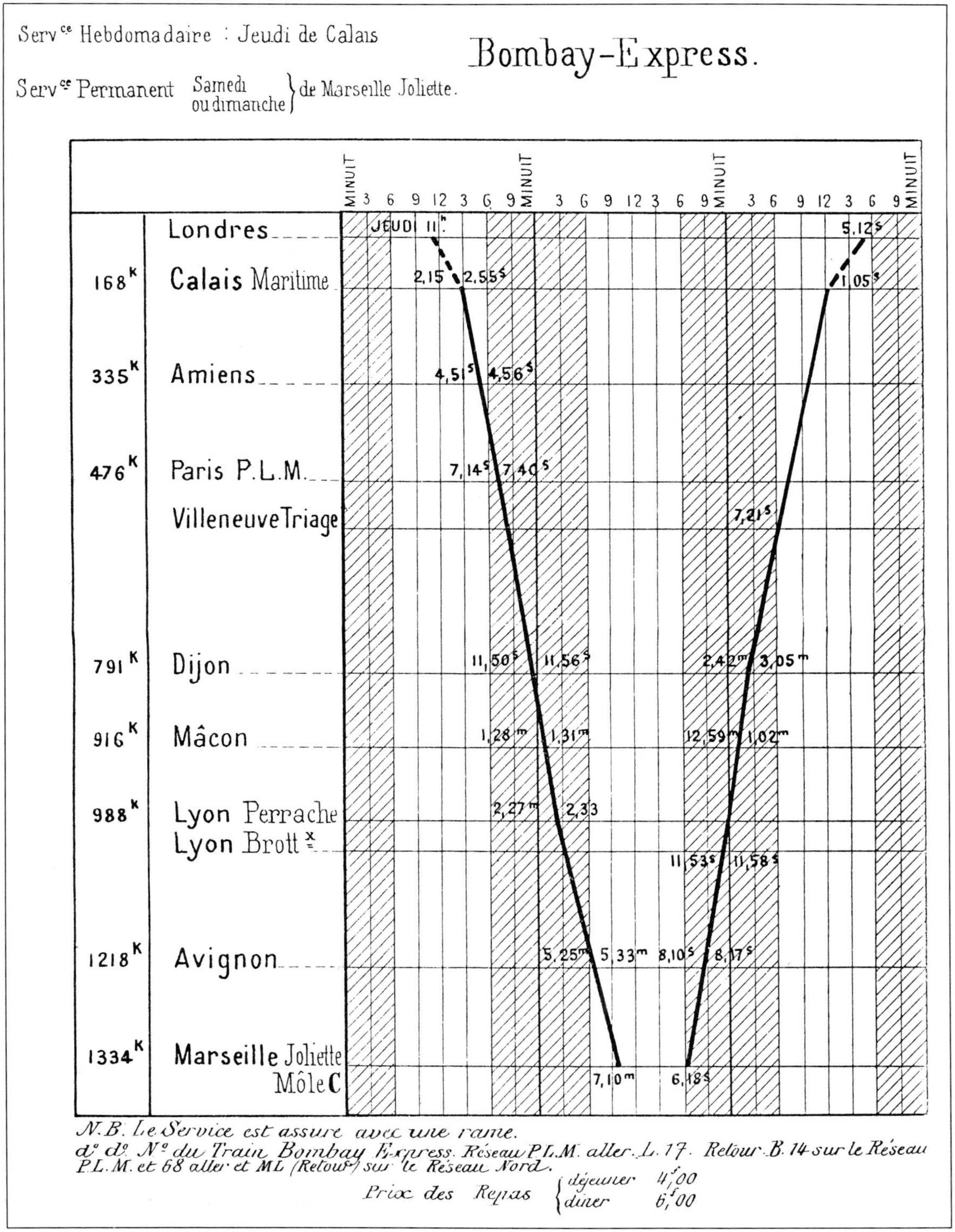

Graphischer Fahrplan des „Bombay-Express" im Sommer 1906
Archiv Commault

„Bombay-Express", Ankunft in Marseille, wahrscheinlich um die Jahrhundertwende
Archiv Commault

werden. Ein anderes mal brachte ein sehr prominenter Reisender dem Express eine ungewohnte Verspätung von drei Stunden: Der Präsident der französischen Republik besuchte Montélimar und als Präsidentenzug wurde ihm die Garnitur des »Bombay-Express« zur Verfügung gestellt, weswegen die gebuchten Passagiere warten mussten.

Wie so mancher der großen Expresszüge hatte auch der »Bombay-Express« seine Unfälle. Am 7. April 1898 entgleiste er bei Picquigny in der Nähe von Amiens. Alle Wagen wurden mehr oder weniger beschädigt, doch es gab weder Verletzte noch Tote.

Tragisch ging dagegen ein Unglück aus, das den Zug in der Nacht vom 6. zum 7. Dezember 1906 ereilte. Der Express war am Vorabend in Calais gestartet. Gegen 4 Uhr 10 morgens näherte er sich zwischen Montélimar – abermals taucht dieser Ortsname in seiner Chronik auf – und Chateauneuf mit neunzig Stundenkilometern einer engen Kurve. Entgegen kam auf dem anderen Gleis ein Güterzug, in dem sich ein Wagen befand, der Stahlbleche für den Schiffbau geladen hatte. Das waren vier Meter lange Tafeln, eineinhalb Meter breit und neun Millimeter stark, eine auf der anderen. Der Güterzug fuhr mit dreißig Stundenkilometern in das innere Gleis der Kurve ein und dabei verrutschte die oberste Stahlplatte nach außen. Sie berührte den Speisewagen des auf dem äußeren Gleis vorbeirasenden Expresszuges, schnitt einige Zentimeter tief in seine Teakholzverkleidung ein, schlitzte auf mehreren Metern Länge die Gangwand des nachfolgenden Schlafwagens auf, zerschmetterte die Toilette des nächsten Wagon-Lits, hieb durch das Abteil Nr. ¾ und blieb im nächsten Abteil Nr. ⅚ wie ein überdimensionales Messer aus einem Alptraum zwischen unterem und oberem Bett stecken. Sofort wurde der Zug angehalten. Das Speisewagenpersonal, welches in dem Restaurant schlief, und der Schaffner, der sich auf dem Fußboden im Gang des ersten Schlafwagens dienstwidrig zur Ruhe ausgestreckt hatte, kamen mit dem Schrecken davon. Dem Reisenden im Abteil ⅚ wurde lediglich das Zigarettenetui und die Uhr zerschlagen. Der Passagier im oberen Bett des Coupés ¾ aber erlitt schwere Verletzungen. Man brachte ihn in den Wagon-Restaurant, wo sich ein zufällig mitreisender Arzt aus Warschau seiner annahm. Die beschädigten Wagen wurden in Avignon gegen Fahrzeuge erster Klasse der P.L.M. ausgetauscht, in denen die unverletzt gebliebenen Reisenden die Fahrt fortsetzten. Der verletzte Passagier jedoch, ein Mr. Robert Hanna aus Irland, starb. Er hatte sich, zusammen mit seiner Frau, die im unteren Bett völlig unversehrt geblieben war, auf der Hochzeitsreise nach Bombay befunden.

Zu Anfang des Jahres 1910 unterbrach eine Überschwemmung der Seine die Verbindungen von England nach Südfrankreich. Als Ersatz gab es vom Februar an vorübergehend einen

Die am 7. Dezember 1906 bei Montélimar verunglückten Wagen Nr. 909, 664 und 663 des „Bombay-Express" Archiv Commault

täglichen Rapide erster Klasse mit Schlaf- und Speisewagen von Calais Maritime mit Abfahrt um 15,15 Uhr über Amiens, Laon und Dijon nach Marseille mit Ankunft um 9,20 Uhr, und zurück, doch ob ihn auch Indienreisende benützten, ist nicht bekannt. Eine bedeutendere Unterbrechung aller Luxuszüge und auch der »Malle des Indes« brachte 1914 der erste Weltkrieg mit sich. Brindisi wurde seitdem überhaupt nicht mehr angelaufen, da die zusätzlichen Kosten dieses Dienstes in keinem Verhältnis zum erzielten Zeitgewinn standen.

Bis 1919 nahm die Indienpost ausschließlich den Seeweg. Die Sendungen zur Saloniki-Front, die anfangs ebenfalls das Mittelmeer durchquerten, sollen später per Bahn über Cherbourg und Taranto geleitet worden sein und die Post nach Australien, Nordchina und Japan reiste nun in entgegengesetzter Richtung um den Erdball – via Vancouver oder San Francisco.

Zur großen Überraschung aller Beteiligten konnte vom 5. November 1915 an wieder ein »Bombay-Express« als einziger Luxuszug durch Frankreich fahren. Er beförderte anfangs im Durchschnitt 47 Reisende in Nordrichtung und 117 in Südrichtung, weswegen er neben einem Speisewagen und zwei Gepäckwagen der CIWL sieben Schlafwagen führte. Im Jahre 1916 startete er um 19,15 Uhr in Boulogne Maritime und kam am anderen Tag erst um 16,01 Uhr nach Marseille. Der Gegenzug verließ Marseille Arenc um 12,54 Uhr und kam in Boulogne um 8,18 an. Während an der Front die Soldaten verbluteten, genossen seine Passagiere den Service eines Luxuszuges, eingeschlossen das Privileg, in Boulogne im Schlafwagen übernachten zu dürfen, wenn der Kanaldampfer versäumt wurde. Vom 10. Juni 1917 ist die Fahrt eines Schlafwagen-Sonderzuges von Neapel nach Boulogne als Ersatz für den normalen »Bombay-Express« bekannt, da eine Havarie die Reisenden aus Indien gezwungen hatte, bereits in dem italienischen Hafen von Bord zu gehen. Später wurden die regelmäßigen Fahrten vorübergehend eingestellt.

Der Postzug nach Marseille startete wieder am 2. Januar 1919. Das »Circulaire Nr. 17 207« der Internationalen Schlafwagengesellschaft gab an, daß der »Bombay-Express« vom September 1919 an wieder einmal wöchentlich von Boulogne Maritime über Paris P.L.M. nach Marseille Arenc verkehre, mit Abfahrt in Boulogne samstags um 14,55 Uhr, Ankunft in Marseille sonntags um 9,21 Uhr sowie Abfahrt und Ankunft in Gegenrichtung mittwochs um 19,20 bzw. donnerstags um 14,26 Uhr. Er sollte bis zu

„Allège postal" der „Malle des Indes", zusammengebaut aus zwei Zweiachsern, eingesetzt zwischen 1890 und 1930

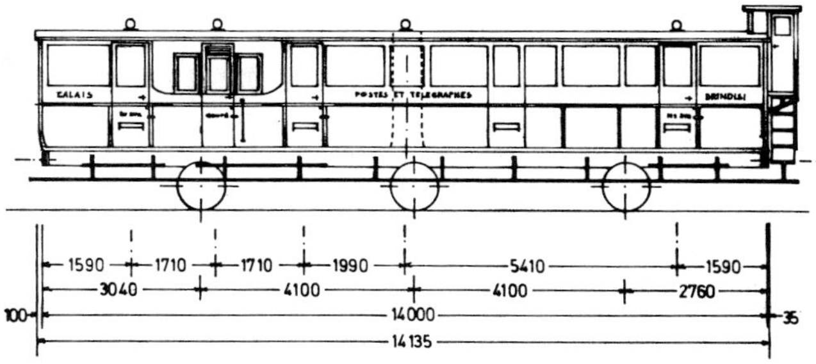

„Fourgon postal" der „Malle des Indes" Calais–Marseille um 1930

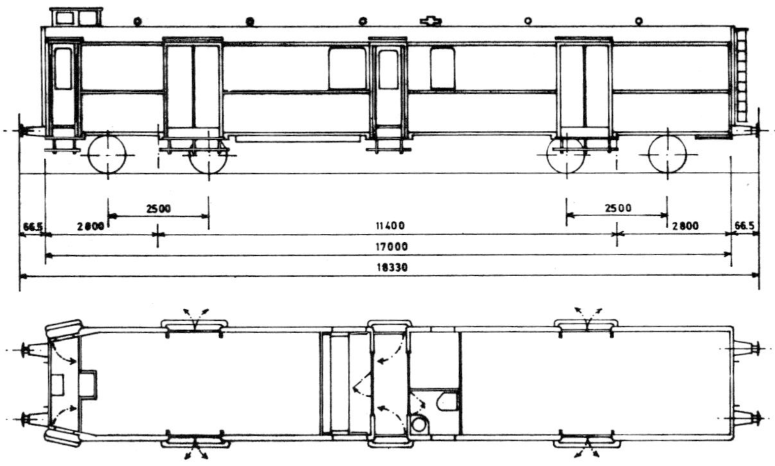

sieben Schlafwagen mit je 18 Plätzen umfassen. 1920 nannte der »Guide« Calais als Endpunkt in Nordrichtung und vom 1. Mai 1921 an verzeichnete er den Verkehr in der alten Relation Calais–Marseille, und zwar südwärts in der Nacht vom Freitag auf Samstag und nordwärts vom Sonntag auf Montag. Für einige Jahre lief der Zug dann wieder bis und ab Boulogne und vorübergehend wurde auch der Versuch unternommen, ihn an Paris vorbeifahren zu lassen – normalerweise hielt er aber im dortigen Bahnhof P.L.M.

Wie die P & O mitteilte, gab es zuvor nur für den Peninsular-Express nach Brindisi einen Vertrag zwischen ihr und der CIWL, nicht aber für die Schlafwagen nach Marseille. »Nach dem Kriege, im Jahre 1920, fanden Verhandlungen mit der Schlafwagengesellschaft über die Verbesserung des Dienstes nach Marseille

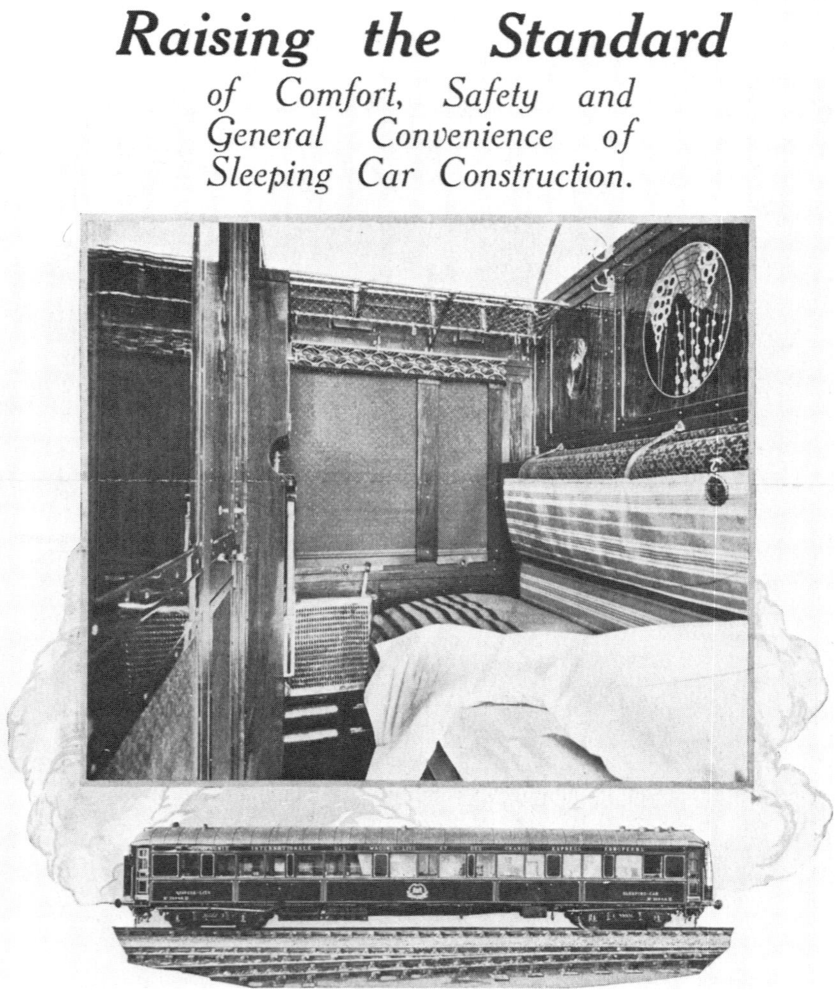

Einbettabteil in einem Ganzstahlschlafwagen der Serie 2641-2646, gebaut 1922 für den „Bombay-Express" Archiv Commault

statt . . .«, hieß es weiter in dem Schreiben der Reederei. »Es wurde entschieden, daß es am besten sei, einen Zug im United Kingdom zu bauen und ihn der Wagons-Lits-Gesellschaft zum Betrieb zu übergeben, da es für die P & O nicht möglich war, selber einen Zug in Frankreich zu betreiben. Ein Vertrag wurde am 15. März 1921 für eine Dauer von zehn Jahren geschlossen.«

Als Ergebnis dieses Vertrages erhielt der »Bombay-Express« erstmals Ganzstahlschlafwagen. Eigentlich hatte die CIWL ihr erstes, ganz aus Stahl bestehendes Fahrzeug schon vor dem ersten Weltkrieg bei Pullman in den USA bestellt – bei ihrem einstigen Konkurrenten – doch die Zeitereignisse verhinderten die Ausführung dieses Projektes. Dem amerikanischen Eisenbahnhistoriker Arthur D. Dubin zufolge waren ihr von der Pullman Company im September 1914 die Pläne und Beschreibungen für einen Schlafwagentyp in Stahlausführung vorgelegt worden, der, bei 72 Fuß Länge, acht Zweibettabteile, jedes mit abgeschlossenem »lavatory«, enthalten und in Teakholzton mit weißem Dach gestrichen sein sollte. Tatsächlich wurden dann die ersten Ganzstahlwagen der CIWL 1922 bei Leeds Forge in England gebaut. Neben den üblichen Zweibettkabinen wiesen sie erstmals auch Einbettabteile auf. Die am 19. Oktober 1922 zugelassenen, eigens für den »Bombay-Express« bestellten Wagen unterschieden sich von den übrigen Ganzstahlfahrzeugen, mit denen am 9. Dezember 1922 die glanzvolle Epoche des »Train Bleu« eingeleitet wurde, durch ein technisches Detail: »In den ersten sechs Wagen – bestimmt für den Dienst im Peninsular and Oriental Bombay Express – waren die Zweibettabteile mit Eckwaschbecken anstelle der Umkleidekabinen ausgestattet, welche in den restlichen vierunddreißig vorgesehen waren«, schrieb dazu 1922 »The Locomotive«.

Die Wände in den Abteilen waren über der Brüstung in poliertem Mahagoni mit Intarsien und darunter mit Samt verkleidet. Die Flurwän-

Schlafwagen Nr. 2644 für den „Bombay-Express", Zustand bei Auslieferung Archiv Commault

de bestanden aus geprägtem und glattem Leder und die Decken waren innen weiß mit Mahagonileisten. Anders als bei ihren Vorgängern strahlten die Außenwände in Dunkelblau, der Farbe, die für Jahrzehnte zum Symbol der Grands Express werden sollte. Auf dem Blau funkelten die erhabenen Messingschriftzeichen der Compagnie und leuchteten Zierlinien aus Blattgold . . .

In den Speisewagen des »Bombay-Express« waren nun auch ein englisches »meat breakfast« – es kostete 20 Francs – und ein »afternoon tea« ausgeschrieben und in der zweiten Hälfte der Dreißigerjahre wurde der Komfort durch abermals neue Wagen weiter erhöht – den Typ »Lx« oder »Grand Luxe«. Dem war die Entscheidung vom 7. Oktober 1930 vorausgegangen, den bestehenden Vertrag vom Mai 1931 an um weitere zehn Jahre zu verlängern und das Wagenmaterial auf den letzten Stand

Schlafwagen Typ Lx, Nr. 3514, einst eingesetzt im „Overland-Express", hier mit griechischer Beschriftung in München 1970. Noch heute können Reisende diesen Wagentyp in Albert Glatt's „Nostalgie-Orient-Express" erleben

Schlafwagen Nr. 2647 des „Bombay-Express"
Archiv Commault

Der einst im „Overland-Express" verwendete Gepäckwagen 1272 der CIWL, aufgenommen 1959 in Madrid Atocha Foto Konrad

zu bringen. Dazu schrieb die P & O: »Im Jahre 1934 wurden die Bedingungen aus den Vereinbarungen von 1921 und 1931 dahingehend abgeändert, daß es die Wagons-Lits-Gesellschaft unternahm, einen Zug aus sieben Wagen des neuesten, mit je zehn Betten ausgestatteten Typs zur Verfügung zu stellen, und, daß sie die Fahrzeuge auf folgende Weise in Wagen mit sechzehn Betten umbaute: ›Die drei Abteile an beiden Enden eines jeden Waggons bekommen jeweils ein zweites Bett, während die vier mittleren Abteile weiterhin nur ein Bett enthalten, so daß jeder der sieben Wagen nun sechzehn Plätze bietet . . .‹ « Es handelte sich um sieben Fahrzeuge mit den Nummern 3509–3515 aus jener Serie Lx, die 1929 hauptsächlich für den »Train Bleu« gebaut worden war. Ihre weißen Richtungsschilder trugen ab 1935 die neue Bezeichnung:

OVERLAND P & O EXPRESS

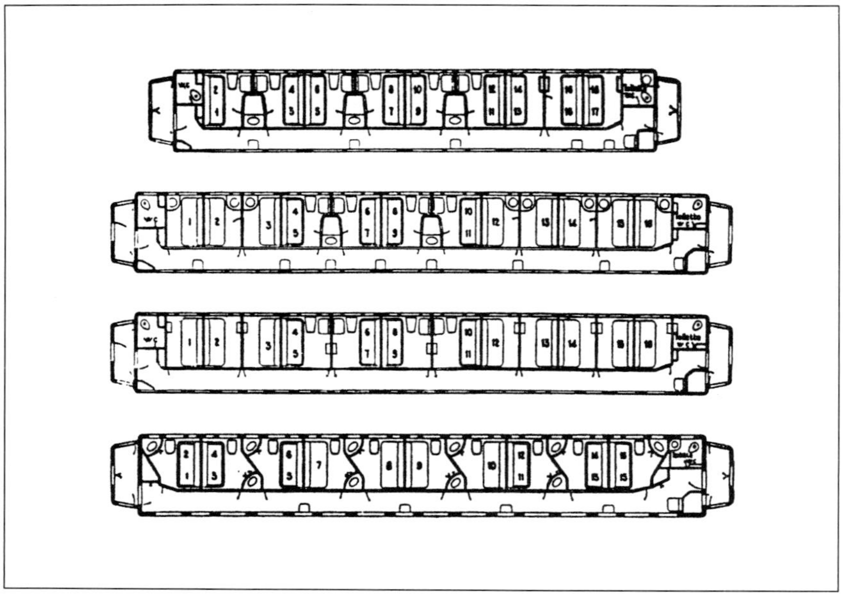

Von oben nach unten:
Grundrisse des Teakholz-Schlafwagentyps R, des Schlafwagentyps S 2, des gleichen Typs in der für den „Bombay-Express" vorgesehenen Variante und des Schlafwagentyps Lx 16, eingesetzt im „Overland-Express"

Begleitet wurde der Luxuszug, dessen Reisende London jeden Donnerstag verließen, durch einen Kurier der P & O, meist dem gleichen, einem Mr. Laferme. Das Personal der Schlafwagengesellschaft bestand aus fünfzehn Mann. Wie beliebt dieser »Overland-Express« bei seinem Publikum war, zeigt die Liste der Sonderzüge und Sonderwagen, welche zu seiner Entlastung gefahren werden mußten. Darin sind für das Jahr 1934 in der Richtung Calais–Marseille »Trains Spéciaux« für den 19. September mit acht, für den 4., 11. und 18. Oktober sowie für den 8. November jeweils mit sechs Schlafwagen und für den 31. Oktober sogar zwei solche Züge mit ebenfalls je sechs Wagons-Lits verzeichnet. Im darauffolgenden Jahr fuhren am Mittwoch, den 25. September, zwei Sonderzüge mit je sieben Wagen des Typs »Lx 16« für die P & O von Calais nach Marseille, weswegen dem regulären Bombay-Express am nächsten Tag nur die einfacheren Schlafwagen des »S«-Typs verblieben. Noch fünfmal verkehrten in jenem Jahr »Trains Spéciaux« mit sechs oder acht der komfortablen »Lx 16«-Wagen und dazu wurde der planmäßige Zug oft durch Verwendung eines weiteren, in Marseille als Reserve stationierten »Lx 16« von sieben auf acht Schlafwagen verstärkt. Niemals aber kamen die Wagen des Express in anderen Zügen zur Verwendung, außer am 21. Dezember 1935, als sie zur Entlastung des »Train Bleu« ausnahmsweise einmal von Calais nach Ventimiglia liefen.

Im Norden schloß der Bombay-Express an die planmässigen Kontinentzüge Victoria–Folkestone der Southern Railway an, in der die SE & CR 1923 aufgegangen war. Sie führten neben Sitzwagen auch Fahrzeuge der britischen »Pullman Car Co. Ltd.«. Im Süden bestand mit den Dampfern der Peninsular & Oriental Anschluß nach Bombay sowie alle 14 Tage abwechselnd nach Brisbane und über Singapore nach Yokohama. Die P & O-Liner starteten in London Tilbury oder an den George V Docks und legten seit 1925 auch wieder in Southampton an. Vom Londoner Bahnhof Waterloo verkehrten Anschlusszüge für die P & O zu den Southampton Docks, bestehend aus Sitzwagen und Pullmanwagen. In Port Said hatten die Dampfer Postanschlüsse nach dem Nahen Osten, in Aden nach dem persischen Golf sowie Ostafrika und in Fremantle wurde die australische Post auf die Eisenbahn umgeladen.

Zahlreiche andere Reedereien hatte die P & O bis dahin ganz oder teilweise unter ihre Kontrolle gebracht – die Blue Anchor Line, die British India Steam Navigation Company, die New Zealand Shipping Company, die Union Steam Ship Company of New Zealand, die Khedivial Mail Company, die General Steam Navigation Company und die Orient-Linie, welche, unter einem Postvertrag mit dem Commonwealth Government stehend, nach wie vor London mit Australien verband. So mächtig war das Reich der Peninsular geworden, daß seinem Herrscher, dem Earl of Inchcape, sogar die Königskrone von Albanien angeboten wurde – doch er lehnte sie ab. Seine Schiffe waren mehr wert als ein Königreich.

Die „Strathaird" der P & O (22 568 tons), gebaut 1932, nach Entfernen des ersten und dritten Schornsteines Archiv P & O

Mail-Trains in Indien und auf Ceylon

Reise durch Indien um 1865, aus „L'Inde des Rajahs"

Bombay–Calcutta – vom »Wild Indian« zur »Imperial Indian Mail«

»Eine Stunde später hielt der Zug plötzlich auf offener Strecke an. Mit dem Ruf: ›Alle Reisenden haben hier auszusteigen‹, schritt der Schaffner die Wagenreihe ab. ›Aber das ist doch nicht möglich‹, stellte Phileas Fogg verwundert fest, ›wir sind doch noch gar nicht in Rothal‹. ›Unbegreiflich‹, stimmte ihm auch Sir Francis zu . . .‹ Der Zug hält ja mitten in einem Tamarindenwald!‹ . . . Der Brigadegeneral steuerte auf den Schaffner zu. ›Wo sind wir denn hier?‹ ›In Kholby‹, erwiderte der Bahnbeamte. ›Wieso fährt der Zug nicht weiter?‹ wollte Phileas Fogg wissen. ›Weil das Geleise hier aufhört‹, lachte der Schaffner . . . ›Und dennoch geben Sie Fahrkarten von Bombay nach Calcutta aus, obwohl diese Strecke noch gar nicht befahrbar ist?‹ begehrte der Brigadegeneral auf. ›Das ist doch allerhand!‹ ›Wenden Sie sich mit Ihrer Beschwerde an die Bahnverwaltung!‹, gab der Schaffner zur Antwort.«

„Mail Cart“ in Indien um 1868, aus „L'Inde des Rajahs“

So endete die indische Bahnreise des Phileas Fogg in Jules Verne's phantastischer Geschichte »In achtzig Tagen um die Welt«. Der spleenige Romanheld mußte auf einen Elefanten umsteigen, wenn er seine Erdumrundung pünktlich fortsetzen und sein darauf gewettetes Vermögen nicht verlieren wollte und – er benützte jenen Weg Bombay–Calcutta, welchen später der exklusivste, renommierteste, glorreichste Express des britischen Asien nehmen sollte: die »Imperial Indian Mail.« Er war das östliche Gegenstück zu jenen Post- und Expresszügen, die im Westen, zwischen Ärmelkanal und Mittelmeer, die »Indian Mail« der Engländer beförderten, deren Route sich Phileas Fogg mit ebensolcher Selbstverständlichkeit anvertraut hatte . . .

Jules Verne schrieb seine Geschichte bekanntlich im Jahre 1871 – die Post aus England aber wurde schon viel früher auf dem Landweg von dem Hafen Bombay nach der Hauptstadt Calcutta befördert, noch bevor es in Indien eine Eisenbahn gab. Als 1829 die East India Company mit der »Hugh Lindsay« die ersten – einigermaßen – planmäßigen Dampferfahrten für die britische Indienpost durchführte, begannen und endeten diese ausschließlich in Bombay. Auch für die, um 1835 neu in Auftrag gegebenen Schiffe sollte Bombay Endstation sein, da eine Dampferverbindung nach Calcutta nicht für rentabel angesehen wurde. Auf dem Landweg aber transportierten die Post – einheimische Läufer!

Colonel Blair führt dazu Näheres aus: Anfangs wurden über Land nur diese rennenden Boten eingesetzt, doch um 1833 kamen erstmals ›mail carts‹ auf Teilstrecken zur Verwendung. So brachten in jenem Jahr noch Läufer die Post von Calcutta über Sumbulphore bis Nagpur, während durch die dichter besiedelten Gebiete über Aurangabad nach Poona (Pune) und weiter nach Panwell jene ›mail carts‹ fuhren. In Panwell wurden die Sendungen auf Fähren nach Bombay verladen. J. K. Sidebottom erwähnt in »The Overland Mail« ein Programm der East India Company von 1837 zur weiteren Verbesserung des Postverkehrs: »In Indien sollte die Company die Übermittlung der Post zwischen Bombay und Madras sowie Calcutta schneller machen durch Beschleunigung der ›dawks‹ oder ›caravans‹, welche sie transportierten, so daß ein zehntägiger Service nach Calcutta und ein siebentägiger nach Madras zur Verfügung stünde.«

Den Dienst der einheimischen Postläufer hat Rudyard Kipling in seinem Gedicht »The Overland Mail« unsterblich gemacht:

»In the Name of the Empress of India, make way,
O Lords of the Jungle, wherever you roam,
The woods are astir at the close of the day –
We exiles are waiting for letters from Home.
Let the robber retreat – let the tiger turn tail –
In the Name of the Empress, the Overland Mail!
With a jingle of bells as the dusk gathers in,
He turns to the footpath that heads up the hill –
The bags on his back and a cloth round his chin,
And, tucked in his waistbelt, the Post Office bill: –
›Despatched on this date, as received by the rail,
›Per runner, two bags of the Overland Mail‹.«

»Pro Läufer zwei Säcke der Überlandpost . . .«. Fast ebenso heroisch war aber auch die Pferdepost, der »mail-cart«, wie ihn Louis Rousselet, ein Franzose, der fünf Jahre lang durch Indien reiste, in seinem 1875 erschienenen Werk »L'Inde des rajahs« beschrieb: »Da! Der Postwagen, meine Herren! schreit uns am Vormittag der Führer zu, und wir sind kaum aus dem Zimmer draußen, als wir auf der Straße ein phantastisches Gespann von drei Pferden auftauchen sehen, gehetzt, hinter sich ein leichtes, rot gestrichenes Gehäuse auf zwei riesigen Rädern, das unglaubliche Sprünge macht, als ob es über die Pferde hinwegfliegen wollte . . .›Schnell, meine Herren!‹ sagt uns der Kutscher . . ., ›Halten Sie sich gut fest!‹ Ich klammere mich an den Seiten an und schon sind wir fort, in voller Fahrt, hinwegfegend im wilden Galopp unserer Pferde, die durchzugehen scheinen. Der Wagen schaukelt, springt; es scheint mir jeden Moment, daß ich in die Luft geschleudert werde. Ich will sprechen; unmöglich, den Mund zu öffnen, meine Kinnladen krachen bei den Schlägen und beißen mir fast die Zunge ab; der Inder, kaltblütig, fast aufrecht stehend, deckt seine Rosse mit Peitschenhieben ein. Endlich eine Haltestelle. Ich nütze diese Verschnaufpause und frage den Kurier, ob er vorhat, immer so schnell zu fahren. ›Bara Sahib ka houkoum!‹ antwortet er mir, ›das ist Befehl‹ . . .«

Der Landweg war gefährlich, deswegen drangen einflußreiche Kreise aus Calcutta auf eine direkte Dampferverbindung. Ihr Wunsch war verständlich, denn das Landesinnere wurde nicht nur durch Tiger, sondern auch durch die Banden der »Thags« unsicher gemacht, jene geheimnisvollen Bruderschaften, die ihrer Göttin Menschenleben opferten – je mehr, desto besser, besonders, da die Gottheit nur an den Leichen interessiert war, so daß die Habe den Mördern verblieb. Kaufleute, Pilger, Boten, verehrungswürdige Fakire und sogar die Hirten heiliger Kühe erlagen der lautlosen Kunst der »Thags«, die sich, nach oft tagelanger, unauffälliger Verfolgung, an Rastplätzen und im Dunkel der Nacht an ihre Beute heranschlichen, von hinten mit blitzschnellem Griff das Würgetuch um den Hals schlangen und den Toten anschließend in ein, meist vorher schon ausgehobenes, Grab betteten. Erst um 1840 herum gelang es dem furchtlosen britischen Major Sleemann, mit dem Unwesen aufzuräumen.

Ungefähr zur gleichen Zeit, nämlich vom Jahre 1842 an, gab es tatsächlich die ersehnte regelmäßige Dampferverbindung von Suez bis Calcutta, betrieben durch die Peninsular & Oriental Steam Navigation Company, doch kurze Zeit darauf sollte begonnen werden, mit Hilfe der Dampfkraft auch den Landweg zu sanieren. 1843 reiste ein Ingenieur G. T. Clark, der zuvor am Bau der englischen Great Western Railway mitgewirkt hatte, nach Bombay, um eine Bahn in das Binnenland zu studieren. Daraus und aus einem rivalisierenden Projekt entwickelte sich die »Great Indian Peninsula Railway Company« (GIPR). Zur selben Zeit, 1845, wurde die »East Indian Railway Company« (EIR) gegründet, deren Ziel der Bau einer Bahn von Calcutta durch die Ganges-Ebene nach Westen war. Die Vorarbeiten dazu leistete 1846 Rowland Macdonald Stephenson, der vorher für die Vorgängergesellschaft der Peninsular & Oriental tätig war. Das Vorhaben der EIR erhielt Unterstützung durch die P & O, welche sich damit die Erschließung günstiger Kohlevorkommen für ihre Dampfer versprach. Dadurch, daß sich in Indien die Regierung die Macht mit der zweieinhalb Jahrhunderte alten East India Company teilte, stieß aber die Frage der finanziellen Garantien auf fast unüberwindliche Schwierigkeiten. Erst 1849, unter dem Einfluß des Generalgouverneurs Lord Dalhousie, konnte unter dem Druck von Kapital und Presse die erforderliche Einigung erzielt werden, welche zum Bahnbau führte.

Andere Eisenbahnkonzessionen gingen an die »Madras Railway«, die »Bombay, Baroda & Central India«, die »Eastern Bengal«, die »Indian Branch« (später »Oudh & Rohilkhand«), die »Scinde Railway Co.«, die »Great Southern of India« und die »Calcutta & South Eastern«, wozu noch weitere, aber nicht so bedeutende Unternehmen kamen, deren vollständige Geschichte mehrere Bände füllen würde. Als Spurweite wurde die von F. Simms, dem beratenden Ingenieur der indischen Verwaltung, vertretene Breitspur mit 5 Fuß und 6 Zoll (1676 mm) festgelegt, nachdem sich weder die Vorstellungen von einer englischen Normalspur, nach Dalhousies Gedanken an eine 6 Fuß-Breitspur durchsetzen konnten.

Die erste Eisenbahn Indiens war die kurze Strecke Bombay–Thana. Ihr erster Zug verkehrte im November 1852 und ihre offizielle Eröffnung fand im Jahre 1853 statt. Als Teil der GIPR bildete sie den Anfang der Verbindung Bombay–Calcutta. Die EIR veranstaltete im Juli 1854 eine erste inoffizielle Fahrt mit geladenen Gästen bei Calcutta. 1855 verlängerte sie ihre Strecke westwärts bis Raniganj bei Asansol. Veranlaßt weitgehend durch Oberst Kennedy, dem kurzzeitigen Nachfolger von Simms, nahm die EIR dann einen nördlicheren Weg, am Ganges entlang – denn dieser berührte dicht besiedeltes Gebiet, während der andere durch einsame, nur von Tigern bewohnte Gegenden geführt hätte.

Welch unerhörte Herausforderung die Bahn für das konservative Land bedeutete, zeigt eine Begebenheit während der »mutiny«, des blutigen Sepoy-Aufstandes von 1857, der im Jahr darauf zur Auflösung der East India Company führte: Rebellen hatten einen Bahnhof der EIR gestürmt, auf dem sich zwei Lokomotiven befanden. Sie näherten sich den Maschinen aber nicht, sondern blieben respektvoll in einiger Entfernung stehen und begnügten sich damit, die fremden Ungeheuer mit Steinen zu bewerfen. In der Gegend von Karachi bezeichneten die Einheimischen die ersten Lokomotiven als »Shaitan« oder Satan . . .

Der Aufstand hatte die politische Notwendigkeit des Bahnbaues bewiesen. 1864, dreißig

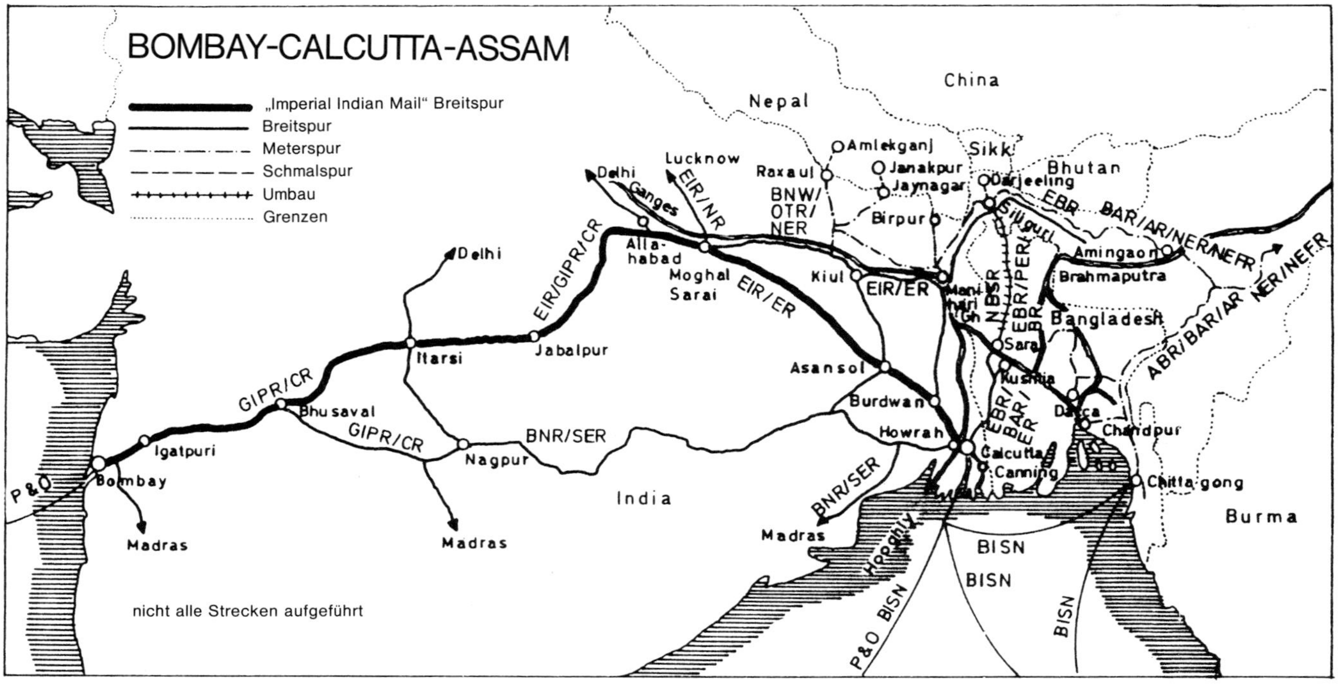

Jahre nach Einrichtung einer Flußdampferlinie Calcutta–Allahabad, war die Hauptstrecke der EIR Calcutta–Delhi fertig. Den Fluß Jumna mußten die Reisenden bei Allahabad anfangs auf einer Fähre überqueren und in Calcutta begann die Linie, damals wie heute, im Vorort Howrah am westlichen Ufer des Hooghly. Ungefähr zur gleichen Zeit hatte die GIPR die großartigen Gebirgsübergänge über das Thull Ghat und das Bhore Ghat fertiggestellt. Sie waren von James Berkeley geplant, der, wie so viele große Eisenbahningenieure, die Vollendung seines Werkes nicht erlebte.

Die britische Post, die »Overland Mail«, benütze die Eisenbahn jeweils, sobald neue Teilstrecken fertig wurden. So gingen die Sendungen Calcutta–Bombay im Jahre 1855 per Zug bis Burdwan und 1856 bis Raniganj, weiter per »mail cart« auf der »Grand Trunk Road« nach Moghal Serai und auf Pferderücken über Nagpur nach Pune. Von 1863 an konnte die Bahn von Calcutta Howrah bis Moghal Serai benützt werden. 1864 gab es dann eine markante Routenänderung, der, ebenso wie den anderen verwirrenden Streckenführungen, Col.D.R., Martin in seiner bewundernswerten Arbeit »India Travelling Post Offices 1864–1891« nachspürte: Die Post reiste von Calcutta per Bahn westwärts bis Agra, wo allerdings die Jumna-Brücke noch nicht bestand, und weiter mit dem »mail cart« bis zum Anschluss an die GIPR nach Bombay. Damit ließ sich die Fahrzeit um zwölf Stunden auf 5 Tage und 10 Stunden senken.

Vom Jahre 1865 an führte die Bahn von Bombay über das Thull Ghat bis Igatpuri. Auf der Bergstrecke durfte bis 1875 jedoch nur bei Tageslicht gefahren werden, weswegen der planmässige tägliche Postzug Bombay bereits am Vormittag verließ. Kam der Postdampfer verspätet in Bombay an, dann konnte es also passieren, dass die Sendungen bis zum nächsten Tag dort liegenblieben. Das führte zur Geburtsstunde der Extrazüge, die eigens für die englische Post gefahren wurden! Wie Col. Martin angibt, erhielt der »Postmaster Bombay« zu einem bestimmten Zeitpunkt das Recht, bei Verspätungen ausnahmsweise bei Nacht einen Express in Marsch zu setzen, einen separaten Zug für die Overland Mail, der offenbar nur aus ein oder zwei Wagen bestand.

Von 1866 an verkehrte dieser »Special Train« in Verbindung mit den Postdampfern ständig, und zwar im Februar probeweise und vom März an planmässig. Für die Beförderung eines Wagens, in dem unterwegs Post sortiert wurde, zahlte das Post Office an die GIPR 2 Rupien pro Meile. Passagiere hatten doppelt so hohe Fahrpreise wie in normalen Zügen zu entrichten. Der »Special« fuhr, soweit die Strecke in Richtung Nagpur reichte. 1867 war dann diese Stadt erreicht, während am anderen Ende der Linie die Züge nun von Calcutta bis Jabalpur laufen konnten. Dazwischen verkehrten »mail carts«. Vom Jahre 1868 zum Beispiel ist ein einmal wöchentlicher »Special« von Naynee Junction (Naini) bei Allahabad nach Jabalpur in Verbindung mit der »Express Overland Mail« von Calcutta erwähnt. Die Fahrzeit Calcutta–Bombay betrug dabei rund 114 Stunden. Während der Monsunzeit vom Mai bis Oktober jenes Jahres soll der Dienst allerdings unterbrochen gewesen sein.

Im Jahre 1870 eröffnete der Duke of Edinburgh den letzten fehlenden Teil bis Jabalpur (Jubbulpore) der Eisenbahn Bombay–Calcutta und damit konnte die »English Mail«, wie die Post aus Großbritannien auch genannt wurde, zwischen der wichtigsten Hafenstadt und der Hauptstadt ausschließlich auf Schienen befördert werden. Die Bahn war also durchaus betriebsfähig, als Phileas Fogg 1872 seine fiktive Reise um die Welt unternahm und die Unterbrechung im Urwald war nichts als eine geniale Erfindung von Jules Verne gewesen. In Jabalpur erfolgte der Übergang von der GIPR auf die EIR. Diese konnte schon im darauffolgenden Jahr ihre Fahrzeit durch Indienststellung einer Abkürzung zwischen Kiul und Raniganj weiter reduzieren.

Später verfügte das Post Office in einem Vertrag mit der Peninsular & Oriental, deren Dampfer seit 1852 auch Bombay bedienten, daß die gesamte Overland Mail aus England jetzt via Bombay unter Benützung der Bahn befördert werde. Martin nennt dafür den 1. April 1868 (H. Robinson hatte 1879 angegeben). In jenem Jahr 1879 erwarb der Staat die EIR, welche 1900 mit der »Grand Chord Line« östlich von Moghal Sarai eine weitere Abkürzung auf dem Wege nach Calcutta eröffnete. Die an die GIPR-Zweigstrecke in Nagpur anschließende »Bengal Nagpur Railway«(BNR) stellte – 1891

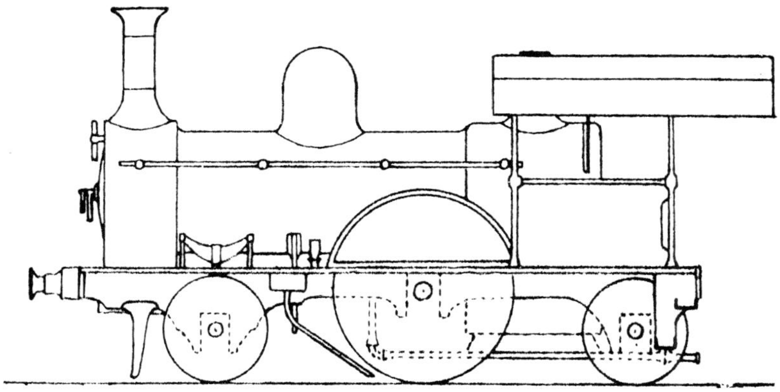

Breitspur-Lokomotive der East Indian Railway mit der Achsfolge 1A1, mit umgebautem Führerstand

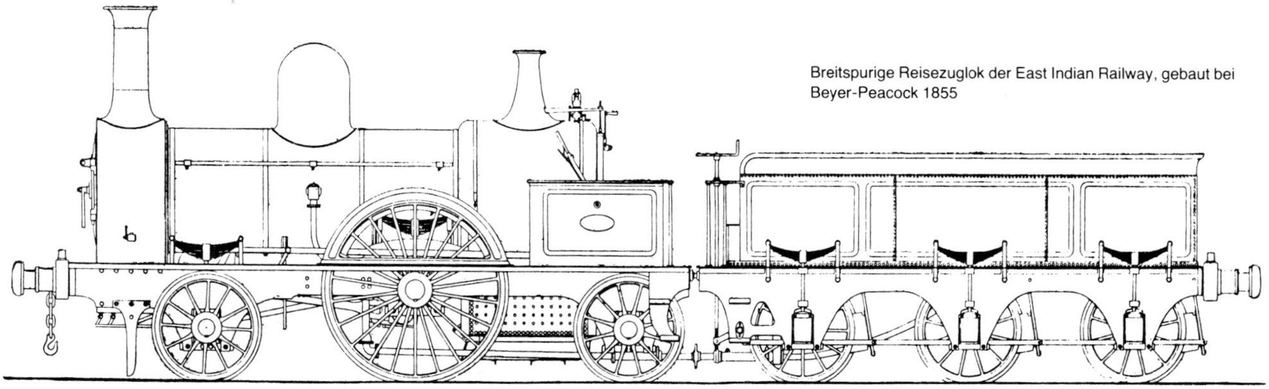

Breitspurige Reisezuglok der East Indian Railway, gebaut bei Beyer-Peacock 1855

zunächst bei Asansol in die EIR einmündend, ab 1900 mit einer eigenen Neubaustrecke, eine zwar kürzere, aber langsamere Alternativverbindung Bombay–Calcutta her. Eine weitere Änderung sollte sich 1925 ergeben, als der EIR-Abschnitt von Jabalpur zur Linie Allahabad–Howrah in die Betriebsführung der GIPR überging.

Nach den abgelegenen Provinzen östlich von Calcutta ebenfalls Bahnen zu bauen, war 1852 beziehungsweise 1855 durch J. P. Kennedy und einen Leutnant Head vorgeschlagen worden. 1857 formierte sich die »Eastern Bengal Railway« (EBR), welche 1864 eine Breitspurbahn von Calcutta Sealdah nach Kushtia eröffnete. Weiter ostwärts, nach Dacca oder Chandpur, gelangte der Reisende nur mit dem Dampfboot. An die EBR schloß in Poradaha die breitspurige »Northern Bengal State Railway« (NBSR) nach Damukdia am Ganges an, die, von Sara am anderen Ufer aus, eine meterspurige Fortsetzung nach Siliguri erfuhr. Von dort führte seit 1881 die weltberühmte »Darjeeling Himalaya Railway« mit nur 2 Fuß Spurweite in bizarren Kurven und Spitzkehren hinauf nach Darjeeling, dem über 2000 Meter hoch gelegenen Sommersitz der Regierung von Bengalen.

Die Regierung versuchte, zusammenhängende Staatsbahnnetze zu schaffen. So gliederte sie ihre 1874 – 79 gebaute NBSR im Jahre 1887 in die 1884 verstaatlichte EBR, die »Eastern Bengal State Railway« ein. Diese übernahm gleichzeitig eine Reihe anderer Bahnen, darunter die 1863 zur Erschließung des neuen Hafens Canning fertiggestellte und dann verstaatlichte »Calcutta & South Eastern«, daneben die meterspurige »Dacca State Railway« und 1904 die breitspurige »Bengal Central Railway«.

Wie sah für die Passagiere eine Reise über Indiens Bahnen in den Sechziger- und Siebzigerjahren des vorigen Jahrhunderts aus? Einen frühen Bericht gibt Rousselet. Er schrieb von einer Fahrt im Jahre 1868 auf einem Teil der alten Linie Allahabad–Calcutta: »Man läßt uns in einen der komfortablen Schlafwagen einsteigen, welche die East Indian Railway kürzlich auf ihren Strecken eingeführt hat. Diese Wagen enthalten nur zwei Abteile, die deshalb sehr groß sind. In jedem von ihnen befindet sich eine Bank, deren bewegliche Lehne, angehoben und mittels Gurten festgemacht, eine Art Liege jener Art bildet, wie sie die Schiffskabinen ausstatten. An der gegenüberliegenden Seite des Abteils öffnen sich zwei Kabinette: das eine als Toilette und das andere ›de necessité‹«. Eine Zeitschrift berichtete von einem Abteilwagen der EIR aus dem Jahre 1864, der später in Allahabad ausgestellt war – ein zweiachsiges, hölzernes Gefährt mit Sonnenblenden über den Fenstern, sogenannten »sun-shades«, und mit grüner Lackierung. Ein anderer Artikel nannte weißen Außenanstrich für die erste Klasse, khaki oder grün für die zweite und braun oder dunkelrot für die dritte. Bei der GIPR war gegen Ende des Jahrhunderts weiß für die erste und zweite Klasse sowie braun als Außenfarbe für die »inter« und die dritte üblich.

Reisebürogründer Thomas Cook vermerkte in einem 1873 erschienenen Bericht, daß sein gemieteter Salonwagen Bäder hatte – ein für Europa damals unvorstellbarer Komfort. Ein Reisender im Jahre 1881, F. Reuleaux, schrieb in seinen Erinnerungen über eine Fahrt Calcutta–Moghal Serai: »Unsere Abteilung war drei Fenster lang; neben ihr lag noch ein zugehöriges einfenstriges Toilettenzimmer, vollständig eingerichtet für eine lange Fahrt.« Die Nacht brach an. »Wir bauten unsere Wagenabteilung durch Niederklappen der Oberbetten zum Schlafsalon um, breiteten die in Kalkutta erworbenen Steppdecken über die mit kühlem Wachstuch überzogenen Sitzpolster und streckten uns zur Ruhe aus.« Während der Weiterreise nach Agra »gewährte der Aufenthalt auf der Wagenplattform, auf die wir unsere Klappstühle hinaustrugen, erfrischende Kühlung«.

Selbstverständlich bot diesen Komfort nur die erste Klasse – die vierte hatte zeitweilig nicht einmal Sitze –, selbstverständlich reisten die europäischen Globetrotter stets Erster und ebenso selbstverständlich waren sie in Begleitung dienstbarer Geister. Mark Twain hatte bei seiner Indienfahrt einen Diener namens »Satan« bei sich, der wie ein solcher die Liegestatt seines Herrn gegenüber den Zerberussen anderer Herrschaften verteidigte. Über die Dienerfrage steht in Murray's Handbuch 1903 kategorisch zu lesen: »Ein guter Reisediener, ein Eingeborener, der englisch versteht, ist unerläßlich.« Murray gab auch folgenden Rat: »Jeder Reisende, der eine Tour beabsichtigt, muß sich bei Ankunft in Indien mit Bettzeug versorgen, das er überallhin mitnehmen sollte, selbst zu Freunden, und er sollte es immer auf Bahnreisen zur Hand haben.« Die Eisenbahnen stellten nämlich keine Bettwäsche zur Verfügung, wohl deswegen, da sie für einheimische Fahrgäste ohnehin nicht akzeptabel gewesen wäre – es hätte ja ein Angehöriger einer niedrigeren Kaste darin geschlafen haben können.

Murray wie auch Rousselet schrieben, daß die Mahlzeiten telegraphisch bei größeren Stationen vorbestellt werden konnten – denn Spei-

sewagen hätten ja ebenso wie Bettwäsche dem Kastengeist widersprochen. Rousselet berichtete aber auch über eine sehr praktische Einrichtung, welche der Kühlung diente: »Heute werden den Reisenden, die sich in den schnellen Zügen von Bombay nach Calcutta begeben, Plätze in Wagen zur Verfügung gestellt, welche von Vetiver-Matten umgeben sind, die mittels besonderer Reservoire ständig feucht gehalten werden.«

Für die Annahme und Ausgabe der Post fuhren vom Jahre 1854 an zum erstenmale eigene Beamte, die »Mail Guards«, auf indischen Zügen mit, und zwar von Calcutta Howrah nach Hooghly. Von 1864 an wurde zwischen Allahabad und Cawnpore erstmals ein »T.P.O.«, ein »Travelling Post Office« zum Sortieren der Sendungen während der Fahrt einem Zug angehängt. Das T.P.O. im »Special« der Overland Mail verschwand von der GIPR aber im Jahre 1875. Später verkehrten in zahlreichen indischen Personenzügen, gemischten Zügen, Express- und Mail trains Postwagen oder Wagen mit Postabteil in verschiedenen Grössen. Sie gehörten den jeweiligen Bahnverwaltungen. Gebaut waren sie entsprechend den Bestimmungen des indischen Post Office, das auch das Personal zum Postsortieren stellte.

Eine Steigerung der Verkehrszahlen, aber auch die Bemühungen der Konkurrenz, den Verkehr England–Calcutta auf den Hafen Karachi und damit von der GIPR auf andere Bahn-

Bahnreise erster Klasse in Indien um 1868, aus „L'Inde des Rajahs"

netze abzuziehen, zwangen diese Verwaltung gegen Ende des 19. Jahrhunderts, die Züge Bombay–Calcutta radikal zu verbessern. »Diese Verbesserungen kamen nicht ohne beharrliche Agitation und die Anwendung von großem Druck zustande«, bemerkte dazu 1899 das gut informierte »Railway Magazine«.

Ein erstes Experiment mit dem Ziel, den Verkehr Calcutta–Bombay im Anschluß an die Dampfer nach England zu verbessern, hatte Calcutta's Presidency am 13. Februar 1889 angekündigt: »Notice is hereby given that the latest hour at which articles may be posted at the General Post Office for despatch by the Accelerated Mail Train on Wednesday, the 20th February, and seven following Wednesdays, will be 7.30 P.M.« Es war also von einem besonders schnellen Zug die Rede, der acht Wochen hintereinander jeweils mittwochs Calcutta verließ.

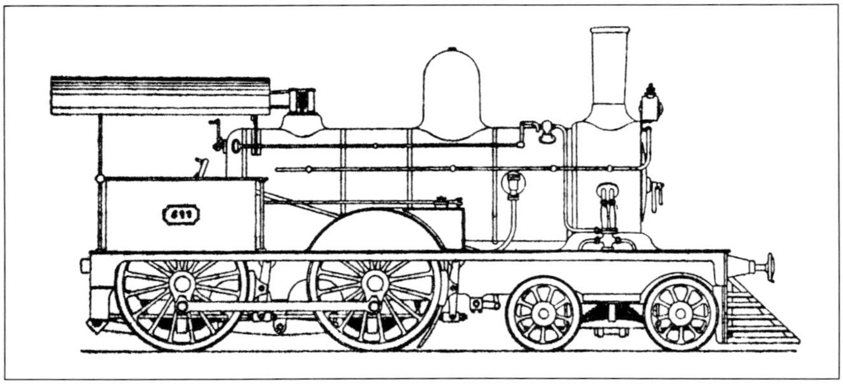

Lokomotive der Klasse A 1, Nr. 511, der GIPR

Die »Times of India« schrieb am 23. Februar, daß der erste Zug Howrah pünktlich um 8 Uhr abends hinter einer der »kräftigen Hauptstreckenlokomotiven« verließ. Er bestand aus zwei Dienstwagen (»brake«), zwei Wagen zweiter Klasse, einem dritter, dreien erster Klasse und einem Postwagen (»sorting van«), alle der EIR gehörend. Hinter Burdwan wurden über 40 Meilen pro Stunde erreicht, in Jabalpur Junction übernahm die GIPR die Traktion und in Bombay kam der »Special« am Freitagnachmittag um 2 Uhr 55 mit der Lokomotive Nr. 502 fünf Minuten vor der fahrplanmäßigen Zeit an.

In einem amtlichen Schreiben vom 24. Januar 1891 berichtete Lt. Col. Rargeaunt, Deputy Secretary der indischen Regierung, über diesen Versuch und über weitere Bestrebungen: »Anfang 1889 genehmigte das Finanzdepartment der Regierung mit der Resolution Nr. 644 vom 31. Januar 1889 die Einführung eines schnellen Reisezugdienstes zwischen Calcutta und Bombay als einen auf acht Wochen befristeten Versuch vom 20. Februar 1889 an. Die Zeitlage des Zuges war so gewählt, daß er Calcutta am Mittwochabend verließ und in Bombay freitags rechtzeitig zur Postabfahrt ankam, mit einer Reisezeit von 43 Stunden. Für diesen Dienst erhielt die EIR 776 Rupien oder eine Rupie pro Zugmeile und die GIPR 770 Rupien oder 1–4–0 Rupien pro Zugmeile. Die Gesamtkosten pro Zug beliefen sich für das Postal Department auf 1546 Rupien ... Die indische Regierung wünscht jedoch die Einrichtung eines speziellen gemischten und schnellen Reisezugdienstes von Bombay nach Calcutta in Verbindung mit der ankommenden europäischen Post. Diese erreicht Bombay gegenwärtig zu spät, um mit den Postzügen weitergeleitet zu werden, so daß es in Bombay zu einem Aufenthalt kommt. Zum Schluß muß ich hinzufügen, daß ihre Exzellenz, der Generalgouverneur, der erwogenen Verbesserung des Postdienstes beträchtlichen Wert beimißt und daß er ihre Verwirklichung begrüßen wird.«

Das Postal Department bezahlte also für den speziellen Zug Calcutta–Bombay eine Gebühr, die pro Fahrt zu einem effektiven Verlust von 1200 Rupien führte, da die wöchentlichen Einnahmen im Durchschnitt nur 348 Rupien betrugen. Kein Wunder, daß das Experiment nach der achten Fahrt aufgegeben wurde.

Im Juli 1897 schrieb die englische Zeitung »Friend of India and Statesman« über eine andere Regelung: »Vom 1. September an bis auf weiteres werden Reisende nach England und dem Kontinent, die Bombay samstags mit dem wöchentlichen Postdampfer verlassen und Fahrkarten erster Klasse besitzen, vom Bahnhof Howrah aus mit dem ›Bombay Mail train‹ befördert, der in Howrah donnerstag um 18.57 Uhr (Eisenbahnzeit) abgeht. In Naini, der Station unmittelbar vor Allahabad, werden die direkten Wagen Howrah-Bombay für die Erster-Klasse-Fahrgäste dem ›Special train‹ angehängt, der die Post nach Bombay weitertransportiert. Es kann nur eine begrenzte Zahl von Reisenden aufgenommen werden. Begleitende Diener der Passagiere werden in dem ›Special train‹ in der dritten Klasse untergebracht. Betten können in Calcutta im Büro des General Traffic Manager am Fairlie Place gebucht werden ...«.

»Das große Ereignis der Woche in Indien ist die Ankunft der europäischen Post«, stand im Railway Magazine 1899 zu lesen, in dem über die neueste Entwicklung auf der Strecke Bombay–Calcutta berichtet wurde. »Jede Anstrengung wird unternommen, um ihre Zustellung so schnell wie möglich zu machen . . .«. Früher verkehrten ab Bombay täglich eine »Night Mail« über Allahabad in 52 Stunden und eine »Morning Mail« über Nagpur in 57 Stunden nach Calcutta Howrah. Ein »Special« lief nur dann, wenn kein Anschluß an die planmäßigen Züge möglich war. Nun waren diese normalen Züge schneller geworden und außerdem verkehrte regelmäßig ein neuer »European mail train« ausschließlich für Post und Reisende im Anschluß an die P & O-Dampfer – der Vorläufer der berühmten »Imperial Indian Mail«.

Während die Schiffspassagiere aus England in Bombay bisher am Apollo Bunder an Land gebracht wurden, landeten die Leichter jetzt am Ballard Pier, nahe beim Victoria Terminus. Von diesem, 1888 unter Leitung des Architekten F. W. Stevens errichteten Prachtbau aus startete einmal in der Woche, fünf Stunden nach Ankündigung der Dampferankunft, der neue Überlandexpress. Die Reisenden bestiegen dort die vierachsigen, cremefarbenen Schlafwagen erster Klasse, welche die GIPR und die EIR gemeinsam in Dienst gestellt hatten. Über einen gerade durchlaufenden Seitengang gelangten sie in vier Abteile von nicht weniger als zehn Fuß Länge, in denen sich je vier Betten, immer zwei übereinander, in Wagenlängsrichtung befanden. Jedes Abteil hatte Bettwäsche sowie Zugang zu einem WC und außerdem enthielt der Wagen an beiden Enden Dienerabteile. Vor den Fenstern waren bewegliche Drahtnetze angebracht, die den Staub abhalten sollten, und darüber die üblichen Sonnenblenden. Das Gewicht wurde mit 32 Tonnen und die Länge mit 60 Fuß angegeben.

Harmonika-Faltenbälge erleichterten den Übergang in den Speisewagen. Dieser war von der EIR gebaut worden, gehörte ebenfalls beiden Verwaltungen gemeinsam und maß auch 60 Fuß. Die Übergänge, welche paarweise nebeneinander lagen, also an der rechten und der linken Seite des Zuges, führten zunächst in einen Rauchsalon. Der eigentliche Speisesaal, getäfelt in rotem und hellem Holz, beherbergte einen Tisch in Querrichtung mit sechs Plätzen und eine große Tafel in Wagenlängsrichtung, an der zehn Gäste Platz fanden – auf Drehstühlen wie in den alten P & O- Linern!

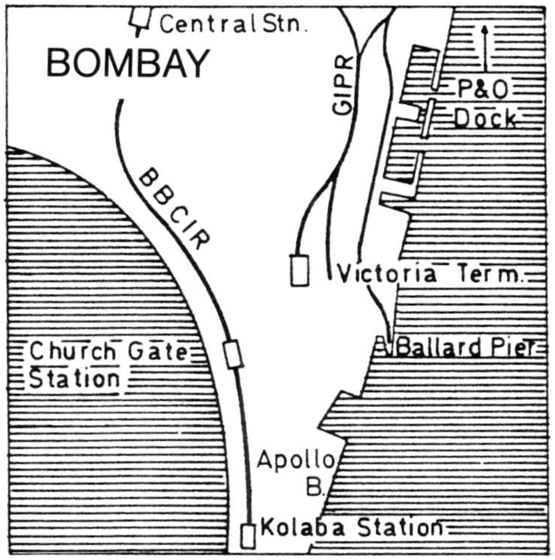

Da ein Speisewagen vorhanden war, konnten die zeitraubenden Essenshalte entfallen – und damit schaffte der neue Express eine Reisezeit Bombay–Calcutta von rund 40 Stunden, gegenüber den 46 Stunden der, ebenfalls beschleunigten, gewöhnlichen Postzüge. Eine andere Quelle nannte 43 Stunden und das »Locomotive Magazine« von 1899 führte die unglaubwürdig kurze Fahrzeit von 36 Stunden an.

Dieses äußerst seltene Foto von der East Indian Railway mit Lokomotive 214 stellt vermutlich die „European mail" um die Jahrhundertwende dar Archiv Konrad

Lokomotive Nr. 209 der GIPR, gebaut bei der North British Locomotive Co. 1902
Gölsdorf-Stiftung, Deutsches Museum

Lokomotive Nr. 1151 der EIR, gebaut bei der North British Locomotive Co. 1904
Gölsdorf-Stiftung, Deutsches Museum

»Don't talk me of the mails!« - »Sprich mir nicht von den Postzügen! Natürlich sind sie schneller, aber sieh die Reisenden und die Pakete an, und vergiß nicht, daß dich jeder beobachtet, und denk an die Erklärungen, die du parat haben mußt, wenn du auch nur eine Minute Verspätung machst!« – Diese Bemerkung eines Eisenbahners, irgendwo auf der East Indian Railway vom Mitarbeiter eines damaligen Journals aufgeschnappt und der Nachwelt überliefert, gibt etwas von dem Prestige des Postzugdienstes im alten Indien wider. »Wie auch immer der Verkehr, wie auch immer das Wetter sein mag, die Postzüge müssen fahren; und da sind auf jeden Fall zwei Europäer, wenigstens zwei, die in jedem solchen Zug sein müssen, die der Hitze und der Last des Tages trotzen müssen. Das sind der europäische ›guard‹ und der europäische Lokführer«, schrieb das »Railway-Magazine« in einem Indienbericht 1906. Beide waren auf den Postzügen ausgesuchte Leute mit langer Erfahrung, die ihre Strecke in- und auswendig kannten.

Hatte dennoch ein Postzug einmal Verspätung, dann wurde das – anders als in gewissen nicht-britischen Ländern – registriert, es gab einen »outcry«, einen »Aufschrei«, wie dies Chief Superintendent G. Huddleston in einer kleinen Geschichte von der East Indian Railway um 1906 berichtete: Einer der langsamen, aus Güterwagen bestehenden Pilgerzüge hatte schon sechzehn Stunden Verspätung, als er wieder einmal auf ein Ausweichgleis dirigiert wurde. Der Postzug sollte überholen! Inder sind geduldiger als Europäer, aber da riß selbst ihnen die Geduld. Einige Männer sprangen heraus, stürzten sich auf das Gleis und legten sich mit dem Kopf auf die Schienen, die für die »Mail« freigehalten wurden. Natürlich stoppte die Bahn den Postzug per Signal sofort, der Pilgerzug erhielt Vorfahrt und die Post Verspätung – was besagten »outcry« auslöste . . . Wurde der Betrieb schon wegen der Pünktlichkeit eines normalen Postzuges so sehr drangsaliert, in welchem Maße muß das erst für die einmal wöchentliche »European mail« gegolten haben! Die einheimischen Eisenbahner nannten sie jedenfalls »The Wild Indian« . . .

Einen sachlichen Bericht über diesen speziellen Zug für die europäische Post gab das »Locomotive Magazine« im Jahre 1905: »Jeden Freitag, fünf Stunden nach Meldung der Dampferankunft im Hafen, verläßt den palastartigen Victoria-Bahnhof von Bombay ein Post-Durchgangszug (vestibuled postal express), zusammengesetzt aus Drehgestellwagen des ›Railway Mail Service‹, einem Erster-Klasse-Schlafwagen mit Seitengang und einem Speisewagen, zu einer transkontinentalen Fahrt über 1400 Meilen quer durch Indien, über die Hauptstrecken der Great Indian Peninsula und der East Indian Railway, via Jubbulpore und Allahabad, die so zusammen einen Teil der ›ausschließlich britischen Route rund um die Welt‹ bilden«, – »the all British round the world route.«

In Kasara, fünfundsiebzig Meilen hinter Bombay, ersetzten zwei vierfach gekuppelte Satteltankmaschinen – das »Railway Magazine« hatte Dreikuppler genannt – die 2C-Schnellzuglok zur Fahrt über die Steigung 1 : 37 des Thull Ghat, an der sich damals noch eine Spitzkehre befand. In Igatpuri übernahm eine zweifach gekuppelte Schnellzugmaschine den Zug und in Jabalpur ging er vom Netz der GIPR auf das der EIR über. 40 Stunden und 25 Minuten nach Abfahrt in Bombay traf die Post in Calcutta Howrah ein.

Im Jahre 1908 erschien in »The Locomotive« eine Reportage über einen abermals neuen »Overland Express Train« der EIR für den Postzugsdienst Calcutta–Bombay, dessen Komfort selbst die europäischen Luxuszüge bei weitem in den Schatten stellte. Er bestand aus drei Wagen erster Klasse mit je 18 Plätzen in Vier- und Zweibettabteilen, Seitengang, Harmonika-Übergängen, einem Speise- und zwei Gepäck- und Dienerwagen, gebaut aus Teakholz auf stählernem Chassis und außen weiß lackiert. Damit unterschied er sich von den normalen Postzügen der GIPR, deren neue Wagen von Anfang des Jahrhunderts an rotbraun/creme gestrichen wurden.

OVERLAND EXPRESS TRAIN, EAST INDIAN RY.

IN the accompanying illustrations are shown views of the new vestibuled corridor bogie stock recently constructed at the Lillooah shops of the East Indian Ry. for the Calcutta-Bombay mail service. The complete train measures 571-ft. 8-in. over buffers, and has a tare weight of about 210 tons, and it consists of two composite luggage and 3rd class servants' with 1st class and guard's compartment at the end, each 65-ft. 6-in. long, three 1st class day and sleeping saloons of the same length, and a dining and kitchen car 64-ft. 2-in. long (measured over buffers). The bodies of the coaches, which are of teak, were built entirely at Lillooah, and are mounted on Fox's pressed steel underframes and bogies imported from this country. As is now becoming usual in India, the old-fashioned "sunshades" have been dispensed with, and heat resisting material placed over the roofs and sides is substituted.

INTERIOR OF SALOON, OVERLAND EXPRESS, EAST INDIAN RY.

PORTION OF OVERLAND EXPRESS TRAIN, EAST INDIAN RY.

BATH ROOM, OVERLAND EXPRESS TRAIN, EAST INDIAN RY.

The day and sleeping saloons, an interior view of one of which is here given, measure 63-ft. 6-in. over buffers, with a width of 9-ft. 9-in., and an inside height of 8-ft. 7½-in. They each contain four compartments with four berths to each and one end *coupé* compartment with two berths, thus giving accommodation altogether for 54 passengers. For day travelling, the upper berths fold up flush with the end walls of the compartments, while the lower berths are transformed into seats. There is space for small trunks below the seats, and the bedding is stored away in cupboards in the side corridor. Seats and berths are upholstered in dark green morocco. There are separate bath rooms and lavatories for each compartment, most comfortably and even luxuriously fitted, one being shown in the accompanying illustration.

The dining saloon is a splendid apartment having inside measurements 30-ft. by 9-ft., and an idea of its fittings and appoint-

Lokomotive Nr. 1300 der EIR, gebaut bei Vulcan Foundry 1908
Gölsdorf-Stiftung, Deutsches Museum

„Atlantic"-Lokomotive der Bengal-Nagpur Railway
Archiv Konrad

Die Sonnenblenden waren nun verschwunden. In seinen Abteilen hatte der weiße Überlandexpress dunkelgrüne Ledersofas, quer zur Fahrtrichtung. Sie formten in der Nacht untere und obere Betten. Es gab Bettwäsche, welche tagsüber in Schränken verstaut wurden und – jedes Abteil verfügte über eine separate Toilette und ein geflieẞtes Bad mit Wanne! Der Speisewagen besaß die, in Europa üblichen, Tische in Querrichtung beiderseits eines Mittelganges, an denen jeweils zwei oder vier Personen auf kunstvoll geschwungenen Holzstühlen Platz nahmen. Die Wände des Speisesaales waren unterhalb der Fenster in braunem Teak und darüber, ganz in Weiß, mit Paneelen aus Papier, mit Gesimsen und Pilastern ausgeführt. An der Decke befanden sich mehrarmige Lüster und die unvermeidlichen Luftpropeller. Geraffte Vorhänge wehrten die Blicke von draußen ab und unterteilten das Restaurant. Die Anrichte enthielt ein Getränkefach sowie einen Kühlschrank und die Küche war mit zwei großen englischen Herden, einem Wärmeschrank und einem Eisschrank für Fisch, Fleisch und Geflügel versehen.

Cook's Handbuch von 1911 spricht von diesem Zug als »Special Limited Express«. Er fuhr im Anschluß an die P & O-Dampfer in nur 36 Stunden über die 2170 km von Bombay via Jabalpur nach Calcutta – gegenüber 64 Stunden Fahrzeit rund vier Jahrzehnte zuvor. Sechzig Jahre danach sollte diese, mit Dampflok aufgestellte Rekordzeit selbst auf der kürzeren, zu zwei Dritteln elektrifizierten Linie via Nagpur noch nicht wieder erreicht werden. 1914 gab das Handbuch die Reisezeit vom Ballard Pier mit 37½ Stunden an. Es seien Plätze für 28 Herren und 4 Damen vorhanden gewesen, was bedeuten mußte, daß zwei Schlafwagen ausreichten. Der Fahrpreis war mit 6 Pfund und 12 Schillingen entsprechend hoch.

Die »Locomotive« von 1911 schilderte den Weg des Luxusreisenden nach der Himalaya-Sommerfrische Darjeeling: Er kam mit dieser

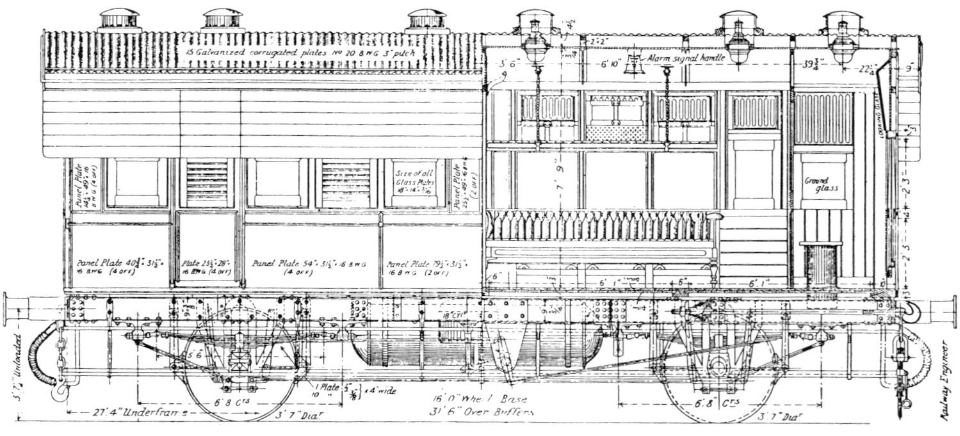

Zweiachsiger Breitspur-Standardwagen der Eastern Bengal State Railway mit je einem Abteil erster und zweiter Klasse, um 1898

»Imperial Mail« der EIR und GIPR aus Bombay in Calcutta Howrah an und setzte seine Fahrt vom Bahnhof Sealdah aus mit der neuen »Darjeeling Mail« der Eastern Bengal State Railway hinter einer 2B-Schnellzugmaschine fort. Dieser Zug führte Durchgangswagen aller vier Klassen – das waren die erste, zweite, »intermediate« und dritte – einschließlich einer kleinen Küche mit Bar. In Damukdia am Ganges mußten die Fahrgäste auf einen Raddampfer überwechseln, auf dem das Dinner serviert wurde. Von Sara am anderen Ufer fuhr ein Zug mit 2C-Lokomotive weiter über die EBSR-Meterspur nach Siliguri. Dort mußte ein letztes Mal umgestiegen werden, diesmal auf die »Limited Mail« der Darjeeling Himalayan Railway, die meist aus acht Wagen, darunter allein fünf Gepäck- und Postwagen, bestand.

Der als »Imperial Mail« oder »The Overland Express« bezeichnete Zug Bombay–Calcutta diente nicht nur dem Verkehr nach dem indischen Subkontinent. »Der letztere nimmt auch die Burma-Post in einem besonderen Schlußwagen auf, welcher in Fahrt, beim Passieren des Bahnhofes Naihati, abgehängt wird (which it slips while running through Naihati Station)«, schrieb 1913 die Zeitschrift »Railway News«. »Dieser Wagen wird dann mit einer eigenen Lokomotive über eine Abzweigung nach Diamond Harbour überstellt, einem Hafen am Hooghly, wo die Postsäcke rasch auf einen 18 Knoten-Turbinendampfer der British India Company umgeladen werden, der sofort nach Rangoon ausläuft, das drei Tage später erreicht wird.« Die »Imperial Mail« beförderte also die Post England–Burma und um auf dieser zweieinhalbwöchigen Reise ein paar Minuten zu gewinnen, wurde ihr Wagen unterwegs detachiert, ohne den Bahnhof Howrah zu berühren. Kam der Dampfer in Gegenrichtung verspätet am Hooghly an, dann soll die Burma-Post als separater Zug nach Bombay gebracht worden sein. Und für den Seeweg von und nach England wurde sogar an zwei Abfahrten pro Woche an Stelle bisher einer gedacht – so wichtig war die Route geworden, die das Empire zusammenhielt: The all British round the world route.

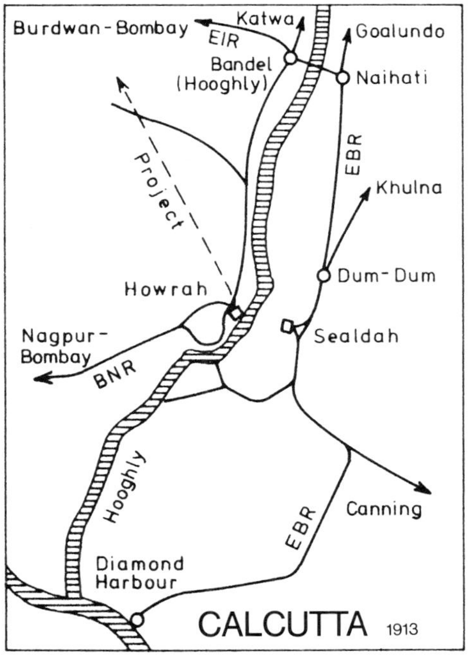

Der 1. Weltkrieg und der Feldzug in Mesopotamien unterbrachen den Verkehr der von Bom-

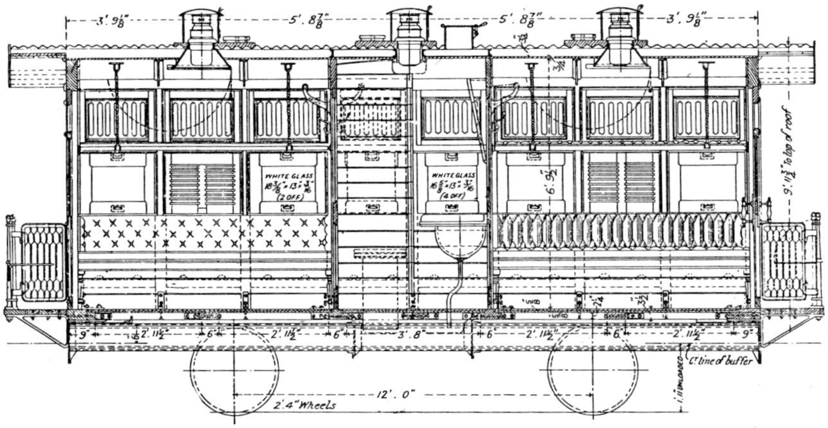

Zweiachsiger Meterspurwagen der Eastern Bengal State Railway mit je einem Abteil erster und zweiter Klasse um 1898

A Restaurant Car runs on No. 3 Up and 4 Down Bombay Mails between Howrah and Jubbulpore. Meals at 1st Class Rates.
Through 1st, 2nd, Inter and 3rd Class Carriages run between Bombay and Calcutta.
• Refreshment Room.

The Imperial Indian Mail.

Leaving Bombay on arrival of the P. & O. Mail Steamer.

About seven hours after the P. & O. Mail Steamer is signalled the Indian Imperial Mail train starts from Mole alongside the Steamer.

The departure time will be posted at the Ballard Pier Booking Office after arrival of the Steamer at Bombay.

The journey from Bombay to Howrah *via* **Chheoki takes approximately** 39 **hours and** 40 minuites.

A special surcharge of Rs. 25-8-0 ***plus*** **annas eight reservation fee will be** levied in addition **to the ordinary fare from each passenger.**

Children of three years and over are charged full fares ***plus*** **the Special Surcharge Rs. 25-8-0 and annas eight reservation fee per ticket.**

Junkers Air Mail Service in Persia. see page 345

13

Indische Kursbuchnotiz von 1928 über die ,,Imperial Indian Mail"

bay ausgehenden Züge für die P & O nur vorübergehend. Das Kursbuch »Newman's Indian Bradshaw« von 1925 zum Beispiel vermerkte folgendes: »Ein Homeward Express ausschließlich für Erster-Klasse-Reisende wird donnerstags von Howrah nach Bombay abgehen.« Die Abfahrtszeit in Howrah war mit 19.36 Uhr angegeben und die Ankunft in Bombay am Ballard Pier mit 13 Uhr samstags. »Home Express« war der in Indien übliche Name für die Züge der Schiffspassagiere in Richtung Heimat.

Im November 1926 tauchte im Geschäftsbericht der Peninsular & Oriental die Meldung von neuen Fahrzeugen auf, die ausschließlich für die Schiffsreisenden aus England bestimmt waren: »In Zusammenarbeit mit der Great Indian Peninsula und der East India Railway hat die Gesellschaft einen Luxuszugdienst zwischen Bombay und Calcutta und zurück eingerichtet, welcher für unsere Passagiere nach Calcutta und ›up country‹ von Vorteil sein wird.« Die »Chairman's Address« vom 8. Dezember gibt genauere Auskunft: »Ihnen ist bekannt, daß die Wagon-Lits-Gesellschaft vor drei oder vier Jahren nach unserem Entwurf einen neuen Zugstyp für die Beförderung unserer Passagiere durch Frankreich baute . . . Kürzlich kamen wir zu einem Übereinkommen mit der Great Indian Peninsula- und der East India-Bahngesellschaft, dem gemäß sie zwei sehr ähnliche Züge konstruiert haben, um sie in jeder Richtung zwischen Bombay und Calcutta in Verbindung mit den abgehenden und ankommenden P & O-Dampfern zu betreiben. Der Service begann vor drei Wochen . . . Das Railway Board und die Gesellschaften gaben uns in sehr zuvorkommender Weise Gelegenheit, die Pläne zu sehen und sie nahmen gewisse Anregungen auf, welche auf unseren Erfahrungen mit dem Wagon-Lits-Zug beruhen.«

In dem neuen Zug, den das Handbuch der P & O vom November 1926 beschrieb, fanden 32 Passagiere Platz in Einbettabteilen, in Zweibettabteilen mit gegenüberliegenden Betten und in anderen Zweibettkabinen mit Betten übereinander. In letzteren war, ebenso wie in den geräumigen »Singles«, Platz für Korbstuhl und Kleiderschrank. Es gab komplettes »bedding«. Selbstverständlich hatte jedes Abteil ein Waschbecken und außerdem enthielt jeder Wagen ein Duschbad. Das Restaurant bestand aus einem Speisesaal für 24 Personen an Zweier- und Vierertischen und einem Rauchsalon mit acht Korbfauteuils paarweise an glasbedeckten Tischchen, die bei starkem Andrang zum Servieren der Mahlzeiten mitverwendet werden konnten.

Die Bahnen rechneten sich vom Betrieb des Luxuszuges einen Gewinn aus und so gaben sie sich bei seiner Konstruktion jede erdenkliche Mühe. Die Wagen waren Sechsachser mit Holzaufbauten und stählernen Untergestellen. Lediglich für die Post liefen Vierachser mit. Die EIR verkleidete ihre Fahrzeuge, die sie in den bahneigenen Lilloah-Werkstätten herstellen ließ, außen mit »Sundeala Millboard«. Innen sorgte poliertes Teakholz für ein solides Erscheinungsbild. Die GIPR bevorzugte für die Teakholzaufbauten ihrer, in den Matunga-Werkstätten gebauten, 66 Fuß langen Wagen Stahlblechverkleidung mit »Uacolite«-Isolierung gegen die Hitze. Für die Polsterung in den Schlafabteilen verwandte sie blaues Büffelleder, für die Rollos blauen Seidenbrokat und zu dem Farbschema der Innenarchitektur in weiß, cre-

Obere Abbildung:
,,Imperial Indian Mail" der EIR mit ,,Ten Wheeler"-Lokomotive und dahinter ,,Postal Van"
Unten links:: Doppelbettabteil
Unten rechts:
Einbettabteil des gleichen Zuges
Archiv Slater/Railway Magazine

General View of Imperial Indian Mail Train.

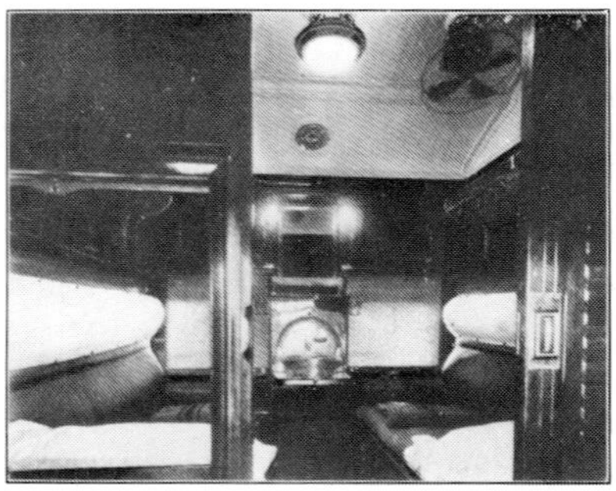

Interior of Double-Berth Compartment.

Interior of Single-Berth Compartment.

Grundriß eines Schlafwagens der GIPR für die „Imperial Indian Mail" Archiv Slater

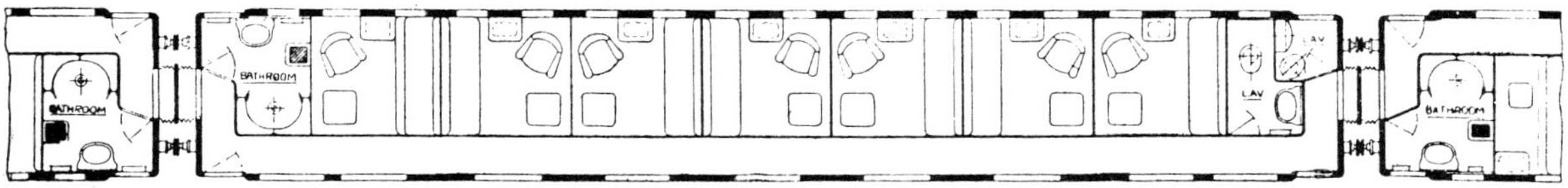

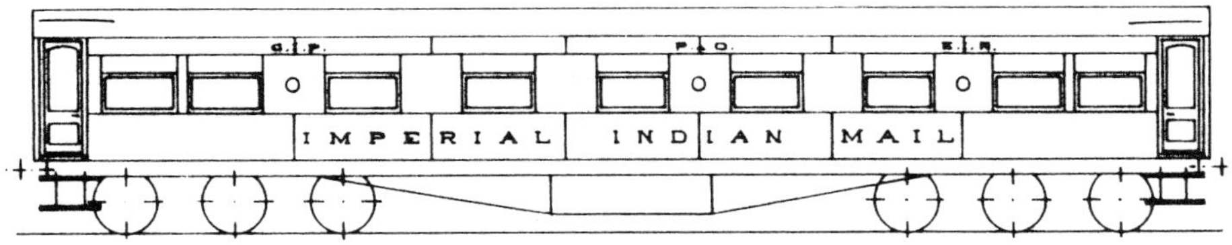

Seitenansicht eines Schlafwagens der GIPR für die „Imperial Indian Mail", Gangseite

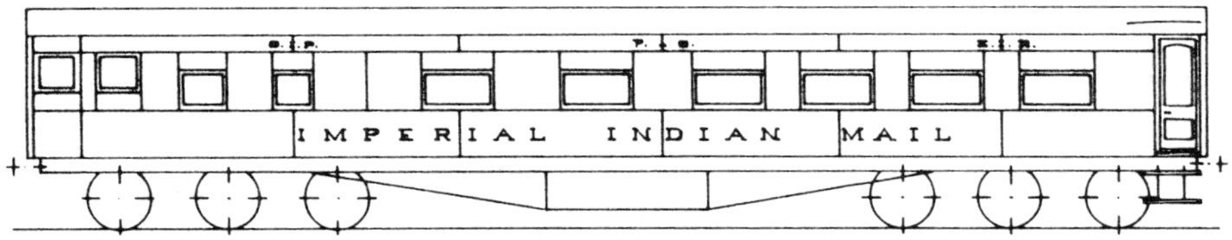

Seitenansicht des Speisewagens der GIPR für die „Imperial Indian Mail"

me und blau passend wurde ein Außenanstrich in creme (»cream buff«) mit blauen Einfassungen und goldfarbenen Dekorationen gewählt. Der Zug der EIR dagegen strahlte wie Europas »Bombay-Express« in Blau – womit er (wie Frankreichs Calais-Méditerranée-Express, alias »Train Bleu«) in den exklusiven Club derjenigen Luxuszüge aufgenommen war, für welche das Publikum das Epitheton »Blue Train« prägte . . .

Auf den blauen Wagen prangten goldfarben die Worte

IMPERIAL INDIAN MAIL

Unter dieser Bezeichnung wurde der Express bekannt und berühmt. Die Garnitur der EIR fuhr am 4. November 1926 zum erstenmal von Calcutta ab, während die Wagen der GIPR tags darauf in Bombay starteten. Die P & O nannte anfangs eine Fahrzeit von 41 Stunden. Wenn die Verbudda-Brücke rekonstruiert sei, so hieß es in der Presse, sei eine Beschleunigung möglich. Das Kursbuch »Newman's Indian Bradshaw« gab die Reisezeit von der Mole am Ballard Pier nach Calcutta Howrah via Chheoki an der Abzweigung nach Allahabad im Jahre 1928 mit 39 Stunden und 40 Minuten an. Auch das »Retrenchment Committee« von 1931 mußte die Notwendigkeit dieser Verbindung einsehen, denn die planmäßigen Züge hätten die Wagen höchstens außerhalb der Saison aufnehmen können. Die »Imperial Indian Mail« fuhr damals nordwärts über Asansol-Patna und südwärts über die Grand Chord Line.

Im Speisewagen der EIR für die „Imperial Indian Mail" Archiv Slater, Railway Magazine

Gleichstromlokomotivtyp WCG1, welcher die „mails" über das Thull Ghat und das Bhore Ghat schob, hier in Bombay am 12. August 1975

Die Reise über das Thull Ghat bis Igatpuri wurde durch die 1500 Volt-Gleichstromelektrifizierung beschleunigt. Elektrische Schnellzuglokomotiven und, zum Schieben, Güterzugmaschinen ersetzten dort die schweren Tenderlokomotiven. Ein fester Fahrplan existierte nur in Westrichtung, mit Abfahrt in Calcutta jeweils donnerstags. Murray's Reisehandbuch nannte 1938 für die 1349 Meilen eine Fahrzeit von 36 bis 39 Stunden.

Von Calcutta aus konnten die Passagiere, die mit durchgehendem P & O-Ticket per »Imperial Indian Mail« anreisten, auf einem Dampfer der British India Line nach Rangoon weiterfahren. Sie konnten sich aber auch nach dem Bahnhof Sealdah begeben und auf die »Assam Mail« umsteigen, welche sie über die, 1915 bei Sara Ghat eröffnete Hardings-Bridge sowie über den Breit- und den Meterspurabschnitt der »Eastern Bengal Railway« bis Amingaon am Brahmaputra brachte. Von dessen anderem Ufer aus führte die meterspurige »Assam Bengal Railway« bis in die entlegensten Winkel des Ostens. Oder sie bestiegen die »Chittagong Mail«, setzten von Goalundo Ghat nach Chandpur mit dem Dampfer über und ließen sich von der Assam Bengal nach Chittagong bringen. Oder sie begaben sich mit der Darjeeling Mail, deren Strecke bis Siliguri auf Breitspur umgebaut worden war, nach der Himalaya-Sommerfrische.

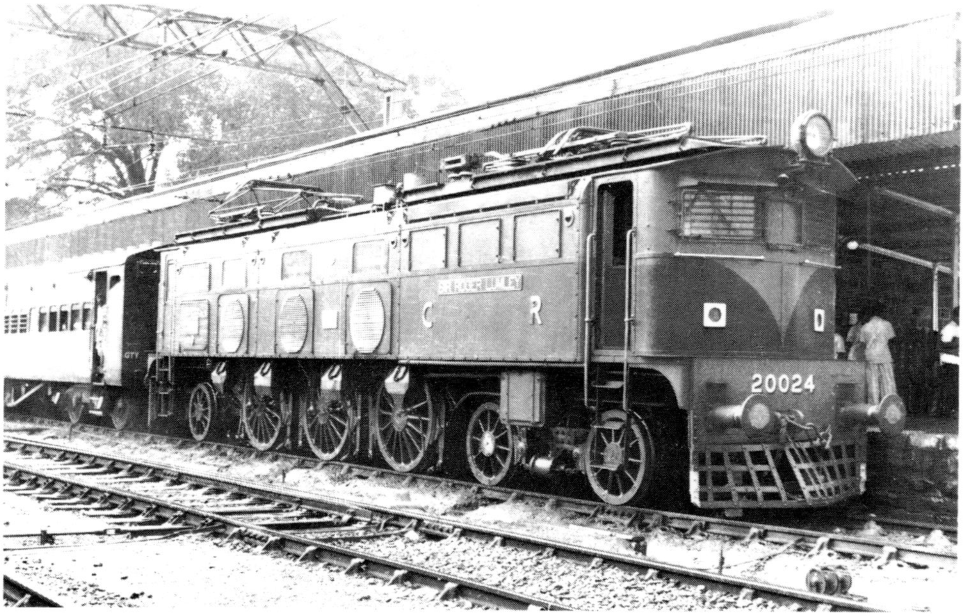

Serienmäßige Gleichstrom-Schnellzuglokomotive, ehem. GIPR, von Metropolitan-Vickers — Archiv GEC Traction Ltd.

Gleichstrom-Schnellzuglokomotivprototyp Nr. 4001 der GIPR aus dem Jahre 1927 — Archiv GEC Traction Ltd.

Einen anderen Zugang zum Himalaya ermöglichte die »Nepal Government Railway«, die auf 2 Fuß 6 Zoll Spurweite vom indischen Raxaul in zweidreiviertel Stunden die 24 Meilen nach Amlekganj dampfte. Von Indien war sie über die meterspurige »Bengal & North Western« zu erreichen, die 1943 zur »Oudh Tirhut Railway«umgeformt wurde. Eine andere nepalesische Bahn ist die, von Jaynagar ausgehende »Janakpur Railway« mit der gleichen Spurweite von 2 Fuß 6 Zoll.

Die Imperial Indian Mail war zur prominenten Institution für Indienreisende geworden. Als 1937 in ihrem Packwagen ein Feuer ausbrach, registrierte das die Presse. In dem Buch »The Great Trains« von Bryan Morgan ist der Zug mit Enthusiasmus beschrieben als herrlich luxuriöser Express, dessen zweiunddreißig Passagiere an Zahl sehr wohl durch das Personal übertroffen wurden, welches ihnen diente. Das mochte stimmen, wenn man die privaten Diener der Reisenden hinzurechnete. Für hitzeempfindliche Europäer erhöhte sich auf der Strecke Bombay–Calcutta das Wohlbefinden noch, als die GIPR und die EIR Klimaanlagen anboten. Die fünf Fahrzeuge, gebaut in den GIPR-Werkstätten in Matunga, wurden vom 1. Dezember 1937 an zumindest in den täglichen, normalen »mail-trains« via Allahabad eingesetzt. Sie besaßen je ein Vierbett- und fünf Zweibettabteile mit Waschbecken, zwei Duschen an einem Wagenende und am anderen einen Übergang, durch den die Mahlzeiten aus dem Speisewagen serviert wurden.

Die Fahrgäste der Imperial Indian Mail mußten selbstverständlich den Fahrpreis erster Klasse und dazu noch einen Zuschlag bezahlen, was zum Beispiel im Jahre 1928 den Preis von 148 Rupien ergab – das war achtmal so viel wie der Tarif der dritten Klasse! Entsprechend war der Komfortunterschied zu den, wesentlich rentableren, normalen »mail-trains«, die schon

Schlafwagen erster Klasse mit Klimaanlage, gebaut 1937 in den Matunga Works der GIPR

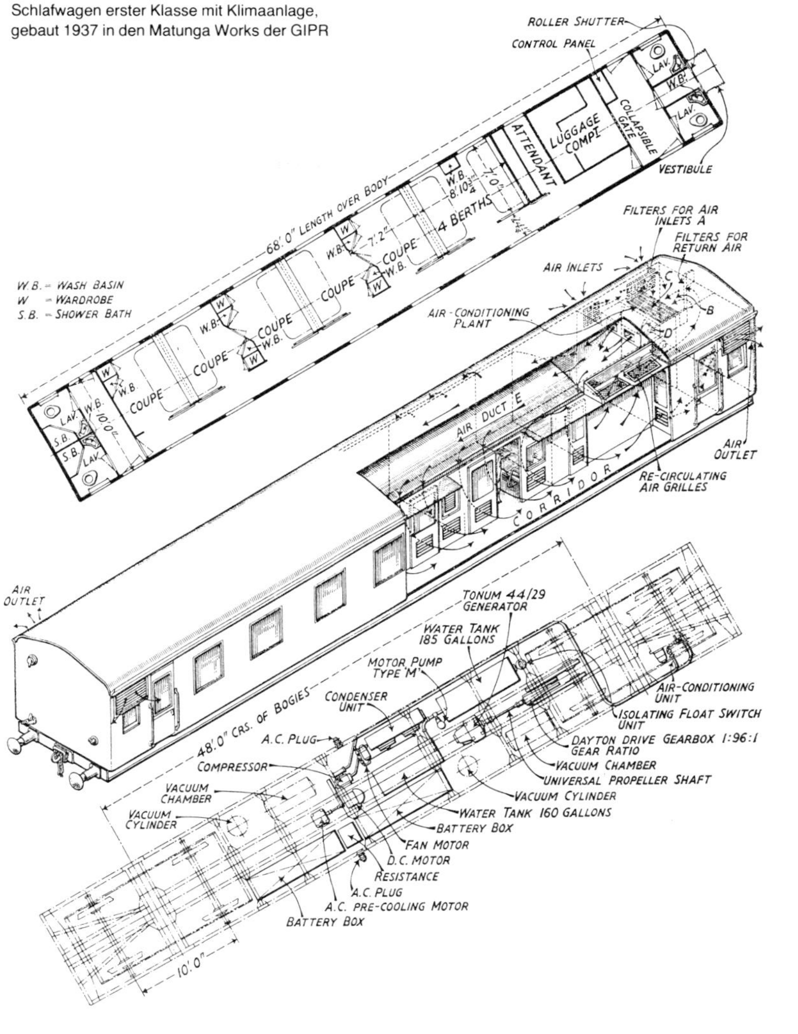

Schmalspurzug nach Darjeeling, North East Frontier Railway Foto Dahlström

im vorigen Jahrhundert teilweise der dritten Klasse geöffnet worden waren. »Die Schaffner oder andere Eisenbahner kamen nur herein, um mehr Passagiere hineinzustoßen«, hatte 1917 ein Reisender aus der »Bombay-Madras mail« berichtet. »Einige lagen am Boden, umgeben von Schmutz, und andere mußten stehen. Einmal wurde ein offener Kampf nur vermieden durch das Einschreiten eines der älteren Reisenden.« Der das schrieb, gehörte nicht zu denen, die sich in der Imperial Indian Mail ein Stelldichein gaben, sondern er reiste stets nur Dritter. Dennoch sollte er Indien mehr verändern helfen als jeder andere: Er war der Mahatma Gandhi . . .

Den zweiten Weltkrieg überstand die britische Herrschaft noch. Eine japanische Invasion wurde nicht zuletzt dank der Transportleistungen der 1942 als »Bengal & Assam Railway« verstaatlichten Bahnen der Ostprovinzen abgeschlagen. Seepost, Militär und, soweit es die begrenzte Anzahl von Plätzen zuließ, auch Zivilisten nach Indien wurden seinerzeit von Liverpool oder vom Clyde aus per Schiffskonvoy befördert. Auf Indiens Schienen liefen »Specials«. Trotz des militärischen Sieges aber mußten die Engländer 1947 aus Indien abziehen. Sie ließen ein Bahnnetz von über dreiunddreißigtausend Meilen zurück. Was sie noch zurückließen, war ein Land in Freiheit – dessen Bevölkerungsgruppen, Hindu und Moslem, die Freiheit dazu benützten, fanatisch gegeneinander Krieg zu führen, weswegen das Land geteilt werden mußte.

Der Westen Indiens und Ostbengalen bildeten den separaten Staat Pakistan. Dadurch verlor die Stadt Calcutta ihr Hinterland und viel von ihrer Bedeutung. Über »Postal Specials« nach Calcutta in jener Zeit ist nichts Zuverlässiges bekannt. Sie wären heute ohnehin überflüssig, da die P & O-Liner ihren traditionellen Hafen Bombay nicht mehr anlaufen, eine Folge der von 1967 bis 1975 andauernden Sperrung des Suezkanals. Ein schneller Zug zur Verbindung von Bombay mit Calcutta via Nagpur in nur dreißig Stunden, der »Gitanjali-Express«, sollte 1978 auftauchen, doch dieser hat nichts mehr mit Ozeanlinern zu tun. Eine andere Neuerung sind die »super express goods«, schnelle Güterzüge, welche von Mitte der Sechzigerjahre an auf verschiedenen Strecken eingeführt wurden. Solch ein Zug Bombay–Howrah war aber 1972 immer noch 86 Stunden unterwegs und er fuhr nur zweimal in der Woche.

Wer in den indischen Kursbüchern der Siebzigerjahre blätterte, der mußte überhaupt so manche Veränderung gegenüber dem »Bradshaw« der Vorkriegszeit feststellen. Eine von 1951 bis 1965 schrittweise vollzogene Umgruppierung hatte das Netz auf neun staatliche Bahnen neu verteilt. Die GIPR war in der Central Railway aufgegangen, die Bengal-Nagpur in der South Eastern, die EIR in der Eastern, der Northern und der North Eastern, und die Oudh Tirhut ebenfalls in der North Eastern, um nur einige zu nennen. Die größten Veränderungen hatte es im Nordosten gegeben. Der in Indien verbliebene Teil des Meterspurnetzes der Bengal Assam wurde zunächst als Assam Railway bezeichnet. Er kam 1952 zur North Eastern und erlangte 1958 als North East Frontier Railway die Selbständigkeit. Die Breitspurstrecken der Bengal Assam um Calcutta wurden 1947 der EIR einverleibt.

Zur Umgehung des neugegründeten Ostpakistan wurde 1949 eine Verbindung der Assam Railway fertiggestellt, genannt »Assam Rail Link«. Die Meterspur, auf der zahlreiche »Mac Arthur«-Kriegslokomotiven eingesetzt waren, mußten auch diejenigen Passagiere benützen, die von Calcutta nach dem berühmten Darjeeling wollten. Sie reisten über die Breitspur der Eastern Railway an und stiegen zur Überquerung des Ganges bei Manihari Ghat auf den Dampfer um. Später fuhr die »Darjeeling Mail« von Calcutta Sealdah via Burdwan und dann über ein neues Breitspurgleis der North East Frontier Railway direkt nach New Jalpaiguri, wo nun die Reisenden auf die Schmalspurzüge der Gebirgsstrecke überwechselten.

In Ostpakistan wurde das Erbe der Bengal & Assam als Eastern Bengal Railway (EBR) und von 1961 an als Pakistan Eastern Railway betrieben. Zeitweilig gab es sogar durchgehende Verbindungen nach dem feindlichen Indien. So nennt das Kursbuch der EBR vom Juni 1960 einen »Calcutta Express« von Calcutta nach Parbatipur mit Kurswagen nach Sirajganj Ghat und Anschluß auf der Meterspur nach Dacca und Naranganj. Eine andere internationale Relation war die »Calcutta Mail« von Calcutta nach Goalundo Ghat mit Schiffsanschluß nach Chandpur. Prominenter allerdings dürfte die »Chittagong Mail« als Verbindung der Hauptstadt Dacca mit Chittagong, dem Sitz der Eisenbahnhauptverwaltung gewesen sein: In diesem Zug auf Meterspur wurden vorsorglich immer zwei Schlafplätze für »high officials« freigehalten.

Als Fahrzeuge für die vier vorhandenen Klassen und auch als »Tourist Cars« für private Gesellschaften standen der EBR anfangs nur Vorkriegswagen zur Verfügung. In den Fünfzigerjahren wurden Ganzstahlwagen aus Europa geliefert, die 1. Klasse immer noch mit Betten in

Eine der zahlreichen im Nordosten eingesetzten meterspurigen Kriegslokomotiven des „Mac Arthur"-Typs, Klasse MAWD, in Siliguri Jn., März 1975 Foto Dahlström

Lokomotivklasse XA 2 der Central Railway in Agra Cantonment, Februar 1975
Foto Dahlström

Lokomotivklasse XC der Eastern Railway vor dem Lokschuppen von Howrah, Februar 1977
Foto Dahlström

Bombay–Calcutta heute: Bombay-Howrah Mail Nr. 1 mit Wechselstromlok 20504 der Klasse WAM 4 in Ramrajatala, South Eastern Railway, März 1975 Foto Dahlström

Bombay–Howrah Mail Nr. 1 mit Wechselstromlok 2024o der Klasse WAM 1, South Eastern Railway, in Calcutta Howrah im Februar 1975 Foto Dahlström

Luxus in Ostpakistan: „Tourist Car" mit 12 Betten der Pakistan Eastern Railway für Meterspur, gebaut bei der Tokyu Car Corporation Foto Tokyu Car Corporation

Bengalen heute: „Jhatika"-Express der Bangladesh Railway auf Breitspur, erste Hälfte der Siebziger Jahre
Foto Bangladesh Railway

Längsrichtung. Dieselelektrische Streckenlokomotiven für Breit- und Meterspur kamen aus den USA, grün mit gelb gestrichen wie die Reisezüge der EBR.

1971 führte Indien gegen Pakistan jenen »Krieg der Stellvertreter«, der zum Ergebnis hatte, daß Ostbengalen fortan den Staat Bangladesh bildete. Die Bangladesh Railway, wie die Eisenbahn jetzt hieß, sah sich vor schier unlösbare Aufgaben gestellt: Die Überfüllung der Reisezüge reichte bis auf die Waggondächer, die bekannte Hardinge-Bridge war zerstört – sie wurde erst im Oktober 1972 wieder hergestellt – und dazu kamen 1974 verheerende Überschwemmungen. Gegen Ende des gleichen Jahres wurde der politische Ausnahmezustand verhängt, es gab Sabotage an Bahnanlagen – ein Zug entgleiste – und im darauffolgenden Sommer war der Sturz des regierenden Scheich Mujibur Rahman besiegelt. Allen diesen Ereignissen zum Trotz setzte die Bahn ihre Aufbauarbeit fort, die Wagenlieferungen aus Europa gingen weiter, neue Diesellokomotiven wurden bestellt und es erschienen auch Projekte neuer Strecken, unter anderem von Dohazari, dem Endpunkt des Meterspurnetzes bei Chittagong, nach Ukhia an der burmesischen Grenze.

In den bengalischen Expresszügen war inzwischen die »Inter«-Klasse abgeschafft und die »Air-Conditioned Class« eingeführt worden. Einen internationalen Zug von Indien nach dem östlichen Bengalen jedoch suchte man nach dem Bruderkrieg vergeblich. Thomas Cook's International Timetable vom Juni 1978 führte als Möglichkeit des Grenzübertrittes lediglich die Fahrt per Bus oder gar per Rikscha von der indischen Bahnstation Bengaon nach Jessore Junction an der Linie nach Khulna auf. Von Calcutta nordwärts in Richtung Hardinge-Bridge erscheint in jenem Kursbuch überhaupt kein grenzüberschreitender Verkehr. Dabei war das einst die Strecke der berühmten »Darjeeling Mail« gewesen, deren Anschluß von Europa her die noch berühmtere »Imperial Indian Mail« war – aber die gab es nun schon lange nicht mehr.

„Ulka Express" der Bangladesh Railway auf Meterspur, die schnellste Verbindung zwischen Dacca und Chittagong
Foto Bangladesh Railway

„Bombay Poona Mail" der Great Indian Peninsula Railway mit Atlantic-Lokomotive in Bombay Victoria   Archiv Deutsches Museum

»Madras Mail« und »Indo-Ceylon Boat Mail«

Als in den Dreißigerjahren des 19. Jahrhunderts die East India Company den ersten Postdampferdienst von Suez nach Indien eingerichtet hatte, war Bombay der einzige indische Zielhafen. Von einer Verkürzung der Beförderungszeit von dort aus nach der wichtigen südindischen Stadt Madras per »dawk« oder »caravan« auf sieben Tage war in den Vorschlägen zur Beschleunigung des Postdienstes aus dem Jahre 1837 die Rede. Dies erschien der East India Company vorteilhafter als die Einrichtung einer Küstendampferlinie. 1842 wurde der Dampferverkehr Calcutta–Suez eröffnet und dadurch erhielt auch Madras als Zwischenstation eine Dampferverbindung mit Europa. In den Fünfzigerjahren des vorigen Jahrhunderts schlossen an die Hauptlinie Suez–Calcutta der P & O in Point de Galle, dem Hafen der britischen Kronkolonie Ceylon, Zweiglinien nach Bombay, später auch Karachi, und nach Hongkong an.

The Nizam's Guaranteed State Railway: Ten Wheeler-Lokomotive von Dübs und neuer Zug für die Strecke Hyderabad–Wadi–Bombay, um 1902
Archiv Deutsches Museum, Gölsdorf-Stiftung

Eine Bahnverbindung zwischen Bombay und dem indischen Süden sollte die »Madras Railway« (MR) herstellen. Diese Gesellschaft wurde schon 1845 gegründet, doch erst 1853 erhielt sie ihre Konzession. 1858 konnte die für Madras bestimmte Post zwischen Bombay und Pune (Poona) auf die Züge der GIPR verladen werden, was auch für die Post nach Calcutta galt. Über das Bhore Ghat mußte sie allerdings noch getragen werden. 1863 schloß sich diese Lücke. Vom gleichen Jahr an legten die Sendungen die letzten 75 Meilen vor Madras per Bahn zurück. 1864 wurde die Post in »mail carts« von Pune über Belgaum nach Bangalore Cantonment und von dort weiter in Zügen der »Madras Railway« befördert. 1870 führte der Weg per Bahn von Bombay bis Gulbarga, per Läufer von dort zum Fluß Kistna, per »mail cart« nach Gooty und per Bahn nach Madras. 1871 schließlich trafen sich die Schienenstränge der GIPR und der MR in Raichur. Damit war die Breitspurstrecke Bombay–Madras durchgehend befahrbar, bis auf die noch fehlende Überbrückung des Kistna. Col. Martin, von dem diese Angaben stammen, spricht sogar über den Transport von Overland Mail Madras–Calcutta auf dieser Linie, via Kalyan bei Bombay.

Der Trasse Bombay–Madras war gegenüber einer möglichen Führung via Bangalore der Vorzug gegeben worden, da sie ein günstigeres Höhenprofil aufwies. Eine Bahn von Pune an der GIPR nach Bangalore wurde erst gegen Ende des 19. Jahrhunderts gebaut, die meterspurige »Southern Mahratta Railway« (SMR). Diese übernahm 1902 die »West of India Portuguese Railway«, die den Hafen Marmagao der portugiesischen Kolonie Goa mit Britisch-Indien verband. Die Kolonialpost aus dem portugiesischen Mutterland wurde, wie anfangs auch die französische Indienpost, von Europa her durch die P & O befördert. Zwischen den Kriegen ging der Bahnbereich nordwestlich von Bangalore in die Betriebsführung der »Mysore State Railway« über. Erst als es schon längst keine Kolonialpost mehr gab, sollte eine direkte Breitspurverbindung von Bombay an die Südwestküste entstehen: die 888 Kilometer lange Linie nach Mangalore, mit deren Bau 1978 begonnen wurde.

Um Hyderabad an das Eisenbahnnetz anzuschließen, erwarb der dortige Nizam eine eigene Konzession. Die Bahn führte zunächst von Secunderabad nach Wadi, wo sie in die GIPR mündete. Diese leitete von 1871 bis 1878 den Betrieb, bevor 1884 »The Nizam's Guaranteed State Railway« gegründet wurde.

Das Breitspurnetz der »Madras Railway«reichte an der Ostküste bis Waltair. Der Anschluß weiter nach Calcutta via BNR unter Einbeziehung der früheren »East Coast State Railway« war 1900 fertig. Im Süden stieß die MR nach Bangalore und in Richtung Malabar-Küste vor. 1908 verschmolz sie mit der SMR zur staatseigenen »Madras & Southern Mahratta Railway«.

In Erode traf die MR auf die breitspurige »Great Southern of India Railway« aus Nagappattinam. Letztere ging 1874 zusammen mit der »Carnatic Railway« in der »South Indian Railway« (SIR) auf. Diese baute ein Meterspurnetz auf, das den äußersten Süden des Subkontinents beherrschte. Der SIR wurde 1890 die Betriebsführung auf der seit 1879 bestehenden »Pondichéry Railway« übertragen, deren Meterspurstrecke Villupuram mit der französischen Kolonie Pondichéry verband. Außerdem eröffnete sie 1898 eine Bahn nach dem französischen Karikal. 1891 wurde die SIR von der Regierung gekauft und 1908 übernahm sie den zwischen Jalarpet und Mangalore gelegenen Teil der breitspurigen Madras Railway.

»Passengers for Madras can proceed to Bombay . . . and thence by rail« – »Reisende nach Madras können bis Bombay fahren und

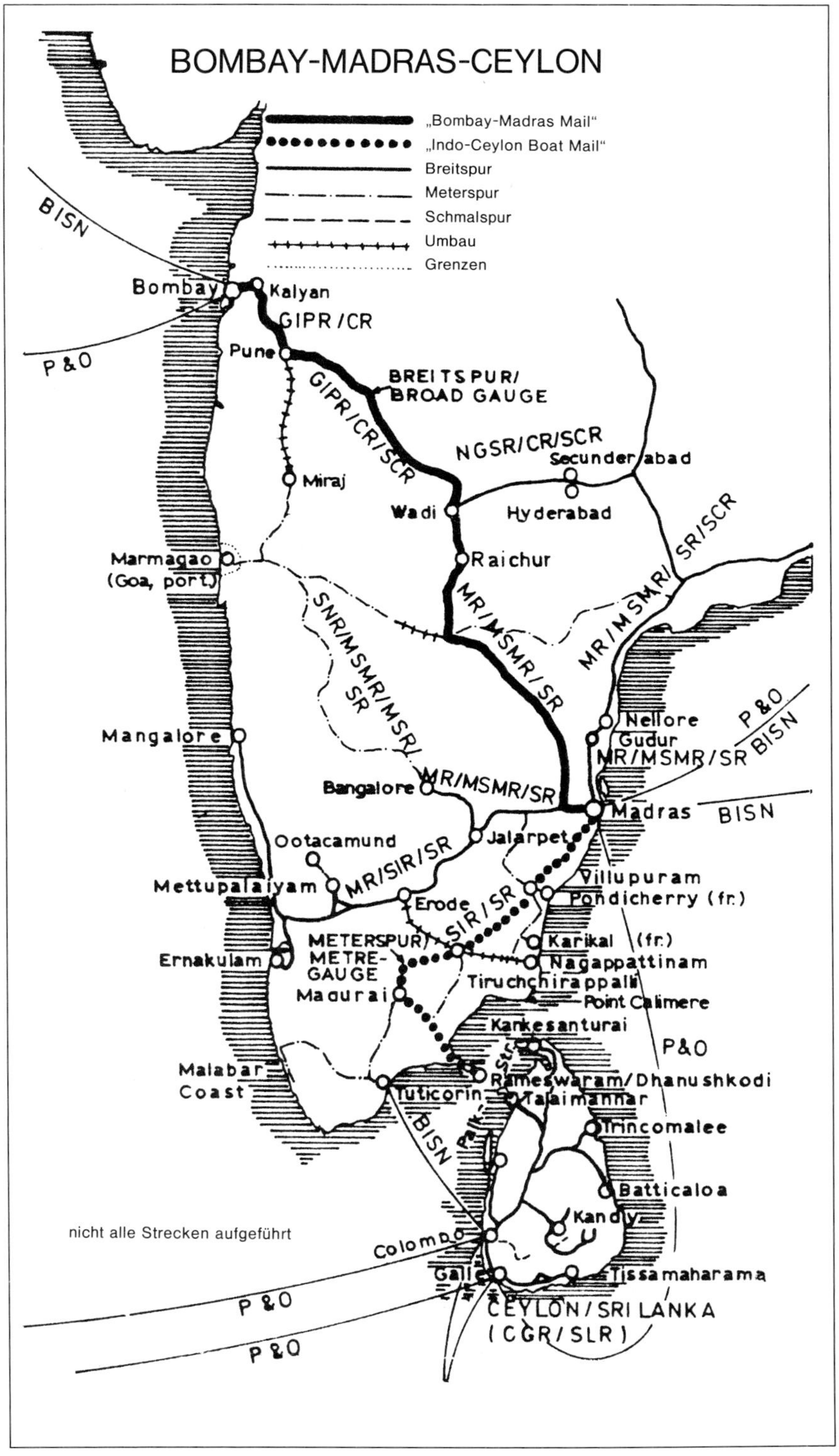

Gemeinsamer Wagenpark der MR und GIPR für die „Bombay-Madras Mail", um 1902

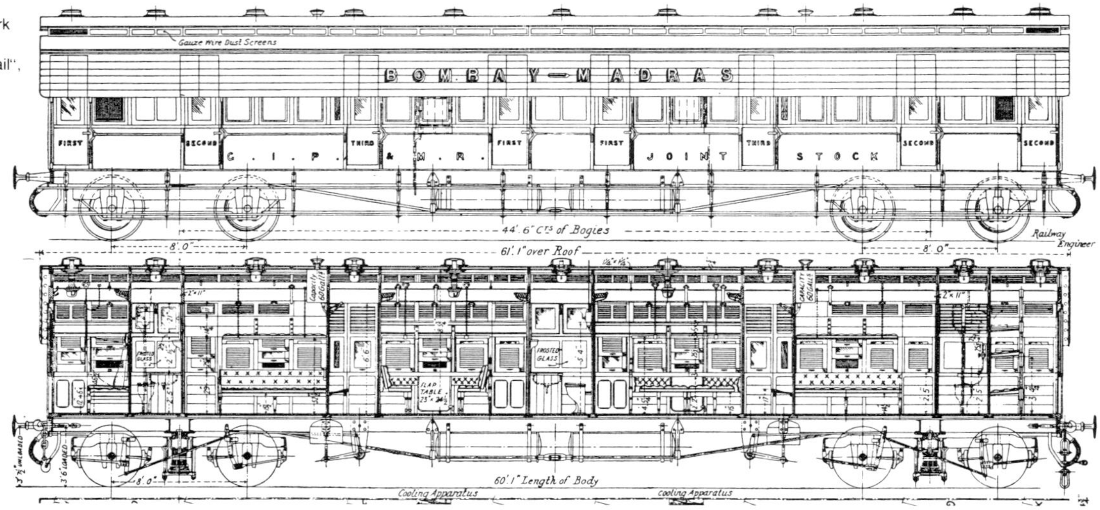

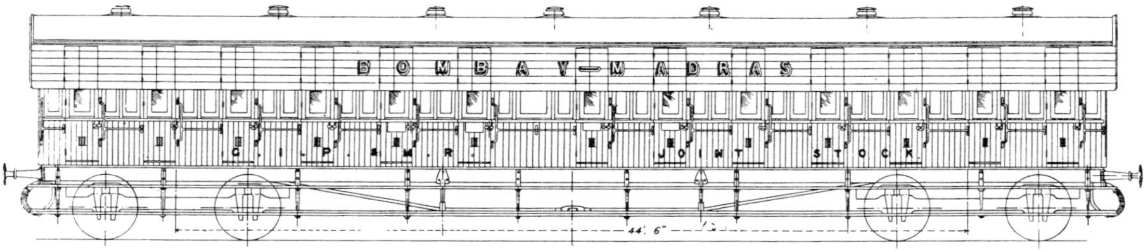

Lokomotive der Madras Railway, welche die Bombay–Madras Mail von 1900 an beförderte, gebaut bei Kitson 1899

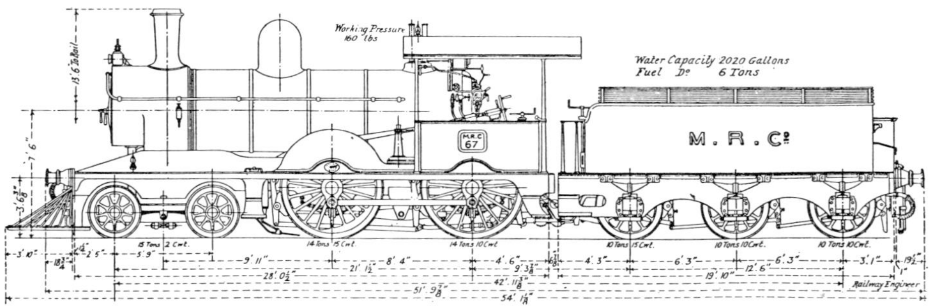

Wagen des „Bombay–Poona Race Express" der GIPR um 1905

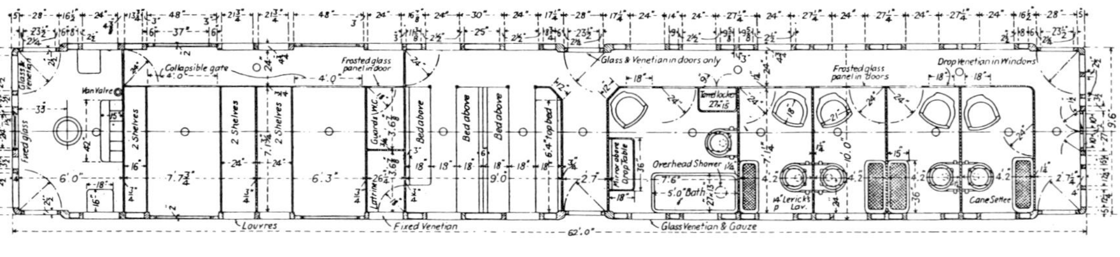

von dort aus die Bahn benützen«, empfahl 1897 Cook's Continental Timetable den Fahrgästen der P & O-Dampfer, welche aus England kamen und nach dem südlichen Indien wollten. Seit Jahrzehnten wurde die britische Post nach Madras grundsätzlich über Bombay und von dort aus mit dem Zug befördert. Doch Madras wollte mehr – es wollte Zwischenstation auf dem Weg nach Burma werden. Die Entfernung Bombay–Rangoon über Calcutta betrug 2187, über Madras dagegen nur 1814 Meilen. So machte sich die »Madras Chamber of Commerce« dafür stark, daß die Post von England nach Burma die Züge Bombay–Madras und weiter die »British India«-Dampfer benütze, doch die Fahrzeit Bombay-Rangoon auf dieser Strecke war gegen die Jahrhundertwende mit 123¼ Stunden um 8 Stunden länger als über Calcutta. Zwar empfahl Murray's Handbook im Jahre 1903 den Passagieren: »Die schnellste Route nach Burma führt über Brindisi und Port Said nach Bombay, per Bahn nach Madras und dann per Dampfer nach Rangoon« – dennoch blieb die Post der Konkurrenzlinie via Calcutta treu, nicht zuletzt wegen der besser ausgebauten Hafenanlagen am Hooghly.

Immerhin bot der Hafen Madras Dampferanschlüsse der British India Steam Navigation Company nach Rangoon, Penang und Singapore. Vor dem ersten Weltkrieg gab es auch eine regelmäßige Postverbindung England–Singapore via Südindien, die jeweils in der Woche verkehrte, in der kein P & O-Dampfer nach Singapore lief. Wie R. Kirk vom Hong Kong Study Circle feststellte, gingen die Sendungen per P & O bis Bombay, per Bahn weiter nach Nagappattinam (Negapatam) und von dort aus mit dem British India Liner aus Madras nach Penang und Singapore.

Wie sahen die Züge der wichtigen Strecke Bombay–Madras aus? Von Ende der Fünfzigerjahre des 19. Jahrhunderts, als die Verbindung noch nicht durchgehend fertig war, ist das Projekt der GIPR überliefert, Berkeley's kühne Rampe über das Bhore Ghat mit paarweise eingesetzten Zweikupplertenderlokomotiven zu überwinden. In den Sechzigerjahren beförderten Zweikuppler-Schnellzuglok die »mail trains« bis Karjat. Über das anschließende Bhore Ghat mit seiner Spitzkehre in Lanovla zogen und schoben je eine Vierkuppler-Tenderlokomotive. Nach Überwindung der Steigung übernahm wieder eine Zweikuppler-Schnellzugmaschine den Postzug.

Zur Jahrhundertwende bauten die Perambur Works der MR auf englischen Untergestellen neue Vierachser für den gemeinsam mit der GIPR betriebenen Fahrzeugpark der Postzüge Bombay–Madras. Das waren Abteilwagen aus burmesischem Teakholz mit zwei 1. Klasse-Vierbettabteilen in der Mitte, benachbart jeweils einem Dienerabteil, über den Drehgestellen je einem Fünfbettabteil zweiter Klasse und an den Enden je einem Zweibettcoupé, alle mit eigenem WC. Die unteren Ruhestätten in der ersten Klasse wurden durch das Zusammenschieben von vier Sprungfederkissen hergestellt, welche bei Tag zwei Fauteuils bildeten. Die Dritter-Klasse-Wagen hatten luftige Gittertrennwände zwischen den Abteilen. Mit den neuesten 2B-Lokomotiven der MR zwischen Raichur und Madras legte die »Mail« zu Anfang des 20. Jahrhunderts die Gesamtstrecke Bombay–Madras in rund 32 Stunden zurück.

Die elegantesten Züge auf der südlichen Linie der GIPR aber waren die »race specials« nach Poona, jene Sonderzüge, die Bombay mittags verliessen, nach drei Stunden Fahrzeit nachmittags rechtzeitig zu den Pferderennen in Poona eintrafen und abends wieder zurückkehrten. Dafür stellte die GIPR zum Jahre 1905 in ihren eigenen Werkstätten eine neue Wagengarnitur nach dem Entwurf von A. M. Bell her. Diese wurde auch für den Wochenendausflugsverkehr nach Lanovla und in der Touristiksaison außerdem als »Hotel train« verwendet, wobei lediglich die Tageswagen durch zwei Schlafwagen ersetzt werden mußten. Mit Großraumsalons und Abteilen ausschließlich erster Klasse, einem Restaurant, einem »Parlour Car«, Duschen, Bädern und selbst einem Klavier war dieser »race special« viel luxuriöser als die normalen indischen Postzüge.

Weite Teile des südlichen Indien waren durch Hungersnöte und durch Pest heimgesucht worden. Aus diesem Grunde fanden gesundheitliche Kontrollen statt, welche auch vor den Postzügen nicht Halt machten. Dabei gab es Tragödien, zuweilen aber auch eine Komödie. Einmal glaubten die Sanitäter, bei einer älteren einheimischen Dame, welche in der »Bombay Madras Mail« reiste, Krankheitssymptome bemerkt zu haben. Sie unterzogen sie auf dem Bahnhof einer eingehenden Kontrolle, fanden aber nichts. Deshalb ließen sie die Dame wieder einsteigen – aber da stiegen alle ihre Mitreisenden aus. Lieber wollten sie zurückbleiben als mit jemandem zu fahren, der so verdächtig lange von der medizinischen Kontrolle festgehalten worden war. Guter Rat war teuer, doch zuletzt hatte jemand eine weise Idee: Es wurde Geld gesammelt, damit sich die alte Dame in der Station Mahlzeiten leisten konnte und sie wartete dafür freiwillig vierundzwanzig Stunden lang auf den nächsten Zug. Die Madras Mail aber holte die halbe Stunde Verspätung, die der Zwischenfall verursacht hatte, mit Leichtigkeit wieder auf.

Einen besonderen Reisezug von Bombay nach Madras im Anschluß an die P & O-Dampfer gab es offensichtlich zu Anfang des Jahrhunderts noch nicht. Cook's Handbuch vom Jahre 1911 aber erwähnt ihn als »Special Limited Express«, zusätzlich zu den normalen »South East Mail Trains« Bombay–Madras/Hyderabad/Secunderabad. Vor dem ersten Weltkrieg war die Abfahrt dieses speziellen Zuges, welcher ungefähr 32 Plätze ausschließlich erster Klasse enthielt, vier Stunden nach Ankündigung des Dampfers verzeichnet. Er schaffte die rund 1280 Kilometer von Bombay nach Madras via GIPR und MSMR in 24¾ Stunden – das waren sieben Stunden weniger, als vier Jahrzehnte später die Züge auf der gleichen Strekke benötigen sollten! Auch nach dem ersten Weltkrieg soll der »Special« verkehrt haben, doch Newman's Indian Bradshaw vom Ende der Zwanzigerjahre führte ihn nicht mehr auf. Notizen aus den Jahren 1934 bis 38 sprechen von einer »Section« des Post Office in einem »Postal Special«, welcher Bombay Ballard Pier um 22.00 Uhr verließ und in Madras um 5.55 Uhr am übernächsten Tag ankam – aber dieser Dienst war offenbar mit der planmäßigen, täglichen »Madras Mail« kombiniert. Vorübergehend, bis 1943, fuhr dieser Postwagen einmal wöchentlich mit dem 36 UP Express der GIPR, dann aber wieder mit der »Madras Mail«.

Die Post von Indien nach Ceylon wurde, wie das »Railway Magazine« im Jahre 1899 berichtete, »bis vor kurzem« durch eingeborene Läufer von der letzten südindischen Bahnstation nach Point Calimere gebracht, von wo aus Katamarane den Weitertransport über die Meeresenge nach der Insel besorgten. Erst gegen Ende des 19. Jahrhunderts entstand eine moderne Passagier- und Postroute von Madras nach Colombo über den südindischen Hafen Tuticorin.

Der Reisende, der Bombay um 21.30 Uhr mit dem Postzug verließ, kam am übernächsten Morgen um 5.45 Uhr in Madras Central an. Um 18.45 konnte er vom Meterspurbahnhof Egmore aus mit einem Zug der South Indian Railway nach dem, 443 Meilen entfernten, Tuticorin weiterfahren, wo er tags darauf um 16.05 eintraf. Die SIR stellte ihm dafür seit 1898 neue »vestibuled cars« mit Drehgestellen zur Verfügung – mit die ersten Wagen dieser Art in Indien – deren Polsterklasseabteile fast zehn Fuß lang waren. Jeder der Vierachser besaß drei Kabinen erster oder zweiter Klasse und dazwischen die nötigen Dienerabteile. Im allgemeinen waren bei der SIR die Fahrzeuge der ersten Klasse weiß, der zweiten grün und der dritten teakbraun gestrichen, während die MR weiß, grün und dunkelrot, jeweils mit rotbraunen Sonnenblenden, als Anstrich verwandte.

»Erster- und Zweiter-Klasse-Wagen fahren zum und vom Pier im Anschluß zu den Postdampfern«, vermerkte Murray's Handbuch zu Anfang des Jahrhunderts. Dampfbarkassen brachten die Passagiere in Tuticorin an Bord der »Katoria« oder eines anderen »British India Liners«, die täglich in 16 Stunden nach Colombo übersetzten. Sollte in der Gegenrichtung der Dampfer aus Ceylon mit Verspätung in Tuticorin eintreffen, dann können es Messrs. Spencer & Co., die indischen Bahnhofsrestaurateure, arrangieren, daß das Frühstück ausnahmsweise im abgehenden Zug serviert werde.

Dieser Anschluß wurde auch deshalb begrüßt, da er den Reisenden einen neuen Weg nach England eröffnete – in Colombo legten nämlich die zahlreichen Ostasien- und Australiendampfer an, während Bombay nur von den Indiendampfern angelaufen wurde. Eine Plage waren allerdings die Räuber, welche besonders die SIR heimsuchten, da diese doch unvorsichtigerweise Wagen mit Durchgang in Dienst genommen hatte. 1914 terrorisierte eine Bande, deren Anführer anscheinend Frauen waren, die südindischen Bahnen. Eine andere Gruppe hatte zwanzig Jahre lang die Züge der Strecke Bombay–Madras unsicher gemacht. Manche unter den Banden waren Abkömmlinge der berüchtigten »Thags« und eine unter ihnen, die »Koravars«, raubte fünfjährige Kinder, um sie zu Dieben abzurichten . . .

1914 wurde die Verbindung Indien-Ceylon durch eine abermals neue Route verbessert. Am 24. Februar eröffneten die Gouverneure von Madras und Ceylon in Anwesenheit des französischen Statthalters von Pondichéry und zweier Rajahs den kombinierten Bahn- und Schiffsverkehr über die Adamsbrücke – jene Folge kleiner Inseln in der Palk-Straße, über die, der Sage zufolge, Rama nach Ceylon eingedrungen war, um Königin Sita aus der Gewalt des zehnköpfigen Ravana zu befreien. Für den neuen Dienst, welcher der Öffentlichkeit vom 1. März an zur Verfügung stand, war zwischen dem indischen Festland und Rameswaram eine »Scherzer Rolling Lift«-Brücke erbaut und das Meterspurgleis bis Dhanushkhodi verlängert worden. Dort hielten die Teakholzwagen der SIR aus Madras neben den beiden Piers, von denen aus die neuen Turbinendampfer »Curzon«, »Hardinge« und »Elgin« die 23 Meilen

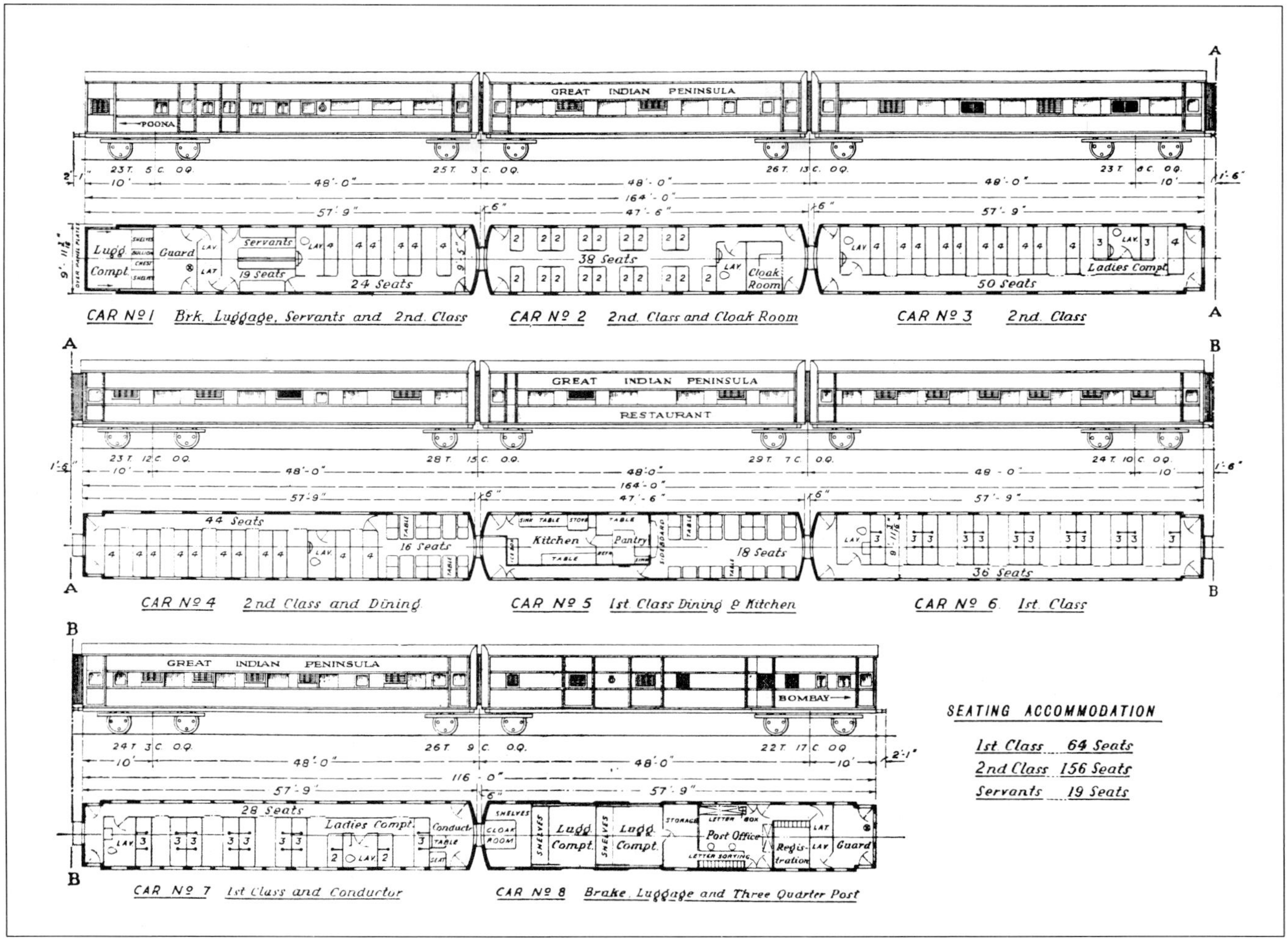

„Bombay–Poona Mail" der GIPR um 1930

nach Talaimannar hinüberfuhren, wo die »Ceylon Government Railway« begann.

»Wenn das neue Arrangement ausreichenden Verkehr mit sich bringt, der eine Änderung rechtfertigt, dann wird . . . eine direkte Verbindung der Breitspurbahnen erfolgen«, berichtete »The Locomotive« anläßlich jener Eröffnung im Jahre 1914. Damals sei eine Breitspur von Erode nach Tiruchchirappalli (Trichinopoly) projektiert gewesen, die bis Rameswaram weitergeführt werden könne. Von dort aus wäre ein Brücken- und Dammbauwerk durch das, im Durchschnitt nur elf Fuß tiefe, Gewässer hinüber nach Talaimannar leicht ausführbar. Gleichzeitig könnte die Palk-Straße eine Fahrrinne für größere Schiffe erhalten.

Auf der Insel Ceylon war 1867 eine erste Bahnlinie von Colombo nach Kandy und dann weiter ins Landesinnere fertiggestellt worden – jene Bahn, die in Max Dauthendeys Novelle »Der Garten ohne Jahreszeiten« einging: »Die Zimmetgärten von Colombo wandern hinab in die Tiefe. Die grünen Amphitheater der strauchigen Teepflanzungen und die Reisfelderterrassen versinken wie ausgespannte Fallschirme neben dem ansteigenden Schienengleis. Täler voll Silberseen blinken wie Riesenperlmuttermuscheln herauf, verlassene alte Tempeltürme stehen wie hochgerichtete Fernrohre an den Seen, zugespitzte Bergkegel, geformt wie Räucherhütchen, umragen als blaue Pyramiden den Horizont, und der Adams Peak wirft seinen berühmten dreieckigen Schatten als riesigen Sonnenuhrzeiger bis Sonnenuntergang über das Innere Ceylons, genannt das glänzende Eiland«.

Ceylon – ein Reisezug der Südstrecke mit General Motors-Diesellok bei Mount Lavinia, im Jahre 1971 Foto Dr. Stephan Stöckl

Die Passagiere der Ostasiendampfer hatten in Colombo dreißig oder sechsunddreißig Stunden Aufenthalt, den viele von ihnen zu einem Tagesausflug mit dieser Bahn hinauf ins Gebirge ausnützten. Eine südlichere Strecke führte 1879 von Colombo bis Kalutara und später über Galle südostwärts. Dieser traditionsreiche Hafen hatte seine Rolle als Zwischenstation der P & O-Dampfer 1882 an Colombo abtreten müssen. Eine Linie nach Kankesanturai im äußersten Norden erhielt 1914 eine Abzweigung nach der Insel Mannar, von deren Station Talaimannar die Dampfer nach Dhanushkodi in Indien abgingen. Gleichzeitig wurde in Colombo ein neuer Bahnhof errichtet.

Der Bahnbau auf Ceylon war, nach anfänglich ablehnender Haltung, durch den Staat durchgeführt worden. Abgesehen von wenigen Schmalspurstrecken in 2 Fuß 6 Zoll wurde diese »Ceylon Government Railway« (CGR) in 5 Fuß 6 Zoll Breitspur erbaut. Das erst ermöglichte den Gedanken, sie mit dem identischen Breitspurnetz Indiens zu verknüpfen. Allerdings hätten wegen Abweichungen im Lichtraumprofil und in der Anordnung der Vakuumbremsleitungen Anpassungen erfolgen müssen.

Auf der berühmten Strecke von Colombo hinauf nach Kandy fuhren Zweiachser aus naturfarbenem Teakholz, die nur zwei Abteile besaßen – eines erster und eines zweiter Klasse. Später folgten größere Wagen mit »sun-shades« und vor dem ersten Weltkrieg moderne Teakholzwagen ohne Sonnenblenden aus den einheimischen Maradana-Werkstätten. Daneben dienten »refreshment cars« dem Wohlbefinden der Passagiere von den Asiendampfern, wenn sie ihren Ausflug in das Landesinnere der Insel unternahmen, auf der sich, der Sage nach, Adams Paradies befunden hatte.

Wer von Indien aus nach diesem Paradies reiste, konnte nach wie vor die Dampfer ab Tuticorin benützen – oder aber die »Ceylon Boat Mail« Madras–Dhanushkodi. Diese, auch als »Indo-Ceylon Express« bezeichnet, führte täglich zwischen Tiruchchirappalli und dem Pier ein T.P.O., einen Postwagen, mit. Im Anschluß daran verkehrten die Züge Talaimannar–Colombo der CGR. Diese boten vor dem 2. Weltkrieg Schlafmöglichkeit und einen Speisewagen. Schnell waren sie allerdings nicht – für 165 Meilen brauchten sie nicht weniger als acht Stunden. Merkwürdig mutet es bei der Langsamkeit der Staatsbahn an, daß sie in den Dreißigerjahren eine Lokomotive mit Stromlinienverkleidung ausrüstete, eine Maschine der »Nanu Oya«-Klasse mit der Nummer 242, welche damals in Kandy gesehen wurde.

1948 erhielt Ceylon die Selbständigkeit. Eine 1934 mit Diesellok und 1938 mit zweiteiligen Dieseltriebwagen begonnene Tradition setzte die Bahn mit einem Triebwagen als »Tourist Saloon« fort. 1950 wurde ein englischer Triebwagen in einen Aussichtssalon umgebaut und Anfang der Siebzigerjahre kamen zwei klimatisierte Triebzüge erster Klasse aus Japan zum Einsatz. Ebenso wie die dunkelroten verdieselten »mail trains«, die im Flachland eingesetzten chinesischen Wagen, die Schlafwagen und die »Observation Saloons« der jetzigen »Sri Lanka Government Railways« dienen sie aber gewiß nicht mehr der traditionellen Klientel der P & O, der Messageries Maritimes, der Nippon Yusen Kaisha oder des Norddeutschen Lloyd: Einer fährt von Colombo zum Flughafen und der andere macht Rundreisen, vorwiegend für Flugtouristen.

Auch an der »Indo-Ceylon Boat Mail«, welche nach der Umgruppierung in Indien dem Bereich der »Southern Railway« zufiel, ging das Flugzeitalter nicht spurlos vorüber. 1957 erhielt sie, wie schon zuvor die – nun durch die Central, die Southern, und seit 1965 auch die neue South Central Railway betriebene – »Bombay–Madras Mail« einen klimatisierten Wagen. Im gleichen Jahr 1957 aber wurde, wegen der heftigen Konkurrenz durch die Luftfahrt, der Dampferverkehr Dhanushkodi–Talaimannar auf sechs Tage wöchentlich beschränkt. 1965 war dieser Dienst ganz zu Ende: Ein Orkan hatte Dhanushkodi zerstört, einen Zug zum Entgleisen gebracht und den Pier weggeschwemmt. Er wurde nie mehr aufgebaut. Stattdessen fuhr ein Zug mit den rotbraunen Wagen der Sou-

Ten Wheeler-Lokomotive Nr. 143 mit alten ceylonesischen Vierachsern in Nanu Oya, 1971
Foto Dr. Stephan Stöckl

Stromlinienlokomotive Nr. 242 der Ceylon Government Railway. Von diesem Einzelexemplar blieb offensichtlich nur jene einzige, nicht wiedergabefähige Abbildung erhalten, nach der diese Skizze angefertigt wurde

Kandy, das einstige Ausflugsziel der Ozeanreisenden: Diesellok der Klasse W 1 von Henschel, aufgenommen 1970
Foto Dr. Stephan Stöckl

Pune-Bombay heute: Die ,,Deccan Queen" mit Gleichstromlok 20103 der Klasse WCM 5 bei Ankunft in Bombay, Februar 1975. Später wurden auf der Strecke nach Pune auch Doppelstockwagen in Dienst gestellt.

Lokomotivklasse XB der Southern Railway in Madras, Basin Bridge Jn., im März 1975
Foto Dahlström

,,Madras–Bombay Mail" mit Lokomotivklasse WP, Nr. 7035 der South Central Railway, in Lingiri im März 1975 Foto Dahlström

thern Railway von Madras nur nach Rameswaram, wo der Turbinendampfer »Ramanujam« nach Talaimannar ablegte.

Weit war es mit dieser Verbindung nicht mehr her. Der amerikanische Schriftsteller Paul Theroux reiste in der anschließenden »Talaimanner Mail« nach Colombo in einem hölzernen Wagen mit der Aufschrift »Sleeping Car«, dessen Zweibettabteil er als »gutes Beispiel kolonialer Zimmermannskunst« beschreibt, »holzverkleidet in der kompliziertesten Art, um ein System von aufgehängten Regalen, eingebauten Schränken und einen, nach einer Wand hin zusammenklappbaren Stuhl aufzunehmen«. Doch im Buffetwagen liefen jene großen, »cockroaches« genannten Schaben umher, welche die treuesten Gäste der alten tropischen Expresszüge sind. Als ein anderer Eisenbahnkenner 1975 die »Ceylon Mail« benützen wollte, kam er überhaupt nicht bis Ceylon – der Zug erreichte Rameswaram mit drei Stunden Verspätung und trotz eines vorausgeschickten Telegrammes war der Anschlußdampfer längst fort . . .

Meterspurlokomotive der Klasse YP, Nr. 2806 der Southern Railway, rotbraun und schwarz gestrichen, mit dem „Madras–Trivandrum Express" in Vriddhachalam, 1971 Foto Dr. Stephan Stöckl

»The Race to Delhi« – das Wettrennen nach Delhi

First I joined the R.M.R., and then the G.I.P.;
The metre gauge I »chucked« as slow,
The Bombay line »chucked« me
Guard's Song, Indian Running Room Ballads

Der Wunsch Dalhousies nach einem indischen Eisenbahnnetz war Anfang der Siebzigerjahre des 19. Jahrhunderts soweit Wirklichkeit geworden, als Verbindungen vom Bombay nach der Hauptstadt Calcutta und nach Madras sowie von Calcutta nach dem strategisch wichtigen Punjab-Gebiet im Nordwesten existierten. Die Bahn, die von der Hauptstadt aus in nordwestlicher Richtung startete, war die East India

Ein Postzug der Great Indian Peninsula Railway mit Lokomotive der Achsfolge 2B und Standardwagen (mit Längsbetten in der 1. und 2. Klasse), welche um 1909 durch die Metropolitan Amalgamated Railway Carriage & Wagon Co. geliefert wurden Archiv Deutsches Museum

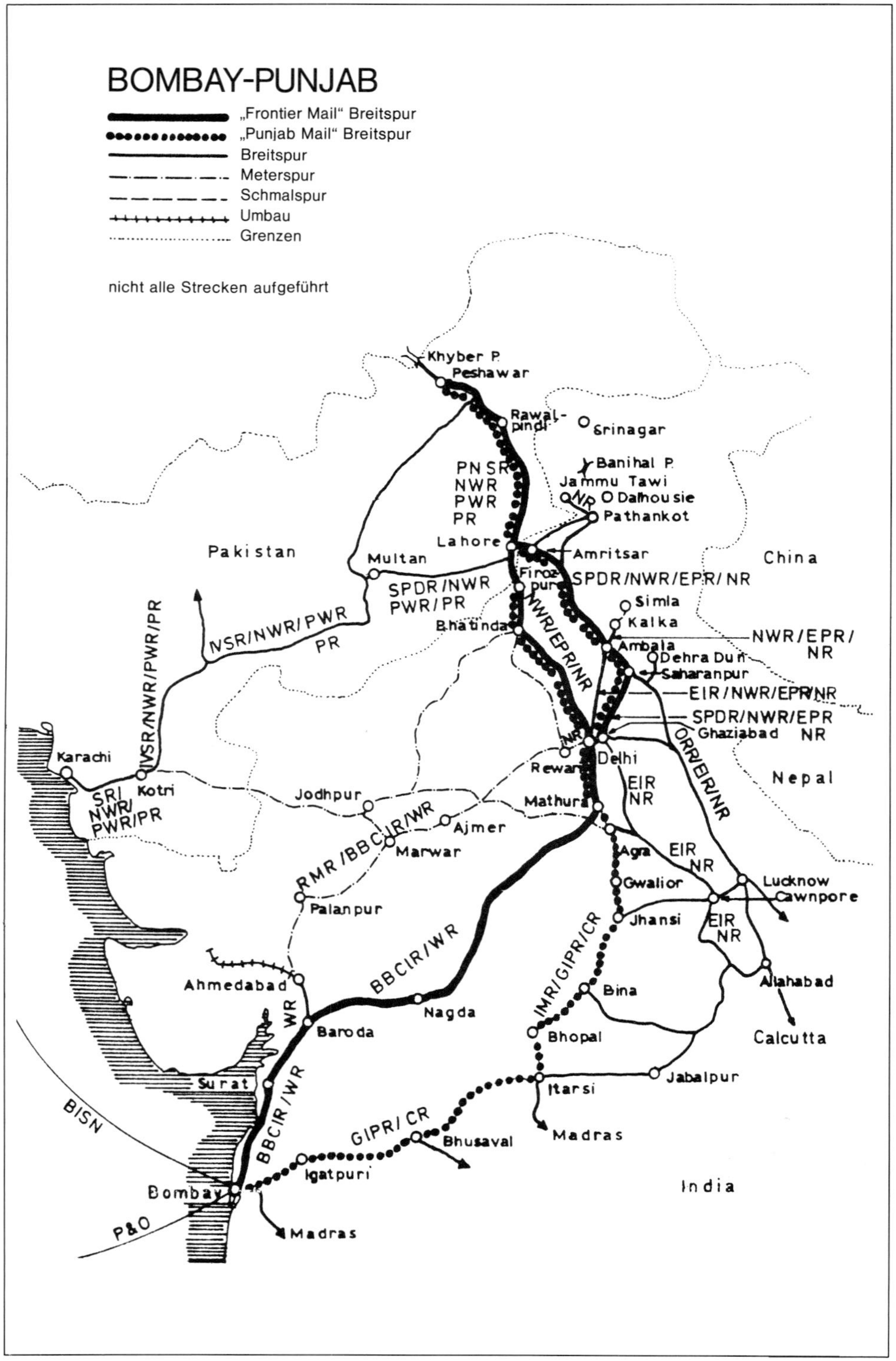
BOMBAY-PUNJAB
„Frontier Mail“ Breitspur
„Punjab Mail“ Breitspur
Breitspur
Meterspur
Schmalspur
Umbau
Grenzen
nicht alle Strecken aufgeführt
Khyber P.
Peshawar
Rawalpindi
Srinagar
Banihal P.
Jammu Tawi
Dalhousie
Pathankot
PNSR
NWR
PWR
PR
Lahore
Amritsar
Pakistan
China
Multan
SPDR/NWR
PWR/PR
SPDR/NWR/EPR/NR
Simla
Kalka
Bhatinda
NWR/EPR/NR
Ambala
NWR/EPR/NR
Dehra Dun
Saharanpur
EIR/NWR/EPR/NR
SPDR/NWR/EPR
NR
Ghaziabad
Delhi
Rewari
Nepal
NSR/NWR/PWR
PR
NSR/NWR/PWR/PR
Karachi
Kotri
SR/NWR/PWR/PR
Jodhpur
Mathura
EIR
NR
ORR/EIR/NR
Ajmer
RMR/BBCIR/WR
Marwar
Agra
EIR
NR
Lucknow
Cawnpore
Gwalior
Palanpur
Jhansi
BBCIR/WR
Ahmedabad
Nagda
IMR/GIPR/CR
Bina
Allahabad
Calcutta
Baroda
WR
Bhopal
Surat
Itarsi
Jabalpur
BISN
BBCIR/WR
GIPR/CR
Madras
Bhusaval
Igatpuri
Bombay
India
P&O
Madras

Railway (EIR), deren Teilstück bis Allahabad auch dem Verkehr Calcutta–Bombay dienen sollte. 1865 hatte sie Delhi erreicht und 1870 war, mit Vollendung der Anschlußstrecke in Jabalpur, die erste Bahnverbindung zwischen Delhi und Bombay hergestellt – allerdings auf einem riesigen Umweg.

Die Overland Mail von Bombay nach Agra und Delhi war um 1833, wie diejenige für Calcutta, über Pune und Aurangabad geleitet worden. 1836 hatte – immer Col. Martin zufolge – die Route über den Sindwa-Paß geführt. Von Ende der Fünfzigerjahre an waren die ersten Teilabschnitte der GIPR benützt worden, wobei über das Thull Ghat noch Trägerdienst notwendig gewesen war. Von 1864 an waren die Säcke der Agra- und auch der Calcutta-Post in Nargaum vom Zug auf Pferde verladen worden, zum Weg über den Simrole-Paß nach Indore. 1867 waren die Sendungen mit dem Express der Calcutta-Route bis Bhusaval und wahrscheinlich mit einem schnellen Anschlußzug nach Kandwa gebracht worden und von 1870 an reiste die Post von Bombay nach Agra und Delhi durchgehend per Bahn über Allahabad.

Noch bevor Delhi mit Bombay auf einem direkteren Weg verbunden sein sollte, erhielt es einen Gleisanschluß nach dem, weit weniger bedeutenden, Hafen Karachi. In Ghaziabad bei Delhi schlossen an die EIR jene zur »Scinde Punjab & Delhi Railway« (SPDR) verschmolzenen Bahnen an, welche über Lahore nach Multan führten. Zwischen Multan und Kotri nahm 1878 die »Indus Valley State Railway« (IVSR) den Betrieb auf. Von Kotri nach Karachi verkehrte eine Bahn, welche die »Scinde Railway Company« schon 1861 fertiggestellt hatte.

Alle diese Strecken waren in Breitspur von 5 Fuß 6 Zoll erbaut. Von Lahore nordwestwärts aber entstand eine strategische Staatsbahnlinie in Meterspur, die »Punjab Northern State Railway«. Nach Umstellung auf Breitspur im Jahre 1878 und nach Überbrückung des Indus 1883 bei Attock erreichte sie Peshawar. Von dort aus sollte 1925/26 eine Bahn bis zum Khyber-Paß vordringen, welche, ebenso wie die anderen Grenzbahnen, mehr militärische als wirtschaftliche Bedeutung hatte. Ihre Behandlung sei einer Geschichte des Landweges Europa–Indien vorbehalten.

Die Punjab Northern und die IVSR waren staatlich, die SPDR dagegen privat, mit finanziellen Staatsgarantien, nach dem Schema von Dalhousie. Demgemäß unterstand sie dem Kontroll- und Optionsrecht durch den Staat und außerdem mußte sie Truppen zu reduzierten Tarifen und Post frei befördern. Im Zuge ihrer geänderten Bahnpolitik erwarb die Regierung die Linie im Jahre 1885. Zusammen mit den anderen Strecken des Punjab formte sie das staatliche System der »North Western Railway« (NWR).

Diese Meterspurlok der Klasse OJ, Nr. 639 der Western Rly., ist eine 1943 bei Bagnall gebaute Version der seit 1883 beschafften Klasse 0, welche u. a. auf der Rajputana-Malwa-Strecke Reisezüge beförderte. Aufgenommen in Bhavnagar im März 1977 Foto Dahlström

Ein Ziel der Eisenbahnplaner im Norden war Kaschmir, das Land des 8100 Meter hohen Nanga Parbat. In die Vorberge des Himalaya kletterte von Kalka aus eine 2 Fuß 6 Zoll-Adhäsionsbahn bis Simla empor, dem zweieinhalbtausend Meter hoch gelegenen Sommersitz des Vizekönigs. Sie wurde 1903 durch die »Delhi–Umballa–Kalka Railway Company« fertiggestellt und 1906 durch die NWR erworben. Das Vorhaben von der Jahrhundertwende, Kalka mit Dalhousie zu verbinden, kam nicht zur Ausführung. Auch eine Bahn durch das Jhelum-Tal aufwärts nach Srinagar gab es nur auf der Landkarte. Ebenso unausgeführt blieb der sensationelle Plan, eine elektrische Bahn über den 2976 Meter hohen Banihal-Paß nach Srinagar zu bauen, mit dessen Studie 1899 der Ingenieur R. E. Crompton betraut worden war.

Die Bahn von Peshawar über Delhi nach Calcutta war schon fertig, als es noch immer keine direkte Verbindung von Delhi nach Bombay gab. Erst die staatliche Rajputana–Malwa–Strecke, die 1880 vollendet wurde, verkürzte die Bahnfahrt zwischen beiden Städten – doch sie war in Meterspur gebaut und in Ahmedabad mußten die Reisenden auf die Breitspur der »Bombay, Baroda & Central India Railway« umsteigen. 1885 übernahm diese Gesellschaft den Betrieb der Meterspurlinie und 1907 gliederte sie diese ganz in ihr Netz ein. Die Reisenden waren auf dieser Route zwischen Delhi und Bombay im Jahre 1881 rund 52 Stunden unterwegs.

Lokomotive „Sindh" der Indian Midland Railway
Archiv Deutsches Museum

Die Lücke im Breitspurnetz zwischen Bombay und Delhi schloß schließlich die »Indian Midland Railway« (IMR). Über ihre Entstehung schrieb 1928 »The Locomotive«: »Die IMR war ein Regierungsunternehmen, gebaut während der Jahre 1886–89 und einer privaten Gesellschaft zur Betriebsführung überlassen. Die ursprüngliche Absicht war, eine direkte Breitspurverbindung zwischen dem südlichen und dem nördlichen System zu schaffen, von Bhopal nach Agra, über Bina und Jhansi. Bhopal hatte schon eine Bahnverbindung mit Bombay mittels der staatlichen Linie von Itarsi aus und es gab eine staatliche Bahn im Besitz von Gwalior, die zwischen Gwalior und Agra in Betrieb war . . .Wegen finanzieller Schwierigkeiten und aus anderen Gründen beschloß die indische Regierung, die Betriebsführung der IMR der GIPR zu übertragen und vom 1. Juli 1900 an übte die letztere die Kontrolle aus.« Über die neuere Entwicklung gibt »World Railways« folgende Details: »1899 machte die Regierung von ihrer Option Gebrauch und kaufte die GIPR . . . Die Gesellschaft wurde neu konstituiert, die IMR mit einer Streckenlänge von 900 Meilen wurde ihr 1901 übertragen und das ganze System wurde im Auftrag der Regierung betrieben. Der Betrieb der Agra–Delhi Chord Railway wurde 1909 übernommen. 1910 wurden die GIPR und die IMR endgültig verschmolzen und 1925 wurde der Betrieb des Systems der Regierung unterstellt.« Im gleichen Jahr 1925 ging die »Oudh & Rohilkhand Railway«, welche ein Breitspurnetz jenseits des Ganges besaß, in der EIR auf, während die Betriebsführung des Abschnittes Ghaziabad–Delhi–Ambala von der EIR auf die NWR überwechselte.

Die tägliche Postverbindung von Bombay nach Delhi und dem Nordwesten über die durchgehende Breitspurstrecke war die »Bombay–Punjab Mail« der GIPR. Anfangs beförderten diesen wichtigen Zug 2B-Lokomotiven der GIPR und der Indian Midland. 1906 erhielt er neues, blechverkleidetes Wagenmaterial in den Standardfarben Dunkelrot/Elfenbein, die erste Klasse hatte lederne Sofas längs zur Fahrtrichtung. Vor dem ersten Weltkrieg war er mit bis zu zehn Wagen, darunter einem Restaurant, so schwer geworden, daß ihn zwei 2C-Maschinen

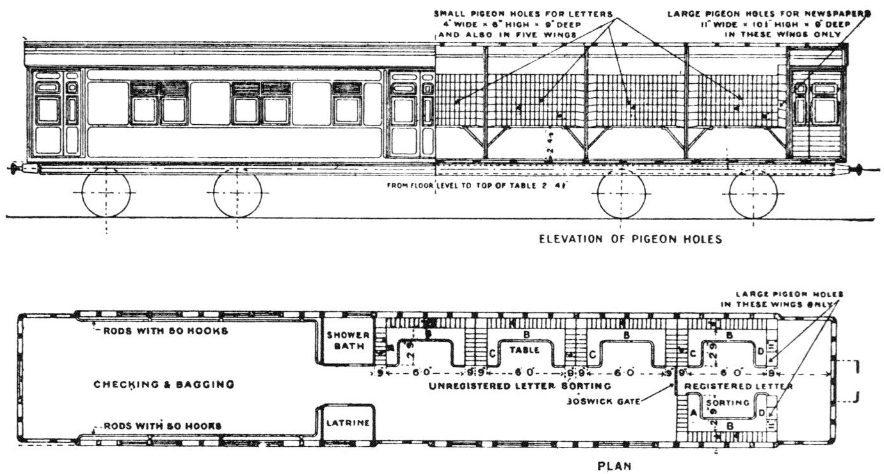

Postwagen (Mail Van), Länge 62 Fuß, für den Punjab Postal Train vor dem 1. Weltkrieg

schleppen mußten. Cook's Handbuch sprach von ihm 1914 als »North-East Mail Train« mit Kurswagen nach Lahore, nach Lucknow über Jhansi und nach Calcutta über Allahabad.

Doch diese Punjab Mail der GIPR blieb nicht ohne Konkurrenz. Schon 1855 bzw. 1859 hatte Oberst Kennedy für einen privaten Bahnbau von Ahmedabad nach Surat und später nach Bombay die Konzessionen erhalten – und er wollte mehr: Seine »Bombay, Baroda & Central India Railway« (BBCIR) sollte an Stelle der GIPR, unter Umgehung des schwierigen Thull Ghat, die Verbindung von Bombay zum Anschluß an die EIR nach Calcutta herstellen. Zwar erreichte sie dieses Ziel nie, aber als 1909 die staatliche Nagda–Muttra-Linie zur Einmündung in die bestehende Strecke Agra–Delhi fertig wurde, war die zweite Breitspurstrecke zwischen Bombay und Delhi hergestellt. Den Betrieb übertrug der Staat der BBCIR.

Die neue Verbindung war rechtzeitig entstanden, bevor 1912 der Regierungssitz von Calcutta nach Delhi überwechselte. Im gleichen Jahr, nämlich am 8. Oktober 1912, richtete die BBCIR speziell für den Anschluß an die Peninsular & Oriental einen neuen »P & O Special« ein – einen Luxuszug ausschließlich erster Klasse mit Speisewagen und Dienerabteilen, dessen cremefarbene Sechsachser Bombay jeden Freitag nach Ankunft des Dampfers verließen. In den beiden Schlafwagen mit Seitengang fanden je 16 Passagiere in vier Zweibettcoupés und zwei Vierbettabteilen sowie Diener in einem eigenen Coupé Platz. Bei Bedarf konnte noch ein dritter gleichartiger Wagen eingereiht werden. Das Restaurant mit moderner Gasküche nahm 32 Reisende an Vierertischen auf. Innenwände in poliertem Teakholz, die Sofas in echtem grünen Leder, Duschen und geflieste Wannenbäder waren beinahe eine Selbstverständlichkeit. Alten Photos zufolge von einer 2C- oder auch einer 2B-Lok gezogen, erreichte der Zug das 1388 km entfernte Delhi in 24½ Stunden – das war schneller als der konkurrierende »Special Postal Express« der GIPR. Am 8. Dezember 1911, zur Zeit des »Imperial Durbar«, legte ein BBCIR-Sonderzug mit der Post aus England die Strecke Bombay Colaba–Delhi Kingsway sogar in 21 Stunden 50 Minuten zurück und am 15. Dezember in 21 Stunden 48 Minuten. Für die Fahrt Bombay–Ambala nannte Cook's Handbuch vor dem 1. Weltkrieg die Reisezeit des »Special Express« nach dem Punjab mit 32 Stunden. Speisewagen liefen nicht nur im Special, sondern auch im normalen »Northern Express« der BBCIR, welcher täglich zwischen Bombay, Lahore und Peshawar verkehrte.

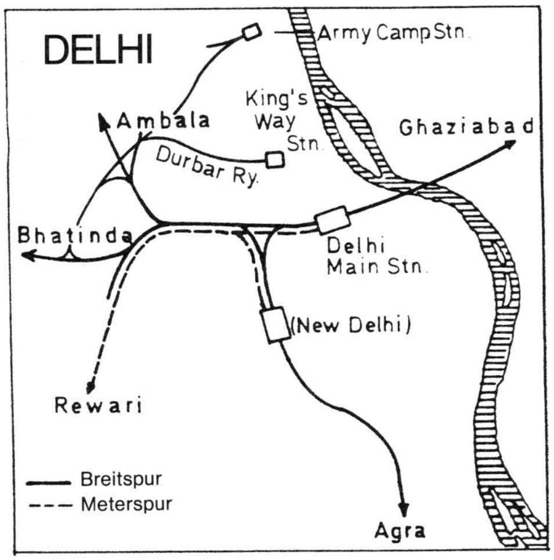

„P. & O. Special" der BBCIR von 1912 mit Ten Wheeler-Lokomotive und sechsachsigen Wagen

„P. & O. Special" der BBCIR von 1912 mit 2B-Lokomotive, nach einer zeitgenössischen Veröffentlichung

Ein äußerst seltenes Foto: Der kurzlebige Express „Punjab Limited“ Bombay–Peshawar via GIPR, mit Dreikuppler Nr. 2397 der NWR auf der Jhelum-Brücke an einem Sonntagmorgen im Jahre 1927
Foto P.S.A. Berridge

Die konkurrierende GIPR war nicht untätig. Zum Durbar betrieb sie einen täglichen »Coronation Express« Bombay Victoria–Delhi Kingsway via Itarsi. Daneben fuhr sie ihren »postal« einmal wöchentlich in beiden Richtungen zwischen dem Punjab, Delhi und Bombay im Anschluß an die P & O-Dampfer. Die Halte und den schwierigen Gebirgsabschnitt abgezogen, erzielte er einen Schnitt von 40 Meilen über 957 Meilen Entfernung – und war damit der schnellste Langstreckenzug Indiens. Da seine Strecke zwischen Delhi und Bombay länger war, als die der BBCIR, benötigte er aber 27 Stunden 10 Minuten Fahrzeit. Den Nachteil ihrer größeren Streckenlänge wollte die GIPR wettmachen durch Einführung von Klimaanlagen, mit denen

Artikulierter Wagen erster Klasse der GIPR, um 1922

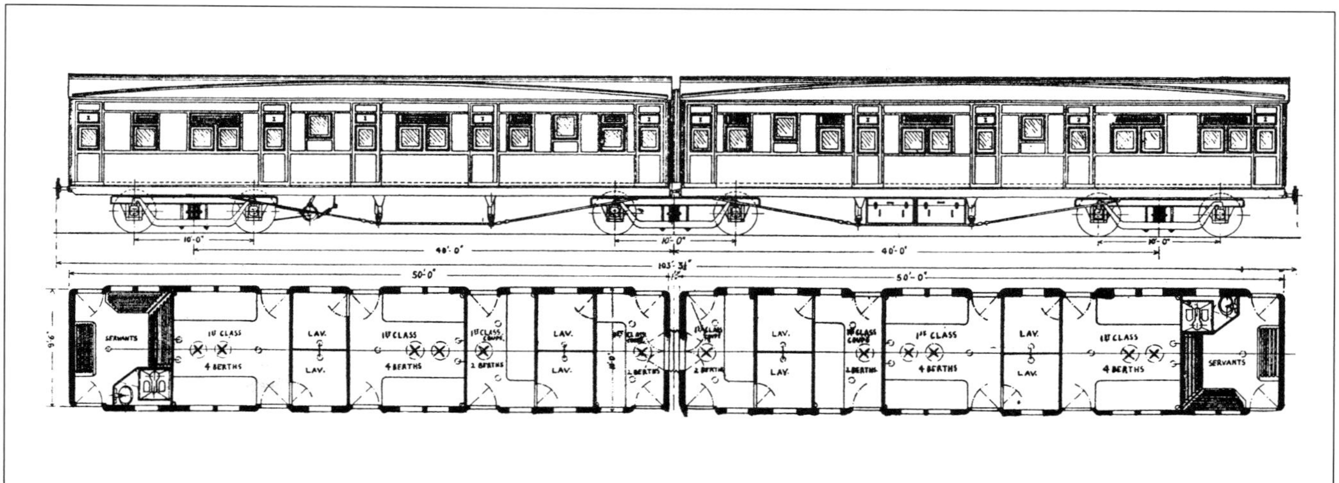

sie 1914 in ihrer »Punjab Mail« die ersten Experimente unternahm: Ein Ölmotor zur Erzeugung der nötigen Energie war im Gepäckwagen installiert, wo sich auch ein Kühlabteil für leicht verderbliche Lebensmittel befand. Der erste Weltkrieg beendete diesen Versuch.

Murray's Handbook von 1926 beispielsweise erwähnt einen besonderen Zug für den Verkehr aus Europa nur via Baroda, nur bei Bedarf und nicht ganzjährig: »In the cold weather season from Ballard Pier Station a postal express with a limited number of passengers runs to Calcutta, and a special Punjab mail on the BB & CI Ry. if there be a sufficient number of passengers«. 1927 setzten dann sowohl die GIPR, als auch die BBCIR neue boat-trains im Anschluß an die Dampfer der Peninsular & Oriental ein und damit erreichte das »Wettrennen nach Delhi« seinen Höhepunkt. Der »Punjab Limited Express« fuhr einmal wöchentlich von Bombay mit 2B1- und 2C-Schnellzuglok der GIPR nach Delhi und weiter mit 2B der NWR ins Punjab. Beim Überqueren der, eine Meile langen, Jhelum-Brücke wurde er photographiert und dieses seltene Dokument überliefert seine Komposition: Zwei Wagen erster Klasse, ein Speisewagen, noch ein Fahrzeug der Ersten und ein Gepäckwagen, alle in Weiß, folgten einer C-Lok der NWR-Klasse SG/S, welche die Traktion zwischen Lalamusa und Peshawar besorgte. Der zweite Erster-Klasse-Wagen ist als zweiteiliges Gelenkfahrzeug zu erkennen, wie es die GIPR zu Anfang der Zwanzigerjahre entworfen hatte – mit den üblichen Zwei- und Vierbettkabinen ohne Seitengang, Toiletten bei jedem Abteil und »holzgepolsterten« Dienercoupés an den Enden des Wagens.

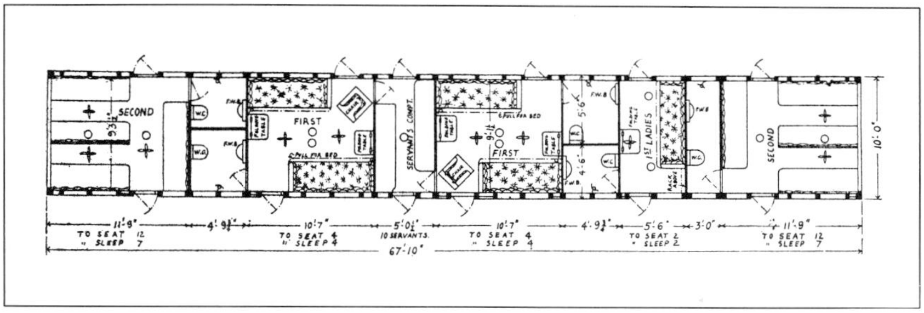

Drehgestellwagen erster und zweiter Klasse der BBCIR um 1922

Der »P & O Punjab Express« der konkurrierenden BBCIR lief ebenfalls nur einmal wöchentlich und ebenfalls nur im Anschluß an die Postdampfer. Seine 2C-Maschinen legten mit den sechs Wagen, darunter einem Speisewagen und zwei Postwagen, die Route von Bombay nach Delhi in 23 Stunden 50 Minuten zurück. Die Fahrzeit für die 2410 Kilometer lange Gesamtstrecke bis Peshawar betrug, die fünfmaligen Lokwechsel eingeschlossen, 43 Stunden 35 Minuten – was die GIPR mit ihrer um 150 Kilometer längeren Strecke zur Aufgabe zwang: Ihr »Punjab Limited Express« wurde nach wenigen Monaten Betriebsdauer eingestellt.

Im Jahre 1935 beschloß die GIPR stattdessen, einen »boat train« für die P & O zwischen Bombay Ballard Pier und Lucknow zu schaffen. In jener Saison soll auch ein solcher von Bombay nach Calcutta über Nagpur eingesetzt worden sein. Daneben fuhr weiterhin die tägliche »Punjab Mail« Bombay–Itarsi–Delhi–Saharanpur–Peshawar. Sie hatte zum Beispiel 1928 Wagen Bombay–Lucknow, Bombay–Kalka über die direkte Delhi–Ambala-Route, Jhansi–Dehra

Diese in nur zwei Exemplaren vorhandene ventilgesteuerte Versuchsbaureihe XP, im Jahre 1937 von Vulcan Foundry an die GIPR geliefert, beförderte „mail trains" zwischen Bhusaval und Jhansi

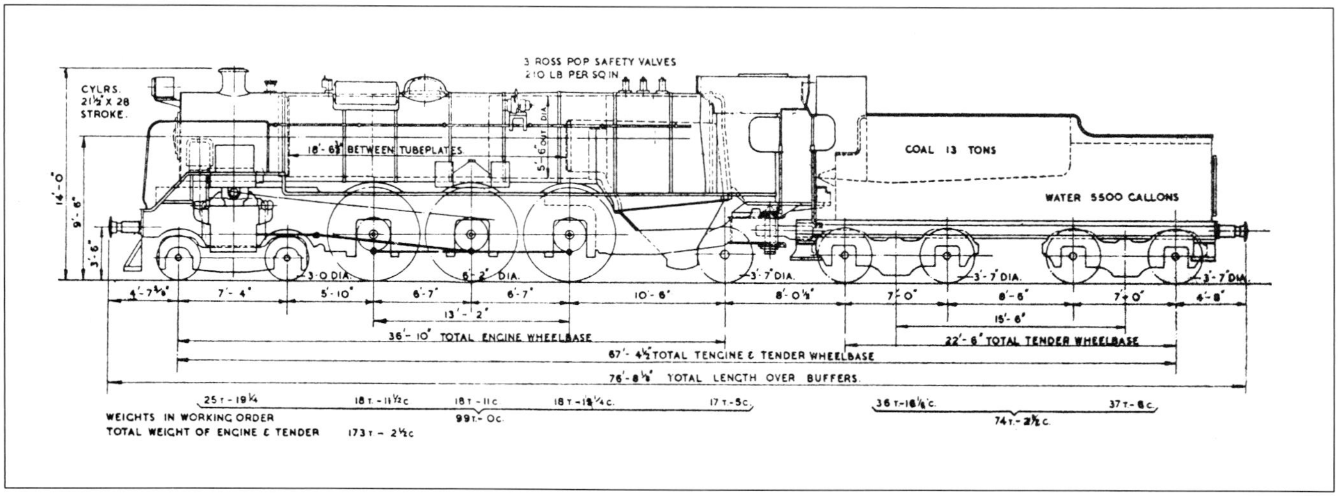

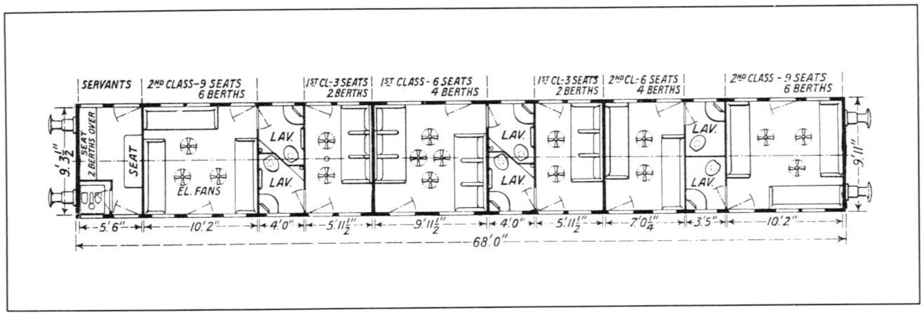

Neuer Wagen erster und zweiter Klasse der NWR um 1939

Dun und in Nordrichtung auch Bombay–Baroda–Delhi–Firozepur–Lahore–Peshawar. Es gab, getrennt davon, eine »Punjab Mail« Calcutta Howrah–Patna–Lucknow–Saharanpur–Peshawar, welche durch die Entgleisungskatastrophe bei Bihta mit über hundert Toten traurige Berühmtheit erlangte. Sie führte Wagen Howrah–Dehra Dun und einen Zugteil Howrah–Delhi–Ambala–Kalka. Schließlich existierte, ebenfalls völlig separat, eine dritte »Punjab Mail« zwischen Peshawar, Lahore und Karachi. Diese führte Wagen Lahore–Quetta und Delhi–Bhatinda–Karachi und zurück. Letztere dürften von Schiffsreisenden der P & O aus Europa aber kaum benützt worden sein, denn sie konnten ihre Reise von Bombay nach Karachi stets mit der British India Steam Navigation Company per Schiff fortsetzen, ohne dafür einen zusätzlichen Fahrpreis zu zahlen.

Die aus dem »Wettrennen Bombay–Delhi« als Siegerin hervorgegangene BBCIR verbesserte ihre Leistung noch, als sie von 1928 an ihren schnellsten Zug nicht nur einmal in der Woche, sondern täglich verkehren ließ und ihn der zweiten Klasse öffnete. An den Tagen der Postdampfer fuhr er in Bombay bis zum Ballard Pier, sonst zum Bahnhof Colaba. Das war die Geburt der »Frontier Mail«, der berühmten »Grenzpost« Bombay–Baroda–Delhi–Bhatinda–Firozepur–Lahore–Peshawar.

1928 brauchte die »Frontier Mail« für den Abschnitt Bombay–Delhi 23 Stunden 35 Minuten, die »Punjab Mail« der GIPR dagegen 29 Stunden. Einmal allerdings wurde die »Frontier Mail«durch eine – Ratte gestoppt. In Shahdara Junction, westlich von Lahore, überrannte der Express ein Signal und geriet in eine Abzweigung. Der Lokomotivführer hatte vorschriftsmäßig gebremst, doch die Vakuumbremse blieb wirkungslos; er wollte die Steuerung umstellen und Gegendampf geben, aber dazu war keine Zeit mehr – der Zug entgleiste. Zum Glück wurde niemand verletzt. Später stellte sich heraus, daß sich in die Bremsleitung eines Wagens, der zuvor in Lahore abgestellt war, das Tier verkrochen hatte, das dann das Bremsversagen verursachte.

Ende 1937 oder 1938 erhielt die »Frontier Mail« zum ersten Male einen Wagen mit Klimaanlage, der viermal wöchentlich verkehrte und für dessen Benutzung ein besonderer Zuschlag zu entrichten war. Es handelte sich um den gleichen Typ aus den Matunga-Werkstätten, der auch zwischen Bombay und Calcutta lief. Neue Wagen ohne Klimatisierung für die »Frontier Mail« und andere Züge beschaffte die NWR um das Jahr 1939. Diese in Moghalpura hergestellten Fahrzeuge hatten Betten ausschließlich in Querrichtung, aber noch immer keinen Durchgang. Das neue Zeitalter dokumentierte sich in den Materialien – außen »Masonite« in den indisch-roten NWR-Farben, innen in der ersten Klasse »Rexine«-Überzüge in Blau oder Grün und in der zweiten grüner Lack. Kurz darauf baute erstmals auch die NWR Wagen mit Klimaanlage.

Komfort stand nicht nur den Oberklassen in den Postzügen zur Verfügung, sondern auch Überseetouristen auf Rundreisen. 1923 setzte die GIPR Sonderzüge von Bombay über Agra nach Delhi und Calcutta im Auftrage von Cook, American Express und anderen Agenturen ein. Diese bestanden aus rollenden Großraumschlafsälen, umgebaut aus Vorortwagen.

Zuweilen waren die Rundreisezüge auch richtige Salons auf Rädern gewesen. Als »Club on Wheels« hatte die GIPR 1905 einen »Peninsula Express« propagiert, der neben Schlafabteilen und Restaurant ein Bad und einen »parlour car« mit »ladies' boudoir«, Rauchsalon und

Vorortwagen der GIPR und dessen Umbau zum Schlafwagen für Touristenzüge, um 1923

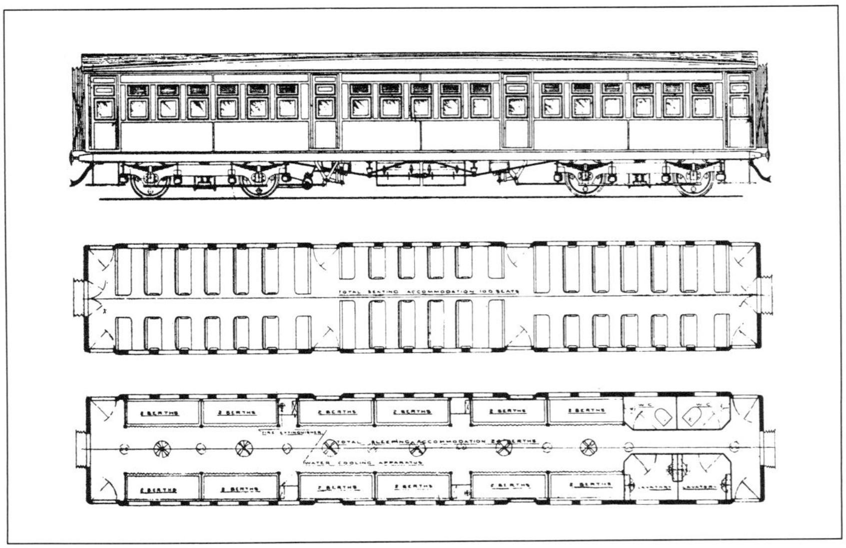

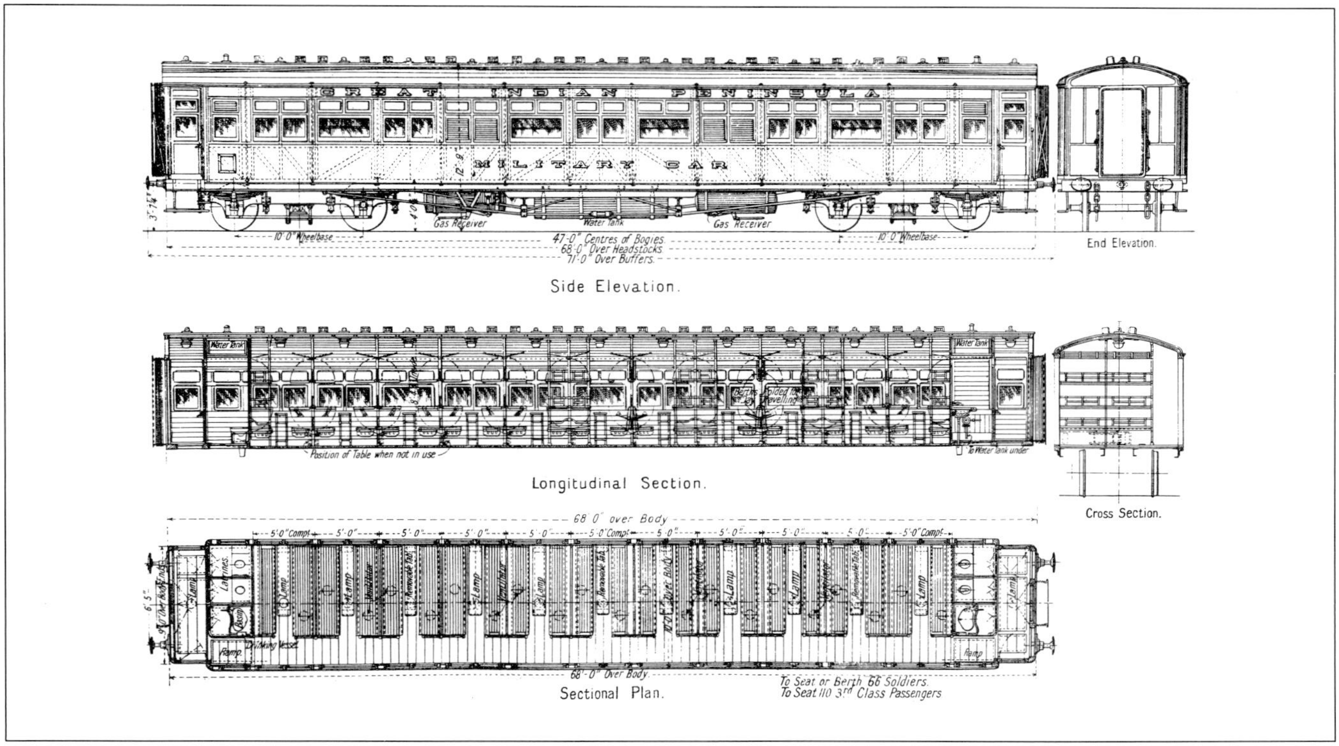

Neuer Militärliegewagen der GIPR, um 1913

Buffet enthielt. Ein anderer Sonderzug diente 1905 zur Begleitung des mehrtägigen Autorennens Delhi–Bombay. Er stand nacheinander in Gwalior, Guna, Dhulia, Igatpuri und anderen Stationen als Hotel, hatte Schlafabteile sowie Speisewagen und verfügte, gemäß der Erkenntnis, daß nur das Überflüssige wahrer Luxus ist, über das Statussymbol der exklusivsten aller Luxuszüge dieser Erde – ein Klavier.

Um soviel Vornehmheit normaler Sterblicher zu übertreffen, mußten sich die Maharadschas schon etwas Besonderes einfallen lassen. Der Rana von Dholpur tat das mit einem weißen, sechsachsigen Privatsalon für Breitspurgleise, den er 1916 durch die GIPR in Matunga bauen ließ. Vorhänge aus blauem Plüsch und ein kostbarer Agra-Teppich zierten den Wohnraum. Bespannungen aus rosafarbenem Seidenbrokat und Bettgestelle aus Silber veredelten das Schlafgemach. Sehr gediegen war das Bad ausgestattet: Es strahlte in weißem Email und in Silber, mit einem weißen Marmorfußboden, in den farbige Steine in Blumenmuster nach Art des Taj Mahal eingelegt waren und mit einer blauen Wanddekoration auf weißen Keramikfliesen, deren Ecken versilberte Friese einfaßten. In dem Wagen war ein Safe zur Unterbringung der legendären Dholpur-Perlen eingebaut, deren Wert als unschätzbar galt . . .

Auch die britischen Herrscher fuhren nicht schlecht. 1863 hatte sich der Gouverneur von Bombay einen zweistöckigen Zweiachser bauen lassen, in dessen Untergeschoß er die Dienerschaft unterbrachte. 1929 erhielt sein Nachfolger einen weißen, sechsachsigen Salonwagen durch die GIPR. Für den Prince of Wales waren 1875/76 die ersten Hofwagen in Meter- und Breitspur hergestellt worden. Aus dem Jahre 1904 wird berichtet, daß der Vizekönig, Lord Curzon, mit einem weißen, in Lilloah gebauten Sonderzug von Kalka über Itarsi nach Bombay in nur 39 Stunden 58 Minuten reiste. In allen der zahlreichen Salon- und Hofzüge gab es Wohn- und Speiseräume, Schlafzimmer und Bäder, doch von silbernen Bettgestellen und von Silber im Badezimmer findet sich in den Beschreibungen nichts.

Spartanisch reisten anfangs des Königs Soldaten. 1915 starben zweiunddreißig von ihnen in einem Truppentransportzug beim Durchqueren der Sind-Wüste an Hitzschlag. Früher wurden im allgemeinen Dritter-Klasse-Wagen verwendet, doch um 1912 führte die GIPR sogenannte »Military Cars« – Großraumwagen mit

Dreier-Stockwerksbetten – in den Militärsonderzügen Bombay–Punjab ein. Es liefen auch Korridor-Schlafwagen und Speisewagen mit, aber zu diesen hatten nur Offiziere Zutritt.

Nach dem zweiten Weltkrieg kamen mit der am 15. August 1947 vollzogenen Landesteilung die westlichen Bereiche der NWR und der meterspurigen Jodhpur Railway zu Pakistan. Die östliche NWR verblieb als »Eastern Punjab Railway« bei Indien. 1951 formte sie, zusammen mit großen Teilen der EIR und anderen Verwaltungen, die »Northern Railway«, während die 1942 verstaatlichte BBCIR den Grundstock der »Western Railway« bildete. Die NWR wurde später in »Pakistan Western« – zur Unterscheidung von der zur »Pakistan Eastern« gewordenen EBR – und dann in »Pakistan Railway« umbenannt. Mit den »boat trains« von früher haben jene Bahnen nichts mehr zu tun.

Meterspur-Pacific der Klasse YB der Western Railway in Ahmedabad im März 1975
Foto Dahlström

Eilzug (Fast Passenger) nach Ludhiana mit Lokomotivklasse WL in Amritsar, März 1976
Foto Dahlström

Bombay–Lucknow heute: Zug 115 mit Gleichstromlok 20080 der Klasse WCM 4 vor Abfahrt in Bombay Victoria Terminus an einem Märztag 1975
Foto Dahlström

Am 24. August 1947 traf in Bombay die »Frontier Mail« aus Pakistan mit einem Tag Verspätung ein; zweihundert Bewaffnete hatten sie gestoppt, die Wagen durchsucht und mehrere Passagiere ermordet. Kurze Zeit darauf wurden die Reisezüge nach dem zu Pakistan gekommenen Peshawar auf Delhi beschränkt. Aus Angst um ihr Leben flohen Hunderttausende von Hindus aus Pakistan und Moslems aus Indien, die Bahnhöfe von Bombay und Delhi waren mit Obdachlosen überfüllt und alle Linien von Delhi aus mußten für eine Woche gesperrt werden. Bei Amritsar schlachteten Fanatiker 3000 Insassen eines Moslem-Flüchtlingszuges und bei Lahore 1500 eines Hindu-Zuges ab.

Dann schlossen sich die Grenzen. Endstation für die »Frontier Mail« wurde Amritsar, die letzte große indische Stadt vor dem pakistanischen Lahore. Erst im Oktober 1954 gab es

Die „Punjab Mail" hält am 16. August 1975 wegen Lokschadens der „WP" in Sithouli, um mit Dieselvorspann nach Jhansi geschleppt zu werden. Dritter Wagen ist der Salon des Generalinspekteurs der Bahnpolizei, gebaut bei Jessop 1928

Eine Lok der Kriegsbaureihe CWD stellt in Jhansi am 14. August 1975 den Zug nach Lucknow mit Kurswagen der „Punjab Mail" zusammen

„Punjab Mail" Firozepur–Bombay mit Diesellok der Klasse WDM 2 der Central Railway in Raja-ki-Mandi im März 1977 Foto Dahlström

wieder einen Reisezug Amritsar–Lahore über die Grenze hinweg. Am 1. August 1955 folgten direkte Wagen Calcutta–Lahore in der »Amritsar Mail«. Jahre später fuhr die »Frontier Mail« mit durchlaufenden Wagen aus Calcutta und Delhi bis Lahore. Der Krieg von 1965 machte dann alles zunichte. Erst 1976 erschien die Meldung von der Wiederaufnahme des Verkehrs Amritsar–Lahore.

Die »Punjab Mail« wurde 1957 mit Firozepur als neuen Endpunkt wieder eingeführt. Die »Frontier Mail« hatte damals Wagen nach Pathankot, dem Ausgangspunkt einer 2 Fuß 6 Zoll-Schmalspurbahn in das Kangra-Tal am Fuß des Himalaya. Heute verkehren die Kurswagen bis Jammu Tawi. Die Überlegungen Indiens, weiter nach dem umstrittenen Kaschmir hinein ein Meterspurnetz zu bauen, sind bis jetzt nicht verwirklicht.

In der ersten Zeit des Wiederaufbaues fuhren die »mail trains« mit Wagen aus der Vorkriegszeit. Ungefähr Anfang der Fünfzigerjahre machten diese den blechverkleideten Neubauten Platz, unter denen sich auch Wagen mit Klimaanlage befanden. 1955 wurde die »inter«-Klasse in zweite und die zweite in erste umbenannt und gleichzeitig kamen Ganzstahlwagen in Dienst, deren erste Klasse nach wie vor zum Schlafen, nun aber mit Seitengang und ohne Waschmöglichkeit im Abteil, konstruiert war. Um 1957 folgten Großraum-Liegewagen dritter Klasse, die 1974, bei Abschaffung der Dritten, in »2nd class Sleeper 2-tier« oder »3-tier« umgetauft wurden, je nachdem, ob nur ein Teil der Plätze oder alle zum Liegen eingerichtet sind. Aus solchen Wagen bestehend, bietet die »Frontier Mail« heute praktisch allen Reisenden Liegemöglichkeit bei Nachtfahrt. Dieser Komfort wird auch in den neu konstruierten Erster-Klasse-Wagen mit offenen Abteilen beibehalten. In den Fünfzigerjahren war der Typ des »Janata«- oder Volks-Expresszuges dritter Klasse und – für die besser Betuchten ein zweimal wöchentlich verkehrender »De Luxe Express« Bombay–New Delhi über Baroda entstanden. Seit 1968 fuhren schnellere »Rajdhani«-Expresszüge Howrah–New Delhi und seit 1972 auch von New Delhi über Baroda nach Bombay Central, wo heute die Schnellzüge der einstigen BBCIR-Strecke enden. Der »Rajdhani« verkürzte die Reisezeit für die 1384 Kilometer auf weniger als 18 Stunden. Er wird noch schneller sein, wenn die als Devisenfresser erkannten Diesellok mit Elektrifizierung aller wichtigen Hauptstrecken durch Ellok ersetzt werden können – ein Ziel, das 1975 propagiert wurde, zur gleichen Zeit, als das Land unter Indira Gandhis zielstrebiger Politik erstmals auch sein Außenhandelsdefizit abschaffen konnte.

Die exklusiven Touristenzüge für Ozeanreisende aber sind selten geworden, wahrscheinlich sogar ausgestorben. Im März 1951 waren für die Passagiere des Cunard-Liners »Caronia«auf Weltreise die ersten dieser Art seit dem Kriege gefahren. Es handelte sich um zwei Garnituren, eine aus sieben Schlafwagen erster Klasse mit Durchgang und zwei Speisewagen und die zweite aus acht »Tourist Cars« bestehend. Ein anderer Zug mit vier Schlaf- und einem Speisewagen verkehrte für die Fahrgäste der »Stella Polaris«. Heute noch stehen solche »Tourist Cars«, die als komfortable Privatsalons angemietet werden können, auf Seitengleisen in Bombay abgestellt.

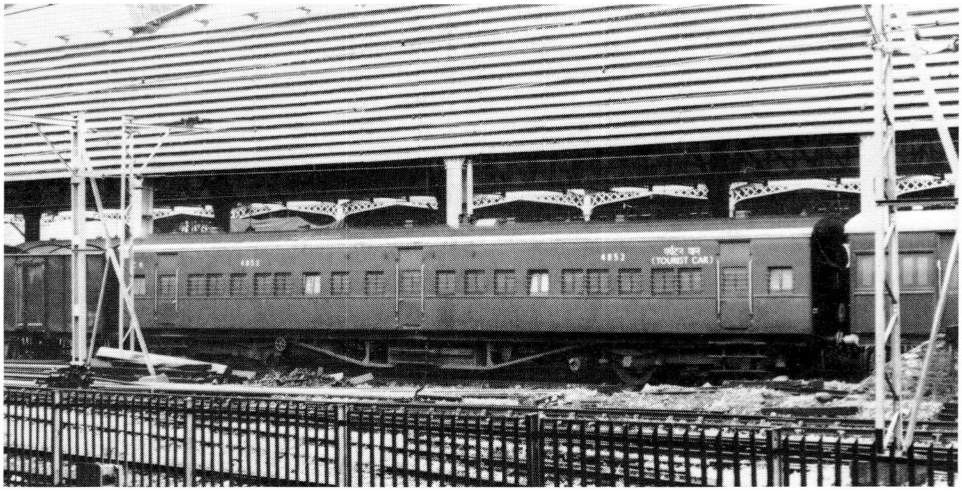

„Tourist Car“ Nr. 4852, abgestellt in Bombay Victoria, am 18. August 1975

Eine Fahrt mit der »Punjab Mail« unter Dampf

Menschenmassen am Flughafen, in den Straßen, auf den Bahnhöfen, weiß gekleidete vornehme Herren, Sikhs mit Turban und hochgebundenem Bart, wunderschöne Frauen in seidenen Saris, Krüppel, Bettler, alte Mütterchen, die auf Baustellen arbeiten – das sind die ersten Eindrücke der Sechsmillionenstadt Bombay. Hinter dem »Gateway of India«, dem Triumphbogen, der anläßlich der Landung von King George V gebaut worden war, liegt grau

Bombay, Victoria Terminus

das Meer. Weit draußen, unter den schmutzigen Rauchfahnen, sind Schiffe zu erkennen, Tanker und Frachter, aber keine Passagierdampfer. Das »Taj-Hotel« mit seiner Kuppel, den vielen Erkern, Türmchen und Ballustraden steht an dieser Stelle wie das letzte Bollwerk Europas für die Indienreisenden, die einst mit dem Schiff in Bombay ankamen und dann ins Landesinnere weiterfuhren. Den jungen Indern und Inderinnen, welche hier abends promenieren, mag es ein wenig die Illusion von Nizza oder Cannes geben, wenn sie die Armut übersehen: Im Aufgang zum Churchgate-Bahnhof sitzt ein etwa fünf Monate alter Junge, klein wie eine Puppe, nackt auf den Treppenstufen und macht sein »Bächlein« vor sich hin. Seine Eltern hocken daneben, in Lumpen gehüllt. Eine Wohnung haben sie wohl nicht und wahrscheinlich wird ihr Sohn inzwischen tot sein. In der Central Station hat eine Pacific-Maschine mit einem Schnellzug angehalten und gleich kauert sich ein frierender Kranker ganz dicht an die heiße Feuerbüchse. Nahe dem Victoria Terminus ist zu sehen, wie ein Mann auf dem Gehsteig stirbt.

Türme, Zinnen, gotische Spitzbögen, romanische Kapitelle und klassizistische Kuppeln zieren den Victoria Terminus der einstigen Great Indian Peninsula Railway und der heutigen Central Railway, vor dem rote Doppelstockbusse als Symbol des Empire vorüberfahren. Die Reisenden empfängt unter den Bahnsteigdächern

Abfahrt der ,,Punjab Mail" vom Victoria Terminus, am 12. August 1975

der Geruch nach Desinfektionsmittel, fremdartig, zunächst abstoßend, dann bleibende Erinnerung an diesen faszinierenden, düsteren Ort, von dem aus die traditionellen Mail Trains ihre mehrtägigen Fahrten antreten: die Madras Mail, die Züge nach Calcutta über Nagpur, der andere über Allahabad und die Punjab Mail nach Firozepur an der pakistanischen Grenze. Der Beamte am Fahrkartenschalter macht eine bedauernde Miene bei der Frage nach einem Billet nach Agra in der Punjab Mail, dem einzigen Schnellzug dorthin. Die zweite und die erste Klasse sind ausverkauft, nur ein einziger Platz in der, mit 160 Mark mehr als doppelt so teuren Air-Conditioned Class ist frei. Für die Rückfahrt kann er gar keine Reservierungen machen – dabei muß sechs Tage später in Bombay unbedingt die Maschine zu dem fest gebuchten Flug nach Europa erreicht werden. Eine Vorausbestellung der Plätze bei einem großen deutschen Reisebüro aber hatte sich als nicht möglich erwiesen.

Die Namensschilder an den Coupétüren in der »Air-Conditioned«-Abteilung der Punjab

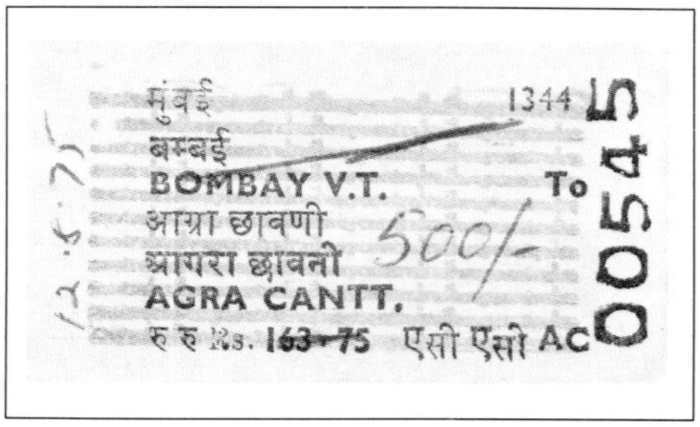

Mail zur Abfahrt am anderen Nachmittag, dem 13. August 1975, weisen die Mitreisenden dann auch durchwegs als Einheimische aus. Es sind gutgekleidete Herren, offensichtlich in gehobener Position, deren Aktentaschen und Koffer durch Dienstmänner mit roten Turbanen an den altmodisch aussehenden Wagen Nr. 3004 gebracht werden, einen blechverkleideten Vierachser aus den Fünfzigerjahren. Ein Schaffner fragt den einzigen Touristen, ob er ein Oberst Sowieso sei. Ein anderer trägt sein Gepäck durch den Korridor in ein freies Abteil. Es ist beinahe erschreckend geräumig, hat an der einen Seite eine Bank aus blauem Kunstleder, an der anderen ein Nirostawaschbecken und einen Klapptisch und gegenüber der Eingangstür, in der weißlichen Kunststoffwand, zwei kleine Fensterchen mit fest eingebauten, grünen Scheiben. Die Deckenlampen sind eingeschaltet, die Klimaanlage surrt, im Abteil läuft ein großer Ventilator und die Vorhänge an den winzigen Fenstern sind geschlossen, was den beiden Zweibettcoupés und dem einen Vierbettabteil an dem kurzen Seitengang, an dessen einem Ende sich eine Toilette mit Dusche und an dessen anderem sich die Eingänge sowie ein Dienstraum mit Klosett für die Schaffner befinden, eine eigentümliche Atmosphäre der Abgeschlossenheit gegenüber dem Trubel auf dem Bahnsteig gibt.

Um 15.20 Uhr setzt sich die Punjab Mail in Bewegung. Die Fahrkartenkontrolle für die nur acht Passagiere der exklusiven »Air-Conditioned«-Klasse ist eher eine freundliche Begrüßung. Draußen geht unterdessen in Strömen der Monsunregen nieder, über die spiegelnden Breitspurgleise, die triefenden Oberleitungen, die rostbraun gestrichenen Elektrolokomotiven, die abgestellten gleichfarbigen Wagen der Mail Trains, die dunkelblauen der »Deccan Queen«, die grünen des »Mahalaxmi-Express«, die blau- und cremefarbenen des »Bombay-Express«, über die verfallenen Mietskasernen und über die ausgemergelten Gleisarbeiter, welche sich mit übergestülpten Säcken vor der Nässe zu schützen suchen. Unter den Brücken und unter den blechernen Dächern der Vorortbahnhöfe, wo die überfüllten Triebwagen aus- und einfahren, drängen sich Menschen, kauern um ein Feuer oder einen Kochtopf herum – denn sie »wohnen« dort. Eine zierliche junge Frau mit einem Baby auf dem Arm ist von Kopf bis Fuß in Fetzen gekleidet, die aussehen wie Putzlappen. Andere besitzen wenigstens eines der Zelte in den von Fäkalienkloaken durchzogenen Elendsquartieren, über die sich nun die frühe Dämmerung senkt.

Ein dienstbarer Geist schiebt dem Touristen ein weiß überzogenes Kissen unter den Rücken und teilt frische Handtücher aus. Ein anderer Dienstbarer nimmt die Bestellung für das Dinner auf. Bei einem starken, im Abteil servierten Tee gehen die Gedanken nach Europa, das im Jahr zuvor 125 Millionen Mark zur Vernichtung von Nahrungsmitteln aufgewendet hat, um die Preise hochzuhalten – von der die Existenz der die Menschheit bedrohenden Rüstung der »zivilisierten« Länder ganz zu schweigen. Man kommt mit dem Mitreisenden ins Gespräch.

Der Zug fährt durch einen Tunnel. Bei Kalyan erhebt sich die erste, kahle Hügelkette. Hier zweigt die Linie nach Pune und Madras ab. Nach einem Halt in einer Station namens Kasara wird der Vierzehnwagenzug langsamer, es geht steil aufwärts. In der Düsternis sind durch die beschlagenen Fenster schäumende Wasserfälle zu erkennen, die zwischen nassen Laubwäldern von den Bergen herabstürzen. Ab und zu wird zur Rechten das Gleis der Gegenrichtung sichtbar, das über eigene Brücken und durch eigene Tunnels führt und in das Stopstellen mit abzweigenden Auffanggleisen eingebaut sind. Jeder talwärts fahrende Zug muß dort an einem roten Lichtsignal halten und erst dann wird die Weiche von der Abzweigung auf das Hauptgleis umgestellt.

Als die Punjab Mail in Igatpuri, am oberen Ende der Rampe über die Western Ghats, zum Stillstand kommt, ist es fast Nacht geworden. Hier stehen zahlreiche der langen, sechsachsigen Gleichstromlokomotiven der Reihe WCG 2, welche die Reise- und Güterzüge von Kasara heraufschieben. Die Zuglok, Reihe WCM 4 mit Vorbauten im Stil der Fünfzigerjahre, wird abgehängt, denn in Igatpuri endet die 1500 Volt-Fahrleitung und beginnt das neue 25 kV-Wechselstromsystem. Die schönen elektrischen Schnellzuglokomotiven der Dreißigerjahre sind hier ebenso wie von der Rampe hinauf nach Pune verschwunden – dort laufen die neuen »WCM 5« aus Chittaranjan – und die alten CC-Güterzugmaschinen in ihrem markanten »Krokodil-Look«, welche, oft paarweise, die Schnellzüge schoben, sind in den Rangierdienst verbannt. Die Punjab Mail wird von einer Diesellok übernommen, sagt der Schaffner – doch auf der Rückfahrt scheint es eher eine neue 25 kV-Ellok gewesen zu sein, welche zwischen Bhusaval und Igatpuri die Mail zog. Auf einem Gleis im Hintergrund dampft noch eine »WG« in der Dunkelheit.

Ein Mann, vor Kälte zitternd, kommt an die Waggontüre und streckt zu dem jungen, gutgekleideten Europäer bettelnd die Hand empor. Er

Bettelbub vor der ersten Klasse der „Punjab Mail" in Bina

könnte, dem Alter nach, dessen Vater sein. Im Abteil wird inzwischen das Abendessen serviert. Anschließend notiert ein Kellner die Bestellung für das Frühstück. Abwärts, über weite Überschwemmungen, geht es in die Nacht hinein. Das weiß überzogene Bett des zum »Single« gewordenen Coupés wird gemacht. In manchen durchfahrenen Stationen lodern auf den Bahnsteigen die Feuer der dort Wohnenden.

Am Morgen des anderen Tages steht ein grauer Monsunhimmel über kargem Wiesenland. Aus den Holzhütten eines kleinen Dorfes quillt Rauch durch die Undichtigkeiten der verfallenen Dächer. Die Strecke ist immer noch zweigleisig, doch jetzt ohne Oberleitung. Telegraphendrähte, englische Formsignale und Meilensteine säumen sie. Ein Güterzug mit einer Dampflokomotive kommt entgegen.

In Bhopal steht auf einem anderen Gleis ein sonderbarer, langer Zug. Er hat eine rotbraune Diesellok mit den Schriftzeichen »WDM/2«, viele Wagen in Dunkelblau mit leuchtendroter Fensterpartie und andere in Rot und Creme. Es muß der »Air-Conditioned Express« New Delhi–Madras sein, welcher zweimal in der Woche im Fahrplan des berühmten »Grand Trunk Express« verkehrt.

Ungefähr um acht Uhr früh steigen rechts eigenartige Tafelberge aus der Ebene auf. Um halb neun Uhr bleibt der Zug in Bina stehen. Mit dünnem, hohen Pfiff, wie von einem Teekessel, rangiert eine qualmende Dampflokomotive, eine kanadische 1D1-Kriegslok mit der Reihenbezeichnung CWD, zwei Wagen aus Jabalpur an den Zugschluß. Ein Junge kommt bettelnd an die Tür der Air-Conditioned Class.

Um 11.30 Uhr läuft die Punjab Mail in Jhansi ein – langsamer werdend, über Weichen und Gleisgewirr, vorbei an einem Betriebswerk mit Dampflokomotiven, deren Kessel in der Mittagssonne glänzen, durch den gelblichen Rauch einer wartenden Maschine hindurch bis an den hohen Perron unter dem schattigen Blechdach fahrend. Der Zug hält an. Rotbekleidete Gepäckträger stürzen sich auf die Wagontüren, Schuhputzer und Essensverkäufer rufen durcheinander, es riecht nach allerlei Currysauce, auf einer Bank hat ein Barbier seinen Kunden schäumend eingeseift, Männer hocken am Boden, viele Rassen, viele Typen, manche mit Turban, manche mit Vollbart, manche mit einem Strich auf der Stirn, Frauen schweben vorüber wie Prinzessinnen aus dem Märchen, dazu reiche Leute aus der Air-Conditioned-Klasse, ganz in Weiß, Kinder in Lumpen, Speisewagenkellner, Soldaten. Am vorderen Ende des Bahnsteiges, auf dem schwarzen Schlackenboden, wird etwas über einem Feuerchen gebraten. Dahinter bewegen sich glitzernd in der Sonne die Treib- und Kuppelstangen, die Räder mit den blanken Radreifen, die öltriefenden, hin- und hergleitenden Teile des Antriebes einer stetig näherkommenden Schnellzugmaschine, einer schwarzen Lokomotive mit stromlinienförmig verkleideter Rauchkammer nach amerikanischer Art, mit einer silbernen Linie in Umlaufhöhe, einem darunter in leuchtendem Hellgrün bemalten Führerstand und Tender, dem hoch aufgetürmten Kohlenberg, kleinen, blau gestrichenen und wie ein Hahnenkamm ausgeschnittenen Windleitblechen unter den braunschwarzen Qualmwolken und einem großen silbernen

Auf einem Bahnhof, von der ,,Punjab Mail" aus aufgenommen

Stern auf der Stirnseite – die Pacific der Klasse »WP« mit der Nummer 7731 der Central Railway, gebaut in Chittaranjan und beheimatet in Jhansi, die planmäßig einen der traditionsreichsten indischen Mail Trains nach Delhi ziehen wird.

Langsam setzt sie sich unter den Gerüsten mit Wasserleitungen, die zur Versorgung der Wagen dienen, vor die Punjab Mail. Die rotbraune Diesellok, eine CoCo der Reihe WDM 2, welche den Zug bis hierher gebracht hatte, steht auf dem Nebengleis. Auf der anderen Seite des Bahnsteiges stellt eine schwarze CWD vier abgehängte Wagen aus Bombay einem Personenzug nach Lucknow bei.

Eine ,,WP" setzt sich in Jhansi am 14. August 1975 vor die ,,Punjab Mail" – kurz vor der Umstellung auf Dieselbetrieb

Fast unmerklich setzt sich die Mail in Bewegung. Das Anfahren ist so weich, wie das nur eine Dampflokomotive kann. Von vorne tönt durch die geöffnete Tür des Wagens leises Zischen aus den Zylinderhähnen und der sanfte Klang »unserer« 7731. Langsam nur wird der Zug schneller – es geht bergauf. Nach ungefähr zwanzig Minuten steht rechts ein merkwürdiges Bauwerk, mindestens hundert Meter lang, mit fünf Kuppeln und schönen, strengen Fassaden, wie ein Felsen über der grünen Ebene. Es ist der Palast des vor vierhundert Jahren regierenden Königs Birsing Deo, ein halbverfallenes Labyrinth, das schon im vorigen Jahrhundert nurmehr Eulen und Vampire bewohnten.

In einer Geraden führt die nun fallende Strekke unter dem in Schlangenlinien ansteigenden Gegengleis hindurch. Anschließend folgen wieder Steigungen. Der Gegenzug hätte schon vorüber sein müssen. Endlich, um 13.40 Uhr, kommt er, mit einer ebensolchen Maschine wie die unsere, in einer kahlen Weidelandschaft in voller Fahrt daher. Elf Wagen sind in der Eile zu zählen. An einem Bahnübergang hat sich eine lange Schlange aus Lastwagen und alten Bussen gebildet.

Der Zug hält in Gwalior. Über den Bahnsteig kommt der Kellner aus dem Buffetwagen, um das Mittagessen zu servieren und gleichzeitig die Rechnung für alle Mahlzeiten seit Bombay abzukassieren. Dies kann er nur in den Stationen tun, da viele Wagen, nach alter indischer Tradition, keinerlei Übergänge besitzen. Gegenüber keuchen zwei grün-schwarze Maschinchen, eine 2C2 und eine 1D1. Auf Gleisen von nur zwei Fuß Spurweite ziehen sie kleine, rotbraune Personenzugwagen nach Bhind, Sheopur-Kalan oder Shivpuri – und brauchen für zweihundert Kilometer sieben Stunden. Auf einem Berg stehen die Bauwerke des Forts.

Bei der Ausfahrt passiert die Mail qualmende, große Lokomotiven, die 1D1-Einheitsklasse »WG«, die auf der Hauptstrecke immer wieder vor Güterzügen angetroffen wird. Teilweise ist die Linie hier eingleisig, denn das zweite Gleis wird an einigen großen, stählernen Brücken unterbrochen. Sie führen über Flüsse hinweg, die der Monsun zu Hunderte von Metern breiten,

Der Palast des Birsing Deo, gesehen von der „Punjab Mail" aus

„Howrah–Delhi Toofan Express“ nach Abfahrt in Agra Cantt mit „WP“ am 15. August 1975

reißenden Strömen hat werden lassen. Für diese 109 Kilometer von Gwalior bis Agra darf unsere Pacific 2 Stunden und 20 Minuten brauchen – das entspricht einem Schnitt von nur 47 Stundenkilometern.

Mittelhoch und etwas heiser, wie es einst im fernen Europa üblich war, ertönt von weit vorne ihr Pfiff. Ab und zu geht ein leichter Rauchschleier über die Felder, die schilfgedeckten Hütten und die kleinen kubischen Häuser an den Erdwegen der Bauerndörfer. Die Sonne scheint schräg durch die grünen Scheiben in den Waggon. Am Spätnachmittag fährt der Zug an den Mauern eines Betriebswerkes vorbei, Dampflokomotiven stehen davor, eine alte »XA«-Pacific aus der britischen Zeit, WG-Einheitslok, schwarze CWD und, mitten dazwischen, eine am Führerhaus und Tender in hellem Kobaltblau und Silber herausleuchtende »WP« – eine der beiden Maschinen der Central Railway, welche täglich den dunkelblauen »Taj Express« von Delhi nach Agra befördern: Die Punjab Mail kommt zu einem kurzen Zwischenhalt ohne Lokwechsel im Bahnhof Agra Cantonment an.

Gleich nach der Ankunft führt der Weg zum Fahrkartenschalter, doch – sämtliche Plätze zur Rückkehr nach dem 1343 Kilometer entfernten Bombay sind ausverkauft, auf fast eine Woche hinaus . . . Ein klappriges Taxi fährt zu einem einfachen Hotel, eher eine Karawanserei. Sein Besitzer ist freundlich und spricht gutes Englisch. Er sorgt auch für die Bekanntschaft mit einem Angehörigen des Bahnbetriebswerkes Agra Idgah. Das Haus dieses Eisenbahners liegt an einer engen, lehmigen Gasse, ist ungefähr vier mal vier Meter groß, besteht aus einem einzigen Raum zu ebener Erde, vollgestopft mit Kästen und einem Feldbett, die Wände über und über mit religiösen Bildern bedeckt. Er lädt an einer Bude neben dem Betriebswerk zu einem Tee ein – stark, heiß, mit viel Zucker und Milch – und im Hintergrund zischen die Dampflokomotiven: in den schwarzen und rotbraunen Farben der Western Railway WG und WP – letztere haben die Lokmänner am liebsten, sie machen gut Dampf und seien gut zu handhaben – und Kriegslok, sowie auf der anderen Seite der Bahnsteige YP und YG der Meterspurstrecken, das sind Pacifics und Mikados der Western und, mit Braun und Blau am Führerstand, der North Eastern.

Auf der Breitspur fährt der »Toofan-Express« aus Howrah mit einer CWD und braunen Wagen, an deren offenen Türen Menschen auf den Trittbrettern sitzen, zum Bahnhof Cantonment ab. Über einen hohen Damm kommt der Gegenzug aus Delhi. Seine WP der Central wird in »Agra Cantt« abgehängt. Am Straßenrand neben der Bahn läßt ein Junge den schuppigen Schwanz einer Kobra aus einem Stoffsack herausgleiten. An einer Schnur hält er ein vor Angst zitterndes Wiesel, gegen das er die präparierte Kobraschlange kämpfen läßt, sooft sich genügend zahlende Zuschauer einfinden.

Plötzlich werden die Begleiter unruhig, nicht wegen der Kobra, sondern wegen eines Polizisten, der uns mustert. Im Land herrscht Ausnahmezustand. Sie sagen etwas von einem Freund, von dessen Wohnung aus die Züge sicherer zu photographieren seien. Es geht durch ein paar Gassen, links, rechts, links, und sie sind verschwunden, der Polizist aber auch. Als der »Toofan-Express«, einen braunen Rauchschleier hinter sich lassend, in Idgah einläuft, ist die Versuchung zum Photographieren zu groß, um ihr zu widerstehen und – nichts passiert, trotz Indira Gandhi's Ausnahmezustandes.

Am Abend, im Garten des Hotels, ist ein junger Inder zu Gast, europäisch gekleidet, der sich Zahlen in beliebiger Reihenfolge nennen läßt und diese dann von vorne und auch von hinten auswendig heruntersagt. Auch herausgegriffene Stellen weiß er fehlerfrei anzugeben. Es sind 42 Zahlen gewesen und es hätten noch mehr sein können . . . Für ihn sind das nichts als Konzentrationsübungen für Leistungen auf anderem Gebiet, nämlich der Philosophie. Mit den langhaarigen Gurus allerdings will er nichts gemeinsam haben. Er ist Rationalist, glaubt, daß der Mensch von Geburt her nicht vorbestimmt, sondern ein absolut »unbeschriebenes Blatt« sei und daß jeder zu nahezu unbegrenzten geistigen Leistungen fähig ist, vorausgesetzt, er hat den Willen dazu.

Am anderen Tag fährt das Taxi zum Taj Mahal, dem nächsten Wunder des Aufenthaltes in Agra.

Schließlich löst sich auch das Problem der Rückfahrt auf eine indische Art und Weise: Der Taxichauffeur vermittelt gegen eine Provision einen dienstbaren Geist und der läßt sich eine bestimmte Summe für einen Schaffner aushändigen, den er einen Tag vor der geplanten Abreise in der nordwärts durchfahrenden Punjab Mail zu treffen hofft. Tags darauf geleitet er den, noch immer mißtrauischen, Europäer zuerst in den Wartesaal der ersten Klasse – ein Inder, ganz in Weiß, legt sich dort gerade auf einem Ledersofa in sein mitgebrachtes Bettzeug zum Schlafen – holt ihn, als die Punjab Mail aus Firozepur fauchend einläuft, auf den Bahnsteig, geleitet ihn in einen Erster-Klassewagen und – nicht nur ein Platz, nein, ein ganzes Coupé ist frei . . . Nach Bezahlen des wohlverdienten Trinkgeldes, dem Zur-Ruhe-Kommen auf dem Sitz hinter den Gitterstäben neben dem geöffneten Fenster, dem Einatmen des Kohlenrauches der »WP«, eine Nacht und einen Tag ungestörter Bahnreise durch Indien vor sich, die Gewißheit zu haben, nun doch in Bombay das Flugzeug zu erreichen – auch das erscheint wie ein Wunder.

Anschlüsse in Hinterindien

Südostasien: What Phra Keo in Bangkok

Über Calcutta nach Burma

Come you back to Mandalay,
Where the old Flotilla lay:
Can't you 'ear their paddles chunkin' from Rangoon to Mandalay? . . .«
Rudyard Kipling

Englische Soldaten eroberten Burma im 19. Jahrhundert. Während der Kämpfe in den Jahren 1824 bis 1826 fanden die ersten Depeschenfahrten mit Dampfkraft dorthin statt und – es war die von der englisch-indischen Postroute her vertraute »Enterprise«, welche die Sendungen von Calcutta nach Burma beförderte. Auch der spätere Pionier der Indienpost, der allgegenwärtige Thomas Fletcher Waghorn, spielte in diesem Krieg eine Rolle: »Es war offensichtlich während jenes Feldzuges, daß Waghorn einige nützliche Erfahrungen mit der Dampfschiffahrt sammelte, denn in einem bestimmten Stadium hatte er mit dem Einsatz des Dampfers »Diana« zu tun und war sehr beein-

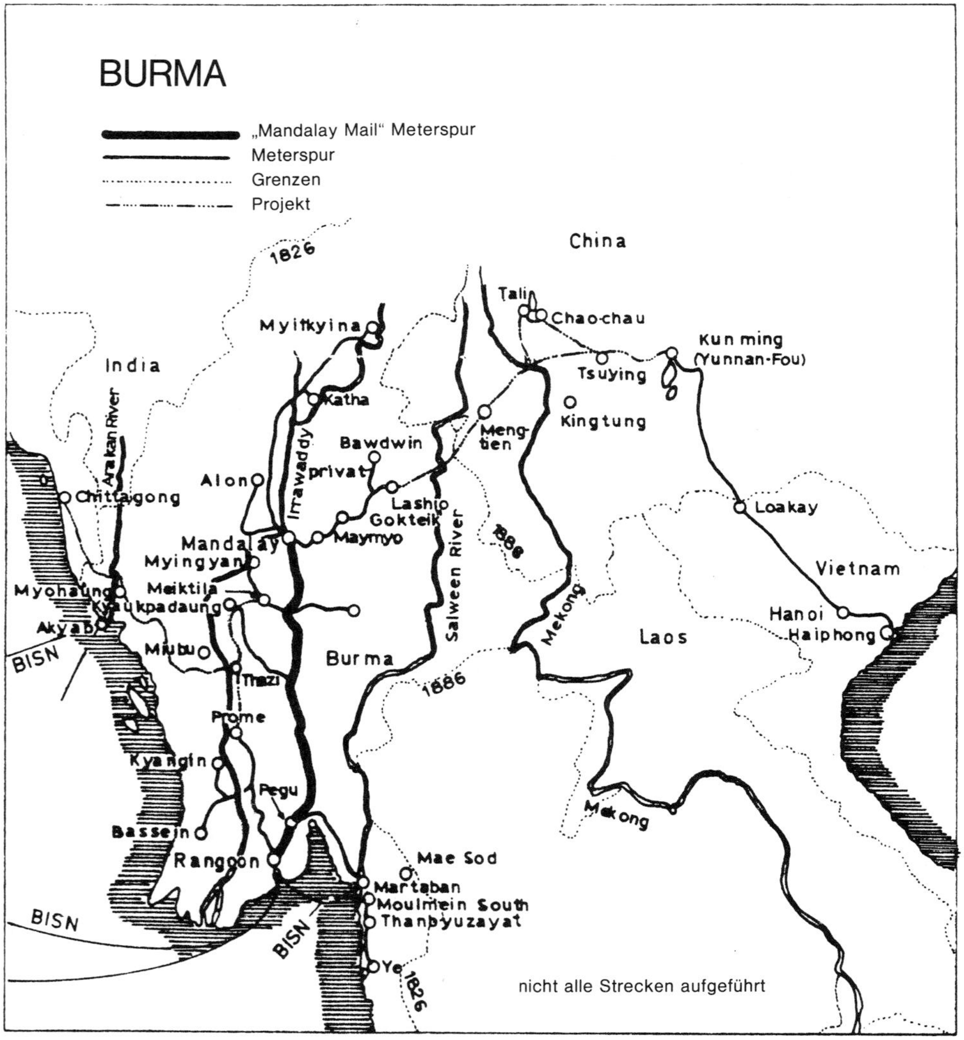

druckt von seinen Möglichkeiten«, schrieb Ernest A. Ewart in »A Hundred Year History of the P & O«. Nach Waghorn wurde sogar eine Felsspitze am Arracan River benannt, der »Waghorn Rock«.

1852 fand ein zweiter Krieg statt, der den englischen Machtbereich in Burma vergrößerte. Vier Jahre später bot die East India Company der »Calcutta and Burmah Steam Navigation Company« einen Postvertrag für die Strecke nach Burma an. Diese richtete daraufhin mit den kleinen Dampfern »Baltic« und »Cape of Good Hope« einen Dienst von Calcutta über Akyab nach Rangoon und Moulmein ein. 1862 entstand daraus die »British India Steam Navigation Company« – deren Linie Indien–Burma einmal, zusammen mit der »Imperial Indian Mail«, einen Teil der »all British round the world route« bilden sollte.

Seine erste Eisenbahn erhielt Burma im Jahre 1877. Diese, von den »Irrawaddy Valley State Railways« betriebene, meterspurige Linie führte von Rangoon nach Prome am Irrawaddy, wo Flußdampferanschluß bestand. 1865 schon war die »Irrawaddy Flotilla and Burmese SN Co. Ltd.« für den Passagier- und Postdampferverkehr von Rangoon nach Mandalay und ab 1868 bis Bhamo gegründet worden, doch Flußdampfer waren bereits vorher durch den Krieg nach Burma gekommen. 1875 wurde daraus die »Irrawaddy Flotilla Co. Ltd.«, welche 1900 sogar eine Eisenbahn übernahm, die Captain H. J. Chubb in »Irrawaddy Flotilla Co. Ltd. 1865–1950« beschrieb: Zwischen Duyinzeik und Thaton hatte ein Mr. Dawson, der Dampfbarkassen von Moulmein nach Duyinzeik betrieb, eine primitive 2 Fuß 6 Zoll-Schmalspurbahn mit 3 vierrädrigen Satteltankmaschinen, acht vierrädrigen Personenwagen und vierundvierzig Güterwagen eröffnet. Diese wurde im Jahr 1900 durch die Irrawaddy Flotilla gekauft, 1906 aber, als die Hauptstrecke von Pegu über Thaton nach Martaban fertig war, stillgelegt.

Die Engländer blieben in Burma nicht ohne Rivalen. Frankreich gelang 1884 ein Vertragsabschluß, der eine Bahn von der Sultansstadt Mandalay nach Tongou vorsah. Doch England eroberte Mandalay und ganz Burma wurde 1886 dem britisch-indischen Staat einverleibt, womit das französische Projekt ausgeträumt war. Stattdessen wurde das englische Meterspurnetz 1889/94 von Rangoon bis Mandalay und anschließend bis Myitkina erweitert.

Hinter den Bergen liegt China und dieses Ziel sollte die britischen und die französischen Interessen wieder vereinen. Ein Vertrag vom Februar 1897 sah vor, eine Bahn von Burma nach China zum Anschluß an die französische Linie von Haiphong nach Yunnan-Fou (Kunming) zu bauen. Der englisch-französische Zusammenstoß bei Faschoda im Sudan beendete aber diese Zusammenarbeit sehr schnell. Von einer anderen Initiative wurde 1913 berichtet: Die »Burma Chamber of Commerce« setzte sich für den Bau einer Eisenbahnverbindung von Indien nach China, auf dem Weg über Kentung, ein. Ein Atlas von 1909 zeigt das Projekt einer Bahn von Chittagong über Myohaung einerseits nach Prome und andererseits nach Meiktila, sowie den Plan einer Linie nach Yunnan-Fou. Diese ist aber nicht via Kentung eingetragen, sondern von Mandalay nach Tali-Fou am See Erh Hai und von Chao-chau am anderen Seeufer nach Yunnan-Fou.

Die von Mandalay in nordöstlicher Richtung vorangetriebene Strecke erreichte indessen nur Lashio, noch in Burma gelegen. Das größte Hindernis, das sie unterwegs zu überwinden hatten, war die Schlucht des Chung-Soun-Flusses. Mehr als zweihundertfünfzig Meter hoch über dessen Wasserspiegel errichtete die Pennsylvania Steel Company hier zu Anfang des Jahrhunderts eine fast siebenhundert Meter lange Stahlbrücke – den berühmten Gokteik-Viadukt.

Cook's Handbook von 1914 schilderte die neue Linie wie folgt: »Sie führt im Zickzack die Seiten fast senkrechter Berge empor und windet sich dann durch ein sehr gebirgiges Land, bis die Schlucht erreicht ist. Es gibt dort einen sauberen, komfortablen Bungalow, den die Eisenbahngesellschaft allen Reisenden erster und zweiter Klasse zur Verfügung stellt.«

Die Postroute von England nach Burma beschrieb das gleiche Handbuch via Calais–Brindisi, dann mit dem P & O-Dampfer nach Bombay, per Bahn nach Calcutta und mit dem British India-Dampfer nach Rangoon führend. Die Züge, welche von Rangoon aus Post und Passagiere weiter ins Landesinnere brachten, bestanden vor dem 1. Weltkrieg aus vierachsigen hölzernen Abteilwagen, unten eingezogen und oben mit durchlaufenden »sunshades« versehen. Die Waggons der ersten Klasse waren weiß, diejenigen der dritten ockerfarben und die Reisezuglokomotiven rot. Um eine Rupie und acht Shillings gab es »Breakfast« oder »Tiffin« und um zwei Rupien ein Dinner.

1896 war das Bahnnetz an die »Burma Railway Company« verpachtet worden, doch zwi-

Lokomotive der Burma Railways, gebaut bei der North British Locomotive Company 1904
Gölsdorf-Stiftung, Deutsches Museum

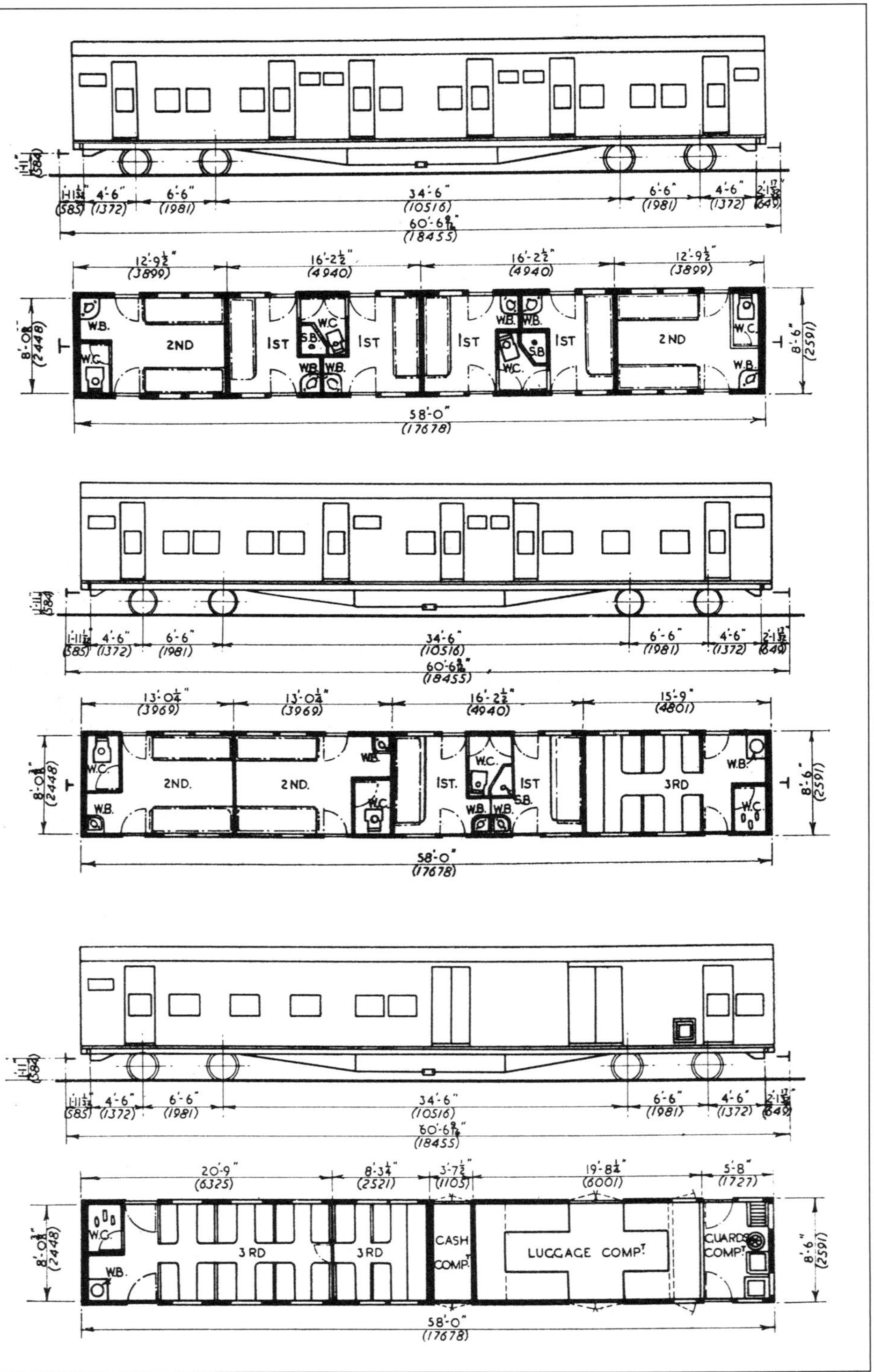

Frühere Wagen in Burma mit Schlafeinrichtung für die oberen Klassen

schen den Weltkriegen wurde es erneut verstaatlicht und bis zur Verleihung der Autonomie im Jahre 1937 dem »Indian Railway Board« unterstellt. Die Höchstgeschwindigkeit des Expresszuges Rangoon–Mandalay konnte damals von 35 auf 45 Meilen pro Stunde gesteigert werden. Seine »indischen« YC-Pacificlokomotiven schafften mit den 14 Wagen die 622 Kilometer nunmehr in dreizehneinhalb Stunden, einen Essensaufenthalt eingeschlossen. Am 15. Dezember 1934 allerdings wurde die »Mail« durch ein Attentat zum Entgleisen gebracht, bei anderer Gelegenheit stoppten Überschwemmungen ihren Lauf.

Der Verkehr weiter nach Myitkina verbesserte sich im Jahre 1934 durch Indienststellung der Ava-Brücke über den Irrawaddy anstelle einer Dampffähre. Der zweite Weltkrieg machte dann die Aufbauleistungen zunichte: Als 1942 die Japaner kamen, schlugen alliierte Bomber unter anderem den Gokteik-Viadukt in Trümmer. Die Wiedereroberung Burmas durch die Alliierten im Jahre 1945 vollendete die Katastrophe. Japan zerstörte den Gokteik-Viadukt abermals und alliierte Luftangriffe vernichteten die Linie, welche die Japaner von Thailand aus über die »River Kwai-Brücke« zum Anschluß an das, vor dem Kriege bis Ye reichende, burmesische Netz zu bauen begonnen hatten.

Die Verbindung nach China war 1938 nur als Straße fertiggestellt worden. 50000 oder 100000 Menschen jagten die Chinesen in den Tod, um diese »Burma Road« zu bauen, über die dann das Militär Tschiang Kai-scheks versorgt wurde. Auf dieser Straße rollten die Lkw-Kolonnen, von der Bahnstation Ledo in Assam kommend, 1700 Kilometer weit durch Dschungel und über halsbrecherische Kehren nach Kunming. Der Bau einer durchgehenden Bahn von Burma nach Kunming war im Gespräch, doch angesichts der zweieinhalbtausend Meter hohen Gebirgsübergänge wurde darauf verzichtet.

Wie »man« damals von Burma nach China reiste, vorausgesetzt, die nötigen (falschen) Papiere waren vorhanden, beschrieb der Autor von »Le pont de la rivière Kwai«, der Franzose Pierre Boulle, in seinen Erinnerungen: In Diensten des britischen »Intelligence Service« und mit britischem Paß chauffierte er einen Buick über die Burma Road. Sein Freund fuhr mit einem Lastwagen und ein gewisser Kommandant T., der in Tschungking den Marschall Tschiang Kai-schek treffen wollte, nahm den Nachtzug von Rangoon nach Mandalay, bevor er zur Weiterreise auf das Flugzeug umstieg.

Als die Alliierten die Japaner wieder vertrieben hatten, wurden dringend neue Lokomotiven benötigt. Die ersten »Mac Arthur«-Maschinen kamen in zerlegtem Zustand auf Panzertransportern über die Kohima–Imphal–Tamu-Straße von Indien herüber. Sie wurden von Kalewa ab auf den Flüssen Chindwin und Irrawaddy nach Myangyan gebracht, wo sie auf der ersten in Betrieb genommenen Teilstrecke Myangyan–Thazi–Tatkou eingesetzt wurden.

Bei Erlangung der Unabhängigkeit im Jahre 1948 befanden sich die Bahnen Burmas noch immer in einem traurigen Zustand. Zwischen Rangoon und Mandalay waren die Züge mit ihren »YB«-Pacifics zwanzig Stunden unterwegs. 1950 kamen die ersten neuen Reisezugwagen

Burmesische Pacific der Klasse YB, Nr. 524, in Pegu, vor der Fahrt mit einem Reisezug nach Rangoon, am 26. November 1976
Foto Ballantyne

aus England und Indien, doch inzwischen hatten Rebellen den Nachtzugverkehr und überhaupt den durchgehenden Reisezugverkehr zum Erliegen gebracht. Es gab Sabotageakte, die Partisanen betrieben in ihren Gebieten eigene Züge, der Staat setzte Panzerschienenwagen von Wickham ein – die gleichen, wie sie auch in Goa und Malaya zur Verwendung kamen – und der Aufbau verzögerte sich um Jahre.

Am 17. Juli 1957 wurde der durchgehende Verkehr Rangoon–Mandalay wieder aufgenommen. Es bestand auch nach wie vor der traditionelle Schiffsanschluß aus Calcutta – doch wieviele unter den wenigen Reisenden aus Europa mögen diese Route im Luftfahrtzeitalter noch benützt haben? Heute fahren Schiffe der Hellenic Lines mit Personenbeförderung USA–Colombo–Chittagong–Rangoon–Calcutta und die Strecke Rangoon–Mandalay wird in 12 Stunden zurückgelegt. Es gibt sogar Schlaf- und Speisewagen, aber einem europäischen Touristen teilte eine offizielle Stelle schriftlich mit, daß die Bahn für Passagiere nicht zu empfehlen sei und daß er lieber fliegen solle. Die schokoladen- und cremefarben gestrichenen Schnellzüge der Union of Burma Railways, in denen einfache Großraumsitzwagen mit zwei Klassen die alten Abteilwagen indischer Art ersetzt haben, dienen nunmehr anderen Aufgaben als zur Zeit des britischen Empire.

Diese Garratt Nr. 5510 der East African Railways, aufgenommen 1976 in Nairobi, war bis 1952 in Burma beheimatet

Express Nr. 4, der Tageszug Mandalay–Rangoon, mit französischer Diesellok DF. 1623 bei Abfahrt in Thazi Junction am 30. November 1976
Foto Ballantyne

Ein Zug nach dem Norden Burmas, von Mandalay nach Naba, mit Diesellok DD.908 von KSK, in Myohaung Jn., am 29. November 1976
Foto Ballantyne

Singapore

Singapore und Malaya

Im Jahre 1819 erwarb Sir Stamford Raffles die Insel Singapore für die East India Company und machte sie damit zu einem der wichtigsten Außenposten des britischen Empire. 1867 erhielten die britischen »Straits Settlements«, zu denen Singapore, Malacca und die Insel Penang gehörten, einen eigenen Gouverneur. Nach und nach breitete sich der britische Einfluß auch auf die Sultanate der malayischen Halbinsel aus: Perak, Selangor, Pahang, Negri Sembilan und Johore. Die Provinzen Kelantan, Trengganu, Kedah und Perlis standen unter siamesischer Oberhoheit, bis ein Vertrag vom Jahre 1909 zwischen England und Siam auch diese Gebiete britischem Schutz unterstellte. Gleichzeitig legte eine separate Vereinbarung fest, daß die »Federated Malay States« der siamesischen Eisenbahnverwaltung einen Kredit von 4 Millionen Pfund zum Bau neuer Strecken zur Verfügung stellten – ein Kredit, der noch internationale Eisenbahngeschichte machen sollte.

Nach Singapore fuhr 1845 erstmals ein Dampfschiff mit Depeschen, die »Lady Mary Wood« der Peninsular & Oriental. Gegen Ende des 19. Jahrhunderts ankerten vor der Insel regelmäßig die Dampfer der Messageries Maritimes, des Österreichischen Lloyd, der Navigazione Generale Italiana, des Norddeutschen Lloyd, der Compañía Trasatlántica, der Koninklijke Paketvaart Maatschappij, der Glen Line, der British India Steam Navigation Company, die japanischen Postdampfer und natürlich die Schiffe der P & O. Diese brachten die Post aus England, die durch Europa hindurch mit den Zügen der »Malle des Indes« befördert worden war und die Passagiere, die von Calais nach Brindisi den »Peninsular-Express« zur Anreise benützt hatten.

Eisenbahnen ins Innere der malayischen Halbinsel gab es erst relativ spät. Die erste Bahn verband von 1885 an Taiping mit Port

Zwei Gunner, beauftragt zum Empfang der Post bei Ankunft des Postdampfers in Singapore im 19. Jahrhundert

Wagen 1. und 2. Klasse der Perak State Railway von 1897, mit braunem Teakholzaufbau auf schwarzem Stahlchassis, museal aufgestellt in Ipoh Archiv Malayan Railway Administration

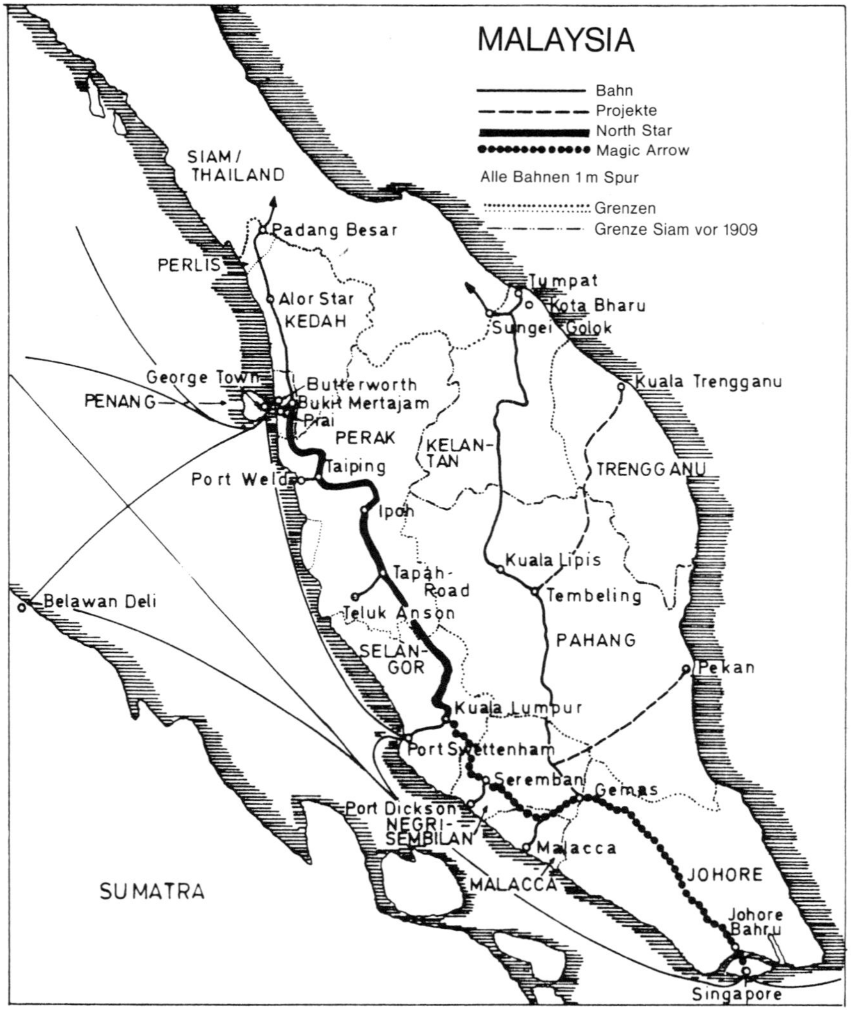

Weld. Erbaut unter Hugh Low in der Position des »Resident« von Perak, diente sie hauptsächlich dem Zinnbergbau. 1886 entstand eine Strecke von Kuala Lumpur nach Bukit Kuda, die 1890 bis Klang und 1899 bis Port Swettenham verlängert wurde. 1891 wurde eine Eisenbahn von Seremban nach Port Dickson und 1893 eine Linie von Tapah Road nach Telok Anson in Dienst gestellt. Alle diese Bahnen waren einheitlich in Meterspur erbaut und alle, mit Ausnahme der »Sungei Ujong Railway« Seremban–Port Dickson, waren von Anfang an staatlich: Die Perak Government Railway, die Selangor Government Railway und dazu noch die Malacca Government Railway, die 1903 zwischen Tampin und dem Hafen Malacca fertig wurde.

Waren die ersten Eisenbahnen auch hauptsächlich für den Transport von Zinnerz gebaut, so förderten sie daneben dennoch die allgemeine Verkehrsentwicklung. Bevor es Schienenwege gab, mußte die Post zum Beispiel mit Ochsenkarren transportiert werden. Auch Passagiere benützten die Bahn und von einem der Reisezüge auf der Linie nach Telok Anson ist aus dem Jahre 1894 eine merkwürdige Geschichte überliefert. Ein Elefantenbulle attakierte, wohl in Verteidigung seiner Herde, die Lokomotive. Er brachte den rauchenden Konkurrenten tatsächlich zum Stehen und sogar zum Entgleisen. Seinen Mut aber bezahlte er mit dem Leben; hoch heute wird ein Fuß von ihm in der Eisenbahnhauptverwaltung von Kuala Lumpur als Trophäe aufbewahrt . . .

Die Verbindung der »Federated Malay States« untereinander sollte durch eine gemeinsame Bundesbahn ermöglicht werden, die »Federated Malay States Railways«, abgekürzt F.M.S.R. Gegründet 1901, formierte sie sich de facto im Jahre 1903 durch Zusammenschluß der Bahnen von Perak und Selangor, wozu 1905 noch die Bahn von Malacca und 1908 die Sungei Ujong Railway kam. Wie anerkannt damals die Eisenbahn als Transportmittel war, geht aus der Tatsache hervor, daß zu der, in jenem Jahr in Kuala Lumpur abgehaltenen zweiten »Conference of Rulers« nicht weniger als drei der anwesenden Sultane per Zug anreisten.

Im Jahre 1909 war der Schienenstrang von Prai im Norden bis Johore Bahru, gegenüber der Insel Singapore, durchgehend befahrbar. Die 493 Meilen lange Verbindung entstand durch Anschluß der FMSR an die neue »Johore State Railway« in Seremban. Damit wurde es dem Schiffsreisenden aus England, der den P & O-Dampfer oder den aus Madras kommenden British India Liner in Penang verließ, möglich, durch Malaya hindurch auf dem Landweg nach Singapore zu fahren. Er mußte zunächst von Georgetown aus per Dampfboot nach Prai übersetzen. Dort erwartete ihn, wie »The Locomotive« 1911 berichtete, eine hellgrüne, holzgefeuerte Pacific-Lokomotive mit den sechs Wagen des Tageszuges nach Kuala Lumpur, Vierachsern aus naturfarbenem Teakholz mit Mittelgang und Übergangsbrücken, erster, zweiter, dritter Klasse und Speisewagen. Bei Ipoh half eine Dreikuppler-Tenderlok über die Steigungen und in Kuala Lumpur blieben die Passagiere bis zum nächsten Morgen im »Station Hotel« des 1910 erbauten Bahnhofes, denn über Nacht ruhte der Betrieb. Am anderen Tag brachte der Zug die Reisenden nach Johore Bahru. Unterwegs, in Gemas, wurde die Pacific der FMSR durch eine dunkelblaue Maschine des gleichen Typs ersetzt, welche der Johore State Railway gehörte. In Johore Bahru mußte auf den Fährdampfer nach Woodlands umgestiegen werden und von dort aus fuhr ein Zug der »Singapore Government Railway«, aus einer grasgrünen Tenderlokomotive und ebenfalls aus naturfarbenen Teakholzwagen mit Mittelgang bestehend, nach Singapore. In der Praxis freilich bevorzugten selbst viele Passagiere des lokalen Verkehrs die Dampfer, vor allem die Küstenschiffe der Straits Steamship Co. Ltd.

Singapores meterspurige Inselbahn war 1903 als »Singapore-Kranj Railway« in Dienst gestellt worden. 1912 ging sie in den FMSR auf und im gleichen Jahr übernahmen diese auch den Betrieb, nicht aber den Besitz, der Johore State Railway. 1911, als die Reisebeschreibung in »The Locomotive« erschien, wurden erstmals Nachtzüge in Malaya eingeführt – mit Schlafwagen und Speisewagendienst – und 1923 endlich konnten die Fahrgäste bis Singapore durchfahren, ohne auf die Dampfer umsteigen zu müssen. Vom 1. Oktober an verkehrten Reisezüge über den »Johore Causeway«, der die Verbindung mit der Insel herstellte. 1932 schließlich ersetzte ein neuer, schöner Bahnhof in Singapore die bisherige unscheinbare Tank Road Station.

Für Malaya wurden »Pacific«-Lokomotiven schon von 1907 an gebaut, dem gleichen Jahr, in dem diese, damals modernste Schnellzuglok-Bauart, eben erst in Europa ihren Einzug hielt. Zwischen den Kriegen stiegen die Zuglasten derart an, daß planmäßig in Doppeltraktion gefahren werden mußte, woraus sich die Frage ergab, ob künftig größere Lokomotiven mit geteiltem Triebwerk entwickelt werden müßten.

Der schöne Bahnhof von Singapore

Lokomotive Nr. 127 der FMSR, Klasse A, ehemals Nr. 4 der Singapore Government Railway, gebaut bei Hunslet 1904
Archiv Malayan Railway Administration

Das selten veröffentlichte Bild einer Lokomotive der Klasse F, Nr. 33, gebaut bei Sharp, Stewart 1897 für die Selangor Government Railway
Archiv Malayan Railway Administration

Lokomotive Nr. 79 der FMSR, Klasse H^1, gebaut bei Nasmyth, Wilson 1908
Archiv Malayan Railway Administration

Lokomotive Nr. 41 der FMSR, Klasse G, gebaut bei Kitson 1899 für die Selangor Government Railway
Archiv Malayan Railway Administration

Lokomotive 542.02, frühere Klasse K^2, in Ipoh, Januar 1972
Foto Dahlström

Lokomotive 531.01, Klasse L, ausgestellt in Kuala Lumpur, aufgenommen 1977
Foto Pearce

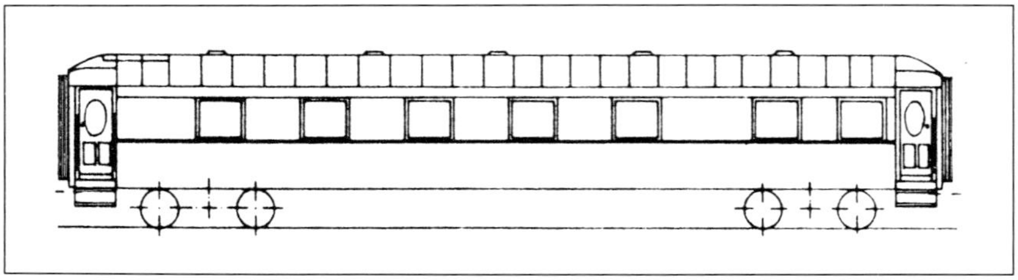

Klimatisierter Wagen erster Klasse für Malaya, gebaut 1936 in Smethwick

Stattdessen kamen stärkere Dreizylinder-Pacifics der S- und dann der O-Baureihen vor Schnellzügen zum Einsatz. Mit einer derartigen kohlegefeuerten Maschine fuhr zum Beispiel zu Beginn des zweiten Weltkrieges die »Night Mail« von Kuala Lumpur bis Singapore ohne Lokwechsel, lediglich mit Personalwechsel in Gemas und Seremban. Auf den Lokomotiven taten drei Mann Dienst: der Lokführer, Malaye oder Anglo-Inder, und zwei Heizer.

Die Reisenden waren Mitte der Zwanzigerjahre zwischen Singapore und Prai 23 Stunden unterwegs, die einstündige Übergangszeit in Kuala Lumpur eingeschlossen. Die Wagen auf der Hauptstrecke hatten, wie ein altes Photo zeigt, nun einen braun-cremefarbenen Anstrich; die Untergestelle stammten aus England und die Aufbauten aus Malaya. Die offenen Endplattformen machten Mitte der Dreißigerjahre teilweise geschlossenen Plattformen Platz. Der Typ eines »Buffet Parlour Car« erster Klasse aus jener Zeit, mit großen Lederfauteuils und Blickrichtung nicht etwa zum Fenster hinaus, sondern in das Innere des dunkel getäfelten Raumes, verkörperte den vornehmen Salon der Epoche. Eine Neuerung brachten klimatisierte Erster-Klasse-Wagen von der Birmingham Railway Carriage & Wagon Co. Ltd., welche von 1937 an zum Einsatz kamen. Sie waren ganz in Stahl konstruiert, mit den üblichen Vakuumbremsen ausgerüstet, außen weiß gestrichen und innen mit Birkenfurnier und »Rexine« getäfelt. Zwei wurden ganz in England gebaut, weitere auf britischen Untergestellen in Malaya.

Auch Schlafwagen mit Klimaanlage kamen zu jener Zeit in Verkehr. Ihre Teakholz-Wagenkästen einheimischer Produktion enthielten acht Abteile, an einem Ende eine Dusche und am anderen ein WC. Die Coupés, innen grün verkleidet und mit modernen Nirostabeschlägen versehen, verfügten jeweils über ein »toilet-cabinet« und wurden nachts als »Single« benützt. Andere Schlafwagen liefen vor dem 2. Weltkrieg von Kuala Lumpur bis Bangkok in Siam, als Teil der durchgehenden Züge, deren Stamm zweimal in der Woche zwischen Prai und der siamesischen Hauptstadt verkehrte. Für die Einführung dieses direkten Dienstes Prai–Bangkok sind die verschiedensten Daten im Umlauf; eines davon ist der 7. Juli 1918, angegeben in der »Railway Gazette« von 1935.

Die Verbindung nach Siam funktionierte noch, als in Europa der zweite Weltkrieg schon begonnen hatte – bis die Japaner Malaya eroberten. Am 15. Februar 1942 fiel Singapore. Einige der Bahnstrecken wurden danach demontiert, darunter ein Teil der Ostküstenlinie, welche seit 1931 von Gemas bis Tumpat im Nordosten führte, mit einem Zweig zu dem schon 1920 eröffneten Grenzübergang Sungei Golok. Die Japaner schafften die Schienen, wie auch zahlreiche Lokomotiven, nach Siam, wo das Material den Vormarsch nach Burma unterstützen sollte.

1945 kehrten die Engländer nach Malaya zurück. Sie fanden ein Bahnnetz vor, das vom Krieg ruiniert war. Die Ostküstenlinie wurde erst in den Fünfzigerjahren wiederhergestellt, weswegen Güterzüge von der West- zur Ostküste den Umweg über Siam machen mußten. Die ebenfalls abgebaute Strecke nach Malacca wurde überhaupt nicht mehr in Betrieb genommen.

1948 brach der Aufstand aus, der, als »emergency« bezeichnet, bis etwa 1960 anhielt. Lokmannschaften und Reisende wußten damals bei keiner Fahrt, ob sie nicht aus einem sicheren Versteck heraus feige ermordet werden würden. Von Singapore aus fuhren Militärzüge nordwärts, bestehend aus Reisezugwagen und gezogen von amerikanischen »Mac Arthur«-Kriegslokomotiven. Die Bahn ließ den Schnellzügen zum Schutz sogenannte »pilot trains«

Panzerschienenwagen von Wickham
Werkfoto Wickham

vorausfahren und sie kuppelte vor dem ersten und hinter dem letzten Wagen Panzerfahrzeuge an. 1953 lieferte die englische Firma Wickham siebenundvierzig Panzerschienenwagen, doch um Mitte der Fünfzigerjahre verringerte sich die Gefahr. Nurmehr den Nachtzügen mußten für einige Zeit noch »pilot trains« vorausgeschickt werden.

Die Eisenbahnen waren 1948 in »Malayan Railways« oder »Keretapi Tanah Melayu« umbenannt worden. 1957 erlangte Malaya die Unabhängigkeit. Daraus entstand 1965 Malaysia, unter Einbeziehung von Singapore und den einst britischen Teilen von Borneo. Auf der Insel Borneo gibt es ebenfalls eine Meterspurbahn, doch diese gehört nicht zu den Malayan Railways

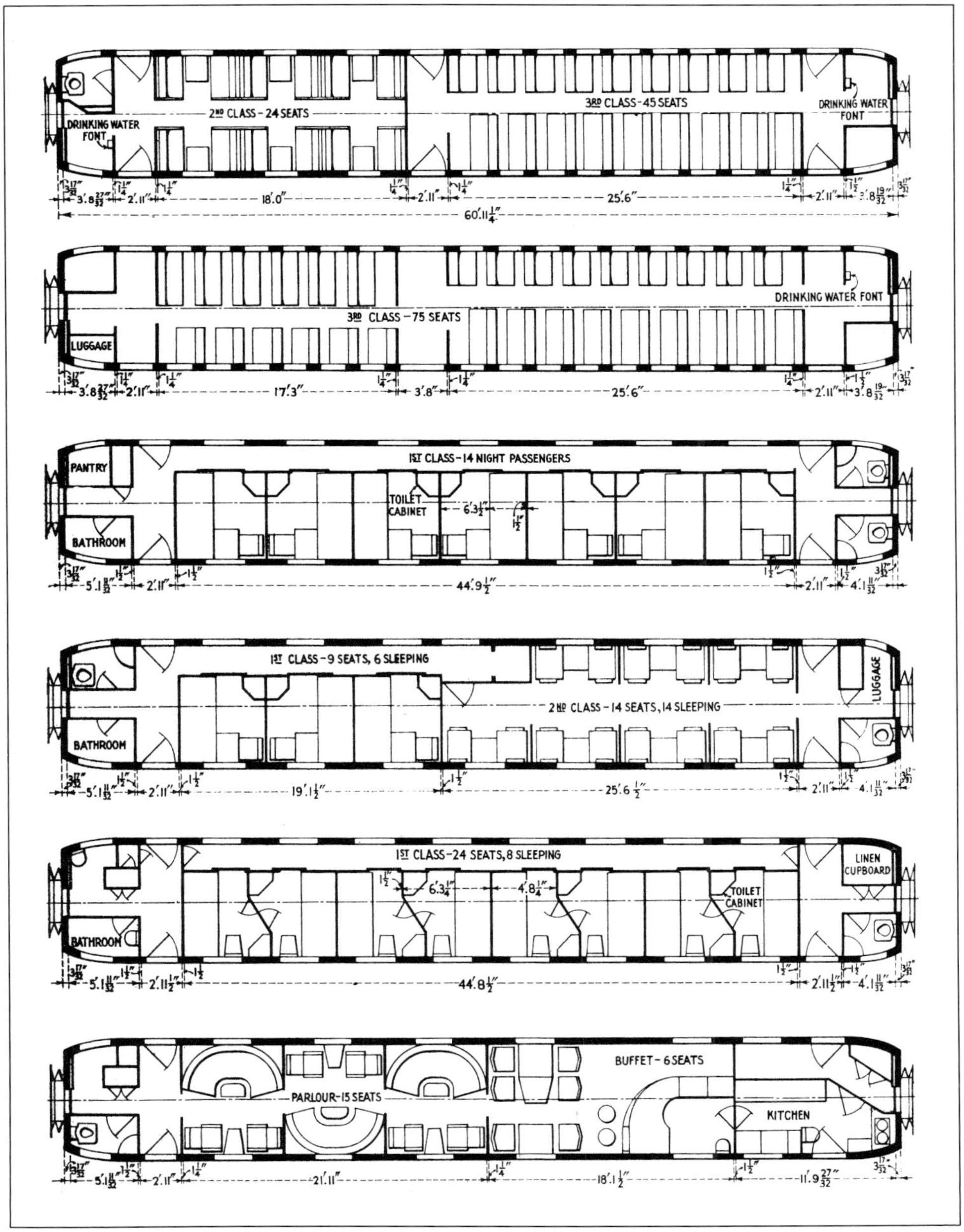

Neue Wagen in Malaya, um 1951

Buffetwagen zweiter Klasse SB 1011 des ,,Magic Arrow" in Kuala Lumpur am 7. August 1975

Buffetwagen erster Klasse AFB 968 des ,,Magic Arrow" während des Haltes in Paloh am 7. August 1975

Buffetwagen erster Klasse FB 954 im ,,Southern Cross", in Singapore, Januar 1972 Foto Dahlström

und auch nicht zum Thema. Singapore ist seit 1965 wieder selbständig, allerdings ohne eigene Eisenbahnverwaltung.

Im gleichen Jahr, in dem Malaya unabhängig wurde, trafen von *English* Electric die ersten dieselelektrischen Lokomotiven ein. Sie lösten auf der Hauptstrecke Singapore–Prai im Reisezugdienst die, auf Ölfeuerung umgebauten, Pacifics der Klasse 56 ab. Gegen Ende der Sechzigerjahre waren auf jener Linie nurmehr die »Night Expresses 2nd & 3rd class« als einzige bedeutende Reisezüge mit Dampf übriggeblieben. Bis um 1972 war noch eine einsame Pacific, meist die 564.04, in Padang Besar stationiert, um den internationalen Express zu befördern, dann wurden alle diese Dienste verdieselt.

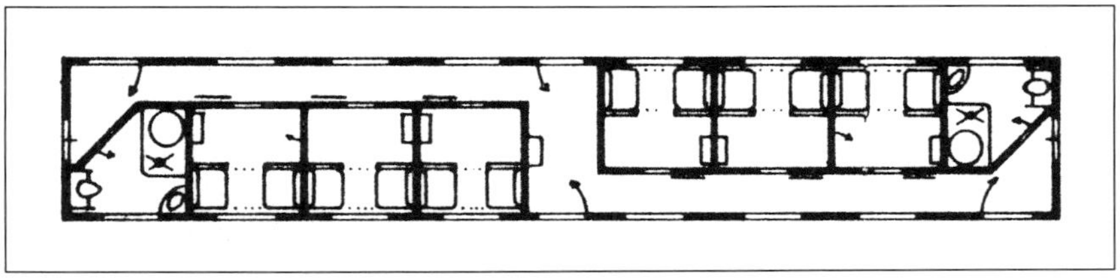

Malaysischer Schlafwagen NF 28 des ,,International Express"

Klimatisierter Schlafwagen Kuala Lumpur–Bangkok, Typ ASA, in Kuala Lumpur, Januar 1972
Foto Dahlström

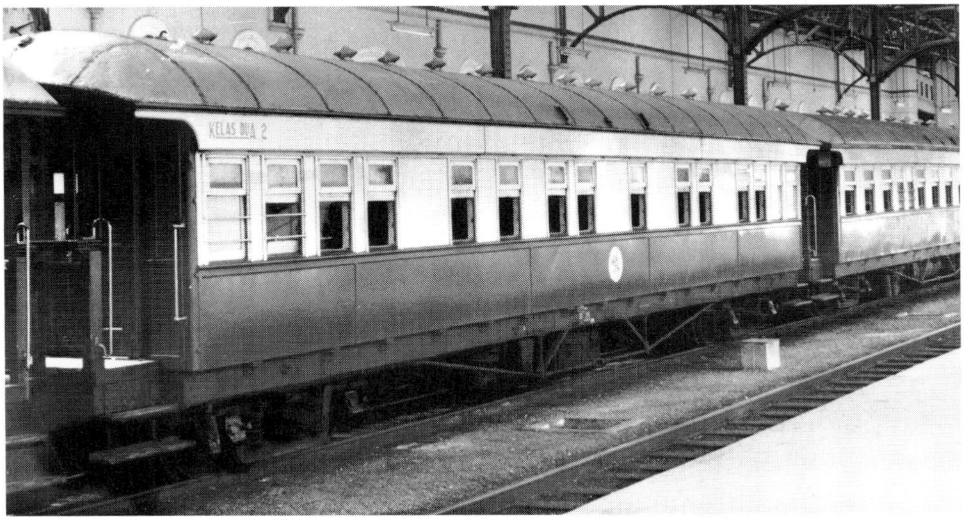

Wagen zweiter Klasse des ,,Magic Arrow" in Kuala Lumpur am 7. August 1975

„Golden Blowpipe“ Tumpat–Singapore mit Diesellok der Klasse 21, bei Tumpat im Januar 1972 Foto Dahlström

„Magic Arrow“ Kuala Lumpur–Singapore mit Diesellok der Klasse 20 und gemischter Zug mit Lokomotive 564.30, frühere Klasse 0^4, in Johore Bahru, Januar 1972 Foto Dahlström

„Golden Arrow“ Butterworth–Kuala Lumpur mit Diesellok der Klasse 22 in Ipoh, Januar 1972 Foto Dahlström

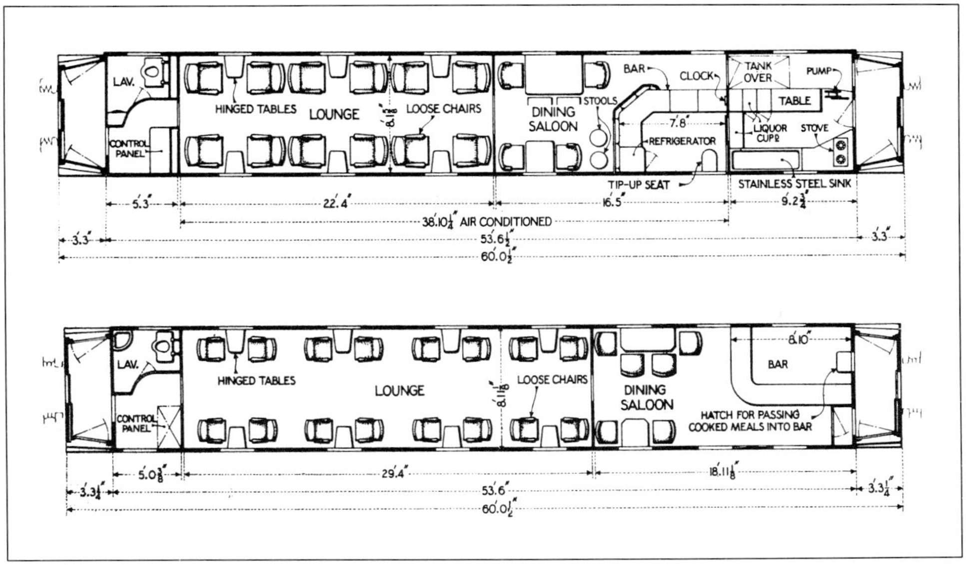

Umgebaute, klimatisierte „Buffet Cars" in Malaya: oben Nr. 962 und unten Nr. 963 sowie 964

Von den klimatisierten Erster-Klasse-Wagen waren nach Ende des 2. Weltkrieges fünf Stück wieder aufgefunden worden. Ihre Fenster, Türen und Inneneinrichtungen befanden sich jedoch in einem so zerstörten Zustand, daß die Bahnverwaltung entschied, nur vier davon instandzusetzen. Von 1948 an wurden zunächst die Wagen Nr. 962, 963 und 964 mit bequemen Einzelfauteuils als »Airconditioned First Class Buffet Cars« hergerichtet. 1951 lieferte England neue derartige Luxusfahrzeuge, daneben gewöhnliche Wagen und Schlafwagen mit Zweibettabteilen, einer Dusche am Wagenende und zum Teil auch mit Klimaanlage. Dazu kamen Schlafwagen zweiter Klasse mit übereinanderliegenden Betten in einem Großraum nach Art der amerikanischen Pullman-Sections, Liegesitzwagen der dritten Klasse und 1976 neue Großraumwagen mit und ohne Klimaanlage im Farbschema dunkelrot oder grün, jeweils mit gelbem Streifen, für ein Zwei-Klassen-System. Daneben gibt es noch »V.I.P.«-Wagen, mit offener Plattform an einem Ende, für die Prominenz. Die Verpflegungsdienste in den Reisezügen sind an Privatunternehmer vergeben, meist Chinesen.

Die »night mails« zwischen Singapore und Kuala Lumpur heißen seit den Fünfzigerjahren »Southern Cross«, diejenigen zwischen Kuala Lumpur und Prai »North Star«, die Tageszüge »Magic Arrow« und »Golden Arrow« und die Fernzüge der Ostküstenstrecke »Golden Blowpipe«. An der Westküste verkehren heute auch »Rapid«-Triebwagen und seit 1977 ein »Rakyat«-Tageszug Singapore–Butterworth mit den neuen Wagen. Die Zugläufe nach Prai, einschließlich dem Express aus Bangkok, wurden 1967 über eine neugebaute Drehbrücke hinweg nach dieser Station verlängert, wo nun die Fährboote nach Penang ablegen.

Die internationale Verbindung Bangkok–Butterworth empfahl ein Reiseführer sogar zur Anreise von Europa nach Indonesien: Der Passagier solle von einem der zahlreichen billigen Flüge nach Bangkok Gebrauch machen, von dort aus per Bahn nach Malaysia fahren und dann die kurze Reststrecke nach Java fliegen. Und auch für Schiffsreisende war ein Angebot aufgeführt. Wer den P & O-Dampfer in Penang

Klimatisierte, 1976 in Japan gebaute Wagen eines Schnellzuges der KTM in Butterworth, 2. November 1977 Foto Pearce

Rapid-Triebwagen Singapore–Kuala Lumpur, mit Anschluß an die Verbindung nach Bangkok, in Johore Bahru im Januar 1972
Foto Dahlström

verließ, um dort vielleicht einen Ausflug mit der Standseilbahn auf den »Penang Hill« zu unternehmen oder ein paar Tage im fashionablen »E & O«, dem East & Oriental Hotel, zu verbringen, der konnte anschließend im »Airconditioned Buffet Car« des »Golden Arrow« nach Kuala Lumpur fahren, dort im erstklassigen Bahnhofshotel übernachten und am anderen Tag mit dem »Magic Arrow« nach Singapore weiterreisen und das alles zum Inklusivpreis von weniger als 30 US-Dollar. Heute freilich werden die »Pertadbiran Keretapi Tanah Melayu«, die Staatsbahnen, mit Schiffspassagieren kaum mehr ein Geschäft machen – denn Ozeandampfer sind in Malaysia, wie auch anderswo, selten geworden.

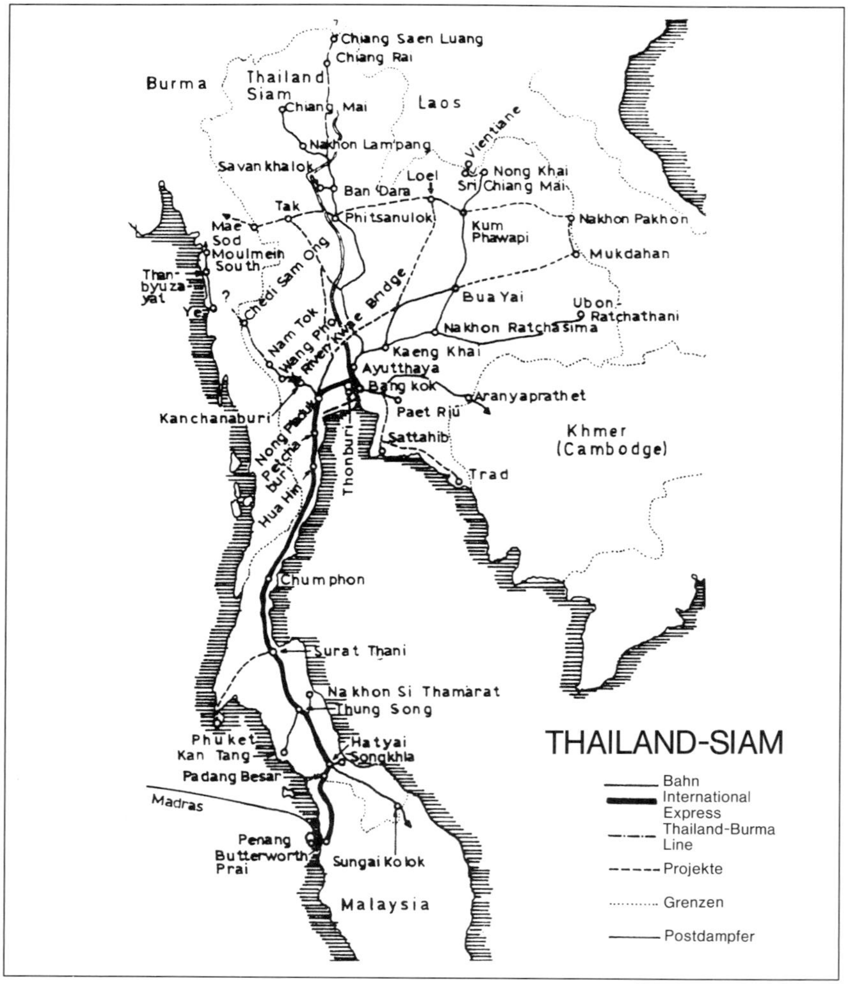

Per Schlafwagen nach Siam

Es war einmal ein fernes Land, das wurde von einem König regiert, der selber Lokomotiven führte, das besaß eine Bahn, auf der ein Wagen mit Duschen für des Königs weiße Elefanten rollte und das hatte einen internationalen Luxuszug, wie es sie einst auch in Europa gab – so oder ähnlich wurde schon über Siam oder Thailand und seinen berühmtesten Express geschrieben. In dem vor Jahren erschienen Buch »Auf den Schienen der Erde« von E. Berghaus ist von weißen Waggons, von einem Klavier im Salon und von dem festlichen Schauspiel der Ankunft in Bangkok die Rede. Zu einer Zeit schon »verdieselt«, als diese Entwicklung selbst in den USA noch in den Kinderschuhen steckte, wurde dieser »International Express«, der Malaya mit Thailand noch heute verbindet, zu einer eisenbahnerischen Legende. Und – er bildete den östlichen Anschluß zu denjenigen Zügen, die im Westen, in Frankreich, die englischen Indienreisenden beförderten.

Dabei war Siam lange Zeit hindurch den internationalen Verbindungen gegenüber alles andere als aufgeschlossen. Als im 17. Jahrhundert den westlichen Handelsniederlassungen bald Kriegsschiffe nachfolgten, brach das Königreich zunächst alle Kontakte zu den Europäern ab. Erst 1855 schloß es einen Freundschaftsvertrag mit England und dann auch mit anderen Mächten, ohne allerdings jemals Kolonie zu werden – weswegen es sich 1939 mit gutem Recht den Staatsnamen »Thailand« oder »Land der Freien« zulegen konnte.

In jenem Jahre 1855 überbrachte der britische Botschafter einen Miniaturzug als Ge-

Normalspurlokomotive Nr. 215 von Hanomag in Siam Archiv State Railway of Thailand

schenk der Queen Victoria dem siamesischen König Mongkut oder Rama IV. Englische Ratgeber warben aber nicht nur für den Bau von Eisenbahnen, sondern auch für den Durchstich der Landenge von Kra zur Verkürzung des Seeweges zwischen Europa und China – ein bis heute unausgeführtes Projekt, von dem schon gegen Ende des 18. Jahrhunderts der Bruder des Königs Rama I. geträumt hatte. Jahre später sah Mongkuts Nachfolger, sein Sohn Chulalongkorn oder Rama V., im benachbarten Burma eine wirkliche Bahn, woraus der Gedanke entstand, einen Schienenweg von Bangkok nach Chiang Mai im Norden zu bauen, wo sich die Sommerresidenz der Königsfamilie befindet. 1892 schließlich schlug Chulalongkorn den ersten Nagel ein zum Baubeginn der Strecke Bangkok–Ayutthaya–Korat, mit dem Ziel Mekong.

Bangkok war die neue und Ayutthaya die alte Hauptstadt des Königreiches, das seinerzeit für Ausländer am ehesten mit lokalen Schiffen von Singapore her erreichbar war. Die projektierenden Ingenieure der Bahn waren vor allem Engländer und Deutsche und als Spurweite brachten sie die europäische Normalspur mit. 1897 übergab der König die Strecke bis Ayutthaya dem Verkehr, als erstes Teilstück der Königlichen Staatsbahnen oder Royal State Railways – deren »königlicher« Titel übrigens erst 1951 in State Railway of Thailand umgewandelt werden sollte.

Chulalongkorn war ein begeisterter Verehrer Bismarcks – 1907 besuchte er den deutschen Altreichskanzler – was wohl nicht ohne Einfluß darauf war, daß er den Bau seines Staatsbahnnetzes 1891 einem Deutschen, dem preußischen Baurat Bethge, unterstellte. Zur Jahrhundertwende reichte der Schienenstrang im Nordosten bis Korat oder Nakhon Rajasima, im Norden führte er 1908 bis Phitsanoluk und im Osten 1908 bis Paet Riu, woraus eine Verbindung nach Saigon hätte entstehen können.

Bei dem preußischen Einfluß konnte es nicht ausbleiben, daß bald Lokomotiven aus Deutschland bezogen wurden, wenngleich die ersten Maschinen aus England stammten. Wagenlieferungen sind von den deutschen Firmen MAN, van der Zypen & Charlier und Lindner bekannt. Letztere umfaßten im Jahre 1903 Salon-, Personen-, Gepäck- und Güterwagen und später vierachsige Schnellzugwagen aller drei Klassen.

Die von Bangkok in nördlicher Richtung ausgehende Linie war aber nicht die erste, in Siam fertiggestellte Bahn. 1893 schon konnte ein privater Finanzier eine zwanzig Kilometer lange Meterspurstrecke von Bangkok nach Paknam an der Mündung des Chao Phya in Betrieb setzen. Sie wurde später elektrifiziert und 1960, angeblich unter dem Einfluß der ausländischen Lobby – stillgelegt.

Ein weitergespanntes Projekt von Anfang des 20. Jahrhunderts sollte das britische Malaya mit dem französischen Indochina durch eine Bahn von Singapore über Bangkok nach Hanoi verbinden. Sowohl in Malaya und Indochina als auch in Siam südlich von Bangkok herrschte die Meterspur und nicht Normalspur. Damit ließe sich auch eine Verbindung mit dem Meterspurnetz von Burma herstellen, obwohl das noch in weiter Ferne lag. Durch seinen berühmten Vier-Millionen-Pfundkredit sicherte sich Großbritannien das Recht, diese siamesische »Southern Railway« britischer Oberleitung zu unterstellen.

Meterspurige 2C-Lokomotive der Südlinie von der North British Locomotive Co.
Maschinen dieser Baureihe gelangten später auch nach Kambodscha
Archiv State Railway of Thailand

Pacific-Lokomotive Nr. 230 von Baldwin mit einem Express vor Abfahrt in Bangkok Hualumphong Archiv State Railway of Thailand

Pacific-Lokomotive Nr. 260 von Hanomag mit einem Express vor Abfahrt in Bangkok Hualumphong Archiv State Railway of Thailand

Teakfarbener Zweiachser in Bangkok Hualumphong, August 1975

Im Jahre 1900 nahm jener Bahnbau in Bangkok vom westlichen Ufer des Chao Phya seinen Ausgang, während das Normalspurnetz seinen Bahnhof am östlichen Flußufer hatte. Zu Ende des 1. Weltkrieges erreichte die Meterspur das 990 Kilometer entfernte Padang Besar, wo die siamesische in die malayische Bahn mündet und später folgte bei Sungai Kolok ein weiterer Grenzübergang.

Durch den ersten Weltkrieg hatte Deutschland den Einfluß auf die siamesische Bahn verloren, so daß die beiden getrennten Verwaltungen 1917 vereint werden konnten. Um 1920 stand der Entschluß fest, das nördliche Streckennetz und seine Fahrzeuge durch Umbau auf Meterspur dem südlichen anzupassen. Die kleinere Spurweite erleichterte auch den Weiterbau der Nordlinie von Nakhon Lampang über das Gebirge nach deren Endpunkt Chiang Mai. 1930 führte eine neue Meterspurstrecke im Nordosten nach Ubon Ratchathani und im gleichen Jahr war die Umspurung des Gesamtnetzes vollendet.

Die durchgehende Verbindung vom britischen Malaya nach dem Norden Siams und nach dem Osten, nur neunzig Kilometer von Laos entfernt, war hergestellt – und ihr wichtigster Zug war der internationale Express. Die thailändische Staatsbahn schrieb in einem Brief, daß dieser Dienst zur malayischen Grenze 1917 aufgenommen wurde und daß Mikado-Lokomotiven von Baldwin zur Verwendung kamen – diese wurden aber erst 1923 geliefert. Eine Zeitschriftenmeldung nannte das Jahr 1922 als Einführungsdatum eines einmal wöchentlich verkehrenden internationalen Zuges mit Speisewagen. »The Locomotive« schrieb über ihn im September 1925: »Seit Anfang 1924 betreiben die siamesischen Staatsbahnen zusammen mit den Federated Malay States Railways einen zweimal wöchentlichen, direkten Zugdienst zwischen Bangkok und Prai, dem Bahnhof für Penang in den Straits Settlements. Ein durchgehender ›train de luxe‹, bestehend aus Schlaf- und Speisewagen, stellt einmal in der Woche, mit einer Fahrzeit von 34 Stunden, einen dieser Dienste dar. Ein täglicher Schnellzug von Prai aus ermöglicht den Anschluß nach Singapore . . .

. . .Die Einführung dieses speziellen Luxus-Service hat eine sehr beträchtliche Zeitersparnis für Reisende zur Folge, welche die siamesische Hauptstadt von Indien oder vom Westen aus besuchen. Bisher war die einzige direkte Route eine Seereise über Singapore und den Golf von Siam, jetzt dagegen kann ein Passagier aus Europa in Bombay landen, mit dem schnellen ›mail train‹ nach Madras weiterfahren und dort auf einen Postdampfer nach Penang überwechseln. In Penang schließt die Fähre nach Prai an, wo der Luxuszug zur Fahrt nach Bangkok wartet.«

Ein seltenes Foto: Diesellok von Frichs mit Express vor Abfahrt in Bangkok Hualumphong in den Dreißigerjahren Werkfoto Frichs

Wer per Schlafwagen nach Siam fuhr, reiste also mit den Postdampfern der P & O und infolgedessen mit deren Anschlußzug »Bombay-Express« durch Frankreich hindurch an! Wer sich aber auf der langen Fahrt unterwegs ausruhen wollte, der konnte dies in »Hua-Hin-on-Sea« tun, einem neuen Ferienort am Golf von Siam, wo die Bahn ein Erstklasshotel errichtet hatte. Lokomotivwechsel des internationalen Zuges erwähnt jener Bericht in Wangphong, ein kurzes Stück weiter südlich von Hua Hin gelegen, und natürlich in der Grenzstation Padang Besar. Die Wagen liefen von Prai bis Bangkok Noi Station, westlich vom Chao Phya, durch. Nach Eröffnung der 274 Meter langen »Rama VI«-Brücke am 1. Januar 1927 konnten die Passagiere aus Prai direkt in den Bahnhof Bangkok Hualumphong einfahren, wo der Express nach Chiang Mai und die Züge nach dem Nordosten ihren Ausgang nahmen.

Anfang der Dreißigerjahre wurde die Verbindung Prai-Bangkok in Siam verdieselt. Diese Pioniertat umschrieb die dänische Firma Frichs, die Herstellerin der sechs zweimotorigen, dieselelektrischen 2Do2-Maschinen, mit den nüchternen Worten: »Die technischen Daten der 1000-PS-Lokomotive sind die folgenden: – den ›international express‹ zwischen Bangkok und Penang mit einer Geschwindigkeit von 60 Stundenkilometern zu ziehen. Die Last am Zughaken besteht aus 13 Drehgestellwagen, einschließlich Schlaf- und Speisewagen, jeder mit

Von Malaya an die Siam–Burma-Linie verschlagen: Lokomotive 804, ehemals malayische Klasse P, als Denkmal an der Brücke über den Kwai, aufgenommen 1977. Die gleiche Baureihe fuhr auch auf der BBCIR Foto Pearce

voller Ladung 32 Tonnen schwer, das ist ein Zug von 416 Tonnen. Der Aktionsradius ohne Treibstoff- oder Wasserübernahme beträgt 2500 Kilometer, was der Strecke Bangkok, Penang-Besar (Anmerkung: es ist wohl Bangkok–Padang Besar gemeint) und zurück mit einer Reserve von 500 km entspricht. Auf 18 Promille Steigung kann die Lokomotive diesen Zug mit 18 Stundenkilometern befördern.« Es ist hier von einem schweren Schnellzug, nicht mehr von einem Luxuszug die Rede, ebenso wie in einem Bericht der »Railway Gazette« von 1937. Dieser erwähnt den zweimal wöchentlichen »Penang Express« mit Frichs-Diesellok, mit Sitz-, Schlaf- und Speisewagen sowie mit dem traditionellen Postdampferanschluß von Penang nach Europa, wobei die Fahrzeit Bangkok-Prai auf rund 27 Stunden verkürzt worden war.

Die Verbindung nach Europa zerriß, als Ende 1941 die japanische Armee auf ihrem Vormarsch nach Malaya und Burma durch Siam stürmte. Siam erklärte den Westmächten pro forma den Krieg und es erhielt dafür von den Japanern Teile Malayas, Kambodschas und Burmas. Für die japanischen Militärs galten auch nicht mehr jene wirtschaftlichen Bedenken, welche die Engländer bisher vom Bau einer Eisenbahnverbindung Siam–Burma abgehalten hatten – die Bahn nach Burma mußte gebaut werden!

Ihr Bau wurde durch die »River Kwai-Brükke«, durch den Tod von 11000 Kriegsgefangenen und einer unbekannten Zahl einheimischer Zwangsarbeiter, durch den Roman »Le pont de la rivière Kwai« von Pierre Boulle und durch den Film von David Lean weltberühmt. In Nong Pladuk von der Südlinie abzweigend, führte die Trasse, einer thailändischen Angabe zufolge, über Chedi Sam Ong nach dem 415 Kilometer entfernten Thanbyuzayat in Burma. Bei Kanchanaburi mußte der Kwae Yai überquert werden, was zunächst mit einer Holzbrücke geschah und dann mittels einer Brücke auf Betonpfeilern mit stählernen und hölzernen Trägern. Im Oktober 1942 war die Bahn zu bauen begonnen worden und als Fertigstellungsdatum gilt der 23. Oktober 1943. Wirklich vollendet soll sie nie gewesen sein – denn gegen Kriegsende zerstörten alliierte Bomber zahlreiche ihrer Bauwerke, darunter die Brücke über den Kwae Yai, den »River Kwai«.

Nach Beendigung des zweiten Weltkrieges wurden die zerstörten Felder der Brücke wie-

Die „River-Kwai"-Linie, gedacht einst als Verbindung Siam–Burma, bei dem Felsen Tham Krasae, mit einem Dieseltriebwagen.
Von 1977 an wurden mit Triebwagen auch Sonderfahrten für Touristen auf dieser Strecke veranstaltet Foto State Railway of Thailand

Pacific-Lokomotive Nr. 284 aus Japan, in Hatyai am 8. August 1975

der aufgebaut. Die Staatsbahn eröffnete den zivilen Verkehr 1949 bis Kanchanaburi, 1952 bis Wang Pho und 1958 bis Nam Tok. Eine Meile hinter dieser Station endet die Linie im dichten Dschungel – denn der Staat hatte nach verschiedenen, unter anderem wirtschaftlichen, Überlegungen beschlossen, die Trasse aufzugeben. Das Martyrium der Zwangsarbeiter war umsonst gewesen . . .

Mit dem Nachbarland Laos kam 1955 eine Verbindung zustande. Über Nakhon Ratchasima – seit 1967 auch über eine nördlichere Route – führt eine Bahn nach Nong Khai am Mekong. Von dort aus überquerten Fährboote den mehr als einen Kilometer breiten Fluß auf dem Weg nach der laotischen Hauptstadt Vientiane. Die Boote und der Nachtexpress nach Bangkok beherbergten häufig Amerikaner, als diese noch Vientianes Nachtclubs besuchten, doch das ist heute Vergangenheit.

Die wichtigste internationale Strecke Thailands, nämlich die des »International Express« nach Malaya, wurde im 2. Weltkrieg unterbrochen. Alliierte Bomber hatten unter anderem die Chulachom Klao-Brücke über den Tapi-Fluß bei Surat Thani zerstört. Während der Unterbrechung hielten amerikanische Baldwin-Lokomotiven den Verkehr im Süden aufrecht, während auf dem nördlichen Streckenteil japanische Pacifics und Mikados fuhren. Auch die Brücke über den Chao Phya bei Bangkok war vernichtet worden. Laut »La Vie du Rail Outre-Mer« entstand dort erst 1955 ein Neubau zur Verbindung der beiden Flußufer. Der International Express startete, gemäß »Railway Gazette«, im Februar 1954 wieder bis Prai in Malaya. Er beginnt heute in Bangkok Hualumphong, während am westlichen Ufer des Chao Phya, in Thonburi, nurmehr die Züge der »River Kwai«-Strecke ihren Ausgangspunkt nehmen.

Alter Vierachser in Bangkok Hualumphong, August 1975

Ein Photo von Mitte der Fünfzigerjahre zeigt den internationalen Express, bestehend aus alten braunen Wagen, mit weißem Streifen unter den Fenstern und teilweise noch mit den altmodischen Sonnenblenden ausgerüstet. Später kamen nach und nach neuere Fahrzeuge in Dunkelrot mit Beige in Dienst. Ein Journalist reiste um 1967 mit einem ehrwürdigen malayischen Schlafwagen, der die Tafel »Bangkok to Penang« trug und der auch zehn Jahre später noch fuhr, von Bangkok nach Prai: Der Zug hatte zwei Gepäck- oder Postwagen, zehn hoffnungslos überfüllte Sitzwagen, dazu Speise- und Schlafwagen. Zur Grenzkontrolle mußten die Passagiere in Padang Besar aussteigen.

Bis dorthin zog eine japanische Diesellok. Wie die thailändische Staatsbahn mitteilte, wurde der Express seit Wiederaufnahme des durchgehenden Verkehrs überhaupt nur durch Diesellok, und zwar von Henschel, General Electric und Krupp, befördert. Später kamen neue Wagen in Dienst – die klimatisierten aus Japan, die anderen aus der einheimischen Makasan-Werkstätte – und die zweite Klasse er-

Ältere holzverkleidete Fahrzeuge, teakfarben mit weißem Streifen, in Bangkok Hualumphong, August 1975

Neuer klimatisierter Schlafwagen der thailändischen Staatsbahn, eingesetzt u. a. im ,,International Express"

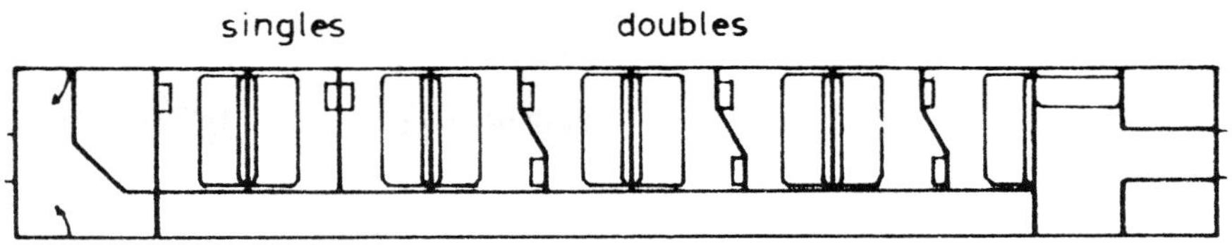

Schlafwagen ohne Klimaanlage der thailändischen Staatsbahn, eingesetzt u. a. im ,,International Express"

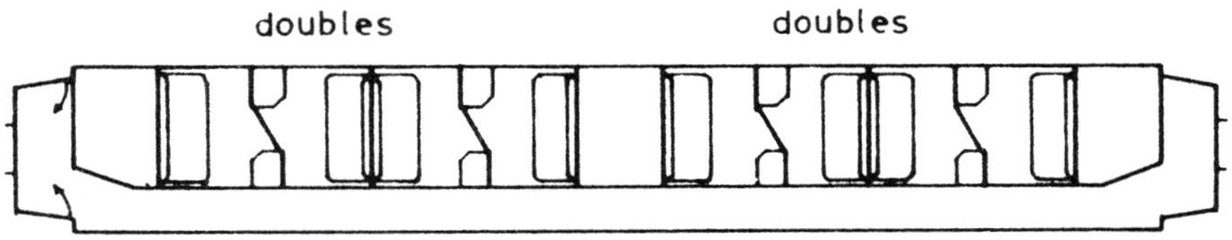

Großraumliegewagen 2. Klasse der thailändischen Staatsbahn, eingesetzt u.a. im ,,International Express"

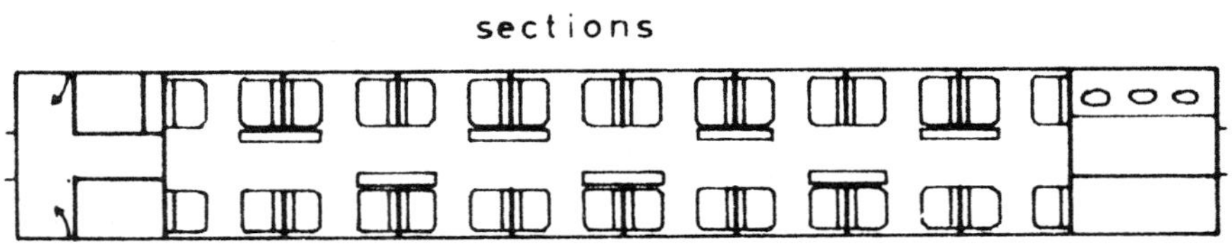

,,Northern Express" mit General Electric-Diesellok auf der Nordlinie
Foto State Railway of Thailand

Diesellok von Henschel bei Chong Khao an der Südlinie
Foto State Railway of Thailand

Special Express Bangkok–Hatyai mit Krupp-Diesellok Nr. 3105 in Bangkok Hualumphong am 9. August 1975

Thailändischer Wagen erster Klasse mit Klimaanlage, gebaut in Japan, hier im „International Express“ am 8. August 1975

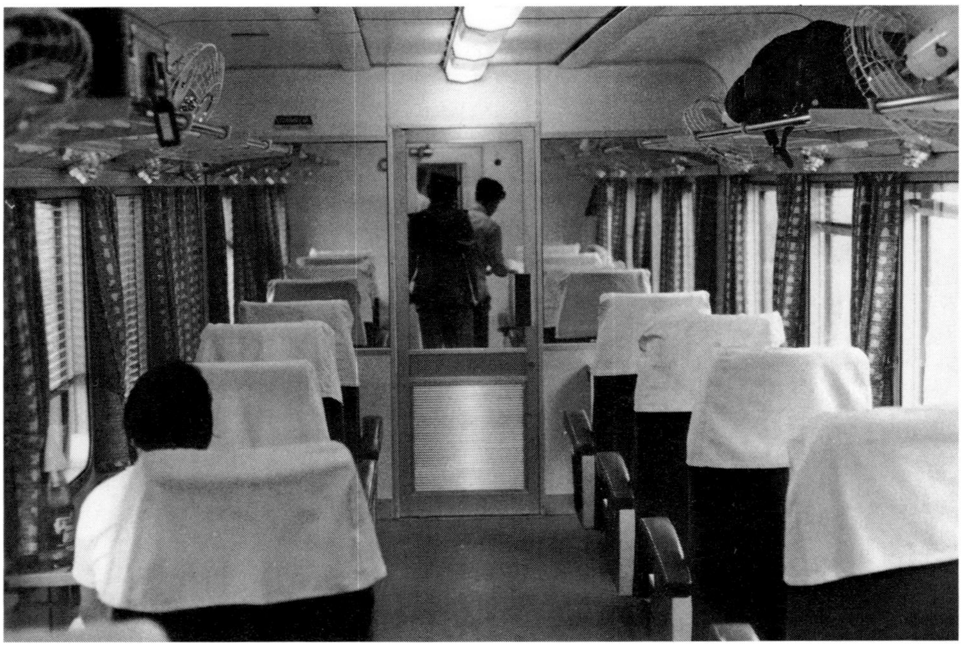

hielt Großraum-Liegewagen. Die dritte Klasse gibt es in den Expresszügen nicht. Als 1977 ein anderer Berichterstatter Thailand besuchte, hatte der internationale Zug sein Erscheinungsbild abermals verändert: Der malayische Schlafwagen hatte die neue Farbe und die thailändischen Fahrzeuge trugen nun einen blau-cremefarbenen Anstrich. Mit zwei Schlafwagen, zehn Großraumliegewagen ähnlich den früheren amerikanischen Pullman-Sections und zwei Restaurants zeigte sich der, aus insgesamt 17 Wagen bestehende Express viel kultivierter als die größtenteils aus Sitzwagen zusammengesetzten, oft verpflegungslosen europäischen Langstreckenzüge.

Gelegentlich macht der »International« auch heute von sich reden. Als der Schriftsteller Paul Theroux mit ihm reiste, verursachten große Überschwemmungen eine zehnstündige Verspätung. Ein anderes Mal hatten sich fünf Bewaffnete in Aborten der Zweiter-Klasse-Wagen versteckt. Bei Hatyai stürzten sie heraus, überfielen die Reisenden, entführten siebzig Passagiere und verschwanden im Dschungel . . .

„International Express" mit 16 Wagen, links dem malaysischen Schlafwagen und davor einer Alsthom-Diesellok, bei Abfahrt in Bangkok am 9. August 1975

Postdampfer „Porthos" der Messageries Maritimes, nach einer zeitgenössischen Ansichtskarte

Zug Tourane–Hué mit 2C-Lokomotive 303 in den Dreißigerjahren Archiv La Vie du Rail

Vom Postläufer zum »Transindochinois« – das alte Indochina

Ende der Fünfzigerjahre des 19. Jahrhunderts eroberte das französische Expeditionskorps Cochinchina, den südlichsten Teil des heutigen Vietnam – und schon damals, nämlich im Dezember 1859, schloß Frankreich mit England einen Vertrag ab, der die Beförderung der Post dorthin mit den Schiffen der Peninsular & Oriental vorsah, also zusammen mit der »Indian Mail«. Ab Singapore wurden die Depeschen durch Avisos der französischen Marine weitergeleitet. 1851 gründete Frankreich die »Compagnie des Services Maritimes des Messageries Nationales«, doch erst im Herbst 1862 verließ Marseille eine Asienpost, welche die ganze Strecke auf französischen Dampfern zurückleg-

te, und zwar bis Alexandrien auf der »Neva« und von Suez weiter bis Hongkong auf der »Impératrice« der »Compagnie des Services Maritimes des Messageries Impériales«, wie die Reederei nun hieß. Zwischen Alexandrien und Suez aber wurde die gleiche Eisenbahn benützt, die auch die britische Indienpost transportierte. Nach Vollendung des Suezkanales unter dem Franzosen de Lesseps eröffneten die Messagéries impériales im April 1870 ihre direkte Linie von Marseille nach Südostasien, bevor sie, nach der Abdankung des Kaisers, ihren Namen in »Compagnie des Messageries Maritimes« änderten. Es folgten 1877 die Routen Hongkong–Haiphong und Hongkong–Saigon, 1880 die Anschlußlinie Singapore–Saigon und die Route Saigon–Haiphong ungefähr zur gleichen Zeit. Von Singapore westwärts wurde die französische Post aber auch noch mit Schiffen der englischen P & O befördert, wenn deren Abfahrten günstiger lagen.

Unter den Passagieren, die zur Anreise zwischen Paris und Marseille zunächst die Sonderwagen der P. L. M.. benützten, welche an die normalen Schnellzüge angehängt waren und im Anschluß daran die französischen Asiendampfer, waren zwischen den Weltkriegen, neben den Beamten, Siedlern und Militärs, mehr und mehr auch Touristen zu finden. Das war die Epoche, als Roland Dorgelès seinen Roman »Partir« auf dem Schiff spielen ließ, das ihn nach Indochina brachte und als William Somerset Maugham in seinem »Gentleman in the Parlour« schrieb: » . . .Saigon hat ganz die Atmosphäre einer Provinzstadt in Südfrankreich. Es ist angelegt mit breiten Straßen, an denen hübsche Bäume Schatten spenden und es hat ein Leben, das so ganz anders ist als das Leben in einer englischen Kolonialstadt des Ostens. Es ist ein freundlicher und lächelnder kleiner Ort. Es hat ein Opernhaus, weiß und strahlend, gebaut in dem prächtigen Stil der Dritten Republik, an einer breiten Straße; und es hat ein Rathaus, das sehr ›grand‹, neu und schmuck ist. Vor den Hotels sind Terrassen und zur Stunde des Apéritifs sind diese voll von bärtigen, gestikulierenden Franzosen, welche die süßen und widerlichen Getränke zu sich nehmen, Vermouth Cassis, Byrrh und Quinquina Dubonnet, die sie in Frankreich trinken, und sie sprechen fast alle mit dem rollenden Akzent des Südens. Lustige kleine Damen, die irgendetwas mit dem lokalen Theater zu tun haben, sind in elegante Kleider gehüllt und bringen mit ihren nachgezogenen Augenbrauen und dem Rouge auf den Wangen eine heiter-kultivierte Note nach diesem weltabgelegenen Ort . . .«

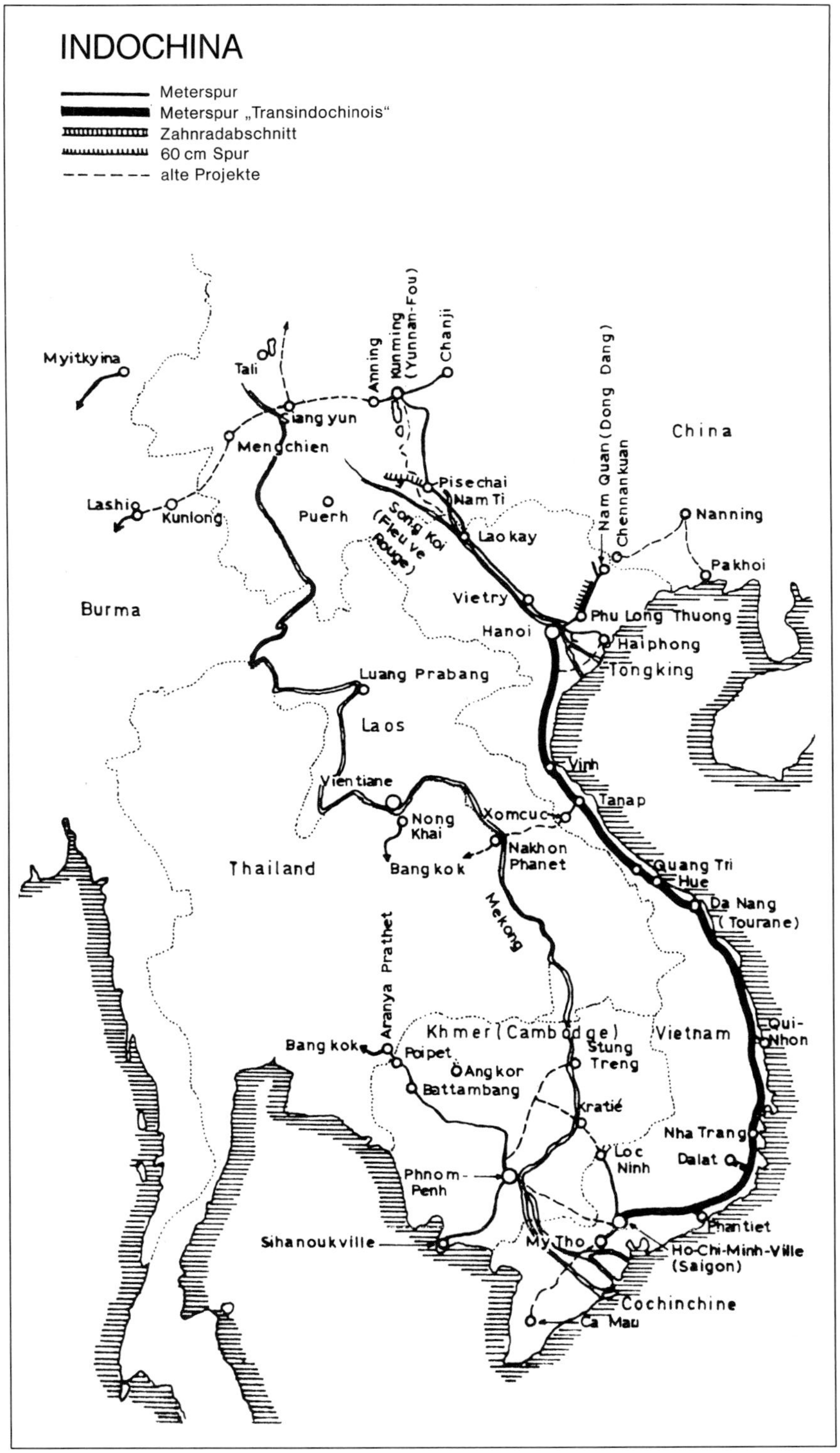

Dieses Saigon, das heute für immer vergangen ist, war 1860 eine von Asiaten belagerte, französische Garnison gewesen. Im Jahr darauf hatten es die Franzosen endgültig erobert, 1864 wurde das benachbarte Kambodscha französisches Protektorat und 1884 war auch Annam in französischem Besitz. Lediglich Tongking im Norden leistete noch Widerstand, bis zum »Frieden von Tientsin« im Jahre 1885. Von 1887 an bildeten alle diese Provinzen die Kolonie Indochina.

Die Post aus Frankreich mußte in dem unwegsamen Land anfangs mit primitiven Eingeborenenbooten auf Flüssen und durch einheimische Läufer befördert werden, jenen traditionellen Kurierdienst, den die annamitische Sprache als »tram« bezeichnete. So gingen die Depeschen für Kambodscha anfangs per »tram« von Saigon nach Banam und weiter mit dem Boot nach Phnom Penh. Da Flußdampferlinien für die Post nach Kambodscha und später auch nach Laos erst in den Achtzigerjahren zur Verfügung standen, tauchte schon um 1880 der Gedanke auf, eine Eisenbahn von Saigon nach Vinh Long am Mekong mit je einem Zweig südwärts nach Soc Trang und westwärts nach Phnom Penh zu bauen. Auf den siebzig Kilometer langen Abschnitt Saigon–My Tho reduziert, wurde daraus die erste Bahn Indochinas, eine Privatbahn in Meterspur, fertiggestellt 1885.

Nach Kambodscha hinein gab es nur die Mekong-Schiffahrt. Auf dem Weg stromaufwärts nach Laos bildeten aber die Katarakte bei Khône ein unüberwindliches Hindernis für die Schiffe. Um dieses zu umgehen, wurde auf der Insel Khône, zwischen Khône Sud und Ban-Det, schon im Jahre 1892 eine sieben Kilometer lange Bahn gebaut – eine Linie, die Lartilleux zwar beschrieb, von der sonst jedoch nur die Wenigsten etwas wissen. Auf ihr konnten leichte Lastkähne ohne Umladen befördert werden und im Jahre 1893 wurden über diese Strecke die Kanonenboote »Massie« und »Hamluong« transportiert. Die »Massie« drang anschließend als erstes schraubengetriebenes Schiff bis Vientiane vor.

Im Norden, in der umkämpften Provinz Tongking, entstand 1882 der Plan, die Stadt Hanoi mit der chinesischen Grenze durch eine Eisenbahn zu verbinden. Als Militärbahn mit nur 60 cm Spurweite wurde sie zwischen 1889 und 1894 auf dem Abschnitt Phu Long Thuong–Lang Son erbaut. Phu Long Thuong konnte von Hanoi aus auf dem Wasserweg erreicht werden. Das Material stammte größtenteils von der Pariser Weltausstellung 1889, doch es war nur kurze Zeit in Betrieb: 1896 begann der Umbau auf Meterspur.

Inzwischen, nämlich 1895, hatte Frankreich einen Vertrag mit China abgeschlossen, der den Bau französischer Bahnen von Indochina nach chinesischem Gebiet vorsah. 1898 setzte der neue Generalgouverneur, Paul Doumer, die Genehmigung seines Planes zur Entwicklung eines Eisenbahnnetzes durch, das von Phnom Penh in Kambodscha über Saigon und Hanoi bis China reichen sollte. 1902 wurde die nördliche Kolonialbahn einerseits über eine fast zwei Kilometer lange stählerne Brücke mit achtzehn Zwischenpfeilern über den Roten Fluß hinweg nach Hanoi geführt und im gleichen Jahr erreichte sie an ihrem anderen Ende bei Dong Dang die Grenze. Der Weiterbau nach Nanning und dem Hafen Pakhoi in China, für den Frankreich die Genehmigung erhalten hatte, ließ dagegen auf sich warten.

Im Nordwesten lag die chinesische Provinz Yunnan, eingekeilt zwischen den drei- und viertausend Meter hohen Ausläufern des Himalaya und vom Mutterland aus nur auf Maultieren zu erreichen – und auch dieses Gebiet wollten die französischen Ingenieure mit einer Bahn erschließen! Doumer ließ im Dezember 1898 ein Gesetz zur Aufnahme einer Anleihe für den Bahnbau auf chinesischem Gebiet nach Yunnanfou, dem heutigen Kunming, verabschieden. Der in Indochina gelegene Teil dieser Meterspurbahn zwischen dem Hafen Haiphong, Hanoi und Laokay, den die Kolonie selber finanzierte, wurde bis 1906 ohne große Schwierigkeiten abschnittweise fertiggestellt.

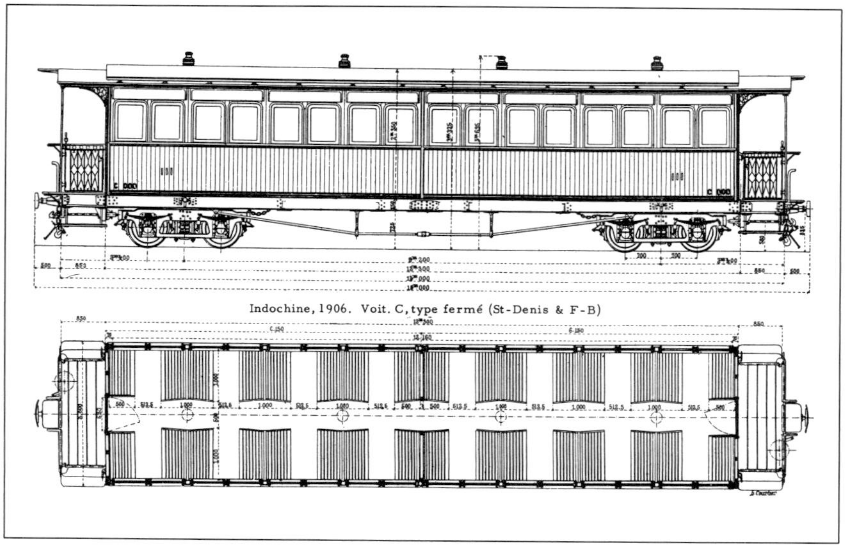

Wagen dritter Klasse, geschlossener Typ für Indochina, von St. Denis & F-B aus dem Jahre 1906 aus „Scrapbook" 47, Museon di Rodo

Von Laokay aus nach China hinein waren bis Yunnanfou in unwegsamen Gelände rund 1800 Meter Höhendifferenz zu überwinden. Zuerst wurde daran gedacht, die Bahn im Tal des Roten Flusses und über Mongtséou sowie am Ostufer des Sees Kouen Yang entlang zu führen, doch diese Trasse hätte Kurvenradien von nur fünfzig Metern mit sich gebracht. Deswegen arbeiteten die Ingenieure Guillemoto und Leclère eine andere Streckenführung durch das Tal des Nam Ti aus. Diese war 470 Kilometer lang, hatte Steigungen bis zu 25 Promille und erlaubte etwas größere Gleisbogenhalbmesser. Es mußten 47 Brücken mit mehr als zwanzig Metern Länge sowie weit über hundert Tunnels gebaut werden und das in einem Gebiet, in dem die Lasten nur auf Tragtieren oder von Menschen transportiert werden konnten – sechshundert Pfund für ein Muli, zweihundert bis dreihundert für einen Chinesen.

Dazu kam das gefürchtete Klima und das ständige Problem, Arbeiter zu bekommen. Manche von ihnen waren tausend Kilometer weit zu Fuß angereist. Trotz dieser unglaublichen Bedingungen wurde im Tal des Nam-Ti, neben anderen Bauwerken, eine Brücke auf 17 stählernen Pfeilern, die »pont en dentelles«, gebaut und weiter nördlich, bei Kilometer 111, der berühmte »viaduc des arbalétriers«: Hier war die Bahn beim Ausfahren eines Seitentales, aus zwei Tunnels in fast senkrechten Felswänden heraus, 67 Meter weit über die 80 Meter tiefe Schlucht des Faux Nam-Ti hinwegzuführen. Da an den Bau eines Lehrgerüstes nicht zu denken war, errichtete die ausführende Firma Batignolles zwei Hälften eines Dreigelenkfachwerkträgers zunächst senkrecht auf Widerlagern stehend, welche aus den Felswänden herausgesprengt wurden. Mittels dreihundert Meter langer Ketten, die zuvor auf den Rücken von mehr als hundert Arbeitern wie gigantische Tausendfüßler dreizehn Meilen weit über Gebirgspfade herangeschleppt worden waren, wurden die Träger anschließend herabgelassen, bis sich ihre Enden in der Mitte über der Schlucht trafen.

Am 31. März 1910 fand das Eröffnungsbankett in Yunnanfou statt und vom nächsten Tag an war die Strecke für den öffentlichen Verkehr freigegeben. Sie gehörte der »Compagnie Française des Chemins de fer de l'Indochine et du Yunnan«, welche auch den Betrieb auf der staatlichen Anschlußstrecke Laokay–Haiphong übernahm. Das Lastenheft sah zwischen Haiphong und Hanoi täglich mindestens drei Zugpaare, bis Vietry zwei und bis Yunnanfou ein Zugpaar vor. Die Reise von Hanoi nach Yunnanfou dauerte anfangs, mit Übernachtungen, drei Tage. Erst mit dem Einsatz einer »Micheline«, eines Triebwagens, zwischen Laokay und Yunnanfou konnte die Fahrzeit wesentlich verkürzt werden. Oft aber blockierten auf der bis 2029 Meter emporführenden Linie Erdrutsche, Bodensenkungen, Felsstürze und Überschwemmungen den Zugverkehr.

Neben der Bahn nach China war ein anderer Traum die »Transindochinois« genannte Verbindung des Gouverneurssitzes Hanoi im Norden mit Saigon, der Zwischenstation für die Dampfer Europa–Fernost. Schon 1894 durch den Gouverneur De Lannessan und dann durch Doumer propagiert, erreichte sie, von Hanoi ausgehend, im Jahre 1905 die Stadt Vinh. In Annam verband von 1906 an eine Bahn den Hafen Tourane, wo die Lokaldampfer vor Anker gingen, mit Hué und später mit Quang Tri. Von Saigon aus führte 1909 eine Eisenbahn nordostwärts bis Phantiet. Alle diese Teilstrecken des späteren »Transindochinois« waren einheitlich in Meterspur gebaut und wurden, zusammen mit der einstigen Privatbahn Saigon–My Tho, durch die Kolonie betrieben.

Im Jahre 1928 konnte der Reisende in 60 Stunden auf dem Landweg von Saigon nach Hanoi fahren, mußte aber die Lücke im Schienennetz zwischen Nha Trang und Tourane noch im Omnibus überwinden, einem »autocar spécial«. 1936 war es dann soweit: Der erste durchgehende transindochinesische Zug verband Saigon mit Hanoi direkt. Während in den Zwanzigerjahren Lokomotiven der Achsfolge 2C eingesetzt waren, kamen in den Dreißiger-

Wagen dritter Klasse, offener Typ für Indochina, von St. Denis & F-B aus dem Jahre 1906 aus „Scrapbook" 47, Museon di Rodo

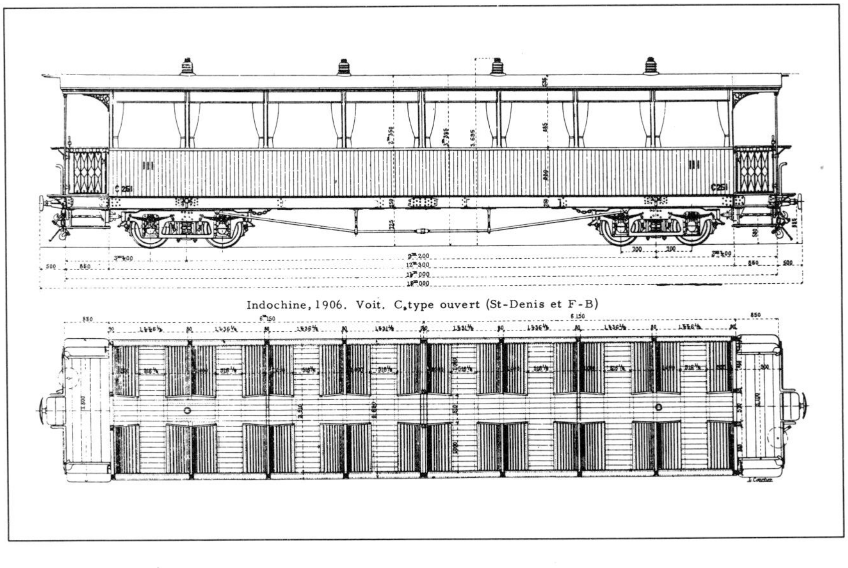

Lokomotive Nr. 1008, gebaut für Indochina durch die SACM Archiv La Vie du Rail

jahren in Frankreich moderne Mikado- und Pacificmaschinen zur Bestellung. Mit ihnen sollte die 1738 Kilometer lange Strecke in nurmehr 30 Stunden zurückgelegt werden.

Die durchgehenden Züge hatten auch Speisewagen sowie Liegewagen, »voitures-couchettes« genannt. Im Jahre 1937 berichtete die »Railway Gazette« über die ersten zweiundzwanzig Fahrzeuge mit Klimaanlage für Indochina, darunter ›Restaurants‹. In einem anderen Aufsatz wurden klimatisierte Liegewagen mit zwanzig Metern Länge über Puffer und zwölf Liegeplätzen in Abteilen der ersten oder achtzehn in der zweiten Klasse erwähnt. Die transindochinesischen Züge übernahmen, im Anschluß an die Schiffe der Messageries maritimes aus Marseille, auch den Postdienst Saigon–Hanoi, der zuvor durch die Küstendampfer ausgeführt worden war.

In Indochina bestand nun ein durchgehendes Meterspurnetz, wie auch in Siam und in Malaya – dazwischen aber, in der Provinz Kambod-

Pacific Nr. 231.A.001 für Indochina
Archiv La Vie du Rail

scha, klaffte eine Lücke, in der es nur Dschungel, Flüsse und Reisfelder gab. Als Somerset Maugham die berühmten, nahe der siamesischen Grenze gelegenen Tempel von Angkor besichtigen wollte, reiste er mit dem Küstendampfer nach Kep, von dort per Automobil nach der alten Hauptstadt Phnom Penh, weiter mit einem Flußdampfer, dann mit einem besonders flach gebauten Dampfschiff eine Nacht und einen Tag lang über einen seichten, großen See und schließlich in einem Sampan an Mangrovenwäldern vorüber, bis schwarz im Mondschein die Türme von Angkor Wat auftauchten.

Eine Bahn von Saigon nach Phnom Penh war damals, in den Zwanzigerjahren, in Diskussion. Gebaut wurde sie nicht. Ebensowenig gab es eine Eisenbahn nach dem benachbarten Siam. Als der Romanautor Bernhard Kellermann von dort aus nach Kambodscha einreiste, tat er das mittels eines kleinen Küstendampfers bis zu dem Hafen Ream und mit dem französischen Postauto bis Phnom Penh, wie er in »Meine Reisen in Asien« schrieb. Im Jahre 1932 wurde zwar eine Meterspurbahn von Phnom Penh westwärts bis Pursat und Battambang fertiggestellt, doch erst, als die französischen Behörden die Konzession zurücknahmen, erreichte der Schienenstrang bei Poipet die siamesische Grenze. Eine Verbindung weiter nach Siam hinein fehlte indessen immer noch.

Dann, im Jahre 1940, marschierte die japanische Armee von Norden her durch Indochina nach Siam. Um einen Einfall nach Yunnan zu verhindern, zerstörten Tschiang Kai-scheks Soldaten zwischen Hokou und Pisechai das Gleis nach Yunnanfou – und taten das durch Sprengung der »pont en dentelles« so gründlich, daß die Yunnanbahn auch nach dem Kriege unbenützbar blieb. Zuvor hatte sie als Versorgungslinie für Tschiang einen derartigen Boom erlebt, daß in Frankreich eiligst gebrauchtes Fahrzeugmaterial zusammengekauft werden mußte, doch nun, im Krieg, konnte überzähliges Material an die Strecke Saigon–Hanoi abgegeben werden. Um 1942 wurde diese Eisenbahn ebenfalls unterbrochen – für mehrere Jahrzehnte, wie sich zeigen sollte. Dennoch entstand im Kriege auch eine neue Linie, nämlich die Verbindung von Poipet nach Siam hinein.

Die Post Saigon–Hanoi mußte 1945 wegen der Zerstörungen, wie hundert Jahre zuvor, streckenweise wieder durch Läufer oder auch mit Ochsenkarren transportiert werden. Nach dem Weltkrieg kam der Partisanenkrieg, die Schlacht von Dien Bien Phu und 1954 die Teilung des Landes, das inzwischen Vietnam hieß. Der Norden und der Süden hatten fortan getrennte Verwaltungen.

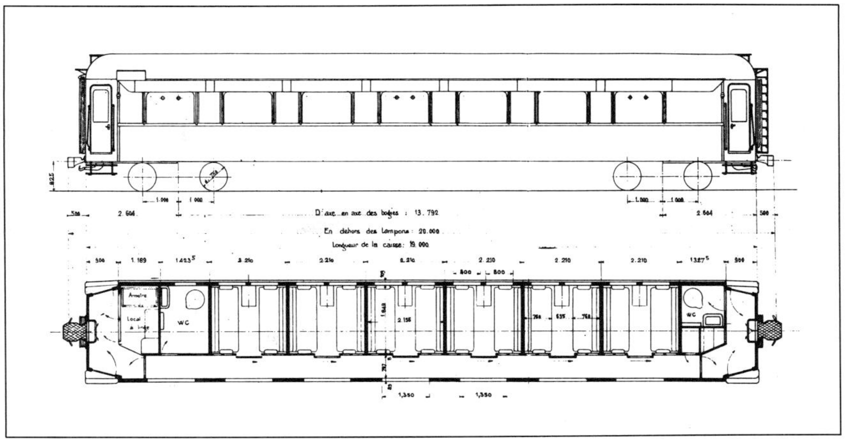

Ehemaliger Liegewagen erster Klasse, gebaut für Indochina, hier umgebaut zum Schlafwagen für CIWL-Dienste in Westafrika

Archiv Commault

Die Bahnen im Norden wurden dem »Ministerium für Verkehrswesen der Demokratischen Republik Vietnam« unterstellt. Der in China gelegene Teil der Yunnanbahn hingegen war schon 1946 vom chinesischen Staat übernommen worden. Das Material von dessen demontiertem Abschnitt hatte im zweiten Weltkrieg dem Bau der Meterspurstrecken von Kunming nach Chanji und nach Anning gedient. Die eine sollte einen Weg nach Siufu (Ipin) am Yangtse Kiang und die andere die Verbindung nach Burma herstellen – via Kuangtung, Siangyun, Mengchien, Kunlong und Lashio. Diese »Yünnan–Burma Railway« wurde ebensowenig verwirklicht wie eine mögliche Linie von China nach Laos, auf welche ein Bericht der Hongkong Times von 1953 hätte spekulieren lassen können. Demzufolge sollte eine Bahn, von der Strecke Pisechai–Shihping abzweigend, über Yuankiang nach Puerh im Südwesten im Bau sein. Stattdessen stellten die Kommunisten erst einmal den Anschluß von Yunnan mit dem übrigen China her: 1966 wurde das Netz um Kunming in östlicher Richtung mit Kweiyang und 1970 in nordwestlicher Richtung über das Hochgebirge hinweg mit Chengtu und dadurch mit Peking verbunden. China baute alle diese extrem schwierigen Linien normalspurig und

Klimatisierter Speisewagen für die Chemins de Fer de l'Indochine

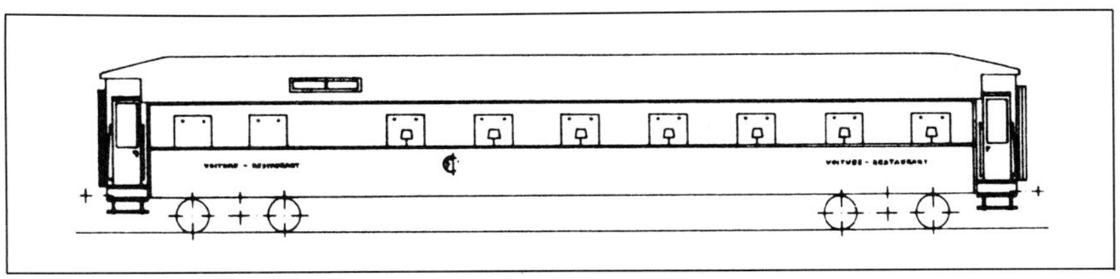

Mikado-Lokomotive Nr. 141-501, Aufnahmedatum unbekannt (vor 1975)
Archiv Südvietnamesische Staatsbahn

auch der chinesische Teil der einst französischen Yunnan-Bahn wurde auf Normalspur umgebaut.

Die erste Verbindung des kommunistischen Bereiches mit Vietnam war 1952 auf einem anderen Weg erreicht worden, als das Teilstück von Laipin nach der Grenze zum Anschluß an die alte Linie Dong Dang–Hanoi vollendet war. Auf dieser Strecke startete später der internationale Express Peking–Hanoi. Allerdings machte der Unterschied der Spurweiten in P'ing-hsiang ein Umsteigen der Reisenden von

Reisezug in Bien Hoa mit Diesellok BB-924, vor 1975
Archiv Südvietnamesische Staatsbahn

den chinesischen Schlafwagen in meterspurige Sitzwagen der nordvietnamesischen Eisenbahn notwendig.

In Südvietnam hielt die »Régie des Chemins de fer du Viet-nam« während des Krieges auf einigen befahrbaren Streckenabschnitten, so gut es ging, den Betrieb aufrecht. Als Paul Theroux 1973 von Saigon nach Bien Hoa fuhr, fand er einen Zug vor, der aus verbeulten grünen Waggons bestand, mit schmalen Bänken entlang den Seitenwänden, zwischen denen sich dicht die Leute drängten. Auf einem Abstellgleis stand ein anderer Zug, in dem Heroinsüchtige schliefen. Ihm, dem Schriftsteller, stellte der Bahnhofsvorstand den Salonwagen des Direktors zur Verfügung, wie er in »The Great Railway Bazaar« schrieb: »Dieser hölzerne Wagen, mit einer Küche, drei Schlafabteilen und einem großen Foyer, war offensichtlich ein Relikt des Transindochinois . . .«.

Die Bahnen im benachbarten Kambodscha waren 1952 als »Chemins de Fer Royaux du Cambodge« selbständig geworden. Ende 1969 konnten sie sogar das letzte Teilstück einer Verbindung von Phnom Penh nach dem Hafen Sihanoukville (Kompong Sam) am Golf von Siam in Dienst stellen. Neue französische Dieselloks, hell- mit dunkelgrün gestrichen wie die alten, aus Frankreich stammenden vierachsigen Reisezugwagen, daneben Uerdinger Triebwagenzüge und der alte Salonwagen des Königs Sihanouk, mit dem ihre Majestät angereist war, gab es damals bei den Eröffnungsfeierlichkeiten zu bewundern. Doch im Jahr darauf wurde Sihanouk durch den Westen gestürzt, mit dem Ergebnis, daß sich die »Kmère Republic«, wie der Staat nun hieß, in kürzester Zeit größtenteils in Händen der revoltierenden »Kmère Rouge« befand. Von der thailändischen Grenze aus fuhr eine Zeit lang noch ein Zug landeinwärts nach Battambang, bestehend aus älteren Vierachsern, einer Alsthom-Diesellok und einem vorneweggeschobenen Flachbordwagen gegen Minen. Drüben in Thailand liefen Dieseltriebwagen Bangkok–Aranyaprathet und über die Grenze der beiden Länder bewegten sich die Schmuggelkolonnen – die für eine gute Besetzung der Wagen nach Battambang und nicht zuletzt für die Belieferung der Aufständischen sorgten, was wiederum der Grund dafür war, warum diese den sonderbaren Zug nicht gar so oft angriffen, wie sie gekonnt hätten . . .

Am 17. April 1975 marschierten die Kmère Rouge in Phnom Penh ein. Am 30. April brach das Regime in Saigon zusammen und im Laufe der nächsten Monate übernahmen die Kommunisten in Laos die Macht. Schon im Sommer 1975 fuhren erstmals wieder Passagierschiffe von Hanoi nach Ho Chi Minh-Stadt, wie Saigon jetzt heißt. Am 31. Dezember 1976 schließlich war die einstige transindochinesische Eisenbahn soweit aufgebaut, daß das erste Zugpaar auf die Reise zwischen den beiden Städten gehen konnte und kurz darauf wurden Fahrgestelle für neue Reisezugwagen bei Kawasaki in Japan bestellt. Die Bevölkerung begrüßte die Züge, die nach dreißigjähriger Unterbrechung, nach Krieg, nach Bomben, nach Napalmangriffen auf Frauen und Kinder, den Norden mit dem Süden des Landes verbanden, als Zeichen des Friedens und neuer Hoffnung.

Dieseltriebwagen, gebaut für Kambodscha durch die Waggonfabrik Uerdingen. Nach der Besetzung Kambodschas durch Vietnam wurde der Verkehr Kompong Sam – Phnom Penh erst wieder im Herbst 1979 aufgenommen, und zwar zunächst durch Hilfszüge
Foto Waggonfabrik Uerdingen

Ungefähr zur gleichen Zeit erschien auch die Meldung, daß eine Bahn von Vietnam nach Laos projektiert werde. Dieses Gebiet hatte noch immer keine Eisenbahn, obwohl schon unter den Franzosen das Projekt bestanden hatte, die von der transindochinesischen Linie abzweigende Stichbahn Tanap–Xomcuc in Richtung Nakhon Phanet zum Anschluß an das thailändische Netz zu verlängern. Von Xomcuc führte zur Kolonialzeit bereits eine Seilbahn (Téléphérique) südwestwärts bis Banaphao. Dann war eine Eisenbahnbrücke zwischen der laotischen Verwaltungshauptstadt Vientiane und Nong Khai in Thailand in Planung, doch dieses fehlende Teilstück auf dem Weg von Peking nach Singapore macht vorerst der auf dem Rücken unschuldiger Völker ausgetragene Konflikt der Großmächte und ihrer Stellvertreter illusorisch – der gleiche Konflikt, dem 1978 der Bahnverkehr China–Vietnam zum Opfer fiel. Eine Lagerhalle am Grenzbahnhof P'ing-hsiang, welche einst dem Nachschub für die Vietnamesen gedient hatte, nahm fortan chinesische Flüchtlinge aus Vietnam auf . . .

Der Bahnhof von Kuala Lumpur

Eine Reise im International Express

Sieben Tage liegen zwischen der Ankunft in Singapore und dem fest gebuchten Weiterflug von Bangkok aus während einer Reise im August 1975 – sieben Tage, während derer Tempel und Bahnhöfe besichtigt, die letzten Dampflokomotiven aufgespürt und die ganzen, fast zweitausend Kilometer auf dem Landweg, per Bahn, zurückgelegt werden sollen und – es ist noch nichts gebucht. Nach den schlechten Erfahrungen an asiatischen Fahrkartenschaltern und den noch schlechteren mit den, wegen einer Vorausbuchung vergebens befragten, europäischen Reisebüros führt der Weg, in Begleitung eines einheimischen Geschäftsmannes, zuerst zu »Thomas Cook« – über den Queen Elisabeth Walk unter tropischen Regenbäumen am Meer entlang (kein einziger Passagierdampfer liegt mehr draußen vor Anker), am Padang vorbei, einem gepflegten Rasen vor einer gigantischen Wolkenkratzer-Skyline auf dem, mitten in der City, noch immer Kricket gespielt wird, am viktorianischen Amtsviertel vorüber (irgendwo stehen Hunderte von Menschen an, um Gold für eine ungewisse Zukunft aufzukaufen . . .) und, nach Rast in einer Bierkneipe mit kurz geschürzten Kellnerinnen, wo Kapitäne und Makler zusammenkommen – der Begleiter ist Fischer aus Esbjerg und handelt heute in Singapore – bei Tips über Schiffsladungen, über die Tische hinweg ausgetauschten Telefonnummern, Fachsimpeln über schrottreif aufliegende Ozeanliner, anschließend mit dem Taxi über die elegante Orchard Road zum teuren Ming Court Hotel, wo sich das Cook's Reisebüro befindet. Dessen Angestellte sind freundlich, helfen mit Fahrplänen, doch Schlafwagenbillets haben sie nicht – die gibt es nur am Bahnhof. Der Bahnhof von Singapore ist in repräsentativem Kolonialstil erbaut, mit einem Station Hotel innerhalb seiner Mauern und – es sind tatsächlich Plätze nach Bangkok frei, die erste Klasse mit Schlafwagenzuschlag um rund 70 US-Dollar.

Welch ein Zug steht hier um sieben Uhr am Tage der Abreise, dem 7. August 1975, hinter der Zollkontrolle am Bahnsteig bereit! Die 3. Klasse-Wagen, lehmbraun und elfenbeinfarben, wie die übrigen Waggons hinter der roten, sechsachsigen »Class 22«-Diesellok, besitzen meist offene Plattformen; die neueren, mit primitiven Omnibussitzen darinnen, haben eine sonderbare, fast nur in Malaysia anzutreffende, bauchige Form; ältere 2. Klasse-Wagen enthalten beiderseits eines Mittelganges eckige Bänke mit gewaltigen Ohrenbackenlehnen, in einem verwirrenden Grundriß teils hintereinander und teils gegenüberliegend angeordnet; es folgt ein Buffetwagen mit Küche und Hockern an einer einfachen Eßtheke und gegen Schluß, als Krönung des »Magic Arrow« oder »Panah Hikmat« genannten Zuges, der »Air-Conditioned First Class Buffet Car«.

Beim Eintreten durch dessen Türen mit den ovalen Fenstern, wie in alten britischen Pullmanwagen, umfängt der Stil des Kolonialzeitalters den erstaunten Passagier – ein Raum mit kostbar und großflächig furnierten, dunklen Wänden, gegen die Sonneneinstrahlung winzig klein gehaltenen Fenstern, einem roten Plüschteppich, der jeden Schritt verschluckt und, in riesigen Abständen, achtzehn tiefen Fauteuils aus helltürkis lackiertem Leder mit lederfarbenen, von dem malayischen Tigerwappen gezierten Decken auf den Lehnen. Bei jeder Sitzreihe ist eine Klingel und ein Leuchtzeichen für den Ober angebracht. Die Mitreisenden sind einige malayische Geschäftsleute, eine Dame mit ihrem Kind, beide in wertvollen Sarongs, und eine reiche Touristenfamilie in Tropenuniformen, wie sie einst Lettow-Vorbeck in Afrika getragen haben mag. Im Halbdunkel dieses vornehmen Salons scheint die Zeit stehengeblieben zu sein . . .

Eine Polizistin mit gelb lackierten Fingernägeln stempelt die Pässe – dann kann die Fahrt auf dem Meterspurgleis von Singapore nach dem Staat Malaysia beginnen. Unter dem sympathischen Rattern, begleitet vom leichten Klirren der Gläser in den Regalen an der Bar, fährt der Wagen AFB 968, dessen Chassis schon vor vierzig Jahren bei der Birmingham Railway Carriage & Wagon Company gebaut worden war, ungefähr fünfundzwanzig Minuten lang, bis er über einer gläsern und farblos im Morgenlicht daliegenden Wasserfläche zum Stehen kommt. Es ist die Johore Strait, die Singapore vom Festland trennt und die der Zug auf einem Damm überwindet.

Auf der anderen Seite, im Bahnhof der Sultansstadt Johore Bahru, kommt mit einer älteren »Class 20«-Diesellok der »Southern Cross Night Express« entgegen. Irgendwo ist ein ehemaliger Schlafwagen mit Holzverkleidung abgestellt. Dann taucht das eine Gleis in den malayischen Dschungel ein. Zwischen Wänden aus Regenbäumen, Lianen und Farnen fährt der Zug mit siebzig Stundenkilometern Höchstgeschwindigkeit wie durch einen Geländeeinschnitt hindurch, dessen Grün nur von wild wuchernden, phantastischen Blumen und vereinzelten Durchblicken in die schwarze Tiefe unter dem Blätterdach unterbrochen wird. Tiger und Leoparden, Kobras und Pythonschlangen gebe

Im „Magic Arrow" – Buffet Car erster Klasse AFB 968 nach Abfahrt in Singapore am 7. August 1975

es da noch, ist im Reiseführer zu lesen. Gelegentlich treten regelmäßige Pflanzungen an die Stelle des Urwaldes. Dann bleibt der »Magische Pfeil« jedesmal an einer kleinen Haltestelle stehen, zuweilen unter einem alt-englischen Signal, umgeben von hölzernen Hütten und begrüßt in der Vormittagssonne von braunen, halbnackten Kindern, die freundlich und neugierig die Reisenden anschauen. Die zum Betteln zwingende Armut, wie in Indien, scheint hier nicht verbreitet zu sein.

Zum Lunch muß sich keiner der Erster-Klasse-Passagiere »unter das Volk« im gewöhnlichen Buffetwagen mischen. »Man« nimmt Platz im rückwärtigen Teil des Salons, auf einem der, mit dunkelgrünem Leder bezogenen, verchromten Stahlrohrstühle im Stil der Dreißigerjahre und läßt sich die Karte geben. Der Ober bringt dann aus der Küche des nächsten Wagens Muschelsuppe, exotisch gewürztes Hammelkotelett oder andere Spezialitäten.

Der Himmel hat sich grau überzogen und sieht nun aus wie im fernen Mitteleuropa. In Gemas, wo die lange Strecke nach der Ostküste abzweigt, wartet der Gegenzug. In Seremban steht ein Triebwagen aus silbernem Nirostablech, wahrscheinlich die in Japan produzierte Baureihe 28, auf der Fahrt von Kuala Lumpur nach Singapore. Er braucht für die knapp vierhundert Kilometer weniger als sechs Stunden. Links läuft eine rote, sechsachsige English Electric der Reihe 20 mit einem gemischten Zug ein, der von Port Dickson an der Malakka-Straße heraufgekommen sein dürfte. Zwischen den Kesselwagen für Rohgummi rangieren kleine, orangefarbene Dieselloks. Die Klimaanlage in dem Erster-Klasse-Waggon brummt einschläfernd und langsam kommt Müdigkeit auf.

Der wohlige Schlummer ist am Nachmittag, gegen 15 Uhr 45 Uhr zu Ende – der »Magic Arrow« erreicht die Hauptstadt Kuala Lumpur und dort ist Endstation. Der Anschluß nach Norden geht erst um halb zehn Uhr abends ab und der Bahnhof liegt ziemlich leer und verlassen da, lediglich eine »Class 20« in Grün und eine vierachsige japanische Diesellok der Baureihe 21 fahren durch. Dampflokomotiven sind nicht mehr da, weder die Pacific-Baureihe 56, welche zwei Jahre zuvor noch Güterzüge und an der Ostküste sogar Schnellzüge beförderte, noch die 2C2-Tenderlok der Reihe 40, die einst auf der Zweiglinie nach Port Swettenham verkehrte, noch die »Mac Arthur«-Kriegslok. So steht einem Spaziergang durch die Stadt nichts im Wege. Nach nicht einmal einer Stunde aber ist der Rundgang beendet; der kurz geschorene englische Rasen vor dem ehrwürdigen, viktorianischen Federal Secretariat lädt zu einer Rast ein; dort haben sich auch schon andere Passagiere der internationalen Bahnverbindung am Boden niedergelassen und schauen den Hokkeymannschaften zu, die vor dem Hintergrund des Selangor Clubs trainieren. Diese einstige Hochburg britischer Kolonial-Aristokratie besteht aus niedrigen, weißen Häusern mit spitzigen Fachwerkgiebeln. Nirgendwo in Europa ist der Reisende England so nahe wie hier im fernen »K. L.« . . .

Am Abend, bei Dunkelheit, hat sich das Bild, das der, am Nachmittag so verlassene, Bahnhof bietet, gründlich gewandelt. Unter den weißen Türmchen, Erkerchen, Säulchen und Giebelchen, dieser verrückten Zuckerbäckerarchitektur wie der eines Sultanspalasts, steht auf Gleis 1 ein endlos langer Zug, dessen Anfang weit über die filigrane eiserne Halle ins dunkle Vorfeld hinausragt, und in dessen Reihung sich die sonderbarsten, nie gesehenen Wagen abwechseln: uralte mit offenen Plattformen und gußeisernen Schnörkeln darüber, andere, die sich vor Altersschwäche nach unten durchbiegen, wieder andere, die nach oben gestaucht sind, neuere mit ihren bauchigen Seitenwänden, Liegewagen, Buffetwagen, Schlafwagen – der »Bintang Utara« oder »North Star Night Express«. Auf dem Bahnsteig, zweieinhalb Stunden vor der Abfahrt schon, wogt eine unübersehbare Menschenmenge. Die engen Omnibussitze der dritten Klasse sind schon jetzt über-

„North Star" vor Abfahrt in Kuala Lumpur am 7. August 1975

„North Star" vor Abfahrt in Kuala Lumpur am 7. August 1975

füllt, kleine Kinder schreien, auch auf den Ohrenbackenbänken unter den trüben Lichtfunzeln der Zweiten sitzen Leute, die Buffet Cars sind noch leer, die Kellner hocken mit bloßen Oberkörpern hinter den Fenstern, die Schlafwagen sind noch dunkel. Davor hasten, rufen und begrüßen sich die Reisenden, Asiaten, Europäer, schwarzhaarige Malayinnen in langen Sarongs, geheimnisvolle Inderinnen in violetten und blauen Saris und zu alledem spielt malayische Musik aus den Lautsprechern, unaufhörlich, eigentümlich und monoton. Das Bahnhofsrestaurant erster Klasse ist eine hohe Halle mit Stuckverzierungen in sarazenischen Formen, große Propeller kreisen unter der Decke, hinter fast jedem Tisch wartet ein würdiger chinesischer Ober und die Speisekarte gibt in einer kuriosen Mischung aus Englisch und Französisch das Dinner an:

Consommé Xavair
Fish à la Dieppaise
Beef Cutlet & Spaghetti
Mashed Potatoes & French Beans
Chocolate Ice Cream
Malaysian Fruit
Coffee

Es ist ein Menü, das, von den weiß uniformierten Chinesen korrekt serviert, in den Bahnhofrestaurants so mancher mitteleuropäischen Millionenstadt längst undenkbar geworden ist,

Buffet Car erster Klasse im „North Star"
am 7. August 1975

ein Menü, wie es die britischen Kolonialoffiziere einst genossen haben mögen und wie es sicher auch Phileas Fogg auf seiner weiten Reise gelabt hätte, wäre er nur über Kuala Lumpur gekommen . . . Draußen am Bahnsteig drängen sich weiter die Menschenmassen, internationale Globetrotter mit überdimensionalen Rucksäcken bevölkern die sonderbar primitiv wirkenden Massenschlafsäle der neuen »Night Second Class«, andere Fahrgäste versuchen, auf den breiten Einzelsesseln eines alten »First Class Buffet Car« einzunicken und am Ende des Zuges, in den exklusiven Schlafwagen, geleiten die Schaffner ihre Klienten durch dunkel getäfelte Korridore zu ihren Abteilen, an denen Kärtchen mit den Namen der Reisenden angebracht sind. Als sich die neunzehn Wagen – ein Eisenbahnfreund aus Australien glaubt, den Zug auch schon mit zweiundzwanzig Waggons gesehen zu haben – unter den beleuchteten Minaretten des Bahnhofs von Kuala Lumpur in Bewegung setzen, stehen draußen fremdländische Chinesinnen mit schwarzen Haarschöpfen und zu allem spielt immerwährend fortdauernd, auf und ab, monoton und durchdringend, die fernöstliche Musik aus den Lautsprechern – eine Szene nach dem Geschmack von Sternberg – – eine Szene wie aus dessen Film »Shanghai-Express«.

»A rather British morning«, »ein ziemlich britischer Morgen«, meint ein Mitreisender, als der Schlafwagen gegen acht Uhr früh die Drehbrükke über den Prai-Fluß überquert. Über einem unfreundlich grauen Meer liegt die berühmte Ferieninsel Penang, wo einst die Postdampfer der Peninsular & Oriental anlegten, in Nieselregen gehüllt. Kurz darauf halten die beiden sechsachsigen Diesellokomotiven, Class 22, am Prellbock des Kopfbahnhofes Butterworth, von wo aus die Fährboote hinüber nach der Insel fahren und wo auch der nur montags, mittwochs und freitags verkehrende Express nach Bangkok wartet. Da der schwere Zug mit einer Stunde Verspätung angekommen war, muß schnell umgestiegen werden; in aller Eile wird das bequeme Schlafcoupé mit seinen rechtwinklig zueinander angeordneten Betten, dem Tisch, Waschbecken und Fauteuil verlassen.

Der Schaffner eines leuchtend blau und cremefarben lackierten Schlafwagens auf dem anderen Gleis weist ein Abteil zu, das noch geräumiger, noch luxuriöser ist als das vorherige. Zwei Fauteuils stehen sich am Fenster gegenüber; bei Nacht werden sie zu einem Bett in Wagenlängsrichtung zusammengeschoben und ein zweites Bett kann darüber aus der Decke herausgeklappt werden; es fehlt nicht an den verschiedenen Raum- und Leselampen, dem Schrank zur diskreten Aufnahme des Waschbeckens, der Thermosflasche mit gekühltem Trinkwasser, dem frischen Handtuch auf dem Halter, einem Tisch, dem Hocker zur Ablage des Gepäcks und – viel, viel Platz, eher wie in einem Hotelzimmer, als in einem westlichen Schlafwagen. Nur sechs Abteile hat der asiatische Waggon, dazu aber zwei »Bathrooms«, zwei richtige Badezimmer, mit einem unglaublich ingeniös ausgetüftelten WC, das mit einem Handgriff von einem orientalischen Hockabort in ein europäisches Klosett umgewandelt werden kann, einer Dusche und einem asiatischen Bad – einem großen Faß, aus dem man mit einem Eimerchen Wasser herausschöpft, um es über den Körper zu gießen. Der Wagen ist siebenundvierzig Jahre alt und er stammt, natürlich, aus Birmingham. Einmal in der Woche fährt er sogar die ganze Strecke direkt von Kuala Lumpur aus bis Bangkok.

Nur zwei Personen teilen sich an jenem Tag das ganze Luxusgefährt – wer mit ihm reist, mußte beim Fahrkartenkauf ausdrücklich ein Billet für »the Malaysian Car« verlangen. Alle anderen, weiter vorne in dem Express, dunkelrot mit beige gestrichen, gehören nämlich der Thailändischen Staatsbahn, sind neuer, teilweise teurer und auf jeden Fall weniger komfortabel.

An »unseren« Waggon NF 28 schließt zunächst ein Schlafwagen an mit acht konventionellen Doppelabteilen, Zickzacktrennwänden und einem in hellem Holz getäfelten Seitengang; dann, in Alu und Neon funkelnd, ein klimatisierter Liegesitzwagen aus Japan, auf dessen Drehstühlen sich einheimische Geschäftsleute niedergelassen haben; dann ein ebenso neumodischer Schlafwagen von Kisha Seizo Kaisha mit gläsernen Abteiltüren, drei Singles und sechs Doubles und schließlich der Speisewagen. Davor laufen noch zwei Massenschlafsäle, besetzt mit »Rucksacktouristen«, ein Zweiter-Klasse-Wagen mit Omnibussitzen und zwei Gepäckwagen.

Als in dem rollenden Restaurant mit den altmodischen Spiegeln an den Wänden und den Nelken auf den Tischen das Frühstück serviert wird, strebt der Zug schon längst der, nur hundertfünfzig Kilometer entfernten, nördlichen Staatsgrenze zu – unter grauem Himmel zwischen überschwemmten Wiesen hindurch und an hölzernen Pfahldörfern vorüber. Aus der Ebene steigen unvermittelt eigenartige, überhängende Felsberge auf, oben von Urwald überwuchert. In Padang Besar ist die Grenze erreicht.

Die Diesellok, Class 22, bringt den vierachsigen malayischen Güterwagen, der in diesem Kurs immer mitläuft, auf ein Abstellgleis. Dann herrscht Ruhe. Das Fauchen der Pacific-Klasse 56 ist schon drei Jahre zuvor auf dieser Strecke verstummt. Mit Gelassenheit widmen sich die thailändischen Beamten der Grenzkontrollle.

Um 12.20 Uhr setzt sich der Zug wieder in Bewegung, nunmehr hinter einer orangefarbenen, aus Frankreich gelieferten sechsachsigen Diesellok der Rod Fai Thai, der Thailändischen Staatsbahn. Nach einer Dreiviertelstunde kommt er an einem großen Bahnknoten an, der Station Hatyai Junction. Bei der Einfahrt, linker Hand, ist eine Reihe »Mac Arthur«-Kriegslokomotiven kalt abgestellt. Eine japanische Pacific mit der Nummer 285 und dem Tender voll Brennholz steht aber unter Dampf; eine Mikado, ebenfalls aus Japan, rangiert einen Güterzug und andere Maschinen, teilweise in dunkelgrünem Anstrich, qualmen beim Schuppen leise vor sich hin.

In Thailand »dampft« es also in jenem Sommer noch und die Pacific 244 von Baldwin, die bei der Ausfahrt aus dem Bahnhof rechts als Denkmal aufgestellt ist, bleibt nicht die einzige Dampflok von Hatyai.

An deutsch aussehenden Signalen und an Reisfeldern, Wassertümpeln und Palmen vorüber, fährt der Zug durch das südliche Thai-

Thailändischer Speisewagen im „International Express" am 8. August 1975

Das alte malayische Bahnwappen im „International Express"

land. Rechts erheben sich wieder die überhängenden Felsspitzen, wie am Vormittag. Eine fremdländische Frau schaut zum nächsten Waggonfenster hinaus – und es ergibt sich ein Gespräch, mit einer Chinesin, außen von Fenster zu Fenster, denn wir sind viel zu schüchtern, um uns im Abteil zu besuchen. Gegenüber ragt einer der Felsberge wie ein Dämon über eine kleine Stadt.

Als der Zug anhält, steht der Schlafwagen weit außerhalb des Bahnhofes. Kinder in europäischen Schulkleidern warten an einem Straßenübergang und vor dem Karren eines Essensverkäufers sitzen Männer auf Stühlen im Freien und plaudern. Auf einem Steg vor den hölzernen Häusern wäscht eine Mutter ihr braunes Baby im Dorfbach.

Später kommen über eine Bergkette schwarze Monsunwolken von der Seite herüber, an welcher der Indische Ozean sein muß. In tropischem Regenwald, unter Baumriesen, winden sich die nun vierzehn Wagen durch einen Tunnel und, wie eine Schlange glänzend, zu einer Wasserscheide empor, von der aus die Strecke in eine weite Ebene hinabführt. Um 16 Uhr 40, mit einer halben Stunde Verspätung, kommt der Zug in Thung Song Junction zum Stehen.

Über den Gleisen geht ein Regenguß nieder, im Hintergrund zischen und qualmen Dampflokomotiven – japanische Mikados und Pacifics, amerikanische wie die Denkmallok von Hatyai, 1C-Maschinen aus Japan, »Mac Arthur«-Kriegslokomotiven – und eine von diesen setzt sich, im Schein der roten und grünen Lichtsignale, ans Ende unseres Zuges. Der Express, der schon 1931 verdieselt war, wird im Jahre 1975 von einer Dampflok rangiert – eigentlich eine Überraschung . . .

Mit sechzehn Wagen geht es in die Abenddämmerung hinein, vorbei an Dörfern, buddhistischen Mönchen in orangefarbenen Gewändern, Reisbauern, Wasserbüffeln, Tempeln und Geisterhäuschen. Nach Einbruch der Dunkelheit tanzen bei abgedunkelter Beleuchtung vor dem Fenster die Glühwürmchen. Dahinter ist schwarz der Dschungel. Über die Sümpfe geistern die Irrlichter der Fischer, die mit Lampen Frösche fangen, und in der Ferne blitzt Wetterleuchten, in dessen Schein, weit, weit weg, über dem Urwald für Augenblicke die dämonischen Silhouetten der Felsspitzen sichtbar werden.

Der Express hat den besten Namen, den er haben kann – »International Express«. Spät

Im südlichen Thailand, vom „International" aus

„International Express" vor Thung Song Junction am 8. August 1975

Wat Phra Keo in Bangkok

abends ist der Speisewagen überfüllt mit Thais und Malayen, Amerikanern, Indern und Europäern. In welchem anderen Zug der Welt kann der Reisende so viele Rassen zusammen antreffen, zu einem thailändischen Dinner in so vielen Sprachen parlieren hören oder zu einem »Mekong-Whisky« eine Chinesin einladen, die aussieht wie Anna May Wong in Sternberg's »Shanghai-Express«?

Am anderen Morgen läuft der International Express mit geringer Verspätung in Bangkok Hualumphong ein.

Das Flugzeug besiegt die »Malle des Indes«

Am 30. März 1929 flogen die »Imperial Airways« erstmals planmäßig von England nach Karachi – in siebeneinhalb Tagen. Die »Indian Mail« schaffte es 1939 nur in 15 Tagen ... Im September 1929 starteten Postflüge der »KLM« nach Niederländisch-Indien, im Januar 1931 folgten Postdienste der französischen »Air Orient« nach Saigon und vom Dezember 1934 an gab es Postflüge England–Australien. Als im Dezember 1926 die Linie Cairo–Basra der Imperial Airways eröffnet worden war, mußten die Passagiere noch mit P & O-Dampfern von Marseille nach Port Said und weiter mit dem Zug nach Cairo anreisen. Im Juli 1928 nahmen sie zur Alpenüberquerung Basel–Genua die Bahn. Im Winter 1929/30 mußte kurzzeitig auf eine andere Route ausgewichen werden, worüber »The Air Annual of the British Empire« 1930 vermerkte: »Auf Grund des Zusammenbrechens gewisser Unterhandlungen mit der italienischen Regierung im Winter wurde der Luftfahrtdienst seit letztem November nur zwischen Athen und Alexandrien aufrechterhalten. Die Transitladungen von Luftpost und Fracht gingen von Köln nach Athen mit dem Orient-Express, unter Überwachung durch eigene Kuriere der Gesellschaft«. (Anmerkung: der Imperial Airways) ...»Auf der Reise westwärts wurde die Last bis Paris per Zug gebracht und weiter mit dem Silver Wing Service nach London.« Im darauffolgenden Sommer mußten Post und Passagiere nurmehr während der zweiten Nacht seit Abreise in London auf der Strecke Skopje–Saloniki vorübergehend die Eisenbahn in Anspruch nehmen. Den Fluggästen wurde dabei Schlafwagentransport erster Klasse angeboten. Im gleichen Jahr zum Beispiel benützten sie auf der Rückreise einen CIWL-Schlafwagen im Nachtpersonenzug Cairo–Alexandrien. Von 1931 bis 1937 waren sie gezwungen, zwischen Paris und Brindisi die Bahn zu wählen und zwar sicherlich den durchlaufenden Schlafwagen des Direct-Orient – auf der Simplon-Route, welche schon 1902 durch Charles Loiseau für den Brindisi-Verkehr vorgeschlagen worden war. Auch als Zubringer mitteleuropäischer Post zu den Asienflügen diente Anfang der Dreißigerjahre die Eisenbahn, nämlich der Nachtschnellzug mit Abfahrt in München um 23.15 Uhr zum Anschluß an die »Imperial Airways« in Brindisi und an die »Air Orient« in Neapel. Ein letztes Zwischenspiel des Bahntransportes im Flugliniennetz dürfte sich ergeben haben, als die KLM zwischen dem 16. September 1939 und dem 26. Juli 1940 wegen der Kriegsereignisse Neapel als Ausgangspunkt ihrer Batavia-Flüge benützte.

Die Postmenge auf den Dampfern der Peninsular & Oriental hatte sich in den Dreißigerjahren, mit über sechstausend Postsäcken (»bags«), gegenüber der Jahrhundertwende mindestens verdreifacht. Der Postzug der »Malle des Indes« nach Marseille erhielt von 1930 an neue, 17 Meter lange stählerne Drehgestellwagen an Stelle der alten, nur 14 Meter langen hölzernen Fahrzeuge. 1937 kam für mitteleuropäische Post ein Zug M. 70 Marseille–Lyon–Genf hinzu, von 1938 an wurde der Postzug der »Malle« auf der Nordbahn in zwei Teilen geführt und 1939 wurden die Wagen des Vortransportes, zur Entlastung der Hauptstrecke, mit den Zügen 1019 und 4701 über Nevers nach Marseille geleitet. Zur gleichen Zeit war das Zuggewicht hinter den PLM-Pacifics auf mehr als 500 Tonnen gestiegen – doch als die Lücken im Flugliniennetz geschlossen waren, blieben der »Malle des Indes« keine Chancen mehr im Wettbewerb um die schnellste regelmäßige Postverbindung: Von 1938 an wurde die gesamte »first class mail« England–Indien–Australien auf die Imperial Airways übertragen. Damit war das 1934 angekündigte »Empire Air Mail Scheme« verwirklicht, das kühne Vorhaben, alle Briefe per Luftpost zu befördern, ohne die Portogebühren zu erhöhen. Das bedeutete nicht, daß die Schiffahrtslinien schlagartig vom Postverkehr ausgeschlossen worden wären, doch der schnellere Teil der Post gehörte nun der Luftfahrt.

Auch der schnelle Passagierverkehr wurde zu einer Domäne der neuen Technik und bald war das Flugzeug nicht nur schneller, sondern auch billiger als das Schiff. Hatte eine Reise von London über Suez nach Indien in den Vierzigerjahren des 19. Jahrhunderts 140 Pfund gekostet, so war dies schon günstiger, als auf den alten Ostindienseglern, von denen aus dem Jahre 1779 der ungeheure Preis von 584 Pfund für eine Kajüte überliefert ist. 1914 kostete die Passage London–Bombay in der zweiten Klasse 32 und in der ersten 46 Pfund, bei Benützung des Peninsular- oder des Bombay-Express 51 Pfund. Die Imperial Airways verlangten für den Flug London–Karachi im Jahre 1938 die Summe von 85 Pfund. Dreieinhalb Jahrzehnte später sollte die Reise mit der Peninsular & Oriental zwischen England und Colombo 176 Pfund oder 422 Dollar kosten, während »Air India« von Amsterdam nach Indien »Jumbo«-Flüge um rund 250 Dollar anbot. In Deutschland wurde zwar von offizieller Seite gelegentlich ein »Sturm im Wasserglas« gegen die billigen Flugtarife entfacht, doch damit ließ sich das Rad der Geschichte nicht zurückdrehen – das Flugzeug ist längst zum Massenverkehrsmittel geworden. Den Arbeitnehmern der Industriestaaten ermöglichte es erstmals touristische Reisen nach den Zielen der »Indian Mail« (allerdings entstanden dabei Umweltprobleme, welche der alten Indischen Post unbekannt waren) und die Passagierschiffahrt wich folgerichtig mehr und mehr auf Kreuzfahrten und auf zahlungskräftige Vergnügungsreisende als Publikum aus.

So sind die Dampfer der P & O auch heute noch auf den Weltmeeren zu sehen und für ihre Passagiere verkehren sogar Sonderzüge zwischen London Waterloo und den Southampton Docks, die am 10. Oktober 1969 Tilbury als Ausgangspunkt völlig abgelöst hatten. Auf Geschwindigkeit kommt es aber nicht mehr an. Einen »P & O Overland-Express« oder eine »Malle des Indes« hat es daher seit 1939, als diese Züge mit Kriegsbeginn eingestellt worden waren, nie mehr gegeben.

Auch heute fahren P&O-Dampfer um die Welt: Das 45000 tons-Schiff „Canberra" am 6.1.1979 in den Southampton Docks vor dem Auslaufen nach Sydney

Eine Epoche ist vorüber . . .

Reklame für den „Overland Express" in Frankreich um 1938 Archiv La Vie du Rail/Estrine

Vorbei sind die Jahrzehnte, in denen Züge und Dampfer Symbole des Weltverkehrs waren. So wie heute die Luftfahrt, stellte in den Dreißigerjahren in einer bekannten Reklame der »Overland-Express« der England–Indien-Route mit seiner »Mountain«-Lokomotive der Paris–Lyon–Méditerrannée ein Symbol für globales Reisen und zugleich für Elan, für Fortschritt und für Schnelligkeit im Sinne von Marinettis Feststellung im Futuristischen Konzept von 1909 dar, »daß sich die Herrlichkeit der Welt um eine neue Schönheit bereichert hat: die Schönheit der Geschwindigkeit.« Der »Overland-Express«, die P & O-Dampfer, die »Imperial Indian Mail« und die anderen »Boat Trains« waren Symbole für die rascheste Möglichkeit, Menschen von einem Punkt auf dem Globus zum anderen zu befördern, so wie in der Gegenwart die Düsenflugzeuge. Sie hatten eigene, rassige, von keinem anderen Verkehrsmittel nachzuahmende Formen, so wie heute die Flugzeuge über unverwechselbare Formen verfügen. Und ihre Begriffe waren weltweit: Europa kannte seine »Malle des Indes« oder »Indian Mail« und Indien seine »Imperial Indian Mail«. Europa hatte seinen »Bombay-Express« und Amerika drehte – es war in den Dreißigerjahren – seinen

Mountain-Lokomotive der Reihe 241 A der P.L.M., hier vor dem Côte d'Azur-Pullman, in Laroche-Migennes Archiv Muséon di Rodo

Film »Bombay Mail«, der wiederum auf der Strecke der »Imperial Indian Mail«, nämlich Bombay–Calcutta, spielte. Europa, Indien, Australien und Amerika besaßen auch ihren »Overland-Express« und alle waren untereinander durch andere Züge, durch Dampfer und durch die Buchungssysteme der großen Reisebüros verbunden – bei denen die heute teilweise übliche Praxis, bestimmte Bettkarten nur in Verbindung mit lukrativen Flugtickets zu verkaufen, noch unbekannt war.

Auch in der Literatur waren Bahn und Ozeandampfer Symbole für weltweiten Verkehr:

»Die Dampfkraft, die großen Expresslinien, das Gas, das Petroleum, Dieser Triumph unserer Epoche, das Ziel Atlantikkabel. Die Pazifikbahn, der Suezkanal, die Tunnels des Mont Cenis, des Sankt Gotthard und des Hoosac, die Brooklynbrücke, diese Erde, ganz umspannt von eisernen Schienen, von Dampferlinien, die alle Meere durchlaufen . . .«,

davon sprach im vorigen Jahrhundert der Amerikaner Walt Whitman und der in La Chaux-de-Fonds geborene schweizerisch-französische Dichter Blaise Cendrars griff es in diesem Jahrhundert wieder auf. Marc Baroli zitiert in »Le train dans la littérature française« Philippe Soupault, der »in seinem Zimmer erstickt«, wenn er »den tosenden Bahnhof hört« und von Toronto oder Vancouver träumt. Mark Twain reiste in »Following the Equator« Tausende von Meilen mit den Zug durch Indien und die Dampfer begegnen dem Leser in Rudyard Kipling's Werken.

Bahn und Schiff waren auch Symbol für die weltbeherrschende Rolle Europas, so wie die Luftfahrt Symbol für die heutige Supermacht Amerika ist. Während die Flugzeuge fast ausschließlich aus den USA kommen, stammten die Ozeandampfer und die Wagen der großen Expresszüge aus den verschiedenen Ländern des europäischen Kontinents. Die Dichter registrierten die nationalen Eigentümlichkeiten: »Ein Dampfer ist viel weniger kosmopolitisch als ein Hotel. Er befördert, zugegeben, alle Rassen, aber er beläßt ihnen ihre Eigenheiten, ihr nationales Fluidum«, meinte Paul Morand in »Rien que la terre«, in einem Absatz übrigens, der mit »Malle des Indes« betitelt ist. Rudyard Kipling setzte der P & O mit dem Gedicht »The Exiles' Line« ein Denkmal – » . . .For all the soul of our sad East is there, / Beneath the houseflag of the P & O« – und in »Egypt of the Magicians« schilderte er, wie die Passagiere die skurrilen Eigenheiten eines ihrer Liner vor dem erster Weltkrieg erlebten: »›O, kommt und

Das „Raffles" in Singapore, gegründet 1886

seht!‹ riefen sie, ›er hat eine Schraube – nur eine Schraube! Hört ihren Schlag! Und habt ihr seinen alten Schuppen von Salon gesehen? . . .Um nichts in der Welt wollten wir diese Reise versäumt haben. Es ist wie Seefahren mit Kolumbus‹« . . . Auch Mark Twain fand die Peninsular höchst bemerkenswert, wie aus »Following the Equator« zu erfahren ist: »Von Sydney auf dem P & O-Dampfer ›Oceana‹ nach Ceylon abgereist. Dieses Schiff hat als Besatzung Laskaren – die ersten, die ich gesehen habe. Frauenrock und Hosen aus weißen Baumwollstoff; barfuß . . . In diesem palastähnlichen Schiff legen die Passagiere zum Dinner Abendkleidung an... An Bord ist viel Kricket gespielt worden; das Spiel scheint für ein Schiff recht ausgefallen zu sein, aber sie spannen Netze um das Promenadendeck und verhindern dadurch, daß der Ball über Bord fliegt; das Spiel läuft sehr gut und ist heftig und aufregend, wie es sich gehört . . .« Ebenso voll von nationalen Eigenarten waren stets die Expresszüge, die indischen etwa mit ihrem, aus dem Kastenwesen heraus erklärbaren, Fehlen von Speisewagen und dem Zwang, das Bettzeug von zu Hause mitzubringen, die malayischen mit ihren, exklusiven rollenden Clubs gleichenden, »Buffet Cars« oder die im Westen an die Indiendampfer anschließenden europäischen, in Dunkelblau mit dem traditionsreichen goldenen Wappen der Compagnie Internationale des Wagons- Lits et des Grands Express Européens an den Seiten.

Salon erster Klasse auf dem 1881 gebauten und 1891 umgebauten P & O-Dampfer „Rome"
Archiv National Maritime Museum

Der Luxus der handwerklich exzellent ausgeführten Interieurs – die Schlafwagen der berühmten Serie »Lx« waren von Maple, Morrison, Nelson und Prou mit Intarsienarbeiten in elf Varianten, mit Velours und selbst mit Haifischleder aus dem chinesischen Meer dekoriert worden – weckte die Träume der Bevölkerung, die davon ausgeschlossen war. Er erinnerte an das, was heute als »Art Déco« bezeichnet wird. Der Kritiker Paul Maenz beschrieb in seinem gleichnamigen Buch jene Kunstrichtung als eine ebenso „exquisite wie anachronistische Stilsuche ».... sie betrieb sozusagen den – zwangsläufig hoffnungslosen – Versuch, die Dissonanzen des Jahrzehnts über den kostspieligen Geschmack zu harmonisieren.« Ein halbes Jahrhundert später sollten die überholten Vorstellungen von Exklusivität dem Werbeslogan »Der Schlafwagen ist kein Luxus« Platz machen. Dazu begannen in Europa die schönen goldenen Wappen auf den Wagons-Lits, von denen so viel Fernweh ausging, einem Werbezeichen im normalen Reklamestil zu weichen und auch in Asien wurden die alten Symbole von Prestige und Luxus, welche die Phantasie von Generationen angeregt hatten, nicht ohne Grund spärlicher.

Vor dem zweiten und erst recht vor dem ersten Weltkrieg waren die internationalen Eisenbahnzüge und Schiffe Gegenstand der Sehnsucht nach Reisen hinaus in die Welt. Irgendwo wurde der fast vergessene Dichter Ugo Ricci aus Neapel zitiert: » . . .Manchmal denkt sie: Algerien, Spanien, Indien . . . Und ihre Gedanken folgen dem Zug, der über die Schienen eilt, und dem Schiff auf hoher See. Durch die Welt reisen! Sie möchte sagen: ›Ich gehe in die Kabine‹ . . . Wir wollen Billets besorgen . . .‹« oder der, ebenfalls in Vergessenheit geratene, Romancier Guido da Verona, der »von internationalen Expresszügen, die mit 80 Stundenkilometern ihre Lichtspur durch die Nacht zogen« erzählte, vom »Nomadenleben des Schiffspassagiers« oder von »den komplizierten Freuden der Liebe im Pullmanwagen«. Erkauft war solcher Luxus mit dem Elend der Millionen von Eisenbahnern, die, ohne Arbeitszeitbegrenzung und ohne Urlaub, für einen Hungerlohn ihre Pflicht erfüllten, wie der Lokomotivführer Marc Lefort in der 1891 erschienenen Geschichte »Coup de tampon« von Coppée, der nach dem Tod seiner Frau einer revolutionären Partei beigetreten war, von seiner bevorstehenden Entlassung benachrichtigt wurde und zum letzten Mal den Luxuszug Paris–Calais führte:

»Aber da, der Schein eines großen Bahnhofs;
Und Marc sieht vor sich, im hellen Mondlicht
Ein ganzes, konfuses Netz sich überkreuzender Schienen.
Platz! Er muß nur pfeifen und durchfahren.«

Plötzlich kommt eine andere Lokomotive entgegen, der Heizer rettet sich, er selber überlegt, ob er abspringen soll, doch

»Nein! Märtyrer der Pflicht, Opfer seiner Aufgabe,
Hat er bis zum letzten Moment, das Sterben vor Augen, ohne Furcht,
Die Bremse angezogen, den Dampf abgesperrt.«

Die Bahn war in den Jahren der großen Expresszüge noch nicht Objekt der Nostalgie, der Romantik, wie heute, sondern sie war Symbol für Leben, für Neues, für Gegenwart – Blaise Cendrars gab einem Gedicht (. . .»Cette année ou l'année prochaine / La critique d'art est aussi imbécile que l'espéranto / Brindisi / Au revoir au revoir / Je suis né dans cette ville«...) den Namen »Bombay-Express« – sie war Symbol für Leben und für Kommunikation, wie es Cendrars in »La Redonne« erfuhr: » . . .und wie ich mich in dieser muschelförmigen Bucht tummelte, die La Redonne darstellt, ein Kreis aus blauem Wasser wie der innere See eines Atolls, sah ich auf dem Viadukt mit Volldampf einen Zug vorbeifahren, bestehend ausschließlich aus Gepäckwagen, lang wie Schlafwagen, der zweimal wöchentliche Kurier, die indische Post . . . Dieser Zug à la Jules Verne hatte mich erobert und es ist gut, kommt man in die Einsamkeit, um an einem Buch zu arbeiten, sich nahe einer Eisenbahnstrecke niederzulassen und durch das Fenster die Züge vorüberfahren zu sehen. Dieser Verkehr markiert die Zeit und schafft eine Verbindung zwischen dem stillen Gang der Gedanken und der lärmenden Aktivität der Welt. Man nimmt teil. Man fühlt sich weniger allein. Und man versteht, daß man für die Menschen schreibt.«

„La Malle des Indes" Calais–Brindisi mit 2C-Lokomotive 2697 der P.L.M vor dem 1. Weltkrieg Carte Fleury/La Vie du Rail

Tabellen

Historische Übersicht
Fahrpläne
Vertrag Peninsular-Express
Wagenreihungen
Wagen
Lokomotiven
P & O heute

Historische Übersicht

1497	Entdeckung des Seeweges nach Indien durch Vasco da Gama
1600	Gründung der East India Company
1775	Transitrechte für den Weg der britischen Indienpost durch Ägypten
1825	Eisenbahn von George Stephenson
1829	Erste Postdampferfahrt Bombay–Suez
1835	Organisation der Overland-Route durch Ägypten hindurch durch Thomas F. Waghorn
1839	Teil der britischen Indienpost regelmäßig über Calais–Marseille (Straßentransport)
1840	Gründung der Peninsular & Oriental Steam Navigation Co.
1843	Indienpost der Gibraltar-Route per Bahn London–Southampton
1844	Indienpost der französischen Route per Bahn via London–Folkestone
1845	Dampfer der P & O erstmals in Singapore
1846/7	Probefahrten der Indienpost über Triest–Köln–Ostende, unter teilweiser Benützung der Bahn
1847	Indienpost in Frankreich teilweise per Bahn
1854	Postdampfervertrag für die Strecke Calcutta–Rangoon
1856	Indienpost zwischen Calais und Marseille per Bahn („Malle des Indes")
1856	Bahn Alexandrien–Cairo fertig
1858	East India Company aufgelöst
1858	Bahn Cairo–Suez fertig
1859	Vertrag zur Beförderung der französischen Indochinapost mit der P & O
1862	französische Postdampferlinie Suez–Hongkong
1865	Telegraph England–Indien fertig
1869	Teil der Indienpost über Calais–Mont Cenis (Bahn nach System Fell)–Brindisi
1869	Eröffnung des Suezkanales
1870	Bahn Bombay–Calcutta fertig
1870	Indienpost per Bahn über Ostende–Brenner–Brindisi an Stelle des Weges durch Frankreich
1871	Bahn Bombay–Madras fertig
1872	„Malle des Indes" per Bahn über Calais–Mont Cenis (Fréjus-Tunnel)–Brindisi an Stelle des Weges über Ostende
1876	Pullman-Schlafwagen in Italien
1877	Bahn Rangoon – Prome
1879	CIWL-Schlafwagen Calais–Bologna in der „Malle des Indes"
1880	Beförderung der britischen Indienpost ausschließlich via Calais–Brindisi
1886	Pullman gibt in Italien zugunsten der CIWL auf
1888	Indienpost in Ägypten ausschließlich durch Suezkanal an Stelle der Bahn
1890	Einführung des Luxuszuges „Peninsular-Express" Calais–Brindisi im Anschluß an die P & O-Dampfer (nordwärts nur „Malle des Indes")
1897	Luxuszug „Bombay-Express" Calais–Marseille, im Anschluß an die P & O-Dampfer
1914	Vorübergehende Unterbrechung der Dienste Calais–Marseille und Beendigung des „Peninsular-Express" sowie der „Malle des Indes" Calais–Brindisi
1926	Neue „Imperial Indian Mail" Bombay–Calcutta im Anschluß an die P & O-Dampfer
1929	Eröffnung des Luftverkehrs England–Indien durch die „Imperial Airways"
1935	„Bombay-Express" in „Overland-Express" umbenannt
1936	Bahn Saigon–Hanoi fertig
1939	Beendigung der „Malle des Indes" Calais–Marseille und des „Overland-Express"
1947	Selbständigkeit für Indien und Pakistan

Indische Post, März 1856

(laut „Hendschel's Telegraph"):

Peninsular & Oriental Steam Navigation Company

Tag des Monats						
(4)	(20)	ab	London via Southampton	an	(. . .)	(. . .)
(10)	(26)	ab	London via Paris	an	(15–16)	(28–29)
12	28	ab	Marseille	an	13–14	26–27
14	30	an	Malta	ab	10–11	24–25
18	4	an	Alexandria	ab	7	21
21	7	ab	Suez	an	6	20
26	12	an	Aden	ab	30	14
2	19	an	Bombay	ab	17	3
8	24	an	P. d. Galle	ab	19	3
10	26	ab	P. d. Galle	an	17	1
12	28	ab	Madras	ab	14	28
16	2	an	Calcutta	ab	6	20
	9	ab	P. d. Galle	an	1	
	14	ab	Penang	ab	25	
	18	ab	Singapore	ab	23	
	24	an	Hongkong	ab	15	
	3	an	Shanghai	ab	10	

Solange die Dampfschiff-Verbindung Singapore–Australien unterbrochen ist, wird die Post von Liverpool nach Australien mittels direkter Paketboote um das Kap der Guten Hoffnung geleitet.

Personengeld-Tarif
Marseille-Alexandria 1st cl. 450 Fr. / 2nd cl. 280 Fr.
Alexandria–Suez 12 LSt.

Suez–Bombay 55 LSt.
Suez–P. de Galle 65 LSt.
Suez–Hongkong 100 LSt.

Anschluß durch Österreichischer Lloyd, via Corfu

Tag					Tag	
10	27	ab	Triest	an	26	12
15	1–2	an	Alexandria	ab	21	7

Malle des Indes, Peninsular-Express, Bombay-Express

km			20.10.1870 Post	1879 Malle	1890 Malle	1890 Luxe	1907 Malle	1914 Luxe
0	London	ab	(5) 20,25	(5) . . .	(5) 20,15	(5) 15,15	(5) 22,00	(5) 21,00
168	Calais M.	ab	via Brenner verspätet	(6) 1,20	(6) 1,32	(5) 18,55	(6) 3,25	(6) 1,03
2317	Brindisi	an	(3) 3,15	(1) 15,15	(7) 21,00	(7) 16,00	(7) 21,30	(7) 17,50

Brindisi–London: Start 12 St. nach Ankunft des Dampfers

		1901 Luxe	1914 Luxe	Okt. 1921 Luxe	1930 Luxe
London	ab	(3/4) 11,00	(4) 11,00	(5) 7,20	(4) 14,00
Calais M	ab	15,00	14,57	14,42	
Boulogne	ab				18,07
Marseille	an	(4/5) 9,49	(5) 6,36	(6) 6,53	(5) 12,34
Marseille	ab	(7/1) 15,35/ 17,55	(6/7) 16,58	(6) 16,30	(5/6) 15,45
Boulogne	an			(7) 12,00	(6/7) 11,11
Calais M.	an	(1/2) 12,08/ 14,25	(7/1) 11,45 ab		
London	an	16,55/ 19,00	17,10	15,42	15,30

Entfernung Calais Maritime–Amiens–Paris P.L.M.–Marseille Arenc 1163 km

(1) = Montag
(2) = Dienstag
(3) = Mittwoch
(4) = Donnerstag
(5) = Freitag
(6) = Samstag
(7) = Sonntag

Peninsular & Oriental Steam Navigation Company

		Juli 1914					
London Dampfer	ab	3/7	10/7	17/7	24/7	31/7	Freitag
London Bombay-Ex.	ab	9/7	16/7	21/7	30/7	6/8	Donnerstag
London Peninsular-Ex	ab	10/7	17/7	24/7	31/7	7/8	Freitag
Marseille	ab	10/7	17/7	24/7	31/7	7/8	Freitag
Brindisi	ab	(12/7)	(19/7)	(26/7)	(2/8)	(9/8)	Sonntag
Bombay	an	24/7	(31/7)	7/8	(14/8)	21/8	
Shanghai	an	–	(17/8)	–	(31/8)		
Adelaide	an	–	(15/8)	–	29/8		
Sydney	an	–	(20/8)	–	(3/9)		

Dampfer legen auch an in Gibraltar, Port Said, Aden, Colombo, Penang, Singapore, Hongkong, Fremantle, Melbourne.
„Imperial Mail" Bombay–Howrah (Calcutta) in 36 1/2 h
British India Steam Navigation Co. jeden Sonntag und Dienstag Calcutta–Rangoon.

P & O außerdem ab London jeden 2. Samstag (4/7) nach Calcutta und jeden 2. Samstag (11/7) nach Yokohama, beide über Malta–Port Said.
Entfernungen in Seemeilen:
Von London via Gibraltar–Brindisi nach Port Said 3570, Bombay 6629, Yokohama 11956, Sydney 12500.

Compagnie des Messageries Maritimes

		Juli 1914		
Marseille	ab	12/7	22/7	26/7
Berlin (Post via Brindisi–Suez mit P & O)	ab	(10/7)	–	(24/7)
Saigon	an	4/8	–	18/8
Yokohama	an	19/8	–	2/9
Bombay	an	–	6/8	–
Adelaide	an	–	25/8	–
Sydney	an	–	30/8	–
Nouméa	an	–	5/9	–

Dampfer legen auch an in
Port Said, Suez, Djibouti, Colombo, Singapore, Hongkong, Shanghai, Kobe, Aden, Fremantle.
Außerdem einmal monatlich
Marseille–Saigon–Tourane–Haiphong.

Special Calcutta–Bombay Jan./Feb. 1889

zitiert nach
„STATESMAN", Calcutta, 23. Jan. 1889:

The New Mail Special

The programme of the Weekly fast Special for the conveyance of the OUTWARD Overland Mail from Calcutta to Bombay will interest many of our readers. The service commences from the 13th February, and the train will start from Howrah every Wednesday until further notice. The table gives the only stations at which it will stop from which mails and passengers will be booked.

The G.I.P portion is still to be issued, but the time of arrival in Bombay will be about 3 P.M on Fridays.

Only through traffic to Bombay will be conveyed by this train whose maximum load is limited to 10 Vehicles.

„Times of Bombay", 20 March, 1889:

A Section of the Railway Mail Service consisting of two sorters. and designated the „EXPRESS SECTION" was formed and worked through with the train from Howrah to Bombay. An Assistant Superintendent of the RMS, C Division (to which Division the Express Section is attached) was also deputed to travel with the Mails and take statistics of the number of articles posted as well as the amount of revenue collected.

Stations	Arrival	Depart.	Remarks.
Howrah	–	20.30	Wednesdays.
Hooghly	20.35	20.38	
Burdwan	21.43	21.48	
Rajbundh	22.40	22.43	
Raneegunge	23.12	23.15	
Asansol	23.32	23.37	
Jamtara	0.13	0.18	Thursdays
Madhupore	1.00	1.05	
Simultala	2.00	2.03	
Nawadih	2.25	2.30	
Jamooee	2.55	2.58	
Mokameh	3.55	4.00	
Futwah	5.02	5.05	
Bankipore	5.28	5.29	15 minutes halt for Early Tea.
Dinapore	5.38	5.53	
Arrah	6.33	6.36	
Buxar	7.40	7.45	
Zumania	8.31	8.34	30 minutes halt for Breakfast.
Mogulserai	9.15	9.45	
Mirzapore	10.44	10.47	
Meja Road	11.35	11.38	
Naini	12.08	12.13	
Bargarh	13.11	13.14	
Markundi	14.12	14.15	12 minutes halt for Afternoon Tea.
Sutna	15.25	15.32	
Bhadanpore	16.28	16.31	
Katni	17.23	17.26	
Sihora Road	18.21	18.24	35 minutes halt for Dinner.
Jubbulpore	19.05	19.40	

Imperial Indian Mail

Auszug aus dem Indian Bradshaw, September 1928

Miles	1st Class.	Stations		Imperial Indian Mail
	Rs. A. P.			
–	–	Howrah (Std.)	d	21 36
67	8 6 6	Burdwan	a d	22 53 22 58
132	15 8 6	Asansol Jn.	a d	0 16 0 22
169	19 0 6	Dhanbad	a d	1 12 1 15
187	20 11 6	Gomoh Jn.	a d	1 41 1 46
215	23 5 6	Hazaribagh Rd	a d	2 28 2 32
292	30 14 6	Gaya	a d	4 20 4 26
342	33 14	Sone East Bank	a d	5 37 5 43
418	38 10 6	Moghal Sarai Jn.	a d	7 51 8 1
458	41 2 6	Mirzapur	a d	8 48 8 54
–	–	Chheoki	a	9 55
–	–	Chheoki	d	–
512	44 14 6	Allahabad	a	–
–	–	Allahabad	d	7 18
–	–	Chheoki	a	7 36
–	–	Chheoki	d	10 5
567	49 12 6	Manikpur Jn.	a d	11 45 11 53
615	54 4 6	Sutna	a d	13 11 13 19
676	60 0 6	Katni Jn.	a d	14 58 15 6
733	65 5 6	Jubbulpore	a d	16 49 16 57
886	79 11 6	Itarsi	a d	22 40 22 48
996	90 0 6	Khandwa	a d	1 47 1 55
1073	97 3 6	Bhusawal	a d	3 58 4 6
1187	107 14 6	Manmad Jn.	a d	6 54 7 1
1233	112 3 6	Nasik Road	a d	8 2 8 5
1264	115 2 6	Igatpuri	a d	8 57 9 1
1316	120 6 6	Kalyan Jn.	a d	10 46 10 49
1349	123 1 6	Bombay (Victoria T.)	a	–
		Ballard Pier	a	12 0

Imperial Indian Mail

Imperial Indian Mail Train conveying First Class Passengers only will run from Howrah to Bombay on Thursday adopting the above Time Table.

A Surcharge of Rs. 25-8-0 plus annas eight reservation fee is levied in addition to a First Class fare to Bombay by the Indian Imperial Mail.

Children of 3 years and over are charged full plus the Special surcharge annas 8 reservation fee.

The Imperial Indian Mail

Leaving Bombay on arrival of the P. & O. Mail Steamer.

About seven hours after the P. & O. Mail Steamer is signalled the Indian Imperial Mail train starts from Mole alongside the Steamer.

The departure time will be posted at the Ballard Pier Booking Office after arrival of the Steamer at Bombay.

The journey from Bombay to Howrah via Chheoki takes approximately 39 hours and 30 minuites.

A special surcharge of Rs. 25-8-0 plus annas eight reservation fee will be levied in addition to the ordinary fare from each passenger.

Children of three years and over are charged full fares plus the Special Surcharge Rs. 25 and annas eight reservation fee per ticket.

India

km			September 1928		Oktober 1974	
km			Calcutta Mail		Calcutta Mail	Howrah Mail
0	Bombay VT	ab	20,30		19,15	20,10
1968	Calcutta Howrah	an	11,55 (3. Tag)		8,20	11,55
	(via Allahabad 2170 km)		Imp. In. M. (via Chheoki)		(via Nagpur)	(via Allahabad)
0	Calcutta Howrah	ab	(4) 21,36		19,55	19,30
1968	Bombay VT	an	(6) 12,00 (Pier)		8,20	11,20
			Punjab Mail	Frontier Mail	Punjab Mail	Rajdhani
	Bombay VT	ab	15,00	(Colaba)	15,20	–
0	Bombay C	ab	(via Bhopal)	13,00	via Bhopal	(6,3) 14,00
1388	Delhi Jn.	an	20,05	12,35	20,40	(7,4) 7,50
	Peshawar	an	20,55	8,30	–	(New Delhi)
	(B. Delhi via		(3. Tag)		2. Tag)	
	Bhopal 1542 km)		Bombay Mail	Frontier Mail		
	Peshawar	ab	9,15	9,15	–	(New Delhi)
0	Delhi Jn.	ab	8,55	8,15	7,15	(1,5) 19,10
1388	Bombay C	an	(via Bhopal)	11,10	(via Bhopal)	(2,6) 12,55
	Bombay VT	an	15,30	(6: Pier)	12,30	–
			Punjab Mail		Rajdhani	Kalka Mail
	Peshawar Ct.	ab	22,50		(New Delhi)	–
0	Delhi Jn.	ab	3,37		(3,6) 18,15	8,00
1445	Calcutta Howrah	an	7,06		(4,7) 10,50	8,15
0	Calcutta Howrah	ab	20,06		(1,5) 17,10	20,45
1445	Delhi Jn.	an	23,55		(2,6) 10,05	20,35
	Peshawar Ct.	an	6,00		(New Delhi)	–
			Mail		Janata	Mail
0	Bombay VT	ab	22,00		7,50	22,00
1284	Madras C	an	7,35		14,05	5,35
	Colombo Fort	an	(8,13)		–	–
			(5. Tag)		(2. Tag)	(3. Tag)
	Colombo Fort	ab	(19,00)		–	–
0	Madras C	ab	21,05		13,40	21,35
1284	Bombay VT	an	6,45		20,55	5,50

Burma

			September 1928				
km	Expr.	Mail				Mail	Expr.
0	13,30	18,00	ab	Rangoon	an	8,05	16,10
622	6,25	12,15	an	Mandalay	ab	14,00	21,30
691	–	17,04	an	Maymyo	ab	9,30	–
691	–	7,50	ab	Maymyo	an	18,41	–
913	–	18,55	an	Lashio	ab	6,40	–

British India Line Calcutta-Rangoon 2 Tage

Malaya/Siam

Service de luxe

			1925			
(5)	9,36	ab	Prai	an	(4)	16,22
(6)	19,00	an	Bangkok	ab	(3)	7,00

Singapore – Malaysia – Thailand

1/1/1973

km											
0		8,10	Magic Arrow		ab	Singapore	an		Magic Arrow	15,55	
384		15,35			an	Kuala Lumpur	ab			8,30	
384		21,30	North Star		ab	Kuala Lumpur	an		North Star	7,12	
772		6,42			an	Butterworth	ab			21,10	
772	(1, 3, 5)	7,50	Int. Ex		ab	Butterworth	an		Int. Ex	16,20	(2, 4, 7)
–		–		8,30	ab	Sungai Kolok	an	14,50		–	
1933	(2, 4, 6)	7,00		7,00	an	Bangkok	ab	16,10		16,10	(1, 3, 6)
				(1, 3, 5, 7)				(2, 4, 5, 7)			

1 x wöchentlich durchgehende Schlafwagen Kuala Lumpur–Bangkok v.v.

	Exp.	Rap.				Rap.	Expr.
0	18,30	6,10	ab	Bangkok	an	17,10	6,30
624	6,30	18,10	an	Nong Khai	ab	5,00	18,40

	Drc.	Mix.				Drc.	Mix.
0	6,00	8,00	ab	Bangkok	an	17,40	14,15
255	11,35	16,00	an	Aranyaprathet	ab	12,10	6,00

Ho Chi Minh Ville – Hanoi

1977

(3) (7) 7.00	ab	Ho Chi Minh Ville	an	(7) (4) 20,00
(7) (4) 11,00	an	Hanoi	ab	(3) (7) 19,00

1. 2. Klasse. Übernachtungen in Thap Cham, Nha Trang, Da Nang und Hué

Vertrag Peninsular-Express

Entre la Compagnie Peninsulaire & Orientale de Navigation représentée par l'un de ses Directeurs délégués

d'une part,

Et la Compagnie Internationale des Wagons-Lits et des Grands Express Européens, représentée par son Directeur Général, Monsieur Georges Nagelmackers d'autre part,

Il a été convenu ce qui suit:

1. La Compagnie des Wagons-Lits s'oblige à atteler, au Club-Train, deux voitures-lits au départ de Calais, chaque Vendredi ou tel autre jour qui pourrait être fixé plus tard pour le départ de la Malle des Indes.

A la gare de Paris-Nord ces voitures-lits formeront avec une voiture restaurant, la partie d'un train de luxe spécial qui continuera directement à Brindisi.

2. La Compagnie des Wagos-Lits, en organisant ce service, posera comme condition sine qua non aux Compagnies de Chemins de fer intéressées qu'aucun voyageur de Calais ou Paris à Brindisi – autre que l'employé délégué du Gouvernement Britannique ou français pour accompagner les Malles – ne sera admis au train poste connu sous le nom de „Malle des Indes" et que nulle voiture-lits n'entrera dans la composition de ce train sur aucune partie du parcours. La Compagnie des Wagons-Lits s'engage également à ne s'intéresser et à ne participer à aucun autre service de Wagons-Lits vers Brindisi, le jour du départ de la Malle, par une route concurrente aux services spéciaux qui font l'objet de la présente Convention.

3. Le train spécial créé à l'usage exclusif des voyageurs P. & O. se composera d'un materiel remplissant toutes les conditions de confort dont dispose la Compagnie des Wagons-Lits, et ne devra, en aucune façon, être inférieur à un service quelconque organisé par la Compagnie des Wagons-Lits.

4. Le train spécial devant figurer dans le Guide Officiel de la Compagnie des Wagons-Lits, et être renseigné au public sous la dénomination de „The Brindisi Peninsular & Oriental Limited Express".

5. Les seuls voyageurs qui pourront retenir leurs places dans le Brindisi Peninsular & Oriental Limited Express jusqu'à 3 heures de relevée du jour du départ, seront uniquement les voyageurs à destination directe de Brindisi et à la condition formelle que leurs billets de chemins de fer seront valables pour la route de Bologne et leurs tickets, pour le steamer Peninsular & Oriental.

6. Il sera interdit de vendre des places à l'avance, à Paris:

10 - de Paris à Brindisi, à moins d'en référer au préalable à l'Office de vente de Londres et en cas d'accord, les places ne seront vendues qu'aux voyageurs P. & O. seulement et aux conditions énoncées ci-dessus.

20. – de Paris aux stations intermédiaires, avant réception du télégramme expédié de Londres, après 3 heures de relevé le jour de départ du train et renseignant le nombre de places restant vacant.

7. Pour le voyage de retour de Brindisi à Londres, la Compagnie des Wagons-Lits s'engage – tout en tenant compte toutefois de la clause suivante – à atteler au train de la Malle une voiture lits directe & une voiture restaurant, lesquelles seront les mêmes que celles du voyage d'aller ou tout au moins absolument identiques.

8. Toutes les fois que l'Agent de la Compagnie P. & O. à Brindisi donnera avis à la Compagnie des Wagons-Lits que le nombre des voyageurs sera supérieur à celui qui peut trouver place dans les voitures ci-dessus mentionnées, la Compagnie des Wagons-Lits fournira une deuxiène voiture-lits pour être attelée à la Malle des Indes de retour.

9. En compensation de l'éxécution de toutes les conditions ci-dessus, la Compagnie P. & O. en considération des avantages accordés exclusivement à ses voyageurs s'oblige à payer à la Cie. des Wagons-Lits une somme fixe de 500 francs pour chaque train circulant régulièrement chaque semaine de Paris à Brindisi, et une somme égale pour chaque train spécial qui pourrait circuler de Brindisi à Calais chaque fois que le nombre de voyageurs de retour le rendrait nécessaire.

10. De plus, la Compagnie P. & O., afin de couvrir la Compagnie des Wagons-Lits en ce qui concerne ses propres risques et les garanties que pourraient exiger d'elle les Cies. de chemins de fer, s'engage à lui payer la somme nécessaire pour parfaire à une moyenne, par train spécial, qui ne sera pas inférieure à 20 billets de chemins de fer et 20 billets de supplément W.L de Calais à Brindisi ou vice versa, calculée sur la moyenne annuelle de ces trains spéciaux.

11. Il est entendu que le montant des billets de chemins de fer intermédiaires et des suppléments sera compris dans le calcul de la recette moyenne.

12. La présente convention est conclue pour une periode de deux années, à dater de l'ouverture du nouveau service, qui sera établi avant la fin de l'année courante.

A l'expiration de cette période et s'il n'y a pas de résiliation d'après les termes énoncés ci-après, elle continuera d'année en année par tacite reconduction.

13. Après une période de deux années, la Compagnie P. & O. pourra résilier la Convention, en donnant préavis de 6 mois et en payant à la Compagnie des Wagons-Lits une indemnité de 25.000 frs. La Compagnie des Wagons Lits aura le droit de résilier la Convention, en donnant préavis de douze mois, mais sans paiement d'indemnité à la Compagnie P. & O.

14. La présente convention pourra être résiliée néanmoins sans préavis ni indemnité, de la part de chacune des deux Compagnies si le port de Brindisi cesse d'être le port de départ des bateaux P. & O.; ou si l'intervention des Gouvernements et Cies. de Chemnins de fer, ou généralement parlant, un cas de force majeure absolue, rendait impossible l'éxécution de l'entreprise à l'une ou aux deux parties.

15. La Compagnie des Wagons Lits s'engage à prendre toutes les dispositions utiles pour le Restaurant et le service des Repas; les meilleures consommations que fournit le service de la Compagnie, seront servies et les tarifs ne seront pas supérieurs à ceux en vigueur à la Compagnie des Wagons Lits dans ses services similaires.

16. Cette convention à été conclue sur les précédentes bases d'après la garantie donnée par la Compagnie des Wagons-Lits que le service sera assuré entièrement comme service de luxe de tout premier ordre qui ne saurait être surpassé par aucun autre service continental; à défaut de l'éxécution de cette entente, la Compagnie P. & O. aura le droit d'arrêter, à tout moment, cette convention avec 6 mois de préavis, sans pénalité.

Ce 14 Mai 1890

Wagenreihungen

Anmerkungen

WL = Schlafwagen
WR = Speisewagen
WLR = kombinierter Schlaf- und Speisewagen
WRS = Speisewagen mit Salonteil
WS = Salonwagen
F = Gepäckwagen
FC = Küchen-Gepäckwagen
FP = Gepäckwagen mit Postabteil
FF = Gepäckwagen mit Rauchsalon
A = Sitzwagen 1. Klasse
B = Sitzwagen 2. Klasse
Ac = Liegewagen 1. Klasse

Peninsular-Express

(Vereinbarungen von 1890)

1	F	P.L.M.	
1	WLR	CIWL	Paris Nord–Brindisi
2–3	WL	CIWL	Calais–Brindisi
1	F	P.L.M.	

Calais–Paris Nord in Südrichtung kombiniert mit „Club Train". Laut einem Dokument von 1891 waren die Wagen Calais–Paris hinter der Lokomotive und die Wagen Calais–Brindisi am Schluß gereiht. Nordwärts kombiniert mit „Malle des Indes" 1–2 WL Brindisi–Calais, 1 WLR Brindisi–Paris Nord, 1F, siehe Text.

Peninsular-Express

1908

Lok ab Calais und Torino

1	F	CIWL	Calais–Brindisi
2	WL	CIWL	
1	WRS	CIWL	
1	F	CIWL	

Lok ab Ambérieu

Postwagen siehe Text

Nordwärts ab Brindisi 1–2 WL, 1 WRS, 2 F Brindisi–Calais und manchmal 1 A Brindisi–Torino, in „Malle des Indes".

Malle des Indes

25/11/1904 (Nordrichtung)

Lok

1	F	1003	CIWL
1	WRS	350	CIWL
1	WL	902	CIWL
1	F	1004	CIWL

div. „allèges postales"

Da die Fourgons 1003 und 1004 keine durchgehende Heizdampfleitung besaßen, waren die „allèges" an jenem Tag ungeheizt. Die PLM behielt sich vor, künftig derartige Fourgons in Modane abzuhängen!

Club Train

LC & DR, London–Dover–London

1889

1	FF	CIWL
3	WS	CIWL
1	F	(2 Achsen)

Club Train

S.E.R., London–Dover–London

1889

1	FF	CIWL
3(?)	WS	CIWL
1	F	S.E.R.

Club Train (français)

1889

1	FF	CIWL
3	WS	CIWL
1	WR	CIWL (ohne Küche)
1	FC	CIWL

Später umfaßte der Club Train auch die WL Calais–Brindisi und einen A der Nordbahn (ab 15.3.1891) bei einer reduzierten Anzahl von Salonwagen.

Malle des Indes 4

1906

nach einem französischen Dokument

1	E	12 tonnes
1	Sleeping-Car	40
1	A	15
3	DT	60
1	B	15
1	CT	23
1	Ambulant à bogies	35
1	E	12
2	Fourgons-Messageries	24
	charge totale	236 tonnes
	charge maxima	275 tonnes

Aux dates envisagées, le train 4 avait en plus d'après les rapports ci-joints:

le 8 septembre – 1 fourgon & le W. Lits no. 777 ajoutés par Calais.
le 29 – do – 2 fourgons et le W. Lits no. 948 ajoutés par Calais et 1 fourgon ajouté par Amiens.
le 30 – do – 1 fourgon, 1 AL, 1 A, 1 W. Lits 775, 1 voiture P.L.M. ajoutés par Calais & 1 fourgon ajouté par Amiens.

(Anm.: Bei den o.g. „W. Lits" handelte es sich um Speisewagen.)

Malle des Indes A 82

1938, Abfahrt Calais, zwei Züge

1. Teil, Calais–Marseille (Indian Mail)
1 allège métallique
6 allèges en bois
1 fourgon ambulant
1 allège métallique

2. Teil, Calais–Seyne-sur-Mer (Australian Mail)
1 allège métallique à coupé
5 allèges en bois
1 fourgon de service

Die Postwagen gehörten dem P.T.T.
Auf der PLM fuhren die Züge vereint als M. 81

Bombay-Express

19/10/1898

1	F	Calais–Marseille
1	WR CIWL	Calais–Marseille
3	WL CIWL	Calais–Marseille
1	F	Calais–Marseille

Bombay–Express
7/4/1898 (Entgleisung in Picquigny)

F		Nord
WR	500	CIWL
WL	343	CIWL
WL	346	CIWL
F		Nord

Bombay-Express
15/10/1902, zwei Züge

F		PLM
WR	672	CIWL
WL	512	CIWL
WL	513	CIWL
WL	514	CIWL
WL	658	CIWL
F		PLM

F		PLM
WR	541	CIWL
WL	133	CIWL
WL	346	CIWL
WL	347	CIWL
WL	349	CIWL
F		PLM

Bombay-Express
22/10/1905

F		
WL	512	CIWL
WL	916	CIWL
WL	967	CIWL
WL	917	CIWL
WL	914	CIWL
WR	909	CIWL
F		

Der Sous-Secrétaire d'Etat des Postes empfahl am 22. 7. 1904, dem Bombay-Express 2–3 allèges anzuhängen, doch laut Roger Commault wurden diese nie durch den Express befördert.

Bombay-Express
6/7/1906 (Unglück bei Montélimar)

F		PLM	
WR	909	CIWL	
WL	664	CIWL	
WL	663	CIWL	Calais–Marseille
WL	916	CIWL	
F		PLM	

909, 664 und 663 abgehängt in Avignon

Train Spécial
11/6/1917

F		FS	
WL	978	CIWL	
WL	979	CIWL	
WL	836	CIWL	
WL	837	CIWL	Napoli–Boulogne
WL	2124	CIWL	
WR	2152	CIWL	
F		FS	

Bombay-Express
28, 31//1/1909

F	1062	CIWL
WR	351	CIWL
WL	970	CIWL
WL	992	CIWL
WL	915	CIWL
WL	969	CIWL
WL	680	CIWL
F	16477	PLM
F	16510	PLM

Bombay-Express
20/4/1933

F	1303	
WR	2693	
WL	2652	
WL	2645	
WL	2647	
WL	2644	CIWL
WL	2643	
WL	2641	
WL	2646	
F	1163	

Overland-Express
13, 14/5/1937

F	1190	
WR	3352	
WL	3509	
WL	3511	
WL	3512	
WL	3510	CIWL
WL	3514	
WL	3515	
WL	3489	
F	1272	

Personal CIWL

1 Chef de Train
7 Conducteurs
1 Maître d'Hotel (Chef de Voiture)
1 Serveur
1 Aide service
1 Commis d'office
1 Cuisinier
1 Aide Cuisinier
1 Plongeur

Der Zug wurde durch einen Kurier der P & O begleitet

Bombay–Poona „race special"
1905 (Bombay–Poona)

Brake & Lavatory (Dienstwagen, Service)	
1st class (Großraum und Abteile)	
1st class (dto.)	
Parlor Car	G.I.P.R. (Breitspur)
Restaurant	
Restaurant Store & Guard (Küchenvorrats- und Dienstwagen)	

(Alle Wagen vierachsig, aber Küchenvorratswagen zweiachsig)

Peninsula Express:
1906 (für Rundreisen)

Van with Bathroom (mit Bad)	
1st class	
Parlor Car (Ladies' Boudoir, Smoking Lounge, Buffet)	G.I.P.R. (Breitspur)
Restaurant (40 Sitze)	
Luggage Van with Servants' Comp. (mit Dienerabteil)	

Imperial Mail
1908

Composite	
1st class	
1st class	Howrah–Bombay–Howrah E.I.R. (Breitspur)
1st class	
Dining Car	
Composite	

(Siehe Text)

Darjeeling Mail
1911 (Anschluß Imperial Mail)

Van	
3rd & Intermediate class, Brake	
3rd class	E.B.R. Calcutta-Damookdeah (Breitspur)
1st class	
2nd class & Bar, Kitchen	
Brake Van & Interm. class	

Anschlußzug Sara Ghat-Siliguri
1m-Spur
Anschluß an Limited Mail
Siliguri-Darjeeling (Darjeeling Himalayan Ry., Spurweite 2 ft.).

P & O Special
1912 (Bombay–Delhi via B.B. & C.I.R.)

1st class	6-Achser	
1st class	6-Achser	B.B. & C.I.R. (Breitspur)
Restaurant	6-Achser	
Luggage Van with Guards Comp. & 3rd class for Servants (Gepäck und Diener)	4-Achser	

(Anstrich hell cremefarben mit dunkelgrünen Friesen)

P & O Punjab Express
1927 (Bombay–Delhi–Peshawar & retour, via B.B & C.I.R.)

Mail	
Mail	
1st class	B.B. & C.I.R. (Breitspur)
1st class	
Restaurant	
Guard's Van (Gepäckwagen)	

Punjab Limited

1927 (Bombay–Delhi–Peshawar, via G.I.P.R.)

1st class	(Breitspur)
1st class, articulated	
Restaurant	
1st class	
Van (Dienstwagen) (?)	

Imperial Indian Mail

(Nach einem Auszug aus P & O Handbook Nov. 1926)

Car No. 1	Küche, Personal, Gepäck
Car No. 2	Restaurant, 2 Einbettabteile, 1 Bad
Car No. 3	7 Zweibettabteile (Betten nur unten), 1 Bad
Car No. 4	7 Zweibettabteile (obere und untere Betten), 1 Bad
Car No. 5	2 Einbettabteile, 1 Bad, Dienerplätze

Alle Wagen 6-Achser, Breitspur
Außerdem 1 oder 2 Postwagen („postal vans“), 4-Achser

Bombay–Poona Mail

1923 (neues Material; Matunga Works)

Brake, 2nd class & Servants (Gepäck, Diener)	G.I.P.R. (Breitspur)
2nd class (Großraum)	
2nd class & Ladies (Seitengang)	
Restaurant & Kitchen (6 Achsen)	
Parlor Car 1st class & Restaurant	
1st class (Seitengang)	
1st class (Seitengang)	
Brake, Luggage & Mail (Gepäck, Post)	

Bombay–Poona Mail

1930 (Bombay–Poona)

Brake, Luggage, Servants, 2nd cl.	Jakobsdrehgestelle
2nd class (Großraum)	
2nd class & Ladies (Seitengang)	
2nd class & Dining (dto.)	Jakobsdrehgestelle
1st class Dining & Kitchen	
1st class (Seitengang)	
1st class & Ladies (dto.)	Jakobsdrehgestelle
Brake, Luggage, Mail	

(Alle Wagen G.I.P.R., Breitspur)

Punjab Mail

12/8/1975 (Bombay)

2nd class Sleeper 3-tier	Bombay–Bina
Brake, Luggage & 2nd class	Bombay–Firozepur
2nd class	Bombay–Lucknow
2nd class Sleeper 3-tier	Bombay–Lucknow
2nd class Sleeper 3-tier	Bombay–Lucknow
1st class	Bombay–Lucknow
2nd class	Bombay–Firozepur
1st class	Bombay–Firozepur
2nd class & Mail	Bombay–Firozepur
Air-conditioned & 1st class	Bombay–Delhi
Pantry Car (Küchenwagen)	Bombay–Delhi
1st class	Bombay–Delhi
2nd class	Bombay–Delhi
Brake, Luggage & 2nd class	Bombay–Delhi
Angehängt in Bina:	
2nd class Sleeper 3-tier	Jubbulpore–Delhi
2nd class	Jubbulpore–Delhi

(Alle Wagen Central Railway, Breitspur. Sleeper 3-tier sind Großraumliegewagen. Anstrich rotbraun, zwischen den Fenstern creme, Postabteil rot.)

Frontier Mail

17/8/1975 (Bombay)

Brake, Luggage & 2nd class	Bombay–Amritsar
2nd class Sleeper 3-tier	Bombay–Amritsar
1st class	Bombay–Amritsar
2nd class Sleeper 3-tier	Bombay–Delhi
2nd class Sleeper 3-tier	Bombay–Delhi
Postal Van	Bombay–Delhi
Pantry Car	Bombay–Delhi
1st class	Bombay–Delhi
1st class	Bombay–Delhi
1st class	Bombay–Delhi
1st class	Bombay–Delhi
1st class	Bombay–Delhi
1st class	Bombay–Delhi
Air-conditioned class (No. 1715)	Bombay–Delhi
1st class	Bombay–Jammutavi
2nd class Sleeper 3-tier	Bombay–Jammutavi
Brake, Luggage & 2nd class	Bombay–Jammutavi

(Alle Wagen Western Railway, Breitspur. Anstrich rotbraun, über den Fenstern creme, Postwagen rot.)

Prai–Kuala Lumpur

1911 (Tageszug)

Van (Gepäckwagen)	F.M.S.R. (4-Achser Spur 1 m)
3rd class & Guard	
3rd class	
1st class	
Restaurant (Buffet ?)	
2nd class & Luggage (mit Gepäckraum)	

Anschlüsse:
Fährdampfer Penang–Prai
Tageszug Kuala Lumpur–Johore Bahru,
Fährdampfer Johore Bahru–Woodlands,
Zug Woodlands–Singapore (Singapore Gvt. Ry.).

Panah Hikmat / Magic Arrow

7/8/1975 (Singapore–Kuala Lumpur)

Guard's Van	(Gepäckwagen)
3rd class & Luggage	(Offene Plattformen)
3rd class	
3rd class	
3rd class	(Offene Plattformen)
3rd class	
2nd class	
2nd class	
2nd class	
2nd Buffet	(SB 1011)
Air-conditioned 1st & Buffet	(AFB 968)
Guard's Van	

Biṇtang Utara / North Star

7/8/1975 (Kuala Lumpur–Butterworth)

Guard's Van	(Offene Plattform)
3rd class & Luggage	(Offene Plattform)
3rd class & Luggage	
3rd class	
3rd Coach	
3rd Coach	
3rd class	(Offene Plattform)
2nd class	
2nd class	(Offene Plattform)
2 nd Buffet	
Night 2nd	Großraumliegewagen
Night 2nd	
Night 2nd	
Night 2nd	
Air-cond. 1st Buffet	
Air-cond. Night 1st	(Schlafwagen)
Night 1st	
Night 1st	
Guard's Van	

(Alle Wagen: Keretapi Tanah Melayu; Meterspur, Anstrich braun mit creme)

International Express

9/8/1975 (Bangkok)

Gepäck-Postwagen			
Gepäckwagen			
2. Kl.	(Coach)	Bangkok–Butterworth	Rod Fai Thai
2. Kl.	(Coach)	Bangkok–Butterworth	
2. Kl.	(Sections)	Bangkok–Hatyai	
2. Kl.	(Sections)	Bangkok–Hatyai	
2. Kl.	(Sections)	Bangkok–Hatyai	
2. Kl.	(Sections)	Bangkok–Butterworth	
2. Kl.	(Sections)	Bangkok–Butterworth	
2. Kl.	(Sections)	Bangkok–Thung Song	
2. Kl.	(Sections)	Bangkok-Thung Song	
Speisewagen		Bangkok-Butterworth	
Klimatisierter Schlafwagen 1. Kl.		Bangkok–Butterworth	
1. Kl. klimatisiert		Bangkok–Butterworth	
Schlafwagen 1. Kl.		Bangkok–Butterworth	
Schlafwagen 1. Kl.		Bangkok–Butterworth	KTM

Meterspur
Anstrich: Rod Fai Thai: dunkelrot/beige; KTM: blau/creme.

Wagen der CIWL ex Pullman Palace Car Company, gekauft 1885/86

Name	Baujahr a)	Früherer Einsatz a)	nach Italien a)	CIWL-Nr.	Anmerkungen
Schlafwagen, erster Typ:					
Part Bona	1876	Italien	1876	198	WL Malle des Indes bis 1892; 1894: WR; verkauft 1905
Piemonte	1876	Italien	1876	199	WL Malle des Indes bis 1892; 1894: WR; verkauft 1905
Toscana	1876	Italien	1876	200	WL Malle des Indes; zerstört Florenz 3. 3. 1890
Australia	1876	Midland Ry.	1883	201	Messina–Palermo; wenigstens zwei davon 1888 od. 89 Umbau WLR Malle des Indes. c)
Germania	1876	MR/GNR	1880	202	
Italia	1876	Italien	1876	203	
Schlafwagen, zweiter Typ:					
Crotona	1877	Italien	1877	204	Napoli–Reggio; Umbau WR
Metaponto	1877	Italien	1877	205	Napoli–Reggio; Umbau WR
Heraclea	1877	Italien	1877	206	Napoli–Reggio; beschädigt in Neapel 1888; dann Umbau WR
Sybaris	1877	Italien	1877	207	Napoli–Reggio; Umbau WR
Schlafwagen, dritter Typ:					
keine Namen bei CIWL;			1888	216	verkauft 1905
bestellt 1886			1888	217	zerstört 1890
			1888	218	verkauft 1905
			1888	219	verkauft 1905
			1888	220	verkauft 1905
			1888	221	Milano–Firenze; Roma–Wien; Oostende–Basel; 1908: Irkutsk; verkauft in Charbin 1932; d)

Anmerkungen

a) laut George Behrend „Pullman in Europe" und „Geschichte der Luxuszüge"

b) „Castalia" (Baujahr 1876/MR/1883 Italien; am 24. 11. 1884 ausgebrannt in Riace), „Ocean" (Baujahr 1875/GNR/1883 Italien) und „Mars" (Baujahr 1875/LBSCR/1884 Italien) der Pullman Palace Car Co. kamen nie in CIWL-Besitz

c) 202 später zeitweilig WR Nord-Express

d) nicht zu verwechseln mit dem Aussichts-Salonwagen 221 des Transmanchourien-Express, welcher der Chinesischen Ostbahn gehörte

e) 1884 kaufte die CIWL einen Salonwagen (parlour car) der Pullman Palace Car Co., den diese in Italien eingesetzt hatte und numerierte ihn 155, für Einsatz Amsterdam-Rotterdam; 1890: Umbau WR

f) Vier Wagen ex Pullman Palace Car Co. verkaufte die CIWL später an Mac Caddon's Circus, New York

Service CIWL Paris–Modane–Torino

Typ	Wagen-Nr.	Achsen	Erbauer	Jahr	Bemerkungen
1878					
WL	15	3	Simmering	1873	14 Plätze
WL	42	3	?	1874	zuvor England
WL	55, 56, 57	3	Evrard	1877	12 Plätze
1879					
WL	54, 58, 60, 62	3	Evrard	1877	12 Plätze
WL	63	3	Simmering	1878	12 Plätze
WL	65, 66, 68	3	Desouches & David	1878	12 Plätze

Service CIWL Malle des Indes Calais–Bologna

1879/1880

WL 60, 63, 68, . . . (12 Plätze)

Service CIWL Malle des Indes Calais–Brindisi

1887

WL ex Pullman Palace Car Co.

Train de Luxe CIWL Peninsular-Express

Typ	Wagen-Nr.	Achsen	Erbauer	Jahr	Bemerkungen
23/8/1891					
WL	199	4	Pullman	1876	ex Pullm. Pal. C.
WL	263	4	CIWL Marly	1889	später Ostende–Wien-Ex
WLR	201	4	Pullman	1876	ex Pullm. Pal. C.
F	...	...	...	...	P.L.M.
F	...	...	...	...	P.L.M.
23/10/1891					
WL	143, 144	4	CIWL Marly	1883	20 Plätze
WLR	201	4	Pullman	1876	ex Pullm. Pal. C.
F	...	...	...	...	P.L.M.
F	...	...	...	...	P.L.M.
24/10/1891					
WL	199	4	Pullmann	1876	zuzüglich sicher
WLR	202	4	Pullmann	1876	zwei Gepäckwagen
Neues Material 1892					
WL	342–344, 347-349	4	Jackson Sharp	1892	20 Plätze
WL	345, 346	4	CGC	1892	
WRS	350–352	4	Brown Marshalls	1892	30 + 7 Plätze
F	1002–1004	2	CIWL Marly	1883/84	
F	1034–1035	2	Brown Marshalls	1892	
F	1037–1039	3	Jackson Sharp	1892	
F	1041–1044	2	Brown Marshalls	1892	
6/1/1894					
WL	344, 347				
WRS	351				
F	1041, 1042				
26/1/1901					
WL	349	4	Jackson Sharp	1892	
WL	514	4	CGC	1897	
WRS	351	4	Brown Marshalls	1892	
F	1003	2	CIWL Marly	1883/84	
F	1042	2	Brown Marshalls	1892	
Material 1903					
WL	342–344, 347-349	4	Jackson Sharp	1892	
WL	345, 346	4	CGC	1892	
WL	662–664	4	CGC	1899	
WL	901–904	4	CGC	1903	
WRS	350–352	4	Brown Marshalls	1892	
F	1002–1004	2	CIWL Marly	1883/84	
F	1034, 1035	2	Brown Marshalls	1892	
F	1041–1044	2	Brown Marshalls	1892	
(1905 neues Farbschema: teak natur/weiß, statt teak natur.)					
Material 1908					
WL	901–904	4	CGC	1903	
WRS	350–352	4	Brown Marshalls	1892	I in Reserve
F	1055–1058	3	Dyle & Bacalan	1894	

Dieses Material bildete zwei Zuggarnituren. Zumindest ausnahmsweise liefen auch andere Wagen, z. B. WL 915 aus der Serie 913–918 (CGC 1903).

Train de luxe CIWL Club Train

1889–1893

Type	Wagen-Nr.	Achsen	Erbauer	Jahr	Einsatzgebiet	spätere Verwendung
WR	242–244	4	Desouches	1889	France	(ohne Küche)
WS	245–248	4	Chantiers de la Buire	1889	France	WR, WL
WS	249–252	4	Chantiers de la Buire	1889	France	WR; 249 : PR II (présidentiel)
WS	255–258	4	Nivelles	1889	L.C. & D.R.	WR
WS	259–261	4	Nivelles	1889	S.E.R.	WR
FC	1024–1026	2	CIWL Marly	1889	France	
FF	1027, 1028	4	Ragheno	1889	England	WS 381, 382
FF	1029, 1030	4	Braine le Comte	1889	England	

Die Wagen für Frankreich waren holzfarben, die für England grün/creme.
Die Salonwagen hatten 32 Plätze (in einem Salon und 4 Abteilen) oder 26 Plätze (in 2 Salons).

Train de luxe CIWL Bombay-Express

Typ	Wagen-Nr.	Achsen	Erbauer	Jahr	Bemerkungen
9/1/1899					
WL	345	4	CGC	1892	gebaut für
WL	348,349	4	Jackson Sharp	1892	Peninsular-Ex.
WR	425	4	CGC	1896/97	
F	...	...	...	...	P.L.M.
F	...	...	...	...	P.L.M.
22/5/1901					
WL	343, 344	4	Jackson Sharp	1892	gebaut für
WL	346	4	CGC	1892	Peninsular-Ex.
WR	540	4	CGC	1897	
F	1085	3	CGC	1898	
F	...	...	...	...	P.L.M.
14/8/1902					
WL	343, 348	4	Jackson Sharp	1892	ex Peninsular-Ex.
WL	658	4	CGC	1899	7/2-Bett-, 1/4-Bettabteil
WR	672	4	CGC	1899	
F	1026	2	CIWL Marly	1889	ex FC, Club Train français
F	...	...	...	...	P.L.M.
6/7/12/1906 Unfall Montélimar)					
WL	663, 664	4	CGC	1899	teakbraun/creme
WL	916	4	CGC	1903	
WR	909	4	CGC	1903	teakbraun
F	...	...	...	...	P.L.M.
F	...	...	...	...	P.L.M.
Sommer 1909					
WL	971–975	4	CGC	1904/5	
WR	909	4	CGC	1903	
F	1145	3	MAN	1902	später FC in Türkei
F	...	...	...	...	P.L.M.
September 1915					
WL	1759–1761	4	CGC	1907/8	
WL	1804, 1812, 1806–1810	4	Miani	1908	
WR	774, 777	4	CGC	1902	
WR	909	4	CGC	1903	
F	1059	3	MAN	1896	
F	1063	3	MAN	1896	
F	1065	3	MAN	1896	
F	1066	3	MAN	1896	
F	1083, 1084	3	CGC	1898	
1916					
WL	1628–1632	4	CGC	1905	
WL	1758, 1759	4	CGC	1907/08	
WL	1803, 1804, 1806, 1807, 1808, 1810 1812, 1813, 1814	4	Miani	1908	
WR	774, 777	4	CGC	1902	
WR	909	4	CGC	1903	
F	1059	3	MAN	1894	gebaut als FP
F	1063	3	MAN	1896	
F	1065	3	MAN	1896	
F	1066	3	MAN	1896	
F	1083, 1084	3	CGC	1898	

Jeder Zug umfaßt 6–7 WL, 1 WR und 2 F. In Reserve 5 WL und 3 F in Calais, 1 WR in Boulogne, 3 WL und 1 F in Marseille.

Typ	Wagen-Nr.	Achsen	Erbauer	Jahr	Bemerkungen
Winter 1919/1920					
WL	1624, 1626–1632	4	CGC	1905	
WR	777	4	CGC	1902	
F	1037–1039	3	Jackson Sharp	1892	1038 ex Orient-Ex.
1919 (Material vorgesehen gemäß circulaire vom 16. Mai)					
WL	1624–1632	4	CGC	1905	
WR	774–777	4	CGC	1902	
F	1056	3	Dyle & Bacalan	1894	
F	1070	3	Ringhoffer	1896	
F	1085	3	CGC	1898	
F	1112	3	Ringhoffer	1900	früher Wien–Cannes
F	1116	3	Eisenbahn-Bedarfs-AG	1900	

Typ	Wagen-Nr.	Achsen	Erbauer	Jahr	Bemerkungen
Ganzstahlschlafwagen, Typ S, Betriebserlaubnis 19.10.1922, gebaut für Bombay-Express					
WL	2641	4	Leeds Forge Co.	1/8/1922	verkauft 3.1951
WL	2642	4	Leeds Forge Co.	1/8/1922	umgebaut 7.1954, verkauft an USA in Salzburg, als 99070
WL	2643	4	Leeds Forge Co.	12/9/1922	durch Krieg verloren
WL	2644	4	Leeds Forge Co.	1922	umgebaut in Prag 1946
WL	2645	4	Leeds Forge Co.	1922	umgebaut in Mailand 1938; später Jugoslavia-Ex.
WL	2646	4	Leeds Forge Co.	1922	durch Krieg verloren

Diese Wagen 2641–2646 hatten zwischen den Abteilen keine Waschkabinen, während die übrigen Fahrzeuge der Serie 2641–2680 Waschkabinen zwischen den Zweibettabteilen besaßen.

Typ	Wagen-Nr.	Achsen	Erbauer	Jahr	Bemerkungen
Jahr 1923					
WL	2641, 2642, 2645, 2647, 2648, 2677, 2680	4	Leeds Forge Co.	1922	
WR	2507	4	CGC	1916	später ÖBB-Bauzug
WR	774, 775, 777	4	CGC	1902	
F	1083–1085	3	CGC	1898	
Jahre ca. 1933–1935					
WL	2641–2648	4	Leeds Forge Co.	1922	
WR	2693	4	Dyle & Bacalan	1926	erster Stahl-WR der CIWL
F	1163	4	CGC	1906	
F	1303	4	CGC	1927/30	Umbau aus Serie 1086–1088
F	1075	4	CGC	1894	Reserve. Früher Riviera-Ex.
13/5/1937					
WL	3488	4	Metropolitan-Cammell	1929	Typ Lx: 3512 später Spanien
WL	3509–3512, 3514, 3515	4	E.I.C.	1929	3514 später Griechenland
WR	3352	4	E.I.C.	1928	Stahl
F	1190	4	Weyer	1908	
F	1272	4	Metropolitan-Cammell	1927	Stahl; später Surexpreso
Jahr 1938/39					
WL	3509–3515	4	E.I.C.	1929	Typ Lx
WR	2693	4	Dyle & Bacalan	1926	
F	1272–1276	4	Metropolitan-Cammell	1927	Stahl

Die Ganzstahlwagen hatten blauen Anstrich

Service CIWL Paris–Brindisi:

Typ	Wagen-Nr.	Erbauer	Jahr	Bemerkungen
1934				
WL	3456–3463	Simmering	1930	Typ S 1
1939 dto. und				
WL	2938–2940	Metropolitan-Cammell	1926	Typ S 1

(CIWL-Wagen 4-Achser, Ganzstahl)

Imperial Mail

Typ	Achsen	Erbauer	Länge über Puffer	Bemerkungen
1908				
1st Class	4	Lillooah	63 ft. 6 in.	4/4-Bett-, 1/2-Bett-Abt.
Dining Car	4	Lillooah	64 ft. 2 in.	mit Küche
Composite	4	Lillooah	65 ft. 6 in.	Gepäck, 3. Kl. für Diener, 1. Kl., Dienstabteil

Breitspur 5 ft. 6 in. = 1,676 m.
weißer Anstrich

Imperial Indian Mail

Auszug aus P & O Handbuch vom November 1926

„The Bombay–Calcutta P & O Special"
Travel de Luxe in India

The Great Indian Peninsular Railway has inaugurated, in conjunction with the East Indian Railway and the Peninsular and Oriental Steam Navigation Company, a superb train-de luxe in connection with the inward and outward P & O steamers. This train, which will be known as the „Bombay-Calcutta P & O Special" starts from Victoria Terminus, Bombay, for Howrah about 7 hours after the arrival of the mail boat and leaves Howrah at 19–36 hours on the Thursday preceding the departure from Bombay of the outward mail steamer. The duration of the journey from Bombay to Howrah is about 41 hours. By this train passengers can now travel in perfect comfort along the main artery of India.

The train is composed of five six-wheeled bogie vehicles:

CAR NO 1 This car contains an up-to-date kitchen, accommodation for the restaurant-car servants and two independent luggage compartments for passenger's heavy luggage.

CAR NO 2 consists of a restaurant compartment with accommodation for 24 passengers, a smoking compartment for 8 passengers, two single-berth sleeping compartments and a bath-room. The smoking compartment is fitted with glass-topped tables and comfortable chairs for use as a restaurant compartment if occasion should arise.

The single-berth compartments contain a combined seat and berth, a folding table, and a wash basin. The upholstery is of blue buffalo hide. The bath-room contains a shower and needle bath, one w.c. and a wash basin of improved design. The walls are covered in white tiles throughout.

CAR NO 3 contains 7 sleeping compartments, a bath-room and two lavatory compartments.

Each sleeping compartment contains two combined lower berths and seats, a wash basin and a folding table. Upholstery is of blue buffalo hide.

Each lavatory compartment contains a w.c. and wash basin and the bathroom is similar to that of Car No 2.

CAR NO 4 is similar to Car No 3 except that each of the 7 sleeping compartments contains one combined lower berth and seat and one upper berth.

CAR NO 5 contains two single-berth sleeping compartments; and compartments and a bath-room fitted as in Car No 2; storage compartments; and accommodation for passengers' servants.

The train is traversed, fore and aft, by a continuous vestibule.

All the conveniences of first-class transport will be found in this train, which has been specially designed for the comfort of those travelling in a tropical climate. The coaches represent the latest developments of the car builder's art. The compartments and saloons are unusually spacious, advantage having been taken of the broad guage of the Great Indian Peninsula and the East Indian Railways.

All information may be obtained at P & O House, 14, Cockspur Street, London S.W.I., where also reservations may be made.

Lokomotiven

(soweit bekannt und soweit sie für die Geschichte der beschriebenen Züge interessant sind)

Chemin de fer du Nord

Malle des Indes 1847–1939 mit Unterbrechungen. Die Linie Boulogne–Amiens wurde erst 1852 der Nordbahn eingegliedert. Anfangs fuhren 1A1-Maschinen.

Wichtigste Schnellzuglokomotiven (außer Prototypen), von denen alle oder die meisten die Malle oder L-Züge beförderten:

Achsfolge	Baujahr	Bemerkungen
2A	1849	Crampton
1A1	1860	Sharp
1B	1870	Outrance
2B	1877	Outrance
2B	1889/93	Compound
2B1	1900/1905	Serie 2641–2675
2C	1909/1913	Serie 3513–3662
2C1	1912	Serie 3 1151–70
2C1	1923	3 1201–90, Super-Pacific
2C1	1934	3 1111–30, 1171–98, Chapelon-Pacific

(Anstrich grün/schwarz und von 1891 an für Verbundlok schokoladenbraun/schwarz, mit gelben Linien.)

Compagnie Paris–Lyon–Méditerrannée (P.L.M.)

Die P.L.M. entstand 1857 durch Fusion der Cie. de Paris–Lyon, der Cie. de Lyon à la Méditerrannée, der Cie. de Lyon à Genève und anderer Bahnen. Der französische Teil der Victor-Emmanuel-Bahn wurde durch die P.L.M. betrieben.

Malle des Indes Paris–Marseille 1856–1939 mit Unterbrechungen, Paris–Modane 1869/70, 1872–1914 (s. Text).

Die Compagnie de Paris–Lyon besaß für schnelle Züge verschiedene 1A1 und von 1854 an 2A-Cramptons der Serie 1–30.

Die Compagnie de Lyon à la Méditerrannée besß für schnelle Züge 1A1- und 2A-Maschinen von 1846 und 1A1 von 1855. Die P.L.M. beschaffte zunächst die Lokomotivtypen ihrer Vorgängerinnen und baute 1865 1A1 in 1B um.

Die Cie. de Lyon à Genève besaß 1B- und C-Maschinen. Der Chemin de fer Victor-Emmanuel hatte für seine Rampe Bt (in Doppeltraktion) und für ebene Abschnitt 1Bt und 1B in Dienst gestellt. Östlich von Maçon wurden später die meisten Schnellzuglok-Baureihen der Hauptstrecke eingesetzt. Zwischen Culoz und Modane verkehrten vor dem 1. Weltkrieg 2 C der Baureihe 2431–2599.

Im Schnellzugdienst auf der Hauptstrecke verwendete Lokomotiven (außer Prototypen), von denen alle oder die meisten die Malle- oder L-Züge beförderten:

Klasse	Achsfolge	Baujahr	Bemerkungen
201–250 (= 1–50)	1B	1869	später 1B1
31–90 (= 51–110)	1B1	1878	
1–30 (= 111–400)	1B1	1879	
B 111–400	2B	1891	ex 111–400
C 21–60	2B	1894	
C 61–180	2B	1899	
2601–2760	2C	1905	später 230 B
2971–2990	2B1	1906	später 221 A
2431–2599	2C	1910	später 230 C
6001–. . .	2C1		Von 1909 an erschienen verschiedene Serien Pacifics, spätere 231A-K
241A	2D1	1925	(abgebildet auf dem Plakat „Overland-Ex.“ später auch Umbau in 241D)

(Anstrich olivgrün mit roten Linien, schwarzer Rahmen)

Compagnie d'Orléans

Malle des Indes Paris–Orléans–Vierzon–Bourges um 1848, Nérondes 1849, –Nevers 1850 – . . .

Die Linie von Vierzon südostwärts gehörte bis 1852 der Compagnie du Centre. Traktion nicht bekannt. Es waren überwiegend 1A1-Maschinen vorhanden, gebaut in England und Frankreich.

Ceinture

Malle via rive droite ab 1864, sicherlich mit Nordbahn-Lokomotiven. Aus dem Jahre 1881 zum Beispiel ist die Überstellung mit einer Lok des Vorortverkehrs überliefert. Für die Vorortzüge der Ceinture besaß die Nordbahn ab 1880 u.a. C1t-Lok der Serie 3 011-020. Vom 20. 11. 1884 an wurde die Malle zwischen Pierrefitte–Stains und Villeneuve–St. Georges über die Grande Ceinture geführt, mit Nordbahn-Lokomotiven südwärts bis Villeneuve und P.L.M.-Lokomotiven nordwärts.

Der Peninsular-Express wurde 1891 von Paris Nord nach Bercy durch Nordbahnlokomotiven mit P.L.M.-Personal überstellt. Die Ceinture besaß auch eigene Lokomotiven, doch 1935 wurden diese von der Nordbahn und der Etat übernommen. Der Bombay-Express in Nordrichtung wurde 1898 in Le Bourget Triage von einer Nordbahnlokomotive übernommen.

1938 wurden die Bahnen in Frankreich zur S.N.C.F. zusammengefaßt.

Mont Cenis

System Fell, 1,10 m Spurweite, Indische Post St. Michel-de-Maurienne-Susa 1869–70. Es existierten wahrscheinlich 12 Lokomotiven, und zwar Tenderlokomotiven der Achsfolge Bt und später B1t, der Baujahre 1865–1870.

Chemins de fer de l'Etat Belge

Indische Post Herbesthal-Oostende, Probefahrten 1844/47, Traktion nicht bekannt. Für Reisezüge standen verschiedene 1A1-Baureihen zur Verfügung, gebaut seit 1835 von Stephenson und von Cockerill und später von Sharp & Roberts, Cockerill, Saint-Léonard und Postula. Anstrich dunkelgrün mit roten Rädern.

Rheinische Eisenbahn

Indische Post (Probefahrten) Köln-Herbestahl 1844/47, Traktion nicht bekannt. Zu jener Zeit gab es nur 1A1 und 1B, meist von Kessler und teilweise von Regnier.

Großherzoglich badische Staatseisenbahnen

(Spurweite 1,60 m)

Indische Post (Probefahrten) Bruchsal–Mannheim 1846/47, Traktion nicht bekannt. Zwischen 1840 und 1847 waren vorhanden 1A1 (Gattungen 1^a, 1^b, 2, 3^a, 3^b, 3^c, 4, 8) von Sharp, Kessler, Stephenson, Meyer, außerdem 1B (Gattung 5) von Meyer, C (Gattung 6) von Kessler und 2B (Gattung 7) von Norris. Anstrich grün mit rotbraunen Rädern.

Chemins de fer de l'Etat Belge

Indische Post Oostende–Herbesthal 1870/71, Traktion nicht bekannt. Die wichtigsten Schnellzuglokomotiven jener Zeit waren 1B, entworfen von Belpaire (Typ 1, gebaut seit 1864) und von Wilson (gebaut 1856 bis 1862, spätere Typen 7 und 13). Anstrich dunkelbraun/schwarz/rot seit 1864.

Rheinische Eisenbahn

Indische Post Herbesthal–Bingerbrück 1870/71. Die Traktion ist nicht bekannt, doch wahrscheinlich mit 1A1 verschiedener Hersteller oder 1B von Borsig.

Hessische Ludwigsbahn

Indische Post Bingerbrück–Darmstadt 1870/71, Traktion nicht bekannt. Für schnellere Züge kamen in Frage vor allem verschiedene 1B von Mbg. Karlsruhe, Baujahre 1872, 1863 und 1858, daneben 1A1, B1, B1t und 2A Crampton von Mbg. Karlsruhe.

Main-Neckar-Eisenbahn

Indische Post Darmstadt–Heidelberg 1870/71, Traktion nicht bekannt. Für schnellere Züge kamen in Frage u.a. 1B von Mbg. Karlsruhe, Baujahr 1871, und 1A1 von verschiedenen Herstellern.

Großherzoglich badische Staatseisenbahnen

(Nach Umbau auf Normalspur 1,435 m)

Indische Post Heidelberg–Bretten 1870/71, Traktion nicht bekannt. Die Schnellzüge im Unterland wurden befördert durch 2B (Klasee III^a, frühere Gattung 12), von der verschiedene Varianten bestanden, gebaut bei Mbg. Karlsruhe seit 1861. Die 2A-Cramptons (Gattung 9) beförderten damals nurmehr Personenzüge. Anstrich dunkelgrün mit schwarz.

Königlich württembergische Staatseisenbahnen

Indische Post Bretten–Ulm 1870/71, Traktion nicht bekannt. Es gab für Reisezüge vor allem 1B von 1868, sowie in unbedeutenderen Stückzahlen großrädrige 2B von 1865 und Bt-Schnellzuglok von 1867, letztere von Krauss, die anderen aus Esslingen und ältere Maschinen. Für Vorspanndienst auf der Geislinger Steige wurden 1864 neue C-Loks gebaut. Anstrich dunkelgrün mit schwarz.

Königlich bayerische Staatseisenbahnen

Indische Post Ulm–München–Holzkirchen/Grafing–Kufstein, sicherlich 1B, entweder Klasse B V, Baujahre ab 1854, oder B VI, Baujahre ab 1863, beide von Maffei. Anstrich dunkelgrün mit schwarz.

k.k. privilegierte Südbahn-Gesellschaft

Indische Post Kufstein–Ala 1870/71; Kufstein–Innsbruck und Bozen–Ala sicherlich 1B-Maschinen der Reihe 18, und Innsbruck–Bozen C-Maschinen der Reihe 29. Anstrich sicherlich schwarz.

Società delle Ferrovie dell'Alta Italia

Indische Post Susa–Bologna 1869/70, Ala–Padova–Bologna 1870/71, Modane–Bologna 1872–1885, Traktion nicht bekannt, aber wahrscheinlich 1A1- oder 1B-Maschinen. Von 1878 an waren 2B vorhanden (Nr. 543–660). Auf der Zufahrt zum Fréjus waren anfangs laufachslose Dreikuppler und dann laufachslose Vierkuppler, Typ Sigl (Serie 1221–1399) vorhanden.

Società Italiana per le Strade ferrate del Mediterraneo (Rete Mediterranea)

Indische Post Modane–Torino–Alessandria–Piacenza/Parma 1885–1914; Peninsular-Express 1890–1914.

Traktion nicht bekannt. Die Rete Mediterranea übernahm die 2B der Alta Italia (Reihe 100 RM; 510 FS), baute 1889 für Schnellzüge Torino/Milano–Roma neue 2B (Reihe 170 RM; 560 FS) und 1884/1899/1900 neue 2C (300 RM bzw. 310 RM; 650 bzw. 656 bzw. 660 FS). Ein Bericht aus dem Jahre 1904 nennt für Schnellzüge Paris–Rom ab Modane eine dreifach gekuppelte Zuglok und einen Vierkuppler als Schublok, welcher bei einem Halt in Mitte des Fréjus-Tunnels abgehängt wurde. Die Vierkuppler Typ Sigl waren als Reihe 420 RM klassifiziert (420 FS).

Ägypten

(Normalspur, Indische Post bis 1888; Traktion nicht bekannt)

Von 1852–1855 waren nur zwei Typen von 1B-Lokomotiven vorhanden (Nr. 1, 3, 4, 6 von Stephenson 1852 und Nr. 2, 5 von Stephenson, 1853; laut L. Wiener). Später waren die 1B auf den Personenzugdienst beschränkt. Weitere 1B wurden geliefert durch Stephenson, Maffei, Sharp Stewart, Beyer Peacock, Kitson, Vulcan, Canada Works, Koechlin.

Es gab 2A-Longboiler (spätere Nr. 26–29, Stephenson 1855), eine 2A-Crampton (Nr. 49, Cail 1859) und zwei kleinrädrige 2B (Nr. 24/25, Wason 1856)

B1-Maschinen, gebaut zwischen 1856 und 1858 bei Sharp Stewart, Fairbairn, Beyer Peacock und Cail, wurden für Personen- und Güterzüge verwendet. Nur für Güterzüge wurden C-Lokomotiven verwendet, gebaut von 1855 an bei verschiedenen Herstellern. Zwischen 1870 und 1888 wurden keine neuen Lokomotiven beschafft.

Anstriche anfangs verschieden, z.B. Dekor auf braun (Lok „Saidia" für den Pascha) oder ein grelles Grün. Ab 1868 karmesinrot.

Für Schnellzüge wurden folgende 1A1-Maschinen beschafft:

alte Nr.	(neue Nr.)	Hersteller	Baujahr	Bemerkungen
26–29		Stephenson	1855	Longboiler
13	(1)	Sharp, Stewart	1856	Typ Midland; „Saidia"
41	(2)	Stephenson	1859	
68	(23–25)	Neilson, Reid	1862/65	Typ Connor
3–6		Stephenson	1864	Typ L.B.S.C.R.
7–12		Stephenson	1865	
92	(13)	Stephenson	1867	
14, 15		Stephenson	1868	

Società Italiana per le Strade ferrate Meridionali

Indische Post Bologna–Brindisi 1869–1885, Taktion lange Zeit mit 1B-longboiler-Maschinen und dann mit 2B von 1882.

Strade Ferrate Meridionali (Rete Adriatica)

Indische Post Piacenza/Parma–Brindisi 1885–1914; Peninsular-Express 1890–1914, Traktion mit 2B-Maschinen der Baujahre 1890–1901 (Reihe 180 bis RA; 552 FS). Auch zuvor 2B, entweder Baujahr 1882 (170 RA; 540 FS) oder 1887 (180 RA; 545 FS). Die C2 mit stirnseitigem Führerstand von 1900 (Reihe 370 RA; 670 FS) war in der Po-Ebene eingesetzt, doch es ist kein Hinweis auf eine Traktion der Indischen Post oder des Peninsular-Express bekannt. Anstrich schwarz mit roten Rädern.

Ferrovie dello Stato (F.S.)

Indische Post, Peninsular-Express Modane–Brindisi 1905/1906–1914, Traktion nicht bekannt, aber von Turin aus wahrscheinlich Reihe 640 (1C mit Innenzylindern, Baujahr 1907). Die F.S. übernahmen die Lokomotiven ihrer Vorgänger und beschafften von 1907 an eigene Maschinen. Auf der Fréjus-Zufahrt wurde ab 1907 die Reihe 470 (Achsfolge E) zumindest im Güterzugdienst verwendet.

Der Abschnitt Bardonecchia–Salberstrand war am 10. 7. 1912 und der Abschnitt Salberstrand–Bussoleno am 1. 5. 1913 mit Drehstrom elektrifiziert; Lokomotiven E 550 (Achsfolge E).

Anstrich schwarz mit roten Rädern für Dampf- und Ellok.

British India

Die folgenden Abschnitte behandeln Indien bis zur Teilung 1947. Einheitliche Lokomotivbaureihen wurden von der British Engineering Standard Association (BESA) schon 1903 entwickelt. Zwischen den Weltkriegen wurden neue Baureihen (z.B. Breitspur-Pacifics XA, XB und XC, Mikados XD und XE) gemäß den Indian Railway Standards (IRS) entworfen. Im 2. Weltkrieg gelangten Standard-Kriegslokomotiven nach Indien, die in diesem Abschnitt nicht aufgeführt sind.

Great Indian Peninsula Railway (GIPR)

(Spurweite 5 ft 6 in.)

Am Anfang bestanden 1B von Vulcan Foundry 1852/53, Dodds, Kitson 1856 (1886 an IMR), Stephenson 1862 und Avonside 1866, C von verschiedenen Herstellern seit 1858, Bt und B1t von Wilson 1858/64 (für Ghat), 2Ct von Sharp Stewart 1862/63, Dt (für ghat) von Kitson 1866 und Neilson 1876/96. Die „European Mail" soll um 1899 über das Thull Ghat mit Dreikupplern gefahren sein.

Schnellzuglokomotiven

Baureihen	Achsfolge	Hersteller	Baujahr	Bemerkungen
P/30	2B	Dübs	1868	mails
A/1	2B	Kitson	1880	„special" (1889)
	2B	Neilson	1889/94	mails
B/3	2B	Kitson, Stephenson	1879/86	mails
C	2B	Neilson, Kitson	1889/98	mails
B/1	2B	Kitson	1900	ex IMR
B/2	2B	Kitson	1903/1912	für ex-IMR-Lines
E	2B1	North British	1907	mails; 1932/33NWR
D/1	2C	North British	1904	GIPR; Agra-Delhi Chord
D/2	2C	North British	1906	
D/3	2C	Vulcan Foundry	1912/21	GIPR; Itarsi-Nagpur; Cawnpore-Banda
D/4	2C	North British, Vulcan Foundry	1914/15	GIPR; D3M ex EBR
D/5	2C	North British	1923	D classes : mails
XA	2C1	Vulcan Foundry	1928/31	mails Itarsi–Delhi/Cawnpur
XB	2C1	Vulcan Foundry	1928	an EIR, MSMR
XC	2C1	Vulcan Foundry	1928	an EIR
XP	2C1	Vulcan Foundry	1936	mails Bhusaval-Jhansi

Anstrich dunkelrot, aber mit Abweichungen, z. B. D/1, Nr. 216–217 königsblau für königlichen Zug 1911. IMR-Lok waren schwarz mit blanken Kesselbändern.

Die Imperial Indian Mail ist auf einem Foto von 1926 mit 2C-Lokomotive abgebildet.

Außerdem existierten Lok der Achsfolgen 1B, B1t, C, 1C, C1t, 1Ct (z.T. ghat-Lok der IMR), 1 C1t, 1C2t, Dt, 1D, 1D1, 1D2t (Reihen Y 1–4, North Brit. 1906–19, für ghat) und 1E.

Ellok (1500 V) (Elektrifizierung fertig 1930)
Es gab 2Co1 von Metropolitan Vickers (Prototyp auch von SLM), 2Co2 von Hawthorn Leslie (Prototyp) und CC von Metropolitan Vickers und SLM (für Rampenhilfe und Güterzüge, spätere WCG 1). Anstrich zumindest später schwarz.

Bengal Nagpur Railway (BNR) (Spurweite 5 ft 6 in.)

Wichtige Reisezuglokomotiven:

Baureihen	Achsfolge	Hersteller	Baujahr	Bemerkungen
D	2B	Dübs	1878	
E 1–3	2B	Beyer-Peacock, Sharp Stewart, Dübs	1890–99	
K	2B1	North British	1907–20	
G	2C	Sharp Stewart, North British, Stephenson	1902–05	
GM	2C	North British, Stephenson	1907/09	
GS	2C	Stephenson, North British, Vulcan Foundry	1920–25	
GSM	2C	Stephenson	1937	
M	2C1	North British	1929	de Glehn

(Anstrich grün mit schwarz)

South Indian Railway (SIR) (Spurweite 5 ft 6 in.)

Wichtige Schnellzuglokomotiven der SIR im 20. Jahrhundert:

Baureihe	Achsfolge	Hersteller	Baujahr	Bemerkungen
Breitspur				
T	2B	Kitson	1895/1901	auch ex MR
		North British	1910–15	
SP	2C	Vulcan Foundry	1921	
		North British	1924	
HPS	2C	Vulcan Foundry	1950	
XB	2C1	Vulcan Foundry	1928/29	
Meterspur				
O	2B	Neilson	1892, 1903	
		Hawthorn	1897	
		North British	1906, 1920	
M	2C	North British	1909, 1913	Ceylon Mail
			1922	
		Vulcan Foundry	1910/11, 1922	
		Hawthorn	1912/13	
		Hunslet	1921	
YB	2C1	Vulcan Foundry, Nasmyth Wilson	1928	IRS-Entwurf
		Berliner Maschinenbau	1929	

Die SIR übernahm 1874 von der Great Southern of India Lokomotiven der Achsfolgen 1B, Bt und C.

Anfangs gab es, neben Tenderlok und Güterzug-Dreikuppler, auch Maschinen der Achsfolge B1. Anstrich ziegelrot.

1930 Elektrifizierung 1500 V Madras-Tambaram, 1 m-Spur. Hawthorn-Leslie/English Electric lieferte vier BoBo, Klasse EGI, spätere YCGI, für Güterzüge.

East India Railway (EIR)

(Spurweite 5 ft 6 in.)

Die ersten Lokomotiven waren 1A1 für Reisezüge und B1 für Güterzüge, beide Typen von Tayleur (Vulcan Foundry) 1853. Es folgten weitere Ein- und Zweikuppler verschiedener britischer Hersteller. Die „Fairy Queen" der Achsfolge 1A1 ist (mit grün/schwarzem Anstrich) im Eisenbahnmuseum in New Delhi ausgestellt. 2B-Lokomotiven wurden von Dübs 1881, und von verschiedenen britischen Herstellern sowie von Hanomag beschafft. 2C-Lokomotiven wurden geliefert von Dübs 1893 und dann von verschiedenen britischen Herstellern, die letzten von Vulcan Foundry 1949. 2B1-Lokomotiven lieferten North British und Vulcan Foundry 1908/09. Zwei 2C1-Versuchsloks kamen von Kitson 1924. 2C1 nach IRS lieferten Vulcan Foundry 1928–31 und Beardmore 1931. Wegen ihres Fehlschlages (die schwere Entgleisung der Punjab Mail bei Bihta war durch eine XB verursacht) mußten diese vor den mails wieder durch 2C ersetzt werden. Die Imperial Indian Mail ist auf einem Photo von 1926 mit 2C-Lokomotive abgebildet.

Unter den von der ORR übergebenen Maschinen waren 2B (Klasse G/2) von North British 1900 und Stephenson 1901–04, 2C (Klasse HP) von North British 1905/07 und Stephenson 1905 sowie 2C (Klasse HPC) von Stephenson 1906.

Eastern Bengal Railway (EBR/EBSR)

(Spurweite 5 ft 6 in.)

Die ersten Lokomotiven waren 1B (Klasse A) von Sharp, Stewart 1861. Von 1865 bis in die Achtzigerjahre wurden die wichtigsten Reisezüge von 1B (Klasse B, Sharp Stewart 1864/67, Neilson 1878/79) befördert. Sie wurden durch 2B verschiedener Hersteller und Klassen ersetzt. Vor dem 1. Weltkrieg beförderten 2B die Darjeeling Mail, doch es gab auch 2C und ab 1908 2B1. 2C wurden auch noch in der Zeit zwischen den Kriegen geliefert. 1928/30 wurden 2C1 nach IRS-Richtlinien beschafft. Von der Calcutta & South Eastern und der Bengal Central waren u. a. 2B-Maschinen übernommen worden.

Meterspur

Die ersten Reisezuglokomotiven der North Bengal waren B1 (Klasse E) von Neilson 1877. Die EBSR übernahm von der NBSR und der Dacca Railway u.a. 2B-Maschinen. Vor dem 1. Weltkrieg beförderte sie die Darjeeling Mail mit 2C-Lokomotiven. Zwischen den Kriegen wurden auch 2C1 nach IRS-Entwurf beschafft.

Madras & South Mahratta Railway (MSMR)

(Spurweite 5 ft 6 in.)

Die Madras Railway (MR) besaß u.a. Lokomotiven der Achsfolgen 1B, B1, später 2B und seit 1906 auch 2C. Von 1900 an wurde die Bombay–Madras Mail von 2B von Kitson gefahren. Anstrich ziegelrot.

1908 ging die MR in der MSMR auf. Deren wichtige Schnellzugmaschinen waren 2B und 2C. 1924 wurden zwei 2C1-Versuchslok von Baldwin gekauft („New York", „Philadelphia") und ab 1927 wurden 2C1 nach IRS-Entwurf beschafft. (Die Meterspur ist hier nicht behandelt.)

Bombay, Baroda & Central India Railway (BBCIR)

(Spurweite 5 ft 6 in.)

2B-Lokomotiven gab es von Vulcan Foundry schon 1879 und später auch von anderen Herstellern, darunter Baldwin. Die 2B der Klasse D (Dübs 1895 u.a.) waren typische Lok der mails, ebenso wie die 2C-Maschinen. 2C wurden von Sharp, Stewart 1902 geliefert und später, auch nach dem 1. Weltkrieg, von anderen Herstellern. 1924 folgten zwei 2C1 von Kitson und von 1928 an 2C1 nach IRS-Entwürfen von Vulcan Foundry und Beardmore. Die IRS-Lok mußten wegen ihrer Unbrauchbarkeit zeitweilig außer Dienst gestellt werden, so daß die 2C die „mail engine" bis nach dem 2. Weltkrieg blieb.

Das meterspurige Rajputana-Malwa-System erhielt seine ersten Lokomotiven um 1873 aus England. 1881 wurden für mails erstmals 2B von Dübs (Klasse M) beschafft. Später wurden 2B der Klasse O die Standardreisezuglok. Seit 1896 wurden Lokomotiven aus Ajmer bezogen. (Die weitere Entwicklung der BBCIR-Meterspur, sowie die 2ft6 in-Spur werden hier nicht behandelt.)

North Western Railway (NWR)

(Spurweite 5 ft 6 in.)

Die Vorgängerinnnen der SPDR besaßen anfangs 1B von Kitson 1858, 1A1-Reisezugmaschinen von Sharp, Stewart 1859, von Neilson 1860 und 1861, weitere 1B, B1 und C. 1886 wurden SPDR, IVSR und PNSR zur NWR verschmolzen. Unter den Lokomotiven, welche die NWR von ihren Vorgängerinnen übernahm, waren 2B der IVSR von Dübs 1867 (Klasse Q), 2B von Dübs bzw. Neilson 1877 (Klasse H), kleinrädrige 2C von Neilson, Vulcan Foundry bzw. Dübs 1880 bzw. 1886 (Klasse L bzw. HL) und großrädrige 1C von 1881 (Klasse P). Später wurden für Reisezüge u.a. neue 2B (Klassen M, SP, SP/S), 2B1 (Klasse AP), 2B1 de Glehn (Klasse GP, seit 1910 in Rohri für mails stationiert) und 2C (Klasse HP,HP/S) gebaut. Auf manchen Strecken wurden für Reisezüge auch Güterzuglok eingesetzt, z. B. C-Lok der Klasse SG/S zwischen Lalamusa und Peshawar sowie bei Kalka, die Klasse L Sibi–Harnai–Quetta bis zum Einsatz der XA im Jahre 1929 und 1D der Klasse HG/S zwischen Sibi und Quetta. 1932/33 erwarb die NWR 2B1 der GIPR (Klasse E/1, nach Umbau E/M) und setzte sie für mails zwischen Delhi, Lahore und Lalamusa ein. Später wurden vor den mails 2C1-Lok verwendet (Klasse XA, XC, XS von Vulcan Foundry sowie Beardmore und danach auch WL von Vulcan Foundry 1941). Seit 1944 wurden 1D1 der Klasse CWD aus Kanada als Mehrzwecklok geliefert.

Anstrich schwarz mit blanken Kesselbändern und Messingschrift, doch es gab Ausnahmen, wie eine SP in „Caledonian"-Blau, die XC Nr. 240 in „Midland"-Rot und die XC Nr. 1855 in Braun. Die B1-Lok „Eagle" wurde ausgestellt mit SPDR-Beschriftung und schwarzem, später „Great Western-"grünem Anstrich.

1935 wurden zwischen Lahore und Karachi zwei dieselelektrische Lok von Armstrong Whithworth erprobt.

Indian Railways

Der Dampflokbestand der Indian Railways umfaßte Lokomotiven der Vorgängerbahnen, Nachbauten, Kriegslokomotiven und neue Standardlokomotiven. Nicht verwirklichte Konstruktionsüberlegungen umfaßten u. a. eine breitspurige 2D2-Standardreisezuglok (!).

Standardbaureihen

Baureihe	Achsfolge	Erster Hersteller	Erstes Baujahr	Bemerkungen
Spurweite 5 ft 6 in.				
WP	2C1	Baldwin	1947	Reisezuglok
WG	1D1	North British	1950	Güterzuglok
WL	2C1	Vulcan Foundry	1955	Leichte Reisezuglok
WM	1C2t	Vulcan Foundry	1939	
WT	1D2t	CLW	1959	
Meterspur				
YP	2C1	Baldwin	1949	Reisezuglok
YG	1D1	Baldwin	1949	Güter- u. Reisezüge
YL	1C1	Stephenson & Hawthorns	1952	
YM	1C2t	Nippon	1956	

Diese Standardbaureihen wurden von verschiedenen Herstellern in Amerika, Europa, Japan und Indien hergestellt. Für die Schmalspur wurden ältere Konstruktionen weitergebaut.

Die WP ersetzten vor Postzügen die 2C-Maschinen. Sie beförderten zwischen Delhi und Bombay die Frontier Mail bis 1968, zwischen Delhi und Jhansi die Punjab Mail bis 1975, die mail Bombay–Nagpur–Calcutta abschnittweise bis 1970, die Bombay–Madras Mail südlich von Poona bis 1975 oder 1976 sowie die mails nördlich von Delhi bis in die Siebzigerjahre. Der Zug Amritsar-Lahore soll in Indien mit CWD (1D1-Kriegslok aus Kanada) und mit HGS oder SGS in Pakistan befördert werden. Die Postzüge der Meterspurstrecken, z. B. südlich des elektrifizierten Abschnittes Madras–Villupuram noch in den Siebzigerjahren, wurden durch YP befördert. Der Anstrich der Schnellzuglokomotiven WP ist schwarz mit hellgrün für die Central und Eastern, schwarz mit rotbraun für die North East Frontier Railway, schwarz mit orange/grün, manchmal mit gelben Linien, für die South Central, schwarz mit rotbraun und gelb für die Southern, schwarz mit blau und gelb für die South Eastern, schwarz mit rotbraun und gelb für die Western, und schwarz mit rotbraun und blau für die Northern Railway.

Einige bedeutende Postzüge, z.B. auf den Strecken Bombay–Baroda–Delhi oder Bombay–Calcutta, wurden Ende der Sechzigerjahre verdieselt. Andere folgten später.

Wichtige dieselelektrische Lokomotiven:

Baureihe	Achsfolge	Hersteller	Bemerkungen
WDM 2	CoCo	Alco/Varanasi	Breitspur
WDM 4	CoCo	General Mot./Varanasi	Breitspur
YDM 3	1BoBo1	General Motors	Meterspur
YDM 4	CoCo	Alco	Meterspur

Neubau-Elektrolokomotiven (Breitspur):

Baureihe	Achsfolge	Strom	Hersteller	Baujahr	Bemerkungen
WCM 2	CoCo	1500 V =	Engl. Electr.	1955	Bombay–Igatpuri und Bombay-Pune
WCM 4	CoCo	1500 V =	Hitachi	1958	
WCG 2	CoCo	1500 V =	CLW		
WCM 5	CoCo	1500 V =	CLW		
WCAM 1	CoCo	Zweistrom	CLW	1975	Bombay–Ahmedabad
EM 2	CoCo	3000 V =	Engl. Electr.	1957	Bereich Calcutta
EM 3	CoCo	3000 V =	Hitachi	1961	Bereich Calcutta
BBM 1	BoBo	25 kV 50 Hz	50 Hz-Gruppe	1967	25 kV-Strecken sind Howrah-Delhi, Howrah–Durg, Itarsi–Igatpuri, Sabarmati-Virar, Howrah-Waltair
WAG 2	BB	25 kV 50 Hz	Tokyo Sh., Oerlikon, Hitachi		
WAM 1	BB	25 kV 50 Hz	50 Hz-Gruppe	1959	
WAG 1	BB	25 kV 50 Hz	50 Hz-Gruppe/CLW	1963/65	
WAG 3	BB	25 kV 50 Hz	50 Hz-Gruppe/CLW	1965	
WAG 4	BB	25 kV 50 Hz	CLW	1966	
WAM 4	CoCo	25 kV 50 Hz	CLW		

Meterspur: Schnellzugtraktion Madras–Villupuram mit YAMI (japan. BoBo 25 kV 50 Hz).

Anstrich der Diesel- und Ellok rotbraun, aber mit Ausnahmen, z. B. WCAM1 hellblau/creme, braun/creme oder dunkelgrün; WCM2 früher schwarz und eine silber mit blauen Streifen für „Deccan Queen"; Ellok der SER apfelgrün mit schwarzen und roten Streifen; Diesel WDM3 der SCR blau.

Ceylon Government Railway/Sri Lanka Government Railway

(Spurweite 5 ft 6 in.)

Die ersten Lokomotiven waren Tendermaschinen. 2B-Schlepptendermaschinen wurden erstmals 1864 durch Beyer-Peacock und dann bis 1912 auch durch andere britische Hersteller geliefert. Unterschiedliche 2C-Maschinen wurden von den Achtzigerjahren bis nach dem 2. Weltkrieg von verschiedenen Herstellern bezogen. Die Lok Nr. 242 erhielt in den Dreißigerjahren eine Stromlinien-Vollverkleidung. 2 D-Maschinen wurden von 1910 bis 1951 beschafft. Sie übernahmen die Traktion auf dem Kadugannawa-Paß der Linie nach Kandy, während die eigentliche Zuglokomotive als Schublok arbeitete. Es gab auch C, (1B) (B1) und (1C1) (1C1). 1950 waren noch 2D (Klassen A 1–2, 3, 3C), 2C (Klassen B 1–5, 8, 9–10), (1C1) (1C1) (Klassen C1 und C1A), 1C2t (Klasse D 1–2), C1t (Klasse E 1) und 2B (Klasse F 1–2) verzeichnet. Dieses Bezeichnungschema war 1937 eingeführt worden. Anstrich schwarz, aber vor dem 2. Weltkrieg auch dunkelgrün mit roten Linien. (Die 2ft 6in-Spur ist hier nicht behandelt).

1975 wurden Diesellok von MLW geliefert und für 1979 wurde der Typ DE 1650 von Thyssen-Henschel bestellt.

Anstrich der Brush- und Henschel-Maschinen rot, der General Motors blau/weiß und der Karl Marx-Maschinen grün.

Strecken-Diesellok:

Baureihe	Achsfolge	Übertr.	Hersteller	Baujahr	Bemerkungen
M 1	(A1A) (A1A)	el.	Brush	1953	Northern Line
M2/M2C	(A1A) (A1A)	el.	General Motors	1954/61	
W 1	BB	hyd.	Henschel		Kandy Line
W 2	BB	hyd.	VEB Karl Marx		Kandy Line

Eastern Bengal Railway/Pakistan Eastern Railway/Bangladesh Railway

Wichtige Dampflokmotivklassen der EBR sind für Breitspur u. a. die Klassen HPS (Achsfolge 2C), SGC2 (C), AWC (1D), CWD (1D1), BTC (1C2t); für Meterspur die Klassen RS (2C), PS (2C), YB (2C1), MAWD (1D1 „Mac Arthur"-KL.), YD (1D1), YT (B1t); für 2 ft. 6 in. – Schmalspur Rupsa East – Bagerhat Klasse C (2Bt).

Um 1976 waren auf der Bangladesh Railway noch 569 Dampflokomotiven in Dienst.

Verdieselung auf Breit- und Meterspur begann in den 50er-Jahren. Es sind dieselelektrische Maschinen der Achsfolgen (A1A) (A1A), CoCo und Bobo von General Motors, Alco und Baume & Marpent und MLW vorhanden.

Burma

(Meterspur)

In den ersten Jahren waren Lokomotiven der Achsfolgen Bt, B1, B2t, BBt und C britischer Hersteller vorhanden. 1883 wurden 2B von Dübs beschafft, 1886 2B von Neilson und später 1C1. B1 der Klasse E und 2B der Klasse 0 wurden 1912/13 an Malaya verkauft.

Spätere Lokomotivbaureihen

Baureihen	Achsfolge	Hersteller	Baujahr	Bemerkungen
FS IX, X	C	Dübs, Neilson	1900/03	
F	C	Neilson	1894	ex Assam Bengal
C	1C	(japan. C 56)		Güterzüge
Jsl–III	2C	North British / Stephenson	1905/08	(BESA-Typ)
Ksl–X	2C	North British / Nasmyth / Stephenson / Rheinmetall	1905–25	(BESA-Typ)
YC I, II	2C1	Skoda / Vulcan Foundry	1932/33	Mandalay Mail (IRS-Typ)
YC III	2C1	Vulcan Foundry	1948	
YB I, III	2C1	Vulcan Foundry	1947/48	Mandalay Mail
	2C1	North British	1919	ex Malaya, class P
YD I–IV	1D1	Nasmyth / Vulcan Foundry / SLM / Henschel	1928–30	Güterzüge (IRS-Typ)
YD V	1D1	Vulcan Foundry	1950	
D	1D1	(„Mac Arthur" class, ex USA/TC)		ex India; Rangoon–Mandalay etc.
	C–Ct	Vulcan Foundry	1900/07	modif. Fairlie
Ns I–V	C–C	North Brit. / Beardmore	1911–24	Mallet, f. Lashio
GA I–IV	(1D) (D1)	Kerr Stuart,	1923	ex EBR
		Beyer-P. / Krupp	1924–29	
GB	(1D) (D1)	Beyer – Peacock	1943	ex WD
GC	(1D1) (1D1)	Beyer – Peacock	1943	ex WD
GD	(2D1) (1D2)	Beyer – Peacock	1945	ex WD

Die Klasse GB war bis 1945 auf der Bengal Assam Railway zwischen Akhaura und Badarpur als Klasse MWGL eingesetzt. Sie wurde 1976 im Güterzugdienst nach Lashio beobachtet. Die Klasse GC war bis 1945/46 ebenfalls auf der BAR, zwischen Badarpur und Lumding, als Klasse MWGH in Dienst. Sie wurde 1976 im Güterzugdienst im Bereich Thazi beobachtet. Von der Klasse GD kamen zwei Maschinen direkt nach Burma. Sieben waren zuvor bis 1946 auf einer BAR zwischen Badarpur und Lumding als Klasse MWGX tätig. Die gesamte Klasse wurde später an die Tanganyika Railway bzw. die East African Railways abgegeben. Die geplante Klasse GE mit der gleichen Achsfolge wurde direkt an die Kenya–Uganda Railway geliefert. (Quelle: Tourret).

Es gab Tenderlokomotiven der Achsfolgen Bt, 2B2t, Ct, 1C1t, 1C2t und 2C2t. Lokomotiven der Klassen F (Achsfolge C), J, K und Ks (sämtl. Achsfolge 2C) gelangten im 2. Weltkrieg nach Malaya. Anstrich schwarz, aber Reisezugmaschinen waren früher rot gestrichen.

1958 wurde die Traktion des Express Rangoon–Mandalay von YB auf dieselelektrische BBB von Alsthom umgestellt. Anfangs fuhren DF 1201–06, heute DF 1600. Der normale Anstrich ist schokoladenbraun/creme, aber einige DF 1600, welche sich in besserem Zustand befinden und die mail Rangoon–Mandalay befördern, sind orange/rot.

Es wurden auch Diesellokomotiven aus Deutschland und Japan sowie Dieseltriebwagen aus Japan und Ungarn bezogen. Die Triebwagen von Ganz-Mávag wurden planmäßig auf den Strecken Rangoon–Letpadan, Rangoon–Prome und Rangoon–Pegu eingesetzt. In einzelnen Fällen sind sie auch auf der Strecke Rangoon–Mandalay gelaufen.

Malaya

(Meterspur)

Lokomotivbaureihen:

Baureihe	Achsfolge	Hersteller	Baujahr	Bemerkung und neue Nummer
A	2Bt	Hunslet, Neilson	1885–1904	ex PGR, SGR, MGR, Sing.
B	2Bt	Hunslet, Hawthorn	1890–1911	ex PGR, JSR, Sing.
C	2B	Neilson, Kitson, Hawthorn	1893–95	ex PGR, JSR
F	2B	Sharp Stewart	1897	ex SGR
–	2B	Dübs, Neilson	1884/87	ex Burma class O, 1918/19 Siam
K	2B1t	Dübs	1899	ex SUR
J	C1t	Dübs	1891	ex SUR; auch Umbau in 2B1t
D	2C	Kitson, Dübs	1894/95	ex SGR
E	2C	Kitson	1897	ex PGR
G	2C	Hunslet, Steph., Neilson, Kitson	1899–1905	ex PGR, SGR, MGR
I^{1-2}	C2t	Kitson, North Br., Hawthorn	1908–16	No. 301.02–18
M	1C	Baldwin	1921	1941 Siam: No. 951 . . .
R	Ct	Baldwin	1921	No. 311.01–10
T	C1t	Bagnall	1927	No. 321.01–05
H^{1-3}	2C1	Kitson, Nasmyth, Stephenson	1907–14	auch ex JSR; auch H 4; No. 501.01–11
P	2C1	Kitson North British	1914 1919	1941–45 Siam; 2 in Burma; 521.04 u. 08 zurück n. Malaya
Q	2C1	Baldwin	1919	1941–45 Siam; No. 511.01–
–	C-C	Baldwin	1919	bestellt f. Rußland
L	2C1	Kitson	1921	1941–45 Siam; KTM-No. 531.01–20
K^1	2C1	Beyer-Peacock	1927	No. 541.01–07
K^2	2C1	Stephenson	1930	542.01–04
S^1	2C1	North British	1928	No. 551.01–03
S^2	2C1	North British	1930	552.01–08
S^3	2C1	Beyer-Peacock	1931	553.01–05
0^1	2C1	North British	1938	561.01–11
0^2	2C1	North British	1939	562.01–06
0^3	2C1	North British	1940	563.01–11
0^4	2C1	North British	1947	564.01–40
C^1	2C2t	Nasmyth Wilson	1930	No. 401.01–05
C^2	2C2t	North British	1939	403.01–05
WD	1D1	(„Mac Arthur" class, ex USA/TC)		ex India; No. 901.01–28; 1948/49: 16 Lok an Tanganyika Rly.

Es gab auch einige andere Lokomotiven. Sechs Maschinen der Baureihe P (Kitson, 1918) wurden an die BBCIR geliefert. Die Japaner brachten im 2. Weltkrieg nach Malaya 1C1t (Baureihe 1700 der SS auf Java), 2C (ex NISM), 1C1 (japanische Baureihe C 58), C (burmesische Baureihe F) und 2C (burmesische Baureihen J, K und Ks). Die Baureihe C^3 (2C2t, North British 1940) wurde nicht an Malaya, sondern an das War Department ausgeliefert. Es gab auch Dampftriebwagen. Lokomotiven des Construction Department (z. B. die ex-burmesische Klasse E, eine B1, von Vulcan Foundry 1877/78), der Singapore Naval Base, des War Department (Normalspur bei Changi), des Singapore Harbour Board und privater Industriebahnen sind hier nicht berücksichtigt.

Der Lokomotivanstrich war bei der PGR olivgrün mit gelben Linien, bei der SGR dunkelgrün mit schwarzen Bändern, zinnoberroten Linien und Pufferbohlen und schwarzem Rahmen, bei der Singapore Gvt.Ry. grasgrün und bei der JSR dunkelblau mit schwarzen und weißen Linien sowie Rahmen in „claret". Der Lokomotivanstrich bei der FMSR war anfangs wie bei der SGR und ab ca. 1910 schwarz. Die Q-Klasse erschien mit Kesselverkleidung in „planished steel" und 1927 wurde dies zum Standard, zusätzlich mit blanken Kesselbändern und großer gelber Schrift am Tender. In den Fünfzigerjahren gab es neben dem schwarzen Standardanstrich (mit roter Pufferbohle) vorübergehend einen dunkelgrünen Versuchsanstrich. Messing-Domverkleidungen waren bis 1903 und kupfernde Schornsteinkrempen bis 1927 gebräuchlich.

Strecken-Diesellok:

Baureihe	Achsfolge	Übertr.	Hersteller	Baujahr	Bemerkungen
20	CoCo	el.	Engl. Electric	1957	Magic Arrow, North Star etc.
21	BB	hyd.	Japan	1965/68	Internat. Ex.
22	CoCo	el.	Engl. Electric	1972	Magic Arrow, North Star, Internat. Ex. Rakyat Ex.

Rangierlokomotiven und Triebwagen sind hier nicht berücksichtigt. Die Baureihen 20 und 21 erhielten grünen, die Reihe 22 dunkelroten Anstrich. Die Lokomotiven 20104 und 20126 wurden dunkelrot gestrichen für den königlichen Zug. Neuer Anstrich dunkelrot mit gelben Streifen.

Thailand (Siam)

Normalspur-Lokomotiven:

Nr.	Achsfolge	Hersteller	Baujahr	Bemerkungen
1–4	1B (?)	Dübs	1894	Reise
5, 6	C (t?)	Dübs	1894	oder 5–8
7, 8	C1t	Hunslet		Bau-Einsatz
9, 10	Ct	Peckett	1897	
11–16	1C	Hanomag	1898–	Reise/Güterzüge
17–24	1C	Krauss Mü.	1898–1902	später 201–208
51–56	Ct	Henschel	1909	
101–124	1B	Hanomag	1898/1909	Reise ex 25–
209–221	1C	Hanomag	1906–10	ex 31–
301, 302	E	Hanomag	1913	später 401, 402

(Später Umbau auf Meterspur)

Meterspur-Lokomotiven (außer Umspurungen):

Nr.	Achsfolge	Hersteller	Baujahr	Bemerkungen
57–63	Ct	Brush	1910/11	Rangier
125–131	1B1	Krauss (Mü.)	1901/12	Reise
151–153	1C	Krauss (Mü.)	1901/12	ex 11–13, Güter
154, 155	1C	Krauss (Mü.)	1914	
156–197	2C	North Brit.	1912–19	Reise- u. Güter / Southern Line
198	2C	Nasmyth Wils.	1921	ex Burma Ks 396
222–225	2C1	Batignolles	1924	Reise
226–251	2C1	Baldwin	1925–29	Northern Express, Southern Line
260–282	2C1	Hanomag	1928/29	Express
283–292	2C1	Jap. Car & Loco. Makers Ass.	1941	Reise / Southern Line
301, 302	1D1	Baldwin	1923	Güter
303–306	1D1	Baldwin	1925	Güter
311, 312	1D1	Nasmyth Wils.	1923	Güter
321–326	1D1	Batignolles	1924	Güter
331–348	1D	SLM	1907–15	Northern Line, 1926/27 ex RhB
351–378	1D1	Jap. C. & L.M.A.	1936–42	South., North Line
380–447	1D1	USA	1943–45	„Mac Arthur"-cl. ex Malaya, India, USA/TC
451–458	(1D1) (1D1)	Henschel	1929/35	Khaen Khoi-Pakchong bis 1964
701–746	1C	Japan	1935/36	ex Japan C 56
751–75 (757)	2C	Werkspoor, Beyer-P.	1918/22	ex NISM C 52
761–764	1C1	Japan	1938/39	ex Japan C 58
801–818	2C1	Kitson, North Br.	1917/19	ex Malaya calss P, Siam-Burma-Line
821–850	2C1	Jap. Ass. of Ry. Ind.	1949/50	Reise
901–970	1D1	Jap. Ass. of Ry. Ind.	1949/50	South., North. Line

Einige Bestellungen in Deutschland fielen dem 1. Weltkrieg zum Opfer. Zeitweilig waren in Thailand 2B der burmesischen Klasse 0 aus Malaya und 2C1 der malayischen Klassen L, M, Q.
Anstrich schwarz und schwarz mit dunkelgrün

Diesellokomotiven (außer Rangierlok; Meterspur; dieselelektrisch, soweit nicht anders angegeben):

Baureihe	Achsfolge	Hersteller	Baujahr	Bemerkungen
501–506	(A1A) (A1A)	Henschel/Sulzer	1931	
551–556	2Do2	Frichs	1931/32	International Ex.
601	2Do+Do2	Frichs	1932	Güter
651–654	BoBo	Henschel/Sulzer	1947/50	Maeklong Line
561–563	(A1A) (A1A)	Henschel/Sulzer	1951	Express
511–540	BoBo	Davenport	1952/54	Güter
571–585	CoCo	Davenport	1955/56	Güter
611–615/661–670	CoCo	Hitachi	1958/62	International Ex., Northern Line
616–630	CoCo	Hitachi	1958/62	Güter
2001–2010	BB	Plymouth	1963	hyd.; bald a. D.
3001–3027	BB	Henschel	1964	hyd.; Northern Ex., Southern Line
4001–4050	CoCo	General Electric	1964/67	Northern Ex., International Ex.
3101–3130	BB	Krupp	1969	hyd.; Northern Ex., International Ex.
4101–4154	CoCo	Alsthom	1974	Northern Express, International Ex.

Unterschiedliche Farbgebungen, z. B. 511/571 – blau/grau, 611 – türkis/creme, 3001 – dunkelgrün, 3101 – rot/gelb, 4001 – türkis/grau, 4101 – rotbraun/orange.

Indochine / Vietnam / Cambodge

(Meterspur)

Die Chemins de fer de l'Indochine besaßen für Reisezüge 2B-Maschinen (Franco-Belge, 1901), 2C-Maschinen (Cail 1906, Fives-Lille 1925, Cail 1926 u.a.) und 2C1-Maschinen (SACM 1933, 1937, 1940, 1947, Haine-St. Pierre 1946). 1D1-Lokomotiven wurden durch die SACM bis 1948/50 geliefert. Lokomotivanstrich der CFI wahrscheinlich schwarz.

Die Cie. Française des Chemins de fer de l'Indochine et du Yunnan besaß anfangs für Güter- und Reisezüge 2C-Maschinen (Batignolles 1905/06) und 2B-Maschinen. Später kamen offensichtlich 1D1t, 2C1 und 1D1 zur Anschaffung. Zwischen Laokay und Yunnanfou (Kunming) wurde auch ein „Micheline"-Dienst eingerichtet. Für 1951 wird der Bestand mit 35 Dampflomomotiven und einem Verbrennungstriebwagen bei einer Netzlänge von 111 km angegeben.

Die Régie des Chemins de fer du Viet-nam in Saigon stellte 1959 als erste Streckendiesellok dieselelektrische BoBo von Alsthom in Dienst und 1965/66 BoBo von General Motors.

In Nordvietnam gelangten auch Dampflokomotiven chinesischer Herstellung zum Einsatz. Der erste Zug aus Ho Chi Minh-Ville (Saigon) kam am 4. 1. 1977 in Hanoi mit der 1D1-Maschine 141–121 an.

Für die Linie Phnom Penh-Battambang baute Hanomag im Jahre 1930 die 2C1-Maschinen Nr. 1–7. Neben weiteren deutschen Typen kamen in Kambodscha französische Lokomotiven zum Einsatz, unter anderem 1D1 von der SACM. Aus Thailand wurden 2C (North British) gekauft, die ursprünglich auf der siamesischen Südstrecke eingesetzt waren. 1972 wurde eine 2C der indonesischen Baureihe C 52, ursprünglich der NISM gehörend, in Kambodscha gesehen. Im Jahre 1969 wurden 13 dieselelektrische Streckenlok der Achsfolge BoBo von Alsthom in Dienst gestellt. Für jenes Jahr wird der Bestand mit 24 Dampflok, 13 dieselelektrischen Streckenlok, 10 Dieselrangierlok und 8 Dieseltriebwagen (Waggonfabrik Uerdingen) angegeben.

(60 cm-Spur)
Auf der früheren Militärbahn Phu Long Thuong-Lang Son wurden Mallet-Lokomotiven verwendet. (Andere 60 cm-Strecken sind hier nicht behandelt.)

P&O heute

Programm Herbst/Winter/Frühling 1978–79:

P&O Cruises Limited

Linienfahrten

,,Orania" (42000 tons)
10. Nov. – 20. Dez. 1978
Southampton – Bermuda – Port Everglades – Nassau – Cristóbal – Acapulco – Los Angeles – San Francisco – Vancouver – Honolulu – Suva – Auckland – Sydney

,,Canberra" (45000 tons)
6. Jan. – 6. April 1979
Southampton – Port Everglades – Bonaire – Cristóbal – Acapulco – San Francisco – Honolulu – Lahaina – Suva – Auckland – Sydney – Rabaul – Hong Kong – Singapore – Mauritius – Durban – Cape Town – Rio de Janeiro – Teneriffa – Madeira – Southampton

,,Oriana"
9. Nov. – 19. Dez. 1979
Southampton – Bermuda – Port Everglades – Nassau – Cristóbal – Acapulco – Los Angeles – San Francisco – Vancouver – Honolulu – Suva – Auckland – Sydney

,,Orania"
4. April – 15. Mai 1979
Sydney – Auckland – Suva – Honolulu – Vancouver – San Francisco – Los Angeles – Acapulco – Balboa – Nassau – Port Everglades – Bermuda – Southampton

Boattrains London–Southampton, Southampton–London(!)

In Verbindung mit diesen Fahrten:
  Kreuzfahrt rund um die Welt
  6. Jan. – 6. April 1979
  (mit Landausflug Hong Kong–Kwangchow mit Sonderzügen)
  P&O Fly Cruises

Ind. Ozean-Kreuzfahrten, Fernost-Kreuzfahrt, Südpazifik-Kreuzfahrten:
,,Orania", ,,Arcadia"
von Sydney aus

New York & Miami-Kreuzfahrt, Karibik-Kreuzfahrten, Kanar. Insel-Kreuzfahrten, Mittelmeer-Kreuzfahrten:
,,Canberra", ,,Orania"
von Southampton aus

BI Discovery Cruises, im Mittelmeer:
,,Uganda" (17000 tons)

P&O Princess Fly Cruises:
,,Island Princess", ,,Pacific Princess" (20000 tons),
,,Sun Princess" (17370 tons)
Karibik; Los Angeles–Australien; Alaska; Los Angeles–Mexiko

Von den zahlreichen anderen Aktivitäten der P&O seien einige erwähnt:

P&O Strath Services Ltd.
Bombay – Karachi – Port Quaboos – Dubai – Doha – Manama – Kuwait (,,Dwarka"): London/Liverpool/Manchester–Kuwait

P&O Ferries
Liverpool–Belfast
Aberdeen – Shetlands/Orkneys

North Sea Ferries
Hull – Zeebrugge
Ipswich – Rotterdam

P&O Normandy Ferries
(50 % P&O)
Southampton – Le Havre (,,Leopard", ,,Dragon"): Dover – Boulogne (,,Tiger", ,,Lion")

P&O Jet Ferries
London – Zeebrugge
(Boeing Jetfoil ,,Flying Princess")

P&O Unit Loads

General European

Ferrymaster

Pandoro

P&O Normandy Ferries ist Verkaufsagent für die Société Nationale Corse Méditerrannée (Südfrankreich–Korsika/Sardinien/Nordafrika)

Fachliteratur

F. Baltzer	Die Kolonialbahnen, Berlin, Leipzig 1916
Marc Baroli	Le train dans la littérature française, Paris 1969
Karl Bartz	Englands Weg nach Indien, Berlin 1936
George Behrend	Grand European Expresses, London 1962
George Behrend	Große europäische Expresszüge, Zürich 1968
George Behrend	Pullman in Europe, London 1962
George Behrend	Geschichte der Luxuszüge, Zürich 1977
George Behrend	Histoire des trains de luxe, Fribourg 1977
P.S.A. Berridge	Couplings to the Khyber, Newton Abbot 1969
Col.C.N.M. Blair	The Mails to and from India, The Bulletin of the Postal History Society 154, London 1968
Jean Bornet	Die „Fell"-Eisenbahn und die Überquerung des Mont Cenis, Lok-Magazin 44, Stuttgart 1970
C.G. Burge	The Air Annual of the British Empire 1930, London 1930
Boyd Cable (Ernest A. Ewart)	A. Hundred Year History of the P. & O., London 1937
Jean des Cars/ Roger Commault	Sleeping Story, Paris 1976, 1978
H. J. Chubb, C. L. D. Duckworth	Irrawaddy Flotilla Company Ltd. 1865–1950, London 1973
Roger Commault	Georges Nagelmackers, Uzès (Gard)
Yung-Seen Chao	Railways in Communist China, Hongkong 1956
A. Damen V. Naglieri P. Pirani	Treni di tutto il mondo/Italia/ Locomotive a vapore, Parma 1971
J. Deppmeyer, F. Ernst, H. Reichardt, W. Sölch	Die blauen Schlaf- und Speisewagen, Düsseldorf 1976
R. E. G. Davies	A History of the World's Airlines, London 1967
J. Desrousseaux	Les postes françaises en Extrême-Orient, Paris 1971
David Divine (A. D. Divine)	These Splendid Ships, London 1960
Arthur D. Dubin	More Classic Trains, Milwaukee 1975
Hamilton Ellis	The South Western Railway, London
Giorgio Gatti	Le Ferrovie Coloniali Italiane, Roma 1975
M. Harrison	Indian Locomotives of Yesterday, Bracknell 1972
Richard v. Helmholtz	Die historischen Lokomotiven der Badischen Staatseisenbahnen, Karlsruhe 1936
Halford L. Hoskins	British Routes to India, New York 1928, London 1966
Hugh Hughes	Steam Locomotives in India, Kenton 1969/79
P. M. Kalla-Bishop	Italian Railways, Newton Abbot 1971
J. Kennedy	A History of Malaya, London 1970
R. Kirk	A Postal History of the P & O, London, voraussichtlich 1980
Hans Kobschätzky	Streckenatlas der deutschen Eisenbahnen 1835–1892, Düsseldorf 1971
N. S. Kteniadi	Oi protoi ellinikoi sidirodromoi, Athine 1936
H. Lartilleux	Géographie des Chemins de fer français, Paris 1950
M. Lécorché	Vingt-cinq ans d'Indochine et de Yunnan, Toulouse 1950
H. J. von Lochow	China's National Railway, Peking 1948
John M. Maber	North Star to Southern Cross, Prescot 1967
C. F. D. Marshall	A History of the Southern Railway, London
D. R. Martin	India Travelling Post Offices 1864–91, London 1969
Wolfgang Messerschmidt	Geschichte der italienischen Dampflokomotiven, Zürich 1968
Orrie Müller	50 Jahre Ostasien- und Australiendienst des Norddeutschen Lloyd, Bremen 1936
Dr. Albert Mühl, Kurt Seidel	Die württembergischen Staatseisenbahnen, Stuttgart, Aalen 1970
Kenneth Munson	Pictorial History of BOAC and Imperial Airways, London 1970
Sir Evelyn Murray	The Post Office, London 1927
Léonce Peillard	Sur les chemins de l'Océan, Paris 1973 Auf den Straßen des Ozeans, Oldenburg, Hamburg 1973
Joachim Petersen	Maos stählerne Transportlinien, Augsburg 1977
J. H. Price	Thomas Cook International Timetable, London
B. L. Rigby	The Malta Railway, Lingfield 1970
Howard Robinson	Carrying British Mails Overseas, London 1965
Dr. Freiherr v. Röll	Enzyklopädie des gesamten Eisenbahnwesens, Wien, Berlin 1890 . . . 1923
Louis Rousselet	L'Inde des rajahs, Paris 1875
Amand Frh. v. Schweiger-Lerchenfeld	Das neue Buch von der Weltpost, Wien, Pest, Leipzig ca. 1900
John K. Sidebottom	The Overland Mail, London 1948
Josef Otto Slezak	Die Lokomotivfabriken Europas, Wien 1962
Werner Sölch	Orient-Express, Düsseldorf 1974, 1977, Reinbek 1980
J. A. Stanistreet	The Malayan Railway, Lingfield 1973
Oskar Stark	Eine versunkene Welt / Die Geschichte des Österreichischen Lloyd, Wien 1959
W. G. Stitt Dibden	The India Mail Officer, The Bulletin of the Postal History Society, 148, 149, London 1967
Dr. Fritz Stöckl	Die 12 besten Züge Europas, Bad Ischl 1956
Dr. Fritz Stöckl	Rollende Hotels / Die Internationale Schlafwagengesellschaft, Wien 1967
Dr. jur. Supper	Die Entwicklung des Eisenbahnwesens im Königreich Württemberg, Stuttgart 1895
Frederik A. Talbot	The Railway Conquest of the World, London 1911
Helmuth Thurner	Tirol im Brennpunkt transalpiner Schienenwege, 1940
R. Tourret	United States Army Transportation Corps Locomotives, Abingdon 1977

Rein postgeschichtliche oder philatelistische Werke, wie Derek Hammond Giles, „Handstruck Postage Stamps of India", oder Derek Lang, „A Guide to the Postal Stationery of India" und philatelistische Fachzeitschriften, sind hier wegen der Beschränkung des Themas auf Eisenbahngeschichte nicht aufgeführt.

R. Tourret	War Department Locomotives, Abingdon 1976
Vauquesal-Papin (M. D. Lengellé)	La Malle des Indes, ,,La Vie du Rail" 303 ff., Paris 1951
Vauquesal-Papin	Le cheminement diplomatique du tunnel du Mont-Cenis, ,,La Vie du Rail" 1294, Paris 1971
Vauquesal-Papin	L'Overland Route et la Peninsular & Oriental Steam Navigation Co., ,,La Vie du Rail" 1363, 1364, Paris 1972
Veredarius	Das Buch von der Weltpost, Berlin 1884, 1885, 1894
M. Vilain	L'Evolution du Matériel Moteur et Roulant de la Compagnie des Chemins de fer Paris–Lyon–Méditerrannée, Paris 1973
M. Vilain	Un Siècle de Matériel et Traction sur le Réseau d'Orléans (1840–1938), Paris
Luis Weiler	Anfang der Eisenbahn in Thailand, Bangkok 1979
J. N. Westwood	Railways of India, Newton Abbot 1974
Lionel Wiener	L'Egypte et ses chemins de fer, Bruxelles 1932

ABC Shipping Guide, Dunstable

Ein Jahrhundert Schweizer Bahnen, Frauenfeld 1947–64

Hundred Years of Pakistan Railways, Karachi 1962

India, Burma and Ceylon, Thos. Cook & Son, London

Jane's World Railways, London

Murray's Handbook India, Burma & Ceylon, London

Das Neue Universum, Stuttgart

Zeitschriften

Circolare, Amici della Ferrovia Italia, Brescia
Continental Railway Journal, Kenton
Deutsches Postarchiv / Archiv für Post und Telegraphie, Bonn
Die Eisenbahn, Wien
Eisenbahn-Magazin, Düsseldorf
Eisenbahn-Zeitung, Braunschweig/Stuttgart
European Railways, London
L'Indépendant du rail, Paris
India Post, India Study Circle for Philately, Eastleigh
The Locomotive, London
Locomotive Magazine, London
Lok-Magazin, Stuttgart
Loco-Revue, Auray
Organ für die Fortschritte des Eisenbahnwesens, Berlin
Postal History, The Bulletin of the Postal History Society, London
Rail Magazine, Paris
The Railway Engineer, London
Railway Gazette International, London
Railway Magazine, London
Railway News, London
Railway Scene, Malmö
Revue de l'Association Française des Amis des Chemins de Fer, Paris
Revue Générale des Chemins de Fer, Paris
La Vie du Rail, Paris
La Vie du Rail Outre-Mer, Paris
Zeitung des Vereins deutscher Eisenbahnverwaltungen, Berlin

Dank

Der Verfasser schuldet herzlichen Dank für wertvolle Informationen und Fotos insbesondere M. Roger Commault, Serquigny, daneben dem India Study Circle für die gebotene Hilfe und für die freundliche Aufnahme als Mitglied und außerdem den folgenden Persönlichkeiten und Institutionen: G. Freeman Allen, Director, Ian Allan Ltd., Shepperton, für die Erlaubnis, Zeichnungen aus dem Locomotive Magazine zu reprodzieren; Amici della Ferrovia Italia, Brescia; J. E. Atkinson, Sales Director, D. Wickham and Co. Ltd., Ware; Hugh Ballantyne, Eccleshall, Stafford; Dr. Erich Barner, Wien; Ms. F. M. Beall, P & O, London; George Behrend, Jersey, Channel Islands; Annegret Bellingrodt, Lokomotivbild-Archiv Carl Bellingrodt, Wuppertal-Barmen; John Benson, Rochester, Kent; P. S. A. Berridge, M.B.E. F.I.C.E., Teignmouth, Devon; Bangladesh Railway, Chittagong; Mme. C. Billy, Le chef de la documentation, La Vie du Rail, Paris; Col. C.N.M. Blair, India Study Circle, Aberfeldy; Direktor H. Bohnhoff, CIWLT, Frankfurt; Dr. Ing. Bruno Bonazzelli, Milano; Dr. Gert Breidenstein, Dezernent für den internationalen Personenverkehr, Deutsche Bundesbahn, Frankfurt; Ir. K. Brouwer, Putten, Holland; British Railways Board, London; D. Chalkley, Sales Engineer, D. Wickham and Co. Ltd., Ware, Hertfordshire; Basil T. Cheverton, India Study Circle, Luton; Jean-Marc Combe, Rédacteur en Chef, Rail Magazine, Paris; Compagnie Internationale des Wagons-Lits et du Tourisme, Paris; Marc Dahlström, Noisy-le-Grand; Paul Delacroix, Directeur, La Vie du Rail Paris; Joachim Deppmeyer, Uelzen; René Desbalmes, Österreichisches Eisenbahnmuseum, Wien; Deutsche Bundespost, Oberpostdirektion München, Archivleiter Maderholz und Bücherei; Deutsches Museum, München; Egyptian Railways, Cairo; Th. M. Elsing, Assistent-Konservator, Nederlandsch Scheepvaart Museum, Amsterdam; Ferrovie dello Stato, Roma; G. T. J. Fidler, Group Press Relations Officer, Hunslet (Holdings) Ltd., Leeds; A/S Frichs, Aarhus; N. Gardener, Publicity Manager, GEC Traction Ltd., Preston; Gesellschaft für Deutsche Postgeschichte e.V., Bundespostmuseum, Frankfurt; W. van Gestel, chef du Service de Presse et des Relations Publiques, Société Nationale des Chemins de fer belges, Bruxelles; Henri Girod-Eymery, Administrateur-Directeur, Société d'études ferroviaires, Boulogne, u.a. für die Erlaubnis, Zeichnungen aus den beim Muséon di Rodo in Uzès (Gard) erscheinenden „Scrapbooks" zu reproduzieren; Dr. Antal Fleck, Handelsdirektor, und Ferenc Tordai, Werbechef, Ganz-Mávag, Budapest; Edith Huber, München; The Indian Railway Gazette, Calcutta; Andrew S. Cook und Ms. L. A. Hall, India Office Library and Records, Foreign and Commonwealth Office, London; Emil Konrad, Düsseldorf; Reg. Kirk, Hon. Sec. Hong Kong Study Circle, Grantham, Lincs.; Prof. Dr. Mihály Kubinszky, Sopron; J. B. Kronawitter, München; Derek Lang, India Study Circle, Wrexham; Jane Larcombe, P&O, Public Relations, London; M. D. Lengellé, Paris; Malayan Railway Administration, Kuala Lumpur; Dr. Albert Mühl, Neustadt; Astrid Mull, Musée d'Histoire des P.T.T., Riquewihr; Musée Postal, J. M. Melaine, Chargé du Service Documentation, Paris; Muséon di Rodo, Uzès (Gard); Willem Metzelaar, Hong Kong Study Circle, Den Haag; National Maritime Museum, London; National Railway Museum, York; w. Hofr. R. Niederhuemer, Direktor, Technisches Museum, Wien; Ernest G. Oehme, India Study Circle, Thornton Heath; G. D. Patwardhan, Bombay; William Pearce, Kensington, Australia; A. W. H. Pearsall, Historian, National Maritime Museum, London; Dr. Claudio Pedrazzini, Brescia; Peninsular & Oriental Steam Navigation Company, London; Post Office, Central Headquarters, London; Railway Gazette International, London; Régie des Chemins de fer du Viet-nam, Saigon; A. G. Rigo de Righi, Curator, National Postal Museum, London, Hon. Editor, Bulletin of the Postal History Society; L. Rutgers van Rozenburg, Soest, Holland; Th. A. W. Ruys, Wassenaar, Holland; Schweizerische Bundesbahnen, Generaldirektion, Bern; Schweizerische Lokomotivfabrik, Winterthur; J. N. Slater, Editor, Railway Magazine, London; Josef Otto Slezak, Wien; B. R. Smith, The Postal History Society, Bridport; Société Nationale des Chemins de fer français, Paris; Allan Stanistreet, Wilton; R. M. Startup, F.R.P.S.N.Z., Masterton, New Zealand; State Railway of Thailand, Bangkok; Frank Stenvall, Malmö; Dr. Fritz Stöckl, Dr. Stephan Stöckl, Bad Ischl; Herbert Studtrucker, Deutsches Museum, München; Frau Stöhr und Frau Träxler, Bibliothek der Bundesbahndirektion München; Kristian Swengley, Public Relations Officer, P&O Cruises Ltd., London; Wilhelm Tausche, München; Beppe Tronconi, Monza; Tokyu Car Corporation, Yokohama; Joseph Ungewitter, München; N. E. Upham, Curator of Models, Department of Ships, National Maritime Museum, London; Wilhelm Urbanczik-Urbendorff, Wien; Vereeniging Nederlandsch Historisch Scheepvaart Museum, Amsterdam; C. R. Walters, India Study Circle, Broken Hill, Australia; Friedrich Frank und Wolfgang Illenseer, Leiter des Verkehrsarchives im Verkehrsmuseum, Nürnberg; Gérard Verresen, Rédacteur en Chef, La Vie du Rail, Paris; Waggonfabrik Uerdingen; Hansjürgen Wenzel, Koblenz; Kenneth Westcott-Jones, London; Elizabeth Wiggans, Museum Assistant, Library, National Maritime Museum, London; N. J. van Wijck Jurriaanse, Baarn; I.A. Yearsley, London.

Fotos ohne Urheberangabe stammen vom Verfasser oder aus dessen Sammlung.

In Anbetracht der Komplexität des Themas ist es unmöglich, in einem Buch seine sämtlichen Aspekte zu erfassen. Ergänzungen aus Kreisen der Leser sind deshalb jederzeit willkommen.

Aus dem großen
alba
Buchprogramm

Im
alba Buchverlag
erscheinen
über 90 Bücher,
Nachdrucke und
Kalender
zu den Themen

Eisenbahn
Stadtverkehr
Modellbahn
Modellbau

alba Buchverlag
4000 Düsseldorf 30

Werner Sölch

Orient-Express

Glanzzeit und Niedergang eines Luxuszuges

Kein anderer europäischer Zug erreichte soviel Berühmtheit wie der legendäre Orient-Express. In diesem Buch ist seine Geschichte mit allen eisenbahnhistorischen Details, aber auch der Flair dieses ungewöhnlichen Zuges wiedergegeben.

192 S., 210 Fotos, 17 Zeichn., 2. Aufl., geb. Ft. 21 x 22,5 cm
ISBN 3-87094-021-2 DM 38,–

Friedhelm Ernst

Rheingold

Luxuszug durch fünf Jahrzehnte

Ende der zwanziger Jahre war der „Rheingold" der komfortabelste internationale Reisezug der DRG und hat bis heute seine Anziehungskraft nicht verloren. Vorgeschichte, Blütezeit und Wiedererstehen des alten „Rheingold" werden beschrieben.
108 S., 185 Abb., 2. Aufl., geb., Format 21 x 22,5 cm
ISBN 3-87094-047-6 DM 28,–

A. A. Jorgensen/
C. P. Lewis

Dampf am Kap

Südafrika, das letzte Dampflokparadies

Nur wenigen Eisenbahnfreunden ist es vergönnt Südafrika zu besuchen, wo die Dampflokomotive auch heute noch große Bedeutung für den Eisenbahnbetrieb hat. Lange Flachlandstrecken, steile Gebirgsbahnen und hektischer Verkehr in den Ballungsräumen prägen den Betriebsdienst. Garratts, Mallets, ventilgesteuerte Lokomotiven und Kondensmaschinen, Kapspur und Schmalspur – das gibt es nur noch in Südafrika.

Vieles, was die herrlichen Farbbilder dieses Titels zeigen – lange Züge in grandioser Landschaft, mit äußerster Kraftanstrengung arbeitende Lokomotiven – gehört auch dort bereits der Vergangenheit an. Die Lokkonstruktionen sind dem deutschen Eisenbahnliebhaber nicht von ungefähr bekannt, zählten doch deutsche Firmen zu den traditionellen Lieferanten der SAR. Ein umfangreiches Kapitel widmet sich den Werksbahnen mit ihrem vielgestaltigen Dampflokpark.

Die Bildunterschriften sind sehr ausführlich gehalten und geben nicht nur Informationen über die Eisenbahn, sondern erzählen auch von Land und Leuten und vermitteln einen Überblick über die Geschichte der SAR. Lokomotiv- und Stationierungsverzeichnisse sowie eine Übersichtskarte runden das Buch ab. Ein herrlicher Farbbildband für alle, die mai wieder „Dampflokduft" schnuppern wollen.

240 S., 319 Fotos, 264 in Farbe, geb. Großformat 24 x 30 cm
ISBN 3-87094-057-3 DM 84,–

Hans Kobschätzky

Streckenatlas

der deutschen Eisenbahnen

In chronologischer Reihenfolge werden Eröffnungsdaten, Streckenlängen und Eigentümer sämtlicher deutschen Eisenbahnlinien aufgeführt.

Band 1: 1835–1892

126 S., 38 Karten, 48 hist. Fotos, geb. Ft. 21 x 22,5 cm
ISBN 3-87094-001-8 DM 32,–

Band 2: 1893–1935

128 S., 56 Karten, gebunden, Format 21 x 22,5 cm
ISBN 3-87094-028-X DM 32,–

Alfred B. Gottwaldt

Berliner Verkehr

150 Bildpostkarten aus der alten Reichshauptstadt

Postkarten aus fünf Jahrzehnten rufen Erinnerungen an die „gute alte Zeit" wach. Sie zeigen Berlin, den Verkehrsmittelpunkt des deutschen Reiches, so wie es zwischen 1890 und 1940 war. Ein Buch für Eisenbahnfreunde, Berlinkenner und Liebhaber alter Postkarten.

120 S., 162 Abb., z. T. farbig, Paperback, Format 16 x 20 cm
ISBN 3-87094-321-1 DM 18,–

1500 Reiseziele

für Eisenbahnfreunde in Europa

Der aktuelle Reiseführer informiert umfassend über Museumsbahnen, reizvolle Strecken, Werks- und Straßenbahnen, Museen, Denkmalloks und öffentlich zugängliche Modellbahnen in ganz Europa. Erscheint jedes Jahr in völlig überarbeiteter und aktualisierter Form. Im handlichen Taschenformat mit strapazierfähigem Einband – der ideale Reisebegleiter für den Eisenbahnliebhaber.

188 S., Format 10,5 x 18 cm, Ppb., mit kräftigem Umschlag
ISBN 3-87094-063-8 DM 16,80

Aus dem großen

alba

Buchprogramm

Im
alba Buchverlag
erscheinen
über 90 Bücher,
Nachdrucke und
Kalender
zu den Themen

Eisenbahn
Stadtverkehr
Modellbahn
Modellbau

alba Buchverlag
4000 Düsseldorf 30

Balcke/Schwarz

Die schönsten Lokomotiv-Modelle

43 der schönsten Lokomotivmodelle aus der europäischen Modellbahnproduktion wurden von Detlef Schwarz so fotografiert, wie sie in Katalogen nicht gezeigt werden. Detailtreue, Maßstabsgenauigkeit und Funktion waren die Auswahlkriterien.

108 S., 213 Farbfotos, geb.,
Format 21 x 22,5 cm
ISBN 3-87094-415-3 DM 29,80

Udo Becher

Als die Züge fahren lernten

Aus den Kindertagen der Modellbahn

1891 stellte Märklin das erste „Modellbahn-System" mit genormten Spurweiten, variablem Gleismaterial und typischem Zubehör vor. Lokomotiven und Wagen hatten zwar nur entfernte Ähnlichkeit mit dem Vorbild, trotzdem – die Modellbahn war geboren und nahm fortan eine stürmische Entwicklung. Die schönsten und seltensten Stücke aus der Zeit von 1880 bis 1940 wurden für diesen herrlichen Farbbildband zusammengestellt.

Erzeugnisse der Firmen Märklin, Bing, Carette, Schoenner, Kraus, Bub, Basset-Lowke, Doll, Plank, Falk, Rock & Graner, Issmayer, Lionel, Distler, Schröder und Hornby sind vertreten, z. T. Raritäten, die noch nirgendwo zu sehen waren. Im ausführlichen Anhang werden Bestimmungshilfen, wie Puffer, Kupplungen, Radsätze, Drehgestelle, Achslager, Spurweiten und Firmenzeichen mit perspektivischen Zeichnungen, Maß- und Produktionstabellen zur zeitlichen Einordnung und Herkunftsbestimmung alter Modellbahnen dargestellt.

Ein optisches Erlebnis für alle Liebhaber der „tin-plate"-Eisenbahnen, ein unentbehrliches Nachschlagewerk für den Sammler.

Alle Fotos in Farbe.

184 S., über 200 Farbfotos,
geb., Großformat 24 x 27 cm
ISBN 3-87094-419-6 DM 48,–

Die Archiv-Reihe

Ziel dieser wirklich umfassenden Dokumentation ist eine lückenlose Darstellung über die deutschen Triebfahrzeuge und Wagen dieses Jahrhunderts. Was bisher nur über zahllose Veröffentlichungen verstreut nachzulesen war, ist hier kompakt, einheitlich und vergleichbar aufbereitet: technische Beschreibungen mit Maßskizzen und Fotos, Herkunfts- und Verwendungsnachweise, tabellarische Übersichten. Die Reihe wird fortgesetzt.

Weisbrod/Müller/Petznik

Deutsche Dampflokomotiven

Dampflok-Archiv

Band 1: Baureihe 01–39

Reisezuglokomotiven in Wort und Bild, insgesamt 88 Baureihen

320 S.,100 Fotos, 88 Zeichn.,
geb., Format 20 x 22 cm
ISBN 3-87094-040-9 DM 28,–

Band 2: Baureihe 41–59

Der vielfältige Güterzuglokpark der DRG, DR und der Deutschen Bundesbahn

224 S., 80 Fotos, 74 Skizzen,
geb., Format 20 x 22 cm
ISBN 3-87094-042-5 DM 28,–

Band 3: Baureihe 60–96

Die normalspurigen deutschen Tenderlokomotiven der Regelbauart

268 S., 92 Fotos, 75 Skizzen,
geb., Format 20 x 22 cm
ISBN 3-87094-050-6 DM 28,–

Band 4: Baureihe 97–99 in Vorbereitung

Rainer Zschech

Triebwagen deutscher Eisenbahnen

Band 1: Elektro- und Akkumulatorentriebwagen (ET und ETA)

252 S., 79 Fotos, 78 Zeichn.,
geb., Format 20 x 22 cm
ISBN 3-87094-052-2 DM 28,–

Band 2: Dampf- und Verbrennungstriebwagen (DT und VT)

240 S., 63 Fotos, 80 Zeichn.,
geb., Format 20 x 22 cm,
ISBN 3-87094-062-X DM 28,–

Wagner/Wagner/Deppmeyer

Reisezugwagen deutscher Eisenbahnen

Im Februar erscheint der neue Band aus der „Archiv-Reihe". Sämtliche Reisezugwagen deutscher Eisenbahnen, von der Länderbahnzeit bis heute sind aufgeführt.

540 S., über 400 Fotos u. Zeichnungen, geb.,
Format 20 x 22 cm
ISBN 3-87094-067-0 DM 44,–